本研究得到以下项目资助：
国家自然科学青年基金项目(41601142)
教育部人文社科青年基金项目（15YJC790018）
安徽省教育厅人文社科重点项目（SK2015A235）

中国省域旅游业发展效率：
测度、演化及机理

方叶林 著

北京师范大学出版集团
BEIJING NORMAL UNIVERSITY PUBLISHING GROUP
安徽大学出版社

图书在版编目(CIP)数据

中国省域旅游业发展效率 ：测度、演化及机理/方叶林著．—合肥：安徽大学出版社，2016．12
ISBN 978-7-5664-1277-5

Ⅰ．①中… Ⅱ．①方… Ⅲ．①地方旅游业—旅游业发展—研究—中国
Ⅳ．①F592．7

中国版本图书馆 CIP 数据核字(2016)第 305290 号

中国省域旅游业发展效率：测度、演化及机理

方叶林 著

出版发行：北京师范大学出版集团
安 徽 大 学 出 版 社
(安徽省合肥市肥西路 3 号 邮编 230039)
www.bnupg.com.cn
www.ahupress.com.cn
印　　刷：合肥远东印务有限责任公司
经　　销：全国新华书店
开　　本：170mm×240mm
印　　张：19.25
字　　数：306 千字
版　　次：2016 年 12 月第 1 版
印　　次：2016 年 12 月第 1 次印刷
定　　价：49.00 元
ISBN 978-7-5664-1277-5

策划编辑：李　君　汪　君
责任编辑：汪　君　李加凯
责任印制：陈　如
装帧设计：李　军　金伶智
美术编辑：李　军

目　录

图目录

表目录

第一章 绪论

旅游产业转型升级与旅游经济提质增效是新常态下旅游学科研究的重点，也是旅游发展供给侧改革的重要内容。旅游效率是当前旅游学界研究的热点之一，旅游效率涉及旅游业的低碳化经营、内涵式增长、可持续发展，对旅游业的健康持续稳定发展具有重大意义。研究根据经济增长理论选择旅游业效率测度指标，利用 1997—2011 年的面板数据，同时从旅游资源、经济因素、制度因素、文化因素等视角分析旅游资源优势度、区域经济、市场化指数、文化资本对省际旅游业效率演化的影响机理。研究旅游效率在当前具有重大的理论及现实意义。

1.1 研究背景

1.1.1 旅游业发展的客观实际

2009 年底，《国务院关于加快发展旅游业的意见》明确提出了要把旅游业培育成为“国民经济的战略性支柱产业和人民群众更加满意的现代服务业”。2012 年《中华人民共和国旅游法》的出台，为旅游业的发展提供了更加健全的法律保障。目前全国大部分省份都陆续出台文件支持旅游业的发展，中国旅游业发展进入新阶段。

2012 年我国旅游业总体保持平稳较快发展趋势，国内旅游市场发展较快，入境旅游市场基本持平，出境旅游市场继续快速增长。全国国内旅游人数达 29.57 亿人次，收入达 22706.22 亿元人民币，分别比上年增长 12.0%

和17.6%;接待入境旅游达1.32亿人次,实现国际旅游(外汇)收入达500.28亿美元,分别比上年下降2.2%和增长3.2%;中国公民出境人数达8318.27万人次,比上年增长18.4%;全年实现旅游业总收入为2.59万亿元人民币,比上年增长了15.2%(国家旅游局,2012年中国旅游业统计公报)。我国是世界第三大出境客源国和第三大旅游目的地国,旅游业成为我国所有产业中最具活力的"朝阳产业",中国将成为"21世纪世界旅游的中心"。

现阶段我国虽然已成为世界旅游大国,但还不是旅游强国,与世界旅游强国相比还存在较大差距:旅游业发展规模较大,但国际竞争力较弱;旅游经济的增长主要依靠粗放型增长而非集约化增长;市场开拓力度特别是国际旅游市场仍有待加强,未形成大型旅游跨国公司;旅游业的发展带来了诸多环境问题,未得到有效解决;旅游业发展的区域差异较大,尤其是东中西地带间差异。中国地区旅游业的发展在很大程度上还是由政府主导,这从某种程度上造成了资源的闲置与浪费,影响了旅游业发展的效率。中国各省旅游资源禀赋差距较大,旅游资源禀赋与旅游经济的发展存在着一定的错位现象:许多省份旅游资源相对匮乏,但旅游业发展水平却很高,如上海、天津;一些省份旅游资源十分丰富,但旅游业发展水平与旅游资源禀赋并不匹配,如河南、安徽。中国省际旅游业的发展存在一定程度的"资源诅咒"现象,这种现象势必会对旅游业效率产生一定的影响,如何规避这种现象是迈向旅游强国必须要解决的问题之一。

1.1.2 旅游产业转型升级的前提

旅游产业的结构性创新是建设旅游强国的基础(魏小安,2003),产业结构的优化会产生新的生产力与竞争力,同时在一定程度上可以避免资源的闲置与浪费,进而促进旅游业朝着集约化的方向发展。旅游业是一项关联性很强的第三产业,宏观经济中的很多部门都与旅游业有着千丝万缕的联系。由于旅游产业的综合性与复杂性决定了旅游业持续健康稳定发展状况,所以我们必须促进产业结构的优化。

从供给角度看,旅游业主要包括酒店业、旅行社业、景区服务业等,这些行业内部投入产出要素的搭配以及行业间的竞争与合作,都需要优化提升;从需求角度看,旅游业主要包括食、住、行、游、购、娱等环节,六要素内部需要优化配置，他们之间的比例关系也存在着结构优化问题。旅游产业结构优化提升的最终目的，是促进旅游发展过程中各种投入与产出要素的合理配置，最终的目的是用最少的投入，达到最大的产出，并且产生相应的经济、社会、环境效应。从这个角度看，促进旅游效率的提升是产业结构转型升级的前提。

1.1.3 包容性增长的必然要求

中国社会正处在前现代社会向现代社会转型期，主要体现在经济转型、社会转型、思想转型三个方面，具体到旅游业则主要体现在旅游经济增长模式、全社会对旅游活动认可度、居民对旅游消费行为接受程度三个方面。自1978年改革开放以来，中国旅游业取得了举世瞩目的成就，但同时中国旅游业的发展正处于转型时期，也面临着一系列问题：旅游经济增长方式需要从传统依靠资源数量投入的粗放型增长模式，转向依靠技术、资金、人才等要素投入的集约化增长模式；居民的生活节奏需要从工业社会的紧张快速，转向休闲社会慢生活的悠然自得；旅游活动应该从少数人享有，转向惠及普通大众，人人享有。旅游经济地带差异较大、旅游人力资源素质较低、旅游科技投入较低、“资源诅咒”在部分省份存在等问题的客观现实，是转型期中国旅游业发展的主要特征。

2007年，亚洲开发银行首次提出了包容性增长的概念，其最基本的含义是公平合理地分享经济增长的福利，让社会普通大众享受到经济增长带来的福利。旅游的发展目标不仅要关注经济效应，同时还要考虑旅游发展带来的社会、环境、文化等方面的效应，使得大部分社会民众享受到旅游发展带来的福利。当前我国旅游业正处于由旅游大国向旅游强国的转化阶段，旅游业的增长方式正处于由粗放型向集约型转变的阶段，旅游产业结构亟待调整，旅游产品急需转型升级，旅游业的发展不应该以牺牲资源、环境为代价，应该在全行业提倡旅游业的包容性增长。旅游业的包容性增长，主要包括以下几个方面的内容：第一，旅游业在保持稳定增长的同时应及时转变增长方式，提升产业规模，充分发挥旅游业综合性的特点，带动相关产业的发展；第二，旅游业是一项劳动密集型的产业，旅游业的发展应该充分吸纳劳动力，增加社区就业；第三，旅游业的发展一方面可以提高经济发达地区人民的生活质量，丰富人民日益增长的精神文化需求，另一方面可以促进经济后发地区人民生活水平的提高，促进经济、文化、社会、环境等领域的全面进步；第四，旅游业的包容性增长，还包括人人都享有旅游的权利，每个人都可以公平公正地参与旅游活动，都有带薪休假的权利；第五，旅游业的发展涉及众多的利益相关者，旅游业的包容性增长使得不同利益相关者均可以公平公正地享受到旅游发展带来的利益。转型期旅游业要实现包容性增长，必须努力促进旅游业效率的提升。

1.1.4 旅游效率研究亟待加强

旅游业从本质上说是一项关联性很强的第三产业，旅游活动具有很强的经济属性，任何经济活动基本上都涉及投入与产出的问题，即效率问题。效率问题是经济学中研究的热点，近年来旅游学界逐渐开始重视对旅游效率的研究，旅游效率研究文献逐渐增多，但仍然存在一系列问题：①研究主题不断深入，但系统的理论研究仍有待进一步深化，尤其是旅游效率基础理论的研究。旅游效率的研究已经深入到旅游研究的各个领域：酒店业、旅行社、风景名胜区、文化旅游地等，基本上涉及大部分旅游主题，但旅游效率基础理论的研究仍有待进一步加强，没有形成像旅游市场营销、旅游形象、旅游流等传统旅游主题一样深厚的理论基础。②普遍重视对旅游效率的测算，轻视对测算方法本身的研究。旅游效率的测算方法主要是对参数法SFA及非参数的DEA估计，很少有针对这两种方法本身进行合理性的研究。非参数的DEA因其简单易行，被大多数研究者所采用，但这种方法权重过于灵活，容易造成有效的DMU(决策单元)过多，相关文献对此类现象的解决并没有提出针对性的意见。③逐渐重视对旅游效率的空间分析，但机理总结方面的研究仍有待进一步深化。自旅游效率成为旅游地理的研究热点以来，借助ArcGIS等空间分析工具，效率的空间分析研究取得了巨大的飞跃，但对空间差异的形成机理研究相对不足，机理分析的不足严重制约了旅游效率的研究。

旅游活动具有很强的经济属性，任何经济活动都涉及效率问题，因此旅游效率从本质上说是旅游活动中客观存在的经济现象。旅游效率的概念体系如何界定，旅游效率研究的基础理论如何构建，旅游效率有怎样的演化特征，旅游效率演化机理如何，怎样提升旅游效率等基本问题在现有文献虽有一定涉及，但仍缺少系统理论的研究，旅游效率研究学科范式仍未建立，旅游效率研究在旅游学科中亟待加强。

1.2　研究目标与研究意义

1.2.1　研究目标

首先，构建指标对旅游业效率进行测度：借鉴经济增长理论，构建旅游业效率的评价指标体系，运用修正的 DEA 模型对 31 个省份 1997—2011 年的旅游经济及旅游发展效率进行测度，进一步从旅游资源、区域经济、制度因素、文化因素四大维度构建旅游业效率影响因素的评价指标体系。其次，进行要素测算，主要包括旅游业效率的测度及旅游业影响因素的测算，前者主要利用修正的 DEA 模型，后者主要利用社会经济统计软件 SPSS16.0 完成。再次，加强旅游业效率的空间分析，研究旅游业效率影响因素的时空效应。利用 ArcGIS9.3 完成旅游业效率的空间演化分析，旅游业效率影响因素在不同的时间条件与空间条件下，对旅游业效率的影响机理并不完全相同，本部分主要通过 EViews6.0 软件构建计量经济学模型。运用机理分析，在分别考察各要素对旅游业效率影响的基础上，利用路径分析及分位数回归，对旅游业效率演化模型与机制进行总结。最后，在实证研究的基础上，提出区域旅游业效率的优化提升路径。

1.2.2　研究意义

1.2.2.1　理论意义

旅游业是一项关联性很强的第三产业，旅游活动具有很强的经济属性，因此不可避免地会涉及旅游投入与产出问题，即旅游效率问题。效率问题一直存在于旅游业发展的实际之中，但直到最近几年旅游效率才成为旅游研究中的热点，学者彭建军、马晓龙较早地对旅游效率进行了研究。和国外旅游效率研究的主题一样，酒店业也是旅游行业内最早涉及旅游效率的研究领域。效率问题虽然是时下旅游研究中的热点，但仍然不是旅游研究中的主流，没有形成系统理论的研究基础。当前大部分文献仍然集中在对不同类型旅游效率的测算，相对地缺少对旅游业效率的综合评判及机理分析。本研究基于传统经济增长理论，对1997—2011年大陆旅游业效率进行综合评判，进一步归纳总结区域旅游业效率的演化机制与模式，为旅游效率研究的深入开展提供理论与技术支持。

空间分析、区域研究、人地关系是人文地理学的三大研究主题，旅游效率与人文地理学三大研究主题密切相关：近年来，关于旅游效率空间分析的文献逐渐增多，同时也涉及其他不同维度对旅游效率进行的研究，效率从本质上反映的是人对资源利用的合理化程度，旅游效率是对旅游业发展的相关资源（设施）的利用是否合理的一个定量测度指标，其本质上反映的也是人地关系。效率与人文地理学的传统范式密切相关，研究旅游效率，丰富了传统人文地理以及旅游地理的学科内涵，具有重要的理论意义。

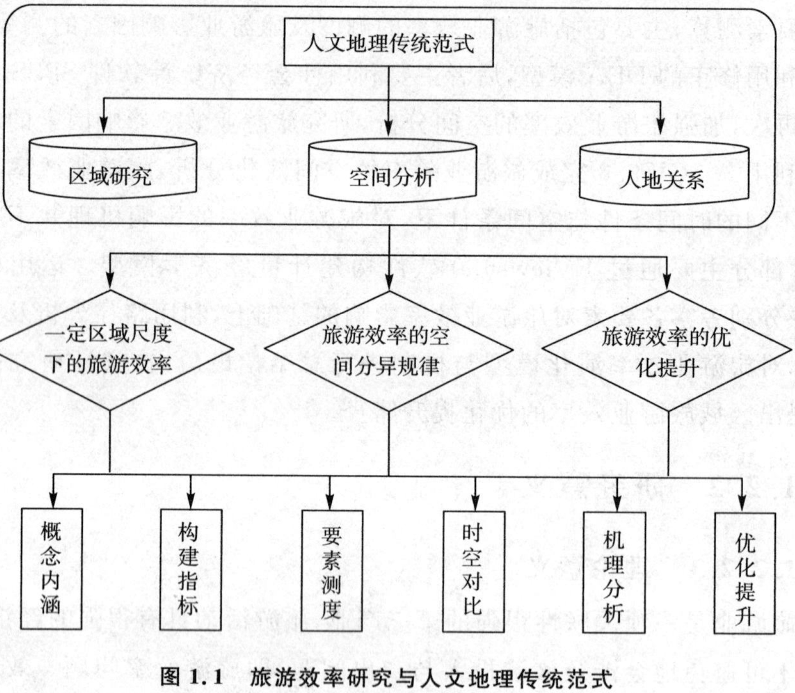

图1.1 旅游效率研究与人文地理传统范式

1.2.2.2 现实意义

第一，旅游经济空间差异的分析，有利于客观清楚地认识到中国旅游业发展的实际。中国旅游业自改革开放以来取得举世瞩目的骄人成绩，但同时也面临着诸多问题。总体来说，省域旅游经济发展差距有所减少，但东中西地带差异格局并没有发生根本性的变化。东部地区的长三角、珠三角、环渤海以及西部地区的成渝经济圈凭借着优越的区位条件、人才优势、经济基础，仍然是中国旅游经济的四大增长中心；西部地区虽然拥有绝美的自然风光、浓郁的少数民族风情、宜人的生态环境条件，但旅游经济仍然相对落后；中部地区旅游资源状况以及旅游经济发展水平在全国基本处于中等水平，旅游经济有较大的提升空间。

第二，旅游业效率的提升是省域旅游竞争力提升的基础。中国省域以及三大地带间旅游经济空间存在差异的主要原因，可以归纳为各地区旅游竞争力状况的不同。旅游业效率的影响机理相对复杂，但大部分与旅游竞争力是密切相关的，旅游业效率涉及旅游发展中各种投入产出要素的合理化配置，旅游业效率的提升有利于促进旅游竞争力的提升，旅游业效率的提升是旅游竞争力提升的基础。

第三，旅游业效率的研究为转变旅游经济增长方式提供可靠的政策依据。当前的中国旅游业正处于转型期，其中最大的转型就是旅游业增长方式由依靠数量投入带动的粗放型增长模式，转为依靠质量驱动（人才、资金、技术等要素投入）的集约化增长模式，其本质是旅游业发展的综合效率由低到高的转变。科学分析旅游业发展的各项效率，为旅游经济增长模式的转变提供政策依据。

第四，旅游效率的影响机理研究，有利于促进旅游业长期健康稳定发展。旅游业具有一定的敏感性与脆弱性，宏观经济波动及突发事件会对旅游业发展造成很大的冲击，如 1989 年政治风波、2003 年“非典”事件以及 2009 年的全球金融危机，这些突发事件会影响旅游业的发展效率。此外，其他影响旅游业发展的因素（资源、经济、制度、文化等因素）也会对旅游效率产生一定的影响，因此科学分析旅游业效率演化的机制与模式，从中找出一般性的规律，有利于促进旅游业长期健康稳定发展。

第五，旅游业效率的提升，是实现从旅游大国向旅游强国转变的必然要求。当前我国是一个旅游大国，主要体现在规模和数量上，但还不是一个旅游强国，旅游发展质量仍存在一系列问题。旅游业效率的提升，是从旅游大国向旅游强国迈进的必然要求。

1.3 研究思路与内容

1.3.1 研究思路

围绕“构建指标——要素测算——时空对比——机理分析——提升策略”的研究主线，注重定性与定量分析相结合、过程演变与机理分析相结合、理论总结与实践应用相结合，综合运用数量统计方法、GIS 空间技术、EViews 数学建模等多种研究方法，致力于旅游业效率及其影响机理的演化与总结。

一是以文献综述和理论总结为前提，全面梳理现有研究成果，系统总结理论研究现状和发展动态，提出本研究的关键问题，为研究工作的展开奠定理论基础；二是以广泛的数据收集为基础，尽可能多的收集 1997—2011 年各省旅游投入产出的相关指标，在此基础上遴选出研究指标，为研究工作的深入开展积累重要的数据基础；三是以旅游效率测算及其机理为核心，通过对各项效率动态演化特征的分析，在此基础上分析旅游业效率演化机制；四是以旅游效率的优化提升为拓展，为了拓展理论分析结果，结合研究结论从旅游资源、区域经济、制度文化等视角提出旅游业效率的提升措施与对策。

1.3.2 研究内容

本书分为以下章节，每章节主要围绕以下内容展开：

第一章为绪论。绪论部分主要内容包括本书的研究背景、研究意义、研究目标、研究方法、技术线路、指标体系、数据来源、相关概念模型的界定。在绪论部分还提出了旅游效率的概念体系、理论基础及基本理论问题。

第二章为国内外研究进展及相关理论基础。研究进展主要包括国内外旅游效率研究进展，分别从酒店效率、旅行社效率、旅游目的地效率、旅游业其他行业效率等几个方面进行梳理，在此基础上进行总结，指出当前旅游效率研究的不足之处，提出未来旅游效率研究的主要方向与建议。旅游业效率及演化机理研究涉及的相关理论主要有：旅游效率理论——对旅游业效率的基本理论问题进行分析总结；经济增长理论——对旅游业效率评价指标体系的选择；空间差异理论——旅游业效率的空间分析及旅游效率影响因素的空间效应；竞争力理论——旅游业效率与旅游竞争力有密切的联系；“资源诅咒”理论——旅游业效率与区域旅游资源优势度之间的相互关系；可持续发展理论——旅游业效率提升的最终目的，旅游业效率提升的指导思想。

第三章为指标体系、实证测度技术与数据来源。本书主要构建了四大指标体系，分别为旅游业效率测度的评价指标体系、旅游资源优势度评价指标体系、区域经济发展评价指标体系以及文化资本评价指标体系。本研究借鉴樊纲、王小鲁等人的研究成果，利用市场化指数代替制度因素。实证测度技术主要包括两大类，分别为：经典的数理统计方法和空间分析方法，主要包括修正的DEA测度模型、经典空间分析方法、HP滤波、熵值法及耦合协调度、分位数回归、面板数据计量分析、地理加权回归等。此外，本章交代了研究的数据来源。

第四章为旅游业效率的综合评价。主要内容包括旅游业效率评价指标的选择、旅游业效率测度、旅游业效率的空间分析、旅游业效率的演化趋势等问题。利用到的分析技术主要有：ESDA、重心、标准差椭圆、HP滤波等。得出旅游业效率演化的一般性规律：地带效应、空间集聚性、空间方向性、空间错位性、时间效应。

第五章为旅游业效率的演化机理。分别从旅游资源优势度、区域经济、市场化指数、文化资本四大维度考察其对旅游业效率演化的机理的影响。本部分主要借助EViews6.0统计分析软件，构建POOL面板数据进行计量分析，进一步研究各影响因素对旅游业效率影响的时空尺度效应。利用AMOS7中的路径分析以及R软件中的分位数回归，考察旅游资源优势度、区域经济、制度因素、文化因素之间的相互影响关系及其对旅游业各项效率的影响，进而提出区域旅游业效率的演化机制。

第六章为旅游业效率的优化提升研究。基于地理加权回归分析技术，从区域经济的视角提出各地区旅游业效率优化提升的措施，进一步构建包含旅游资源优势度、区域经济、制度因素、文化因素的地理加权回归模型，提出各地区旅游业各项效率优化提升的针对性建议。

第七章为结论与展望。系统总结了前文的研究结论，提出本研究的不足之处，指出未来进一步深化研究的方向。

本书研究的框架结构如图 1.2 所示。

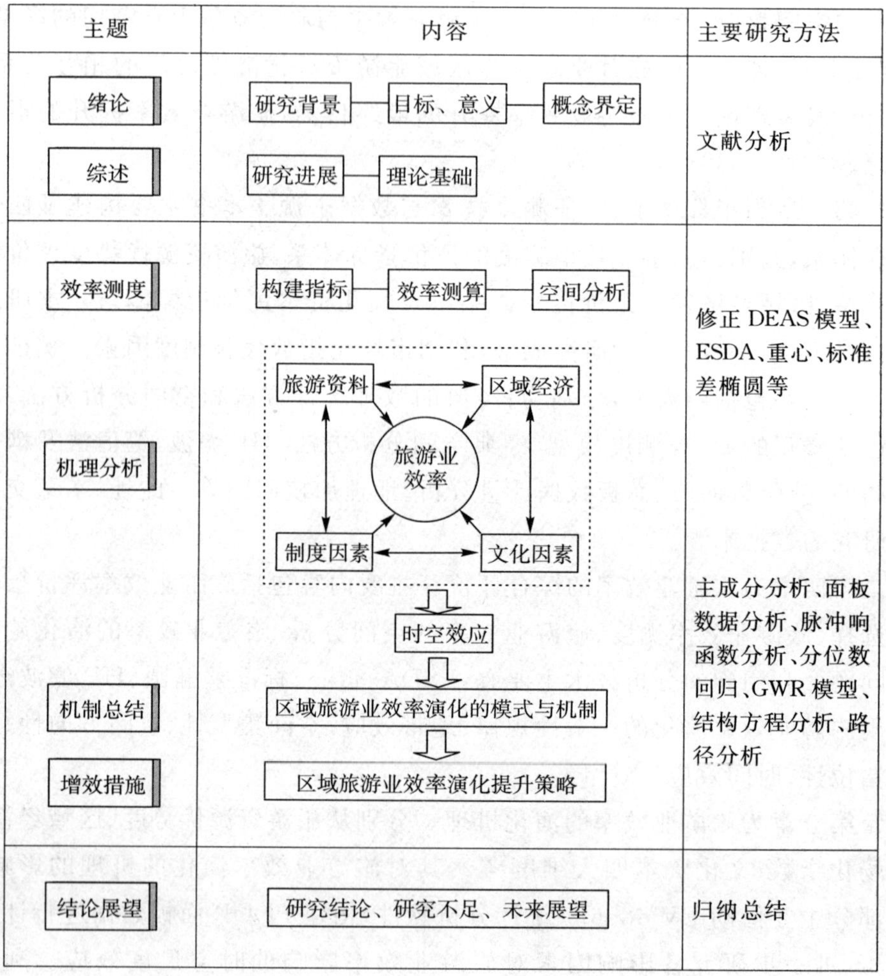

图 1.2　本书研究框架结构

1.4　研究方法与技术线路

1.4.1　研究方法

①文献综述与对比分析：系统梳理了国内外旅游效率及相关理论的研究进展，构建旅游效率研究的内容框架体系，在此基础上结合计量经济学、

旅游地理学、区域经济学、发展经济学、文化地理学等相关学科的理论，通过多学科交叉的对比分析，得出相关结论。针对传统DEA效率测算模型的不足，引入修正的DEA模型，通过两种模型的对比分析，揭示修正DEA模型，并以此作为下一步数量统计分析以及空间差异分析的原始数据。

②数理统计与计量经济：综合运用经典计量经济的分析方法，结合SPSS16.0、EViews6.0相关模块，对旅游业各项效率的时间演化特征以及未来演化趋势进行分析，基于脉冲响应、分位数回归、面板数据分析等经典统计学方法，对影响旅游效率的相关因素进行时空分析，揭示旅游效率的演化模式与机制。

③GIS空间分析方法：利用ArcGIS9.3空间分析模块，借助莫兰指数、冷热区分析、重心、标准差椭圆等经典空间分析技术，分别对旅游经济以及旅游业各项效率进行空间分析。通过不同时间截面的空间分析，可以动态反应旅游经济以及旅游效率的演化规律，为进一步进行机理分析提供数据基础。

④归纳比较与系统分析：在对31个省份1997—2011年旅游业效率统计描述以及空间分析的基础上，通过归纳比较与系统分析，总结出旅游效率时空演化的一般性结论。提出旅游效率演化的影响机理，在此基础上为未来省域旅游效率的优化提升提出相应的意见与对策。

1.4.2 技术线路

本研究技术路线图如图1.3所示：

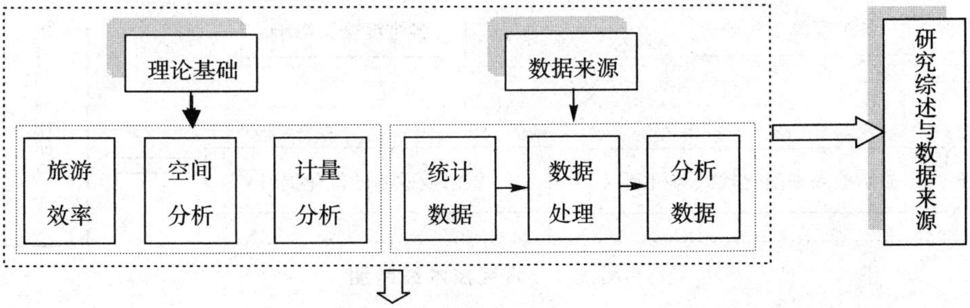

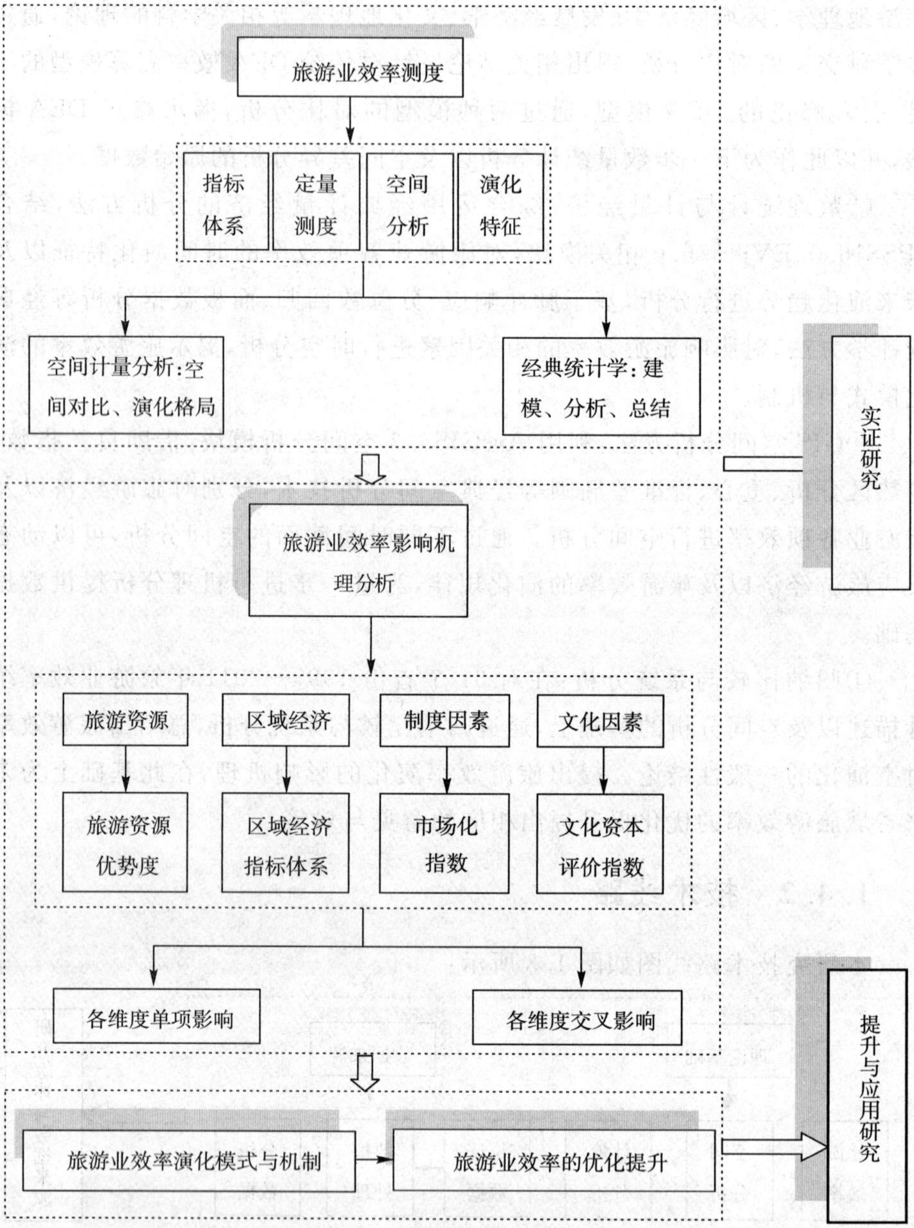
旅游业效率测度
指标体系
定量测度
空间分析
演化特征
空间计量分析：空间对比、演化格局
经典统计学：建模、分析、总结
实证研究
旅游业效率影响机理分析
旅游资源
区域经济
制度因素
文化因素
旅游资源优势度
区域经济指标体系
市场化指数
文化资本评价指数
各维度单项影响
各维度交叉影响
旅游业效率演化模式与机制
旅游业效率的优化提升
提升与应用研究

图 1.3　研究技术线路图

1.5　研究区概况与研究对象

1.5.1　研究区概况

对大陆 31 个省际区域 1997—2011 年的面板数据进行分析，由于数据资料收集及统计口径的不一等原因，本研究区域暂未包括香港、澳门、台湾等地区。自 1978 年改革开放以来，中国旅游经济实现了腾飞，宏观经济的发展为旅游业提供了强有力的物质基础，从图 1.4 可以看出，宏观经济发展对入境旅游起到了巨大的促进作用，从各个省份来看，旅游收入均取得显著的增长(图 1.5)。

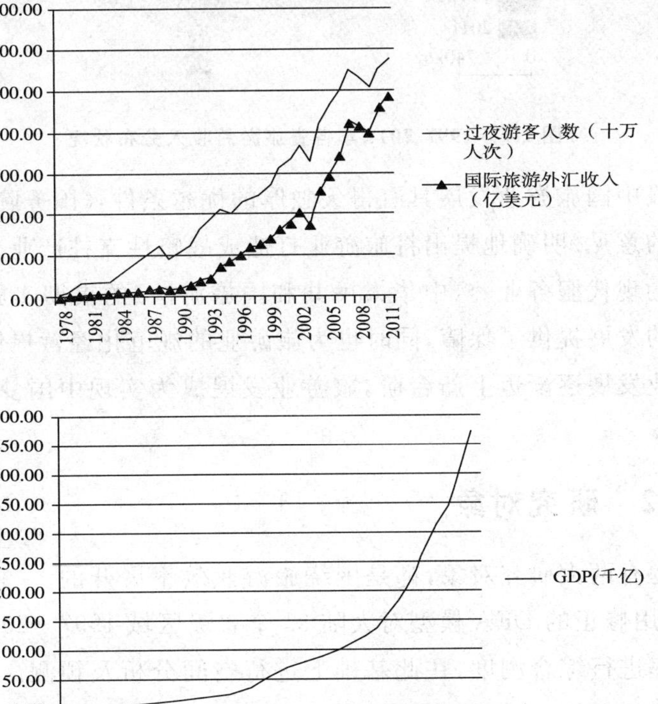

图 1.4　1978 年以来入境旅游收入与 GDP 折线图

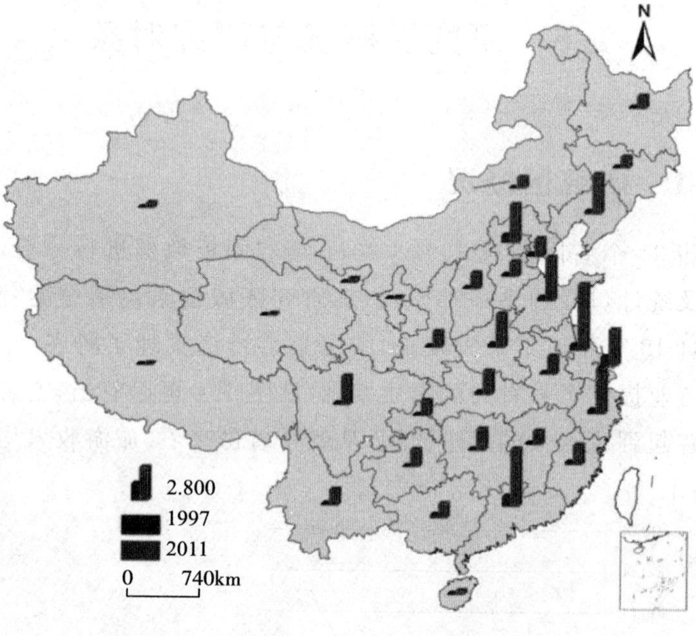

图 1.5 1997、2011 年各省旅游总收入分布状况

现阶段中国旅游业发展具有得天独厚的优越条件,《国务院关于加快旅游业发展的意见》明确地提出将旅游业打造成战略性支柱产业、让人民群众更加满意的现代服务业。《中华人民共和国旅游法》的贯彻实施,从法律上为旅游业的发展提供了保障,同时也为旅游业的规范化经营提供法律指导。中国旅游业发展逐渐迈上新台阶,旅游业发展成为实现中国梦的一个强有力的保障。

1.5.2 研究对象

本课题有两大研究对象,都是围绕旅游业效率展开的。一是旅游业效率测度,运用修正的 DEA 模型对大陆 31 个省级区域 1997—2011 年的旅游业各项效率进行综合测度,在此基础上进行空间分析及预测。二是旅游业效率影响机理分析,分别从旅游资源、区域经济、制度因素、文化因素四个维度出发,通过替代指标或者构建评价指标体系,分析旅游业效率的影响机理。对旅游业效率的影响机理进行分析,主要解决以下问题:①旅游资源、区域经济、文化因素、制度因素内部各指标对旅游业效率的影响;②旅游资源、区域经济、文化因素、制度要素内部各指标间的相互关系及其对旅游业效率产生的“合力”影响；③旅游资源、区域经济、文化因素、制度因素分别作为一个单项因素，他们之间的相互影响关系及其对旅游业效率的影响。需要指出的是，时空尺度分析效应自始至终伴随着以上问题的分析，旅游业效率具有一定的时空分布规律，同样，旅游业效率影响因素本身也具有一定的时空演化规律，同时对旅游业效率演化的影响也存在着时空差异。同样一种因素，在不同的时间和空间条件下，对旅游业各项效率的影响结果是不同的。

本书研究对象之间的结构关系如图 1.6 所示：

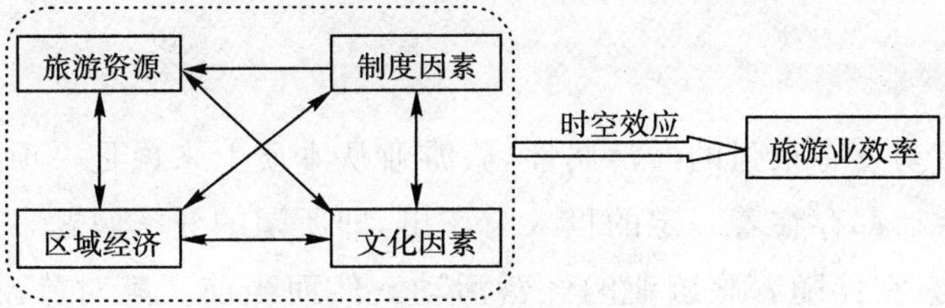

图 1.6　研究对象之间的结构关系

第二章　国内外研究进展及相关理论基础

旅游活动具有很强的经济属性，旅游业从本质上来说是一项经济产业，任何经济活动都存在着一定的投入与产出，即所谓的效率问题，旅游效率是客观存在的，它伴随着旅游业的经营活动。然而当前文献对旅游效率的研究仍然不够深入，尤其是国内文献对旅游业效率的研究仍缺乏系统性、理论性，旅游效率研究的学科范式仍没有建立，旅游效率仍没有像旅游地生命周期理论、旅游市场营销、旅游流等旅游研究主题一样，成为旅游学科研究的主流。如果过分偏重于实证研究而忽视理论基础的构建，旅游效率的研究就不能成为旅游学科内的科学命题，最终会影响实证研究的现实意义。从这个评价的角度看，对旅游业效率及其影响机理的研究，需要进一步重视理论基础的构建。

本部分从三个视角对国内外研究进展展开论述。一是以旅游业各行业为线索系统地梳理了国内外对旅游效率的研究，进一步进行述评；二是对国内外经济发展的差异化研究进行论述，为对旅游业效率的空间分析及其影响因素的机理分析提供理论和技术支持；三是对相关理论基础进行总结，即旅游业效率测度指标的构建。利用区域经济增长理论，旅游业效率的影响因素涉及文化资本，旅游业效率关系到旅游竞争力的提升以及旅游业可持续化发展，旅游资源优势度对旅游业效率的影响涉及“资源诅咒”理论，因此对相关理论基础的总结将分别从经济增长理论、文化资本理论、旅游竞争力理论、“资源诅咒”理论以及可持续发展理论等方面展开。

2.1 旅游业效率研究进展

2.1.1 酒店效率

当今,酒店业进入了全球化竞争的时代,市场营销的方式、酒店业务以及服务质量等因素不仅影响到酒店利润,同时也关系到酒店的生存与发展。所有直接或间接因素都依赖于酒店管理效率,由于寡头垄断市场的特征,住宿业市场竞争的水平要求具有效率(Barros,2004)。酒店效率对于酒店市场营销、竞争策略、计划制订都具有重要的作用。

酒店业是旅游行业中较早涉及效率研究的领域之一。Baker(1994)和Riley(1994)较早对酒店效率进行研究,作者认为酒店效率来源于酒店管理者能否合理预测市场需求的变化。Morey(1995)和 Ditterman(1995)对 54 家酒店管理人员的管理效率进行测度,运用规模报酬不变的非参数 DEA 模型进行分析,结果发现管理效率平均值为 0.89,最低值也达到 0.64,美国旅游服务市场经营效率水平相对较高。综合效率可以分解为技术效率与配置效率,Anderson(2000)对美国 48 家酒店的效率进行研究发现,配置效率是导致经营效率低下的主要原因,作者建议经营效率低下的酒店应将主要资源集中在餐饮业务上。Barros(2005)通过对 43 家酒店 2001 年经营效率进行测度后发现,酒店整体的经营绩效较高,地理位置和规模经济是影响酒店经营绩效的两大核心要素,作者在后来的研究中进一步对效率的影响因素进行了全面分析。Barros(2005)采用两阶段分析的数据包络分析模型来评价 1999—2001 年葡萄牙连锁酒店效率的决定因素,在第一阶段作者测算了 Malmquist 指数,并将其分解为技术效率和技术变化。在第二阶段,为了分析效率的驱动模式,设计 Tobit 计量经济模型来分析效率得分与其他管理方面相关变量之间的关系。作者最后探讨了效率提升的措施:改善酒店的位置、增加投资、增加房间数、减少员工数等,这些措施在一定程度上可以提升效率。

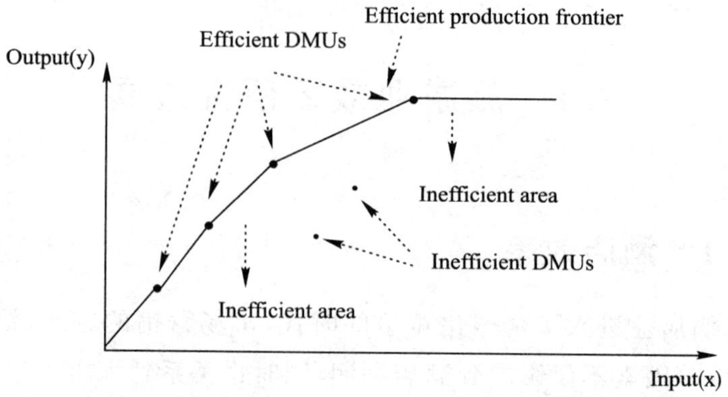

图 2.1 Barrs(2005)构建的酒店效率生产函数

对一个组织而言,效率可以被定义为该组织投入与产出观测值与最优值之间的比较;就一个组织的行为目标而言,效率可以通过观测成本(收入,或者任何组织所假定追求的其他因素)与最优成本之间的比较来测量。基于此,Chen(2007)通过对台湾地区经营国际旅游酒店的成本效率的分析,揭示了台湾地区平均80%的酒店具有效率,其中酒店经营类型对经营效率有显著的影响。Assaf(2010)引入 metafrontier 思想来解释不同酒店集团经营环境与技术的不同,该模型的主要特点是他保证了不同酒店基于同种技术条件下的比较,通过78家台湾地区酒店的面板数据对模型进行了检验,结果阐明了酒店的规模、所有制和类别对其效率具有显著的影响。Hwang(2003)利用 DEA 和 Malmquist 指数分析台湾地区 45 家酒店的效率,结果发现台湾地区酒店经营效率总体上处于有效状态,其中内部营销、员工满意度、宾馆绩效等对经营效率有重要的影响。

国内学者彭建军等(2004)较早运用 DEA 的 C^2R 模型,以北上广地区的星级酒店为例,计算分析各地相对效率,为酒店效率的计算提供了定量方法。简玉峰等(2009)研究发现张家界市旅游酒店普遍存在效率低下的问题,利用随机前沿生产函数分析了张家界市旅游酒店的管理效率,最终显示酒店平均效率只有76.32%,结果表明旅游酒店的星级、产权结构、地理位置、人力资源是影响其管理效率的主要因素。刘家宏(2010)基于25个省份和地区三星级酒店2007年数据,对这些地区三星级酒店的综合效率、纯技术效率、规模效率进行测算,发现纯技术效率是导致三星级酒店无效率的主要因素,未来可采取差异化经营、战略同盟、提高服务质量、重视相关行业支持等措施来提升效率。吉生保等(2011)运用SORM－BCC超效率模型对22家餐饮业效率的评价结果显示,技术水平变化是全要素生产率(TFP)增长的源泉,受规模效率影响,综合效率普遍较低,各项效率存在一定的σ收敛趋势和不同程度的β绝对收敛趋势。孙景荣等(2012)以大陆23个城市酒店业效率为研究对象,认为酒店综合效率处于一般水平,呈现出“东部高于东北,东北高于西部,西部高于中部”的空间格局,可通过酒店员工综合素质的提高、新技术的采用、要素结构的调整等措施提升城市酒店的效率。方叶林等(2013)基于改进的DEA模型,对中国大陆省际星级酒店相对效率进行测度与空间分析,结果表明大部分地区星级酒店相对效率的变动主要受规模效率驱动,中国大陆星级酒店的粗放型增长方式比较明显,星级酒店相对效率及其空间集聚表现出与经济发展水平负相关的态势,文章最后结合波士顿矩阵提出相对效率的改进措施。刘中艳(2013)利用超效率模型对大陆31个省份2006—2011年酒店业效率进行了测度,认为总体上省际酒店业效率呈改善趋势,但同时存在着明显的梯度差异,进一步从宏观和微观两个角度提出改善酒店效率的措施。何玉荣等(2013)对2011年黄山市不同地区星级酒店的经营效率进行评价分析,结果显示2011年黄山市星级酒店整体效率不高,酒店经营效率与竞争压力呈负相关关系,区域差异明显。谢春山等(2012)运用超效率DEA模型对中国2002—2009年的五星级酒店效率进行测度,进一步对综合效率变化趋势进行收敛性检验。认为中国五星级酒店综合效率较低,综合效率主要受规模效率驱动,东西部地区酒店效率差距正在逐渐缩小,未来五星级酒店投资应该根据地区经济发展的需要,以及旅游业发展的阶段确定投资规模,加强投资管理。

表2.1　酒店效率评价代表性研究成果

学者	研究对象	评价模型	投入指标	产出指标
Hwang等(2003)	台湾45座酒店	CCR、超效率DEA、Malmquist	从业人员、营业开支、食品投入、客房数	客房收入、食物饮料收入、其他收入
彭建军等(2004)	北京、上海、广东	CCR－DEA	从业人员、固定资产	营业收入、人均实现利润
陈浩等(2005)	浙江省	CCR－DEA	酒店数、人均固定资产投资	全员劳动生产率、营业收入、人均实现利润、客房出租率

续表

学者	研究对象	评价模型	投入指标	产出指标
Barros 等(2005)	葡萄牙15座酒店	DEA－allocative	从业人员、固定资产	营业收入、利润
董卫等(2006)	某星级酒店	CCR－DEA	人员工资、运营费用、运行维护费用	酒店营业收入、平均房价、顾客人数
Barros 等(2006)	葡萄牙42座酒店	CCR、BCC－DEA	固定资产、从业人员	营业收入、顾客人数、夜(月)收入
黄丽英等(2008)	八大省份	CCR、BCC－DEA	固定资产投资、年末从业人员、客房数	营业收入、客房出租率、人均创造利润
孙景荣等(2012)	中国大陆23个城市	CCR－BCC	酒店数量、旅行社数量、固定资产、从业人数	营业收入、全员生产率
方叶林等(2013)	大陆31个省份	BCC－DEA	房间数、固定资产	客房出租率、营业收入

2.1.2 旅行社效率

旅行社是旅游业的三大支柱之一，旅行社效率是旅游效率研究中的重要内容之一。Barros(2006)以占葡萄牙市场份额69%的25家最大旅行社为例，选择经营成本、劳动力价格等变量对旅行社的绩效进行分析，得出这样的结论：成立时间较长的旅行社一般效率较高。以平均效率作为研究对象，大部分旅行社效率有效，资本、劳动、销售额等因素对效率有重要的影响。有学者对土耳其24家旅行社经营效率进行研究发现，2004年大约79%的旅行社是无效的，独立经营与连锁经营的旅行社效率的差别不大。Maker(2009)以英国20家旅行社为例，分析了企业文化对效率的影响，认为员工行为及其满意度对旅行社经营绩效有重大的影响，提高员工满意度(包括物质上与精神上)是促进旅行社效率提升的重要途径。

田喜洲等(2003)以旅行社产品为例，对我国旅游市场效率及其博弈进行分析，得出这样的结论：在当前阶段，只有政府加强市场监督管理，才能提高旅游市场效率。赵海涛等(2013)将旅行社经营效率分解为技术变化率与资源配置效率两部分，经过分析后认为，技术进步是导致2001—2009年中国旅行社经营效率增长的主要原因，重大事件会对旅行社经营效率的波动产生一定的影响。武瑞杰(2013)对省际旅行社全要素生产率波动进行了测算，发现我国旅行社相对效率总体上较低，区域分布不平衡，东部最高、西部次之、中部最低，得出技术退步导致旅行社 TFP 出现整体下降的结果，认为人才资源以及国内旅游市场对全要素生产率有重要的影响。赵立禄等(2012)认为近十年来我国旅行社年均增长仅 0.1%，速度非常缓慢，旅行社 TFP 呈现出东、中、西依次递增的态势。熊伯坚等(2009)认为江西省旅行社经营效率、纯技术效率较低，但规模效率却相对较高，旅行社企业存在一定数量的投入冗余。卢明强等(2010)以 2008 年的截面数据为例，对大陆省际旅行社经营效率进行了评价，根据纯技术效率与规模效率是否有效等标准，对 31 个省份进行了划分。

2.1.3　旅游目的地效率

在人烟稠密的欧洲中部地区，许多成功的旅游目的地面临着解决增长潜力的问题，解决此类问题通常会涉及"精明增长"，这要求在旅游经济增长的过程中要充分考虑生态环境问题。Kytzia(2011)以瑞士阿尔卑斯山的旅游目的地 Davos 为例，通过构建包含经济发展、土地利用以及劳动力的地区投入产出模型，研究了旅游目的地土地利用效率以及效率的评价结果如何被运用到旅游政策的制订中。作者认为土地利用效率主要受旅游的经济影响、利用强度、居民建筑以及酒店的单位面积覆盖率因素的影响。为了达到更高水平的生态旅游目标，旅游目的地开发过程中使用了各种不同的方法，然而这些方法基本没有考虑到旅游者的反应。Jorge(2007)以西班牙加那利群岛的 Gran Canaria 为例，研究了该地区住宿业最近十年内的扩张是否伴随着效率同期的平行增长，通过随机前沿函数模型对 44 家企业的面板数据进行估计发现，除部分小企业外(低于 370 万欧元的营业收入)，规模不经济普遍存在。研究表明并不是所有的住宿业都处于最低成本水平，他们的成本随着时间的变化逐渐降低，平均成本无效率达到了 17%，并且呈降低的态势。Preda(2003)对节事举办地的效率进行测度，认为需求、供给以及其他自然因素影响了体育赛事的经营效率。Blake(2006)基于 CGE (Computable General Equilibrium)模型对英国旅游业效率进行测算，结果表明英国旅游业的 TFP 整体水平较高，但小规模旅游企业生产效率较低，旅游景区和交通运输业具有较高的TFP水平，认为投资规模、人力资源、新产品设计、开发及行业环境是影响TFP的主要因素。

国内研究方面，马晓龙对中国城市旅游效率作了系统的研究，马晓龙等(2009)对1995、2000、2005年大陆58个主要城市的旅游效率进行比较，认为大多数城市旅游效率规模递增，但长期趋势是规模报酬递减，处于规模报酬递减阶段的城市大部分位于东部地区，区域经济不平衡性导致的城市旅游资源投入差异，一定程度上是引发效率空间差异的主要原因。通过对城市旅游效率的影响因素分析发现，规模效率对综合效率的影响最大，技术效率与利用效率对综合效率的影响较小，作者进一步对城市旅游效率区域差异与空间格局进行了相关研究。陶卓民等(2010)以省级行政区域为研究单元，分析大陆1996—2006年旅游业各项效率特征，认为当前阶段旅游总投入规模呈现不经济态势，技术进步空间较大，TFP呈现出东中西递减的态势，最后作者根据分析结果提出相应的解决措施。梁明珠等(2012)对广东省各地区旅游效率进行评价，认为各地区旅游综合效率、技术效率和规模效率均较高，各项效率之间的差距均有缩小的趋势，根据效率的高低和增速可将城市划分为草根型、新秀型、明星型和贵族型四种类型。在后续研究中，梁明珠等(2013)采用DEA－MI模型对广东省2004—2010年21个城市的旅游效率进行测度，揭示城市旅游效率的发展规律及其演进模式，按照旅游效率的“高低”和“变化”维度可将效率的演进模式划分为四类：稳定式、往复式、渐进式、突变式。曹芳东等(2012)以泛长三角各城市1998—2008年的面板数据为例，对城市旅游效率进行测度，研究表明泛长三角地区城市旅游发展效率总体上呈现上升的趋势，波动性明显，综合效率与规模效率的空间格局较为相似，全要素生产率呈现出集聚态势，作者进一步提出了城市旅游效率的时空格局演化机制(如图2.2)。

王坤等(2013)对长三角城市旅游效率的空间特征及溢出效应进行了分析，各项效率均存在较强的空间集聚性，城市旅游效率存在空间溢出效应以及空间依赖性，深化区域旅游合作、整合旅游产业链和优化要素比例可有效推动长三角旅游业持续健康发展。杨荣海(2008)以云南省为例进行旅游业效率测度，结合计量经济学对效率差异机理进行分析，进而提出相应的建议。梁流涛等(2012)认为1999—2008年间旅游效率呈现先下降后上升的趋势，2003年受“非典”的影响，旅游效率明显下降，旅游效率存在着明显的地带差异，由于规模报酬处于递增阶段，未来可通过扩大规模获得更高的收益，因此纯技术效率与规模效率的提升空间较大。顾江等(2008)认为省际旅游生产平均效率经历了先降后升的过程，基于 Tobit 回归模型，作者分析了各省旅游生产效率的影响因素。岳宏志等(2010)认为中国旅游产业技术效率在 2001—2007 年大致呈"U"型变化，总体上偏低；其变异系数大致呈倒"U"型变化，变异系数的区域差异呈缩小趋势，未来可通过整合产业链、转变产业增长方式、建立完善产业创新体系等措施提升技术效率。方叶林等(2013)将旅游资源效率与"资源诅咒"结合起来，对安徽省旅游资源效率进行测度，进一步引入错位指数对安徽省旅游业发展的"资源诅咒"现象进行定量测度，认为皖中旅游业发展的集约化程度较高，皖北旅游业发展的粗放型程度较高。我们认为未来各地区旅游资源的开发，要避免走单纯追求数量增加的粗放型道路，需进一步增加科技、人才、技术、资本等要素的投入，提倡旅游经济的集约化增长。

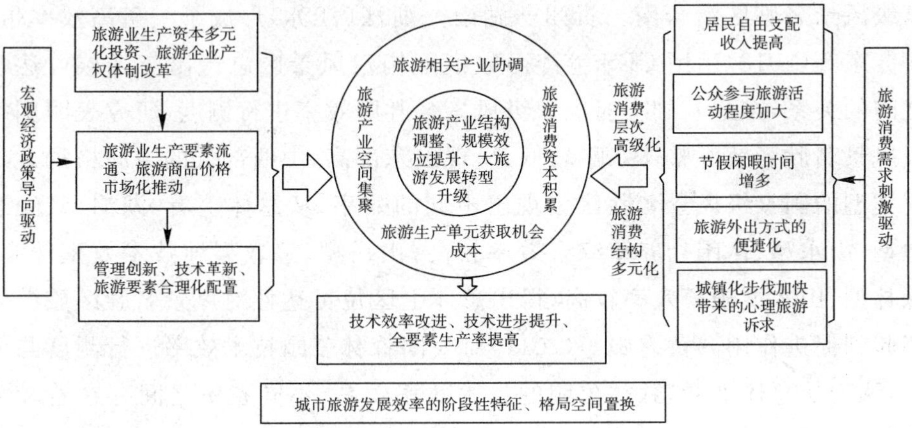

图 2.2　城市旅游发展效率时空格局演化的驱动机制(曹芳东等，2012)

2.1.4　旅游业其他行业效率

Charles(2001)通过对欧洲和美国 19 家国有航空公司的经营数据进行分析发现，竞争成本对航空公司的经营绩效影响相对较小，但员工成本与之关系密切。Femandes(2006)对 35 家巴西国内机场的资源利用效率进行研究发现，其中 16 家机场的资源利用效率有效，可以根据需求预测基于游客标准认知的机场容量扩张时期。Nooreha(2000)以劳动、质量、服务等因子为投入变量，以1996年马来西亚Selangor交通部门46个服务单元为研究对象，对公共部门的服务效率进行了评价。近年来全球气候与环境问题逐渐凸显，在旅游各行业中，交通、餐饮是影响生态效率的关键，学者们开始关注生态效率及其在旅游研究中的运用，例如如何降低旅游活动的碳排量是近期研究的热点。Stefan(2005)通过计算落基山国家公园、阿姆斯特丹入境旅游，法国、塞舌尔以及锡耶纳旅游开发的生态效率，发现效率会伴随着旅行距离、旅游方式、游客停留天数、人均花费等因素的变化而变化。

国内研究方面，谭宏等(2013)对体育产业上市公司的运营效率进行研究，作者测算了7家体育产业上市公司的各项运营效率，认为效率的评价有利于明确风险来源及其程度的高低，可以进一步为管理者提供参考，为投资者规避风险。马晓龙等(2009)对136个中国国家级风景名胜区的使用效率进行评价，作者认为国家级风景名胜区使用效率基本处在规模报酬递增阶段，数值相对较低。规模效率是导致综合效率普遍较低的主导因素之一，国家级风景名胜区沿云南—贵州—湖南—浙江(江苏)形成了一条高效率带。曹芳东等(2012)运用CES生产函数模型构建风景区总产出与区域可达性之间的关系，在此基础上对国家级风景名胜区效率进行测度，研究表明国家级风景名胜区效率整体水平较低，呈现出东部高，中西部低的空间格局。不同类型的国家级风景名胜区表现出不同的效率，从总体上看，湖泊型、纪念地型、山水型、休闲疗养型综合效率较高，山岳型、宗教型纯技术效率较高，森林型、山水型规模效率较高，得出总体上区位可达性对风景名胜区旅游效率起到促进作用。黄秀娟等(2011)对我国森林公园技术效率进行测度与分析，认为从总体上看，森林公园的技术效率较高，不同省份之间存在着较大的差异，通过采取人员培训、优化投入模型与结构等措施可提升森林公园的技术效率。刘长生(2012)通过采取构建低碳旅游服务提供效率的DEA模型以及SFA(随机前沿函数法)，以张家界景区环保交通为例进行实证分析，认为提供效率较低，存在严重的季节波动性，在对提供效率影响机理分析的基础上，提出了为低碳旅游提供服务企业经营决策、制订政策的相关建议。孔庆书等(2013)以河北省休闲农业与乡村旅游示范点为例，对休闲农业的各项效率进行评价，认为河北省休闲农业整体效率较低，示范点发展模式小而全，管理水平的服务质量偏低。杨春梅等(2014)通过分析中国17个省直辖市冰雪旅游产业效率，研究结果表明综合效率、纯技术效率、规模效率均较低，未来要进一步开发冰雪旅游资源，实现冰雪旅游产业的多元化，打造区域冰雪旅游合作。

近年来，部分学者开始跳出旅游业效率测算的视角，将其与其他社会现象结合研究。李志勇(2013)基于低碳旅游视角，通过构建旅游景区碳排放足迹指标，利用DEA与方向性距离函数测算低碳旅游服务提供效率，并以成都市29家景区为例进行了验证，结果表明环境因素是影响旅游景区服务提供效率的主要因素，文章最后对低碳旅游景区服务提供效率评价方法的合理性进行论述，同时，又基于提供效率的视角对旅游景区管理实践的意义进行分析与总结。赵磊(2012)利用DEA－Malmquist生产率指数对1999—2009年中国省际经济增长效率进行了测算，研究发现当前中国省际经济增长效率较低，技术效率是推动经济增长的主要动力，旅游发展对经济增长效率具有显著的负向影响，旅游发展滞后一期对经济增长效率具有显著的正向影响，旅游发展对经济增长效率呈现出非线性的"U"型关系，基础设施和产业结构升级滞后一期对经济增长具有正向调节作用。方叶林等(2013)对2000—2009年省际旅游资源的相对效率进行测算，同时基于"资源诅咒"视角，对各地区旅游业发展的"错位"现象进行定量测度，正向错位主要分布在东部地区，负向错位主要集中在广大的中西部地区，最后基于旅游业总效率与错位指数的排名，将31个省际区域划入不同的区间，提出相应的旅游业发展的相关建议。刘改芳等(2013)对文化旅游业投资效率进行了测算，作者以山西省18个人文类景区为例，通过选择相关投入产出指标，发现山西省文化旅游业技术效率和规模效率偏低，资源配置能力与管理水平亟待提高。

2.1.5　研究述评

通过前文分析，笔者可以构建国内外旅游效率研究的框架体系(如图2.3所示)。

第一，研究方法与技术不断提高，逐渐注重旅游效率的空间分析。早期对旅游效率的研究偏重于对效率的测算，大部分利用数据包络分析BC^2以及C^2R模型。效率测算的方法主要有两种：随机前沿分析技术(SFA)以及数据包络分析技术(DEA)，两种方法各有优缺点，学者们往往根据研究问题的实际情况，选择不同的方法。此外，对文献学者们开始关注对旅游效率的演化趋势及空间特征的分析，通常运用各种数理统计方法以及空间分析方法对效率的数值进行分析，从而得出相关规律。需要指出的是，有关对旅游业效率演化格局的模拟与预测的文献相对缺乏，例如旅游业效率的影响机理较为复杂，可利用系统动力学对旅游业各项效率的演化进行模拟与预测。

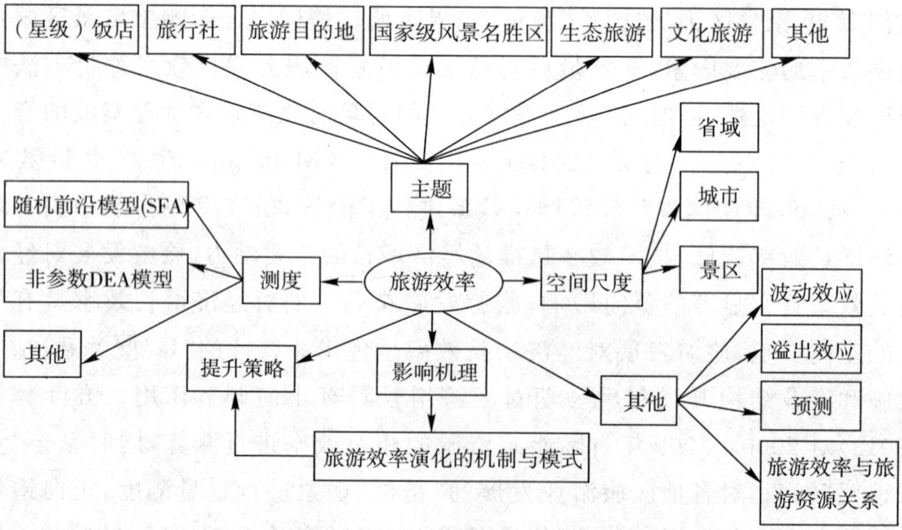

图 2.3　旅游效率研究框架体系

第二，研究主题不断深化，效率的研究涉及旅游发展中的各行各业。旅游业是一个关联性很强的第三产业。近年来，对旅游业的效率研究涉及旅游发展的各个领域，从早期的酒店行业效率，到旅行社业效率、旅游交通业效率、旅游资源效率、城市旅游效率、国家级风景名胜区旅游效率、文化旅游效率、生态旅游效率等领域。这些领域的研究一方面丰富了旅游效率的研究内涵，为下一步旅游效率的系统性研究奠定了基础；另一方面也提升了效率在旅游学科内的研究地位，未来对旅游效率的研究，将会像旅游研究中的主流，如旅游流、旅游市场影响、旅游经济空间差异一样，成为旅游研究中不可缺少的一部分。

第三，旅游效率影响机理的研究不断深入，但仍有待进一步深化。当前文献普遍强调对效率的测算，而相对忽视了旅游业效率影响机理的深入挖掘。旅游业效率是旅游发展过程中一项客观存在的经济现象，旅游产业的综合性决定了旅游业效率影响机理的复杂性，应该从多方面强化旅游业效率影响机理的研究。只有深入揭示旅游业效率的影响机理，才能更加科学地分析旅游业效率的演化特征，进一步为提升旅游业效率提供合理的建议与意见，而仅仅停留在表层的空间分析不利于开展对旅游业效率的深入研究。

旅游业效率反映的是在旅游业发展中各种资源的利用程度是否合理的定量化测度，因此需要首先从资源的角度对旅游业效率进行测度；旅游业效率是与旅游业发展密切相关的经济现象，其影响机理应该从宏观经济分析的视角加以考虑；旅游业效率还与其他因素密切相关，因此基于新经济地理学的视角，主要从制度与文化因素考察旅游业效率的演化机理。然而，旅游资源、区域经济、文化制度对旅游业效率是否有影响，其影响机理究竟如何，各影响因素是否具有时空尺度效应等问题，现有文献中并没有针对性地展开论述。

第四，旅游效率与其他社会经济现象的结合研究相对缺乏，尤其是基于“资源诅咒”视角时旅游效率的研究。旅游资源禀赋与旅游效率的关系如何，现有文献较少涉及，一方面由于旅游效率的研究仍没有形成系统成熟的理论体系，另一方面是由于旅游资源不同于常规自然资源，其定量检测存在一定的复杂性，因此相关研究较少。旅游效率的提升是旅游业可持续发展必须要考虑的首要问题，而旅游资源又是旅游发展的客体，两者之间的关系对于旅游业发展至关重要，效率本身就涉及资源的优化配置，提升效率不可能不涉及旅游资源禀赋，因此提升旅游业效率必须要考虑两者之间的关系。

第五，现阶段旅游效率学科仍没有构建成完整的研究范式。时下研究文献普遍重视对旅游效率的测算，但主要的方法基本上围绕数据包络分析(DEA)以及随机前沿函数法(SFA)进行相关修正，对旅游业效率基本理论的研究重视力度显然不够。旅游效率是什么、旅游效率如何分类、旅游效率有哪些特征、旅游效率概念体系如何构建、旅游效率研究基础理论如何构建、旅游效率对区域经济发展究竟会产生什么样的影响、旅游效率如何演化发展、旅游效率提升路径有哪些等问题仍没有被完整、系统地进行研究。因此，对旅游效率基础理论问题的研究需要进一步强化，从而为旅游效率的深入研究奠定基础。

2.2 空间差异研究进展

区域研究与空间分析一直以来都是人文地理学的重要研究内容，由于资源禀赋、政治制度、社会条件等方面的差异，决定了区域经济差异具有一定的客观性。从研究尺度上来说，主要分为以县域（县级市、市辖区）为尺度的研究、以市域（地级市）为尺度的研究、以省域（直辖市、自治区）为尺度的研究三部分。旅游业效率是一种客观存在的经济现象，对旅游效率的空间分析需要借助传统人文地理学空间差异的分析方法及理论；此外旅游业效率的影响因素也具有一定的时空效应，对其分析也需要借助区域经济空间差异理论及方法。下面分别从县域尺度、市域尺度以及省域尺度对国内区域经济空间差异的研究文献进行梳理。

2.2.1 县域尺度

李小建等（2001）对 1990—1998 年中国县域经济的空间差异进行分析后发现，县域经济发展差异逐年变小，但内陆与沿海地区之间的差距出现增大趋势，沿海岸线、沿京广线、长江沿岸逐渐成为中国县域经济的增长轴，而经济落后的县主要位于西部，于是将全国的县分为基础好增长较快型、基础差增长较快型、基础差缓慢增长型、基础好缓慢增长型四种。王彬等（2011）利用重心模型对福建省县域经济中心格局的演化进行分析，认为福建省经济重心主要介于德化县东南与永春县东北部之间，与几何中心的距离不断扩大，全省县域经济不平衡性加剧，重心的移动轨迹、距离及方向与区域经济发展水平、速度及区域发展政策密切相关。贾明瑶等（2012）分析 2000 年以来江苏省海洋经济时空差异的演变，结果表明江苏省海洋经济重心不断地改变并且呈现向南偏移的趋势，海洋经济总体差异在波动中下降，自然资源禀赋、产业基础、地理位置等因素对海洋经济的空间差异有着重要的影响。李红等（2012）对广西内部空间差异格局进行研究，县域经济差异总体上呈现先扩大后缩小的趋势，已经具有显著的空间自相关关系，县域经济的核心—外围结构显著，经济热点区与冷点区快速跃迁，增长的空间差异缓慢缩小，地理区位、开发开放性政策、历史发展基础、空间邻近效应等因素是导致空间差异的主要原因。

李建豹等(2011)综合因子分析与空间分析,得出甘肃省县域经济空间集聚特征明显,经济发达区主要分布在河西地区以及兰州市的结论。通过空间计量模型分析,作者认为应该通过增加投入和调整产业结构来减小区域间经济差异。张晓兵等(2011)对关中一天水经济区县域经济的空间差异进行研究,发现2001—2008年县域经济增长差异快速增大,经济发展水平处于低水平非均衡的空间分布态势,县域经济的二元结构、中心一外围、空间集聚与异质性明显。方叶林等(2013)以安徽省各县人均GDP为例,结合ArcGIS9.3以及GeoDa软件对安徽县域经济的空间差异进行研究,结果表明安徽县域人均GDP自西向东逐渐增加,自北向南先增加后减少,HH区(扩散效应区)主要位于皖江城市带地区,LL区(低速增长区)集聚分布在皖西北,空间变异分析发现县域经济的发展受中心地区的影响力度增大,区域资源禀赋、中心城市发展状况、发展政策是导致县域经济空间差异的主要原因。靳诚等(2011)运用空间变异函数,分析1978、1988、1998、2008年长三角地区的经济发展差异,发现该地区空间关联效应作用不断扩大,经济发展的空间自组织性越来越强,在全方向上的均质程度越来越低,东南一西北方向差异最大,东一西方向相对均衡,由此认为区域发展政策、历史基础、经济区位是导致空间差异的三大原因。

2.2.2　市域尺度

董晓菲等(2010)利用变异系数和Theil指数对东北哈大交通经济带13个地级市空间差异进行研究,结果表明研究期间哈大交通经济带总体差异缩小,经济地位不断上升。哈大交通经济带内部空间差异经历了扩大——微变——缩小的总体趋势,其空间结构演化特征与地区经济差异相吻合。杨杨等(2011)借助经验贝叶斯修正的空间自相关指数,对1999—2008年泛长三角洲区域经济发展的空间差异进行研究,莫兰指数在波动中增大,传统长三角地区始终是高值的集聚中心,泰州、安徽始终是低值区,南昌始终是高值的孤立点,传统长三角地区高值指向性与新扩充省份的低值指向性明显。杨雪梅等(2011)通过构建城市经济低碳度综合评价指标体系,运用因子分析、自然断裂点对各地经济低碳度进行研究,结果表明甘肃省城市经济低碳度总体水平相对较低,空间差异显著,呈“两头小、中间大”的正态分布,不同城市低碳经济驱动因素呈多层次、多水平的发展格局。方叶林等(2013)以长三角16个城市为例，运用社会网络分析(SNA)对旅游经济联系网络进行定量测量，同时结合ESDA分析结果，从社会网络的视角对长三角城市旅游经济空间差异的内部机理进行了探讨，认为各城市节点在网络中位置的优劣，对城市旅游经济的发展将产生重大影响。肖光明等(2009)基于珠三角城市1999—2008年的面板数据，对旅游经济的空间差异以及旅游核心城市的规模位序变化特点进行分析，通过深化城际合作、调整旅游发展模式、加快边缘地区发展、构建旅游圈及旅游板块等措施，来缩小珠三角城际旅游经济发展差异。汪德根等(2011)利用嵌套Theil指数方法，对大陆旅游经济的区域空间差异进行了分析，入境旅游与国内旅游差异总体减小，东部地带省间差异显著，中西部省份间差异相对较小，中西部地区省内差异对全国整体差异的贡献度不高，作者最后得出中国旅游经济区域差异的主要影响因素。

韩春鲜等(2010)研究认为新疆经济空间差异在1995—2006年不断增加，其中南疆内部差异变动对总体差异变动影响最大，空间差异水平与经济增长呈正相关，作者进一步提出了新疆经济发展水平核心一边缘空间结构及其演化机制。张红历等(2010)对我国西部地区地级市经济增长水平的差异、空间分布及其演变进行了研究，西部12个省域64个地级市在1998—2007年间经济发展加速，财政收入增多，人均GDP与人均财政收入分布有显著的空间相关性，两者在发展过程上的演化出现空间上的集聚。陈刚强(2012)以中国市域旅游外汇收入与国内旅游收入的面板数据为例，利用Theil指数以及GIS空间分析方法对中国市域旅游经济差异进行研究，中国地市入境、国内旅游收入空间集中性都出现下降态势，入境旅游经济表现出更强的空间极化特征，以点状高度集中分布为主要特征，国内旅游收入的空间极化格局呈轴状延伸趋势。沈惊宏等(2012)以大陆338个市域为旅游客源地和旅游目的地，对中国市域旅游综合吸引力指数进行了评价，进一步以南京市为例，划分出五个等级旅游目的地及旅游客源地，南京不同等级的客源地与目的地总体上呈距离衰减规律，最后根据目的地旅游规模排名和地城市总吸引力指数换算出中国城市旅游发展程度的10种基本类型。

2.2.3 省域尺度

宋慧林等(2010)利用2007年大陆省域旅游经济数据对省际旅游经济总体和局部空间特征进行研究，发展水平相似的地区在空间上集中分布，省际旅游经济的空间关联模式可分为：扩散效应区(HH)、极化效应区(HL)、过渡区(LH)、低速增长区(LL)，作者认为旅游经济并不完全依赖于资源禀赋，并针对位于四种类型的省份，提出了相应的发展策略。郭海金等(2009)对我国入境旅游经济的区域差异及发展模式进行了研究，发现总体上空间差异扩大，1997—2007年我国入境旅游已经形成"三阶段、两顶峰"的空间发展格局，"三阶段"入境旅游收入之比为13∶1.5∶1，各阶梯处于不同的发展阶段，省域间表现出一种"先进带动后进"的发展模式，研究认为旅游基础条件不同以及省际间相互作用是这种空间差异的根本原因。

苏方林(2008)运用空间统计学对1990—2002年间省域R&D的空间分布进行研究，莫兰指数分析结果显示省域R&D空间差异先扩大后缩小，省域R&D活动存在空间依赖性。要提高我国的自主创新能力，不仅要加强投入力度，而且要重视R&D产生新知识的积累、传播、共享、吸收和应用，采取相应的对策缩小省际间知识差距。许家伟等(2011)利用1990—2009年的面板数据，通过对中国区域差异与空间格局的研究，作者认为人口与经济重心均表现出一定的不平衡性，政策、开放度、开放时序、经济危机是导致差异的主要原因，人口重心与第一产业重心吻合度较高，与第二产业、第三产业及经济重心表现出较大的空间差异。曹广忠等(2008)利用因子分析法对我国东部沿海省份人口城镇化影响因素的差异、特征、类型进行分析，认为转型期的要素流动、综合经济实力的提高、工业化带动是影响沿海省份城镇化的主要因素，我国沿海省区的城镇化具有显著的个性化特征。赵安周等(2011)研究认为在1995—2000年期间我国入境旅游重心呈东偏南移动的趋势，2000—2009年呈现东偏北移动的趋势，入境旅游发展表现出东部沿海优于西部内陆省区的特点。

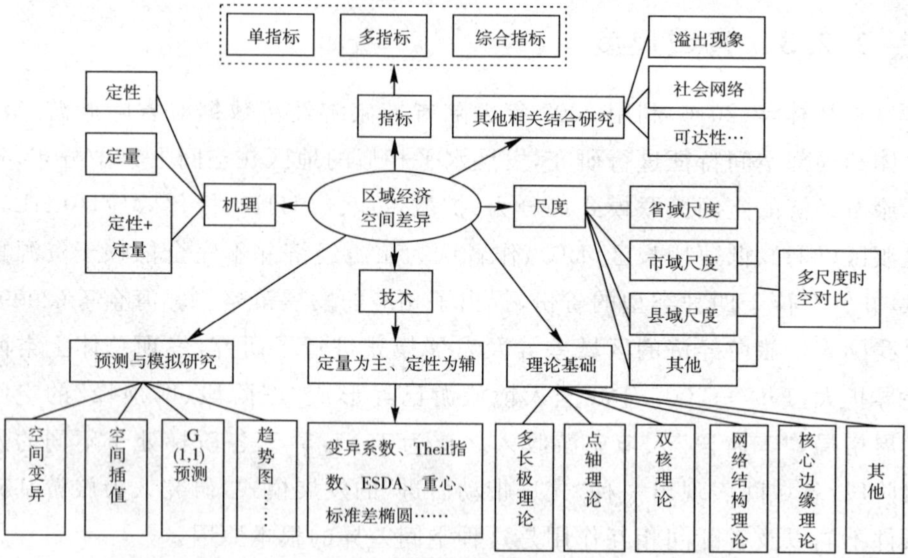

图 2.4　区域空间差异研究框架体系

2.2.4　研究述评

第一，从研究方法上说，逐渐走向以定量为主，注重定量定性相结合的道路。区域经济空间差异的研究方法主要有：标准差、变异系数、加权变异系数、基尼系数、theil 系数、空间自相关、空间变异函数、小波分析、场强模型、地理加权回归等，这些方法主要可以归结为两大类，即经典的统计学方法与空间统计方法。早期文献偏向于采取经典统计学方法，但这种方法往往忽视空间因素在区域经济空间差异中的作用，从而导致结果出现偏差或者不一致(Anselin,1995)，与此同时还由于空间效应的缺乏，通常制约了研究结论的现实意义(Koop,2005)。近年来大部分文献在研究区域经济空间差异时，更加注重空间因素在其中的作用，通常是多种方法的综合运用，关于空间差异的模拟以及空间格局预测的文献越来越多。

第二，从研究指标上来说，逐渐由单指标走向多指标发展。区域经济空间差异早期的研究主要是人均 GDP，如果具体到旅游业则是旅游收入，由于单一指标往往不能完全代表区域(旅游)经济差异，因此许多学者通过选择多项指标，通过各种各样的降维处理方法，结合主成分分析法、熵值法等方法将表征区域(旅游)经济的众多因子浓缩成一个合成指标,再进行空间差异分析,这样的做法的确具有一定的合理性,但指标选择的不同通常情况下也会对研究结果产生不同的影响,现有文献对此的论述相对较少。

第三,在机理研究方面,早期对空间差异机理的研究往往是采用定性分析方法,近年来更加注定量方法的运用(如相关分析、响应分析、灰色关联分析等)。定量分析是区域经济空间差异研究的特色,但定量分析在揭示空间差异影响机理方面的作用有限,对影响区域经济空间差异因素的分析不可能完全用定量的方法来实现,因此在定量分析区域经济空间差异之后,通常用综合定量与定性相结合的方法来揭示完整的区域经济空间差异的机理。

传统经济学一般利用生产函数,引入相关变量构建计量模型,在此基础上分析区域差异的内部机理。传统经济学相对于人文地理学来说在分析经济差异方面具有一定的优势,能够在一定程度上深入挖掘区域经济发展差异的内部机理。主要是因为传统人文地理学往往"过分"偏重空间分析,而相对忽视了对"空间"因素之外的关注。需要指出的是,传统经济学在分析区域经济差异时,对影响因素的时空效应关注不够:①相对忽视了在不同时间段,各影响因素对区域经济差异有着不同的作用机理。近年来有学者利用分位数回归对区域经济发展差异进行研究,或者利用脉冲响应分析考察各因素对经济的动态影响,一定程度上弥补了传统经济学此方面的缺陷。②相对忽视了空间因素在区域经济差异影响机理中的作用。虽然人文地理学在分析区域经济空间差异时,采用的空间分析技术相对成熟,但关于各影响因素对区域经济差异影响的空间效应重视不够,主要存在两个方面:一是空间本身对区域经济发展差异的影响,近年来部分学者在研究时已经考虑到该因素,如进行回归分析时,采用地理加权回归的方法;二是不同空间尺度对区域经济发展影响因素会产生不同的作用,如旅游资源禀赋在东中西三大地带,对旅游经济发展的影响机理是不尽相同的。

区域经济空间差异的影响机理相对复杂:一方面由于区域经济和各影响因素是不断发展变化的,同样的因素在不同的时间和空间条件下,可能由区域经济影响的主导因素降低为次要因素,因此未来需要重视不同时空条件下的对比分析,以更加全面地揭示影响机理;另一方面,各影响因素之间也是相互作用的,他们之间的关系大部分不是线性的,区域经济空间差异往往是各种因素"合力"作用的结果,各影响因素之间如何影响,他们如何对区域经济差异整体产生影响，需进一步探索。

第四，在区域经济空间差异影响机理方面未来可加强以下几个部分的研究：第一，由于影响因素具有时空尺度效应，未来应加强不同时空尺度的比较研究，除了单独的以县域、市域、省域为研究尺度外，未来还应该注重不同尺度的比较研究、不同时间的比较分析。第二，进一步重视"非常规"因素对区域经济空间差异的影响，如制度、文化、关系等要素是如何对区域经济差异产生影响的，关注"非常规"因素对区域经济差异的影响，往往会收到意想不到的研究成果。第三，区域经济（旅游经济）发展是一个开放的系统，仅仅从某几个指标分析，还不能取得令人满意的结果，未来可借助新的研究方法，如社会网络分析方法、系统动力学研究方法等。

2.3 相关理论基础

2.3.1 经济增长理论

2.3.1.1 古典经济增长理论

马克思认为："古典经济学在英国从威廉·配第开始，到李嘉图结束，在法国从布阿吉尔贝尔开始，到西斯蒙第结束。"古典经济学主体是从18世纪70年代到19世纪60年代英法两国的资产阶级经济学，其显著特点是将资源（土地）作为经济增长的核心要素之一。在《赋税论》中威廉·配第曾说过："劳动是财富之父，土地是财富之母。"劳动生产率的提高是促进国家财富增长的主要因素，之后古典经济学的代表人物大卫·李嘉图、亚当·斯密等都对资源与财富增长的关系进行了详尽的论述。斯密在《国富论》中以国民财富的增长为核心，斯密基于"经济人"的观点，认为每个人都能自由地追求个人利益，进而促进整个社会财富的增加，社会财富的增长主要靠劳动数量和劳动效率，斯密比配第更进一步论证了分工和技术进步对提高劳动生产率的作用。马尔萨斯在其著作《人口论》中认为，人口以几何级数增长，社会财富以数学级数增长，人口增长无限但资源总量有限。在马尔萨斯看来，相较于人口增长来说，资源是稀缺的，他的观点可以被概括为资源稀缺论。

李嘉图在其代表作《政治经济学及赋税原理》一书中试图证明利润增长决定资本积累,资本积累决定生产力发展。李嘉图主张自由主义的经济政策,他十分认同“国际分工可以极大地提高生产力”的观点,同时还对斯密的“绝对优势”学说进行了修正与补充,提出了比较成本学说,即一个国家不仅可以出口与其他国家相比具有绝对优势的产品,也可以出口相对于别国商品具有相对优势的产品。“两优取其重,两劣取其轻”,李嘉图的观点表明资源的稀缺对经济增长的约束是相对乐观的,可归结为相对资源稀缺论。

2.3.1.2 新古典经济增长理论

剑桥学派创始人马歇尔提出了“均衡价格论”,该理论既融合了19世纪70年代后以边际效用解释价值决定的学说,又继承了古典经济学以生产费用解释价值的理论,故持有该理论的人们又被称为“新古典学派”。新古典经济学增长理论认为资源的稀缺性是相对的,可以通过资本与劳动力投入来刺激资源开采技术的革新,从而使人们找到存量更多、成本更低的替代品,其代表人物是马歇尔。马歇尔对古典经济学的报酬递减规律提出了质疑,将生产的三要素发展成为劳动、土地、资本、企业组织四要素,他们的均衡价格分别构成各自的收入:工资、利息、地租与利润。他十分重视积累和投资对经济增长的作用,同时也认为科学技术(知识)对生产增长有着重要的作用,教育可以推动国家生产力的发展,促进劳动者素质的提高,进而带动经济增长。自然资源供给状况对经济增长会产生影响,但不一定是决定性影响,哈罗德一多马模型 $G=S/C$(S 为储蓄率,C 为资本产出比)和索罗模型 $Y=Af$(A 代表技术水平,f 是资本和劳动力的配置效率),分别从资本、劳动力、技术角度分析了经济增长的决定性因素。

2.3.1.3 新经济增长理论

新经济增长理论又被称为内生经济增长理论,经济增长的根本原因是经济体内部力量作用的结果,而不是外部力量的作用,因而促进经济增长需要重视人力资本投入、劳动分工与专业化、知识的溢出效应、干中学等因素。新经济增长理论认为,在假定人均投资收益率和人均产出增长率为人均资本存量的递减函数时,世界各国工资率和资本产出比将会出现逐渐相同的趋势。线性内生增长、专业化和劳动分工、知识外溢与干中学、产品质量升级、技术进步这五大要素是经济增长的决定性因素。该理论从不同方面探讨了经济增长的原因和产生机制，但相对缺少对自然资源的关注，自然资源在经济增长中的作用更加无足轻重。在《经济发展理论》一书中熊彼特提出了创新理论，认为企业家的创新是经济增长的主要原因。舒尔茨将资本分为两大类：人力资本与物质资本，他的人力资本论认为促进经济增长的主要原因是人力资本，而不是土地、劳动力与物质资本。舒尔茨认为，通过教育、医疗、福利将普通人力资源转化为高质量的人力资本，是促进一个国家经济增长的源泉。

从古典经济增长理论到新经济增长理论，相关研究认为，随着社会的发展，自然资源在经济增长中的作用逐渐降低，而科学技术、制度创新等因素往往对经济增长的作用更大，另一方面经济的发展带来了资源枯竭、环境污染以及生态破坏等问题，也使得世界经济的发展面临着资源危机。经济增长的影响因素较为复杂，并且这些因素之间也存在着相互影响的关系，随着时间的推移，这些因素也会发生变化，经济增长理论中很多模型对这些问题都进行了深入探讨。区域经济增长理论为旅游业效率演化机理的研究提供了理论基础与技术支持。一方面可以借助区域经济增长理论研究旅游业效率演化的影响因素，旅游业效率从本质上属于一种经济现象，其发展演化有着深刻的社会经济因素影响；另一方面区域经济增长中的很多计量经济分析方法，可用来分析旅游业效率的影响因素。当然，在对旅游业效率演化机理分析的过程中，也要从旅游业的具体实际出发，尤其在选择相关指标时，应尽量从旅游业自身发展以及旅游业效率角度出发。

2.3.1.4 其他经济增长理论

除了以上经济增长理论之外，根据不同的划分标准，还可以划分出不同的经济增长理论，如增长极理论、点轴理论、双核理论、循环积累因果理论、核心一边缘理论等。

(1)增长极理论：法国经济学家佛朗索瓦·佩鲁认为，经济增长首先出现在具有创新能力的行业中，这些行业常常集聚在经济空间的某些点上，由此形成了所谓的增长极。增长极理论认为：经济增长发生在增长极上，然后通过各种方式向外扩散，进一步对整个经济产生影响。一般而言，增长极通过支配效应、乘数效应、极化与扩散效应对区域经济活动产生带动作用。

(2)点轴理论：著名经济地理学家陆大道的研究表明，区域空间结构是由点与轴两种基本要素构成的：点指的是各级中心地，即区域内各级中心城镇，主要包括了能源生产与供给枢纽、运输枢纽、居民点、商贸场所；轴主要是指交通线、人口产业。若干点与轴依据一定的空间关系和等级体系组合就构成了点轴系统。点与轴都具有一定的等级结构，点的等级划分依据是其规模（人口、面积、经济总量）和对区域经济发展的作用，轴等级划分的依据是其规模（宽度、长度）以及对区域经济发展的影响，通常情况下一个点轴系统是由不同等级的点与轴组合而成的。点轴空间结构系统的形成大致经历了四个阶段：①区域经济均衡发展阶段：在点轴系统形成之前，地表是均质的空间，以农业经济为主，这种均衡是无序无组织的，效率非常低下；②点轴系统开始形成阶段：这一阶段社会经济客体开始集聚，点轴同时开始形成，区域局部出现有组织的状态，区域经济增长速度较快，属于工业化初级阶段；③点轴系统框架形成阶段：社会经济结构变化巨大，处于工业化中级阶段；④点轴系统成型阶段：区域经济发展进入全面有组织的状态，空间结构重新恢复到"均衡"状态，经济运行的效率大大提高，但人口增长与经济发展并没有高速增长。陆大道在 20 世纪 80 年代提出了我国国土开发和经济布局的著名"T"字型空间结构战略，把我国东南沿海和长江沿岸地带作为我国国土开发和经济布局的战略重点。

(3)双核理论。1998 年陆玉麒基于核心—边缘理论，在对港口城市与邻近中心城市进行大量研究的基础上，提出了"双核空间结构"理论。由于同时考虑了区域中心城市的居中性与港口城市（边缘城市）的边缘性，该模式可以实现区位和功能上的互补，具有一定的稳定性。在"双核模型"中，政治、经济、文化等区域中心城市充当一核，如省会城市；另一方则是重要的港口城市，形成区域中心城市对外联系的职能。因此可以将双核结构定义如下：在某一区域中，由区域中心城市和港口城市及其连线所组成的一种空间结构现象，根据其在区域中所起的作用，可分为国家级、省级和地区级三个等级。其构成要素与结构体系可由图 2.5 表示：

(4)网络结构理论。作为点轴理论的延伸，该理论认为在区域经济发展到一定程度后，一个地区的增长极与增长轴影响力变化不断扩大。最终会形成一个集商品、资金、技术、信息、劳动力等生产要素集中的网络。网络结构包含的基本要素有：节点（中心城镇）、域面（经济区）、网络。网络结构的形成，一方面会对原有的点轴系统产生强化作用，另一方面会提高区域内各节点与轴线之间的联系,推动区域一体化进程。

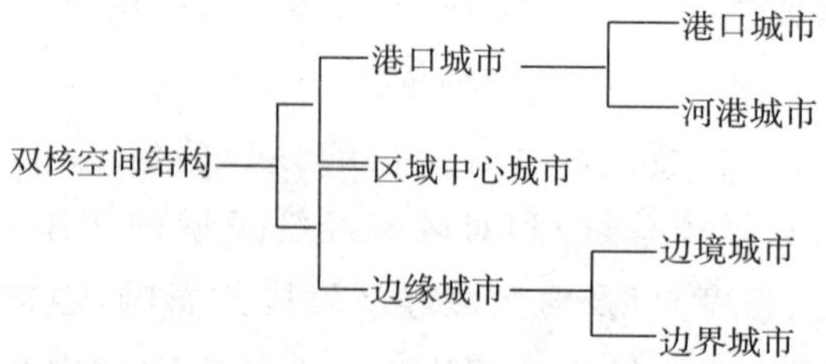

图 2.5 双核空间结构的构成要素与结构体系(陆玉麒,1998)

(5)核心一边缘理论。该理论又被称为中心一外围理论或者中心一边缘理论,最初始于20世纪60年代至70年代,是研究发达国家与不发达国家之间不平衡经济关系时所形成的相关理论观点的总称,其中以美国学者弗里德曼(Friedman,1966)在其《区域发展政策》一书中提到的核心一边缘理论最具有代表性。多种原因会导致某个区域或者几个区域先发展成为"核心",其他地区则成为"边缘",核心地区与边缘地区存在着不平等的发展关系,核心处于统治地位,边缘地区对核心存在一定的依赖,主要原因是核心集中了发展自身的技术、知识、资金、政策,核心地区与边缘地区存在着贸易的不平等性,并且通过剪刀差进一步扩大,核心的发展对外围起到压制作用。核心掌握话语权,核心与边缘的这种不合理关系通过核心推行有利于自身发展的贸易政策,使得边缘的资金、人才、劳动力向中心流动进一步强化。核心的发展与创新密不可分,核心对创新有着巨大的需求,通过创新增强了自身的实力,同时在将创新向外围扩散的过程中使自身处于核心地位。

2.3.2 竞争力理论

20世纪80年代到90年代初,美国哈佛商学院迈克尔·波特教授在《国家竞争优势》一书中,系统地提出了著名的"钻石模型",即认为影响一个国家某一个行业竞争力的因素主要可以分为六个方面:(1)生产要素,主要包括自然禀赋与人为创造的要素,人为创造的要素比自然禀赋更为重要,自然禀赋丰富反而有可能抑制竞争力。(2)需求条件,主要包括本国需求结构、规模成长率、高级购买者压力及需求的国际化。(3)相关与支持产业,主要包括供给产业与联系密切的相关产业。(4)企业战略、企业结构与同业竞争。(5)政府与机遇,这两个辅助因素对上述四大因素产生影响。这六大要素是相互联系、相互作用的，他们共同构成了一个“钻石模型”(图 2.6)，这对一国的竞争力产生重要影响。20 世纪 90 年代 Ritchie 等将波特的“钻石模型”运用到旅游研究中，作者提出了旅游目的地竞争力评价模型，开创了旅游竞争力研究的先例，之后竞争力理论研究渗透到旅游业的各行各业。20 世纪 80 年代末 Wober 通过构建游客季节分布、旅游需求、过夜游客增长率、旅游地承载力四项指标对 1975 以来 39 个欧洲城市的综合竞争力进行评估，并绘制了城市综合竞争力空间分布图。Michael 等(2004)研究认为旅游目的地竞争力影响因素既包括旅游核心吸引力，也涉及旅游供应商，作者通过重要性－绩效性分析方法(IPA)分析了香港旅游业竞争力有利和不利因素。

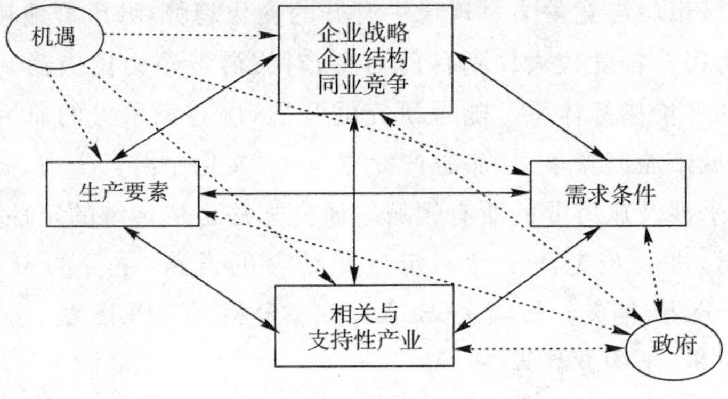

图 2.6　波特的钻石模型(Poter,1998)

随着社会的发展，国内旅游竞争力研究基本趋于成熟，取得了较多理论与实证研究成果。丁蕾等(2006)基于硬竞争力和软竞争力两大维度，构建城市旅游竞争力评价指标体系，运用 AHP 法测算权重，再用熵值法进行修正，最后以南京市为例进行实证分析。杨勇(2006)通过构建旅游目的地二元竞争力框架，对文化因素在旅游目的地竞争力中的地位和作用进行了综述，认为文化因素在旅游目的地竞争力框架中扮演着重要的角色。盛见(2007)提出了竞争力的“性质构成说”，将区域旅游竞争力分解为潜在竞争力、外生和内生资源禀赋竞争力、市场竞争力等内容。徐淑梅等(2008)认为区域旅游竞争力业绩、区域旅游环境竞争力和区域旅游竞争潜力为区域旅游竞争力评价的三大要素，结合旅游学和区域竞争力的内涵，提出并构建了区域旅游竞争力数字化评价系统。李振亭等(2009)引入旅游竞争力效度的概念，测量区域旅游竞争力实际发挥作用的程度，同时对大陆 31 个省级区域的旅游发展态进行检测，发现大陆 31 个旅游区发展态的地区不均衡现象突出，最后提出了相关建议。万绪才等(2011)将旅游竞争力分为旅游竞争效力和潜力两个方面，从资源和距离两个方面构建旅游国际竞争力评价指标体系，研究结果表明中国国际旅游竞争力与世界上其他旅游强国相比，竞争潜力巨大，在资源上拥有绝对优势，但在距离上处于劣势。张洪等(2010)利用加权 TOPSIS 法，对长三角旅游资源区际竞争力进行比较研究，结果表明地区间旅游资源存在较大差异，泰州、南通旅游资源竞争力最弱，苏州、杭州的旅游资源竞争力最强。李雪等(2008)运用系统动力学方法对山东半岛城市群 2005—2020 年旅游竞争力变化趋势进行了仿真分析，预计未来 15 年内，单体城市旅游竞争力呈现稳中有升的变化趋势，城市群地域单元整体旅游竞争力提升幅度较大。到目前为止，对旅游竞争力国内尚缺乏一个被广泛认可的评价指标体系。随着研究的开展，旅游竞争力的研究领域逐渐扩大，包括城市旅游竞争力、旅游产业竞争力、文化旅游竞争力、温泉旅游竞争力等，几乎涉及旅游业的所有领域。研究方法也从传统的定性分析，转化为定量分析，进一步走向定性与定量相结合的道路，主要的定量方法有：AHP、因子分析、偏离－份额法(SSA)、方差分析、TOPSIS 法、系统动力学、数据包络分析、结构方程等。

旅游业效率的提升是促进旅游竞争力的一个强有力的手段。旅游业综合效率基本上反映了区域旅游竞争力状况，旅游业纯技术效率反映了区域旅游业发展的集约化程度，区域旅游业集约化程度越高，反映出旅游业的竞争力越强。中国旅游业发展综合效率及纯技术效率较高的地区基本上位于东部沿海，这些地区同时也是旅游竞争力较强的区域，后文的研究基本上验证了旅游竞争力与旅游业综合效率以及纯技术效率的相关性。旅游业规模效率并不能反映出区域旅游业竞争力状况，规模效率较高的地区，旅游业发展有可能处于起步期或者发展期，相对于成熟期的旅游竞争力来说表现较弱。旅游竞争力的提升需要改善旅游业效率，旅游竞争力的相关理论可为旅游效率研究提供指导。

2.3.3 “资源诅咒”理论

自然资源与经济发展的关系一直以来都是经济学家关注的焦点之一，

也是发展经济学研究的重要领域之一,国外较早对此类现象进行了相关研究。在过去的几十年里,关于一个国家或地区的资源禀赋状况、经济发展状况以及政治结构之间关系的研究文献层出不穷,大部分研究都受 Sachs 和 Warner(1995)研究的启发,认为这些所谓的"亮点资源(point－source)"如石油、天然气、煤矿常常通过各种各样的传输机制,降低了经济的长期增长。尽管古典经济学家早在 19 世纪初就对自然资源,尤其是土地资源,可能对人均 GDP 的增长构成制约,但专家们往往倾向于认为自然资源对经济增长的促进作用一般小于资本与劳动力对经济的影响,大部分学者认为社会的发展能够克服马尔萨斯的人口陷阱以及规模报酬递减规律,可持续经济增长有可能实现。不少主流经济学家认为,资本的增加以及技术进步也许会阻止自然资源对全球经济的遏制作用。

国外对"资源诅咒"的研究,主要集中在以下几个方面:(1)"资源诅咒"的存在性及其检验。20 世纪 80 年代中期以来,经济学家通过实证发现:资源丰裕国家的经济增长绩效远不如资源贫乏的国家,这种现象首次被 Auty 称为"资源诅咒(resource curse)"。该概念一经提出,在学术界便引起了广泛的争论,主要有支持和反对两派。支持"资源诅咒"理论的代表 Sachs 和 Warner 通过对 95 个发展中国家 1970—1989 年 GDP 增长率的测算发现,在不考虑投资率及贸易政策等条件下,自然资源丰度与经济增长速度成反比。除此之外,Papyrakis(2004),Torvik(2002),Collier(2009)等国外学者的研究基本上支持"资源诅咒"假说。然而,随着研究的深入,不少学者对"资源诅咒"现象产生质疑。Alexeev(2009)以人均资源占有量来衡量自然资源丰裕度时发现,从长期来看,自然资源丰裕度与经济增长仍呈显著的正相关关系。(2)"资源诅咒"的传导机制。自然资源是区域经济发展的基础,但往往阻碍了经济发展,对此方面原因的研究被称为"资源诅咒"的传导机制研究。通过梳理以往文献,发现"资源诅咒"的传导机制主要有:"飞地属性"说(Hirschman,1958;Power,2002;Jodice,1980),贸易条件恶化论(Ramey,1995;Lutz,1994;冯宗宪,2010),荷兰病效应(Gorden,1987;Gelb,1988;赵伟伟,2010),挤出效应(Asea,1999;Gylfason,2000),政治制度(Ross,2001;Isham,2005)等。(3)破解"资源诅咒"的对策。西方学者主要从经济和制度两方面提出规避"资源诅咒"的措施。Leameretal(1999),Murshed(2003),Shaxson(2005),Hjort(2006),Larsen(2006)等学者的研究证明，充足的人力资本和持续的技术创新是避免“资源诅咒”发生的主要措施。Auty(1998)认为高储蓄率是避免“资源诅咒”的首要经济条件，Matsen(2005)运用Solow和Hartwick标准法分析发现，国家高储蓄率的提高对摆脱“资源诅咒”具有重要的意义。

国外对“资源诅咒”的研究，大致可以划分为三个阶段：①第一阶段：20世纪50年代到80年代中期，该阶段可称为“资源诅咒”的非正式研究阶段，部分学者认识到自然资源与经济增长之间的负相关关系，同时开始思考这种现象的原因，所用到的理论主要有：“中心一外围”理论、贸易条件恶化理论以及“荷兰病”模型。②第二阶段：20世纪中期到90年代中期，这一阶段为初始研究阶段，该阶段正式出现“资源诅咒”这一概念(Auty,1988)，大量学者利用跨国数据，通过构建模型对“资源诅咒”这一现象进行解释。③第三阶段：20世纪90年代至今，这一阶段为“资源诅咒”研究高潮阶段，在论文《自然资源丰度与经济增长》中，Sacks与Warner通过建立正式经济模型，采用现代经济学方法，揭示“资源诅咒”现象的存在及机理，同时提出破解“资源诅咒”的相关措施。近年来，学者倾向于对“资源诅咒”发生的条件和范围进行研究，这种观点认为“资源诅咒”并不是一个规律的命题，其出现是有条件的，指标、研究方法、研究尺度的不同会导致结果的反差。Ding(2005)采用人均自然资源和自然资源资本占总资本比例两项指标分析与经济增长的关系，得出了不同的结论。Wen(2004)认为只要其制度能够带动足够高的交易效率，资源贫乏的国家便能得以发展。相反，如果缺乏更高的交易效率和更优良的制度，资源富足的国家便会陷入“资源诅咒”。Robinson(2006)认为拥有能促进政府责任心和能力制度的国家，将会从资源繁荣中受益，而不具备这种制度的国家则可能会遭受“资源诅咒”。

国内学者徐康宁(2006)较早对“资源诅咒”展开研究，他以中国的省级面板数据为例证明了该命题成立，并以山西省为例对“资源诅咒”的作用机理进行了分析(徐康宁等,2006)，此后他以1970—2000年世界各国的经济增长差异为研究对象，证明自然资源的丰裕度与经济增长之间的确存在显著的负相关关系，“资源诅咒”确实成立(徐康宁等,2006)。此后相关研究逐渐增多，其研究主题基本与国外相一致。不论对“资源诅咒”是支持还是反对，这两种观点基本上都对该现象的发生机制进行了相关探讨，支持“资源诅咒”观点的学者还为破解此类现象的途径进行了大量的论述。通过国内相关研究分析发现:①学者们对“资源”的认可度不一致,是导致是否存在“资源诅咒”的根本原因,如果把“资源”的定义仅仅局限于自然资源,就无形当中缩小了“资源诅咒”研究的内涵,如果将“资源”的概念扩大到社会资源,那么不同的资源对经济增长的影响程度还不尽相同。②大部分研究仅仅局限于短时段的面板数据,经济自身发展具有一定的周期性规律,历史上资本主义历次大危机的导火线之一就是出现了“生产剩余”,资源在经济发展的不同阶段,扮演的角色是否完全相同,或者说资源在历次经济大危机中究竟起到何种作用,仍需进一步研究。③研究文献大部分关注资源对经济增长的影响,很少涉及资源对社会生活领域中其他现象的影响,如资源禀赋对旅游业的影响机理研究相对较少。直到近年来,部分学者开始跳出资源与经济增长的范畴,开始探讨其他社会经济现象的“资源诅咒”问题。张力小等(2010)以 2008 年能源和水资源的数据为例,研究资源禀赋对资源利用效率的影响,结果表明资源禀赋对资源利用效率存在显著的逆向影响,这种关系在分散型资源上的体现更加明显。李少星等(2007)的研究表明,自然资源在城市化过程中产生的限制作用及其机理,是多种要素共同作用的结果,作者进一步提出了相应的政策建议。孙永平等(2012)的研究表明,资源依赖度的增加阻碍了产业结构的多元化和高级化,使产业结构发生扭曲。

“资源诅咒”是一种客观存在的经济现象,旅游业效率是否存在“资源诅咒”需要进一步验证。与自然资源相比,旅游资源的定量测度存在一定的困难,虽然有不少学者在此方面进行了尝试,但仍未能取得令人满意的结果。论文引入旅游资源优势度概念来代替各区域间旅游资源的相对变化情况,在此基础上论证了旅游资源对旅游业各项效率发展的影响。论文主要借助“资源诅咒”的思想,研究旅游业效率在不同地区以及不同的时间段与旅游资源之间的关系,即研究旅游业各项效率与旅游资源相互关系的时空尺度,深化“资源诅咒”在旅游业效率演化中的应用。

2.3.4 可持续发展理论

可持续发展理论开始于 20 世纪 60 年代,1987 年,挪威首相布伦兰特夫人出席“世界环境与发展委员会”,并发表了题为《我们共同的未来》的报告,提出了可持续发展理论。可持续发展理论是指既满足当代人的需求,又不对后代人满足其需求的能力构成威胁的发展模式,可持续发展强调的是发展,发展才是硬道理,任何问题只有在发展中才能得到解决,停滞不前不能解决任何问题。可持续发展理论认为,经济的发展不应该以牺牲环境为代价,两者应该协调发展,环境保护是可持续发展的重要目标之一,每个人都享有环境保护的权利与义务。可持续发展还要求人们改变生产方式和消费方式,强调对环境保护新技术的研制和普及。可持续发展坚持三大原则:公平性原则、共同性原则、持续性原则。中国科学院《中国可持续发展战略报告(1999)》提出了我国经济增长可持续的主要目标为:人口规模零增长、能源消耗零增长、生态退化零增长。可持续发展的思想是科学发展观的核心内容之一,是当前阶段我国必须坚持的经济发展思想。

旅游业的发展与可持续发展有一种天然耦合的关系,"可持续旅游"是指旅游业的发展应当实现"经济上可行,但又不会破坏未来旅游发展赖以开展的资源基础(特别是自然环境)和接待地区的社会结构"(Swarbrooke,1999)。可持续旅游发展的目标主要包括以下几点:①促进旅游的公平发展,旅游业的发展应该惠及普通人民群众,提高人民群众日益增长的精神文化需求。②增强人们对旅游发展影响的理解,旅游业从根本上说是一项污染较小的第三产业,"旅游业像一把火,可以烧掉你的屋,也可以煮熟你的饭"(魏小安,2003),我们不能仅仅关注旅游发展的经济效应而忽视旅游业发展对生态环境的影响。③向旅游者提供高质量的旅游经历,这种经历不仅包括提供优越的食、住、行、游、购、娱等显性环境,还应该为旅游提供一个良好的人文环境。④促进旅游目的地的发展,这种发展不仅包括经济上的,还应该包括环境的改善、文化的进步、观念的转变等方面。⑤旅游规划的可持续性,当前旅游规划存在一系列的弊端,其主要原因就是忽视了可持续旅游的思想精髓。可持续旅游规划不仅需要考虑建设什么,还要考虑不能建设什么;不仅需要考虑当代人的旅游需求,还要考虑后代人发展旅游的能力;不仅需要考虑旅游发展带来的经济效益,还要考虑旅游发展产生的社会、文化、环境效益;不仅需要重视硬规划(基础设施建设布局),还要考虑软规划(接待地人文环境的营造)。可持续旅游发展的主要原则有:可持续旅游的发展必须要符合目的地东道国的需要和意愿,当地居民是否愿意发展旅游,这是可持续旅游的首要原则;其次旅游目的地应该保持对游客长久的吸引力,尽量满足不同旅游者多方位的不同需求;可持续旅游要保护好目的地旅游赖以发展的环境基础,主要包括自然环境、人造环境以及文化环境。

提升旅游业效率的最终目的是为了实现旅游业的可持续发展，旅游业效率虽然是一项经济指标，但基本上可以判定区域旅游增长方式是否合理。旅游业综合效率基本上反映了一个地区旅游业发展总体上的投入产出情况，旅游业发展是否合理利用了相关资源；纯技术效率基本上反映了区域旅游业发展的集约化发展情况；规模效率基本上反映了区域旅游业发展的粗放型发展情况。可持续发展思想是旅游效率提升的最终目的，效率提升是实现旅游业可持续发展的手段之一。

第三章　指标体系、实证测度技术与数据来源

前两章梳理了旅游业效率研究的相关理论基础，本章将主要交代了论文研究的指标体系（旅游业效率、旅游资源优势度、区域经济、文化资本）、主要的研究方法（主要包括经典的统计分析方法以及空间分析方法）以及研究的数据来源。

3.1　指标体系

3.1.1　旅游业效率

3.1.1.1　效率

“效率”概念最初来源于物理学，用来表示机械作用中能量的损耗程度。从管理学的角度来说，效率是指在一定时期内，组织内投入要素与产出要素之间的比例关系。在宏观经济领域，效率是一种指资源配置使社会所有成员得到总剩余最大化的概念，对于任何一个经济实体而言，效率都是其走向繁荣和持续发展的重要条件之一，在 1992 年，萨缪尔森认为，效率是指尽可能有效地运用经济资源，以满足人们的需要，同时尽可能减少浪费。经济生产中涉及投入与产出，因而会涉及效率问题，效率是指企业（或组织）在投入一定生产资源条件下的产出，或者在产出一定情况下的投入成本。效率是

经济管理领域的研究热点，近年来逐渐成为旅游学科内研究的热点问题之一。Charnes 和 Cooper 等在 1978 年提出了 DEA 模型，近年来，借助数据包络分析（DEA）模型，旅游效率研究的技术手段日趋完善。DEA 模型就是用线性规划模型评价具有相同类型的多投入和多产出决策单元是否具有技术效率和规模效率，通过比较同一时点不同决策单元间的投入与数量，确定有效生产前沿面，再通过衡量各决策单元与最佳前沿面之间的距离，进一步确定各个决策单元的技术效率与规模效率。通过放弃规模收益不变的假设，综合效率可以分解为纯技术效率与规模效率。当规模效率可变时，被考察单元与生产前沿面之间的距离为纯技术效率，越是靠近生产前沿面，纯技术效率越大；规模效率是指规模收益不变时生产前沿与可变规模收益的生产前沿之间的距离，越靠近可变规模收益的生产前沿面，规模效率越大。

图 3.1 的横轴为投入要素 x，纵轴为产出要素 y，直线 CCR 为假定技术不变的情况下规模报酬不变时的生产前沿面，曲线 B^2C 为假定技术不变的情况下规模报酬变动时的生产前沿面。CCR 直线上点的技术效率等于 1，为技术有效，分布在其下方的点为技术无效或低效率；分布在直线 B^2C 上点的纯技术效率等于 1，为纯技术效率有效，分布在其下方的点为纯技术效率无效或者低效率。对于图 2.5 中的 A 点，技术效率等于 BC/BA，纯技术效率等于 BD/BA，规模效率等于 BC/BD。因此，技术效率（综合效率）＝纯技术效率×规模效率，三项效率的值都介于 0 和 1 之间。

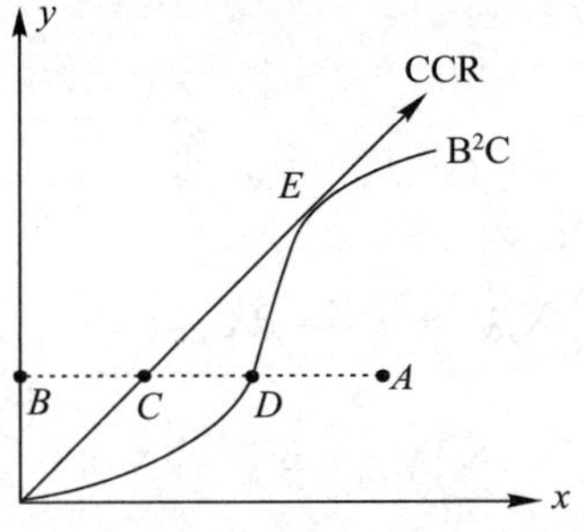

图 3.1 技术效率、纯技术效率、规模效率之间的关系（陶卓民等，2010）

全要素生产率（Total Factors Productivity，TFP）是指经营管理技术、产品生产技术、要素组合技术等诸多方面技术水平的综合反映，在多时段条件下，指各种生产要素组合单元所引起的生产资源配置效率水平的变化，当前一般用曼斯奎斯指数(Malmquist Productivity Index)表示 TFP 变化，主要通过运用 Shepherd 提出的距离函数来定义的。Malmquist 指数不仅可度量全要素生产率的动态变化($TFPch$)，还可以将其分解为技术进步变化($TEch$)、纯技术效率变化($PTEch$)和规模效率变化($SEch$)三大部分，计算公式如下：

$$TFPch = TEch \times PTEch \times SEch \tag{3-1}$$

当今最具有代表性的经典 DEA 模型，主要有 BC² 模型、C²R 模型、FG 模型和 ST 模型，本著主要利用到前两个模型。1984 年 Banker、Charnes 和 Cooper 给出了 B²C 模型。设有 n 个部门或单位，每个 DMU_j 都有 m 种输入和 s 种输出，分别用输入 X_j 和输出 Y_j 表示，其中 $X_j=(x_{1j},x_{2j},\cdots,x_{mj})^T>0$，$Y_j=(y_{1j},y_{2j},\cdots,y_{sj})^T>0$。$x_{ij}>0$ 表示第 j 个决策单元 DMU_j 的第 i 种类型输入的输入量；$y_{rj}>0$ 表示第 j 个决策单元 DMU_j 的第 r 种类型输出的输出量，本研究采用的 DEA 模型为：

$$\begin{cases} \min[\theta - \varepsilon(e^{-T}s^{-} + e^{+T}s^{+})] \\ s.t.\ \sum_{j=1}^{n} X_j\lambda_j + s^{-} = \theta X_0 \\ \sum_{j=1}^{n} Y_j\lambda_j + s^{+} = Y_0 \\ \sum_{j=1}^{n} \lambda_j = 1 \end{cases} \tag{3-2}$$

C²R 模型如下：

$$\begin{cases} \min[\theta - \varepsilon(e^{-T}s^{-} + e^{+T}s^{+})] \\ s.t.\ \sum_{j=1}^{n} X_j\lambda_j + s^{-} = \theta X_0 \end{cases} \tag{3-3}$$

$$\sum_{j=1}^{n} Y_j\lambda_j + s^{+} = Y_0$$

其中，$\lambda_j \geqslant 0, j=1,2,\cdots,n, s^{+} \geqslant 0, s^{-} \geqslant 0$。$\theta\ (0<\theta \leqslant 1)$ 为综合效率，λ_j 为权重变量，s^{+} 为剩余变量，s^{-} 为松弛变量，ε 为无穷小的正数，当存在最优解 $\theta=1, s^{+}=s^{-}=0$，则称 j_0 单元为 DEA 有效，若 $\theta=1$，s^{+}、$s^{-} \geqslant 0$ 存在非 0 值，则称 j_0 单元为 DEA 无效，此时的值越接近 1，说明效率越接近有效。

3.1.1.2　旅游效率

(1)概念体系

从严格意义上说,旅游业效率只是旅游效率概念体系中的一个组成部分,旅游效率的概念体系如图 3.2 所示。经研究认为:旅游效率有狭义和广义之分,狭义的旅游效率特指旅游业效率,是指旅游活动中的食、住、行、游、购、娱、康、乐等要素环节中的某个环节或多个环节的效率,即旅游经济活动中各决策单元投入与产出比例关系的一种度量。

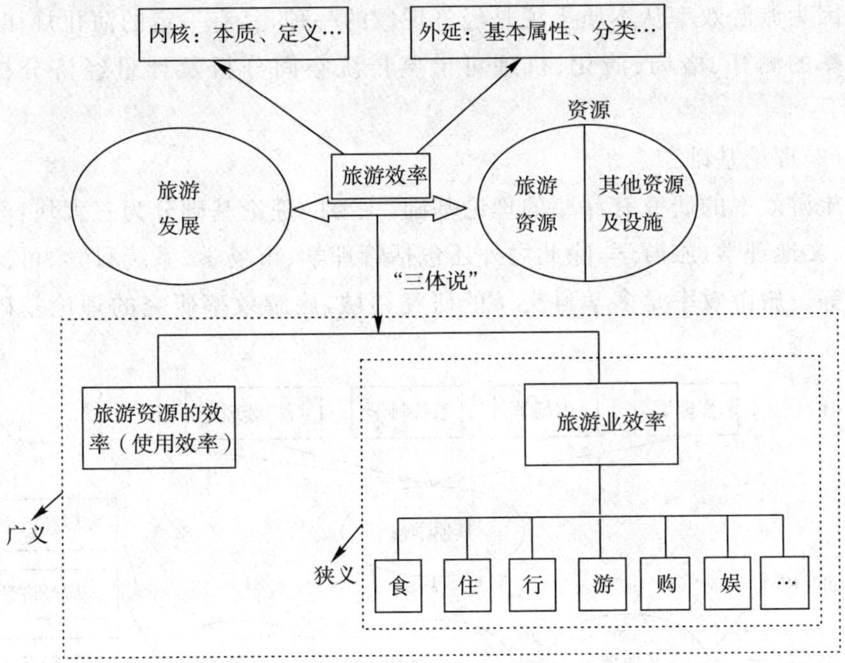

图 3.2　旅游效率的概念内涵

旅游学科中的“三体说”认为:旅游概念体系主要包括旅游者(旅游主体)、旅游资源(旅游客体)、旅游业(旅游中介);根据“三体说”,旅游效率还应该包括旅游资源的效率,即旅游资源的使用效率。效率反映了资源的利用是否合理,旅游效率反映了旅游业发展相关资源(设施)的利用是否合理(这里的“资源”,主要包括旅游业发展所必需的人力资本、固定资产、旅游资源等)。需要指出的是,旅游资源在当今对旅游业发展的影响程度呈降低趋势,且旅游资源年际变化测度存在着一定的争议,因此在考虑旅游业投入指标时,没有将旅游资源纳入指标范围之内。

基于以上分析,可以将广义的旅游效率定义为:指在一定的经济技术水平下,衡量旅游发展过程中各种资源是否得到合理化利用的经济指标,是一种客观存在的经济现象。随着社会经济技术水平的提高,旅游效率也会发生相应的改变,旅游效率特指在一定经济技术发展水平之下的效率。然而旅游业发展过程中的资源并不是特指旅游资源,按照经济增长理论,它主要包括旅游业赖以存在的土地、劳动力、固定资产等要素。旅游效率实际上就是旅游业发展过程中的各种投入因素与各种产出因素合理化关系的一种度量。因为旅游效率从本质上说是经济现象的一种,具有一定的演化规律,旅游效率的测算、格局、演化、机理可借鉴传统空间分析及计量经济分析的方法。

(2)理论基础

旅游效率的研究有深厚的理论基础,主要的理论基础分为三大块:经济学、人文地理学、旅游学,除此之外还包括管理学、市场学、系统科学、可持续理论等。旅游效率是多学科交叉的研究领域,旅游效率研究的理论基础如图 3.3 所示。

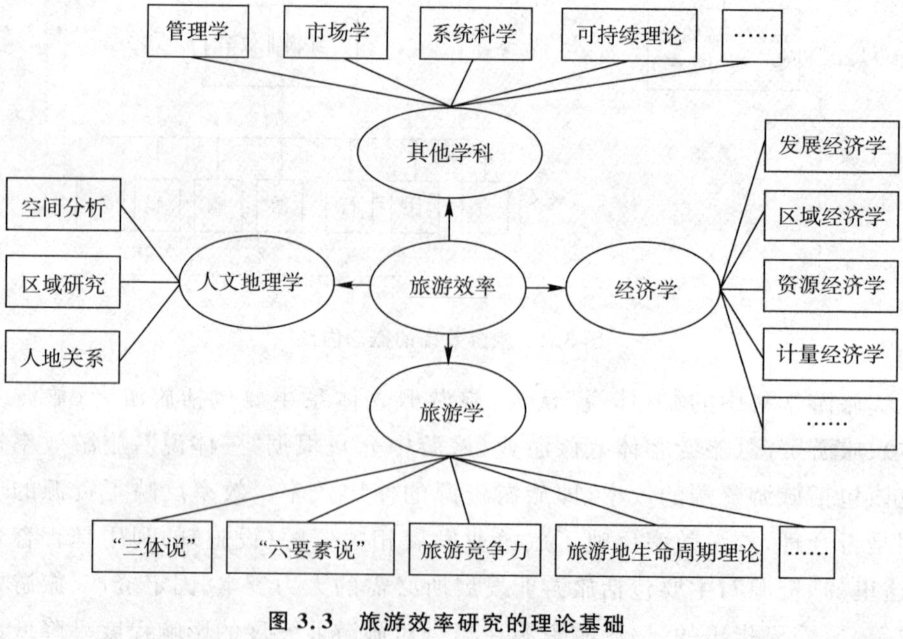

图 3.3 旅游效率研究的理论基础

旅游学相关理论是旅游效率研究的基础:①从旅游“三体说”的角度来

看，旅游效率主要包括旅游业效率与旅游资源的利用效率；②从旅游业的构成要素来看，旅游业主要包括食、住、行、游、购、娱等要素，旅游业效率即旅游经济活动中各环节的投入产出比；③旅游效率从一个侧面反映了旅游竞争力，旅游效率与旅游竞争力有着天然的耦合关系，一般情况下，旅游业综合效率与纯技术效率越高，意味着旅游竞争力也就越强；④旅游地生命周期理论，旅游地演化有类似生命体的过程：产生、发展、壮大、衰落（复兴），旅游地生命周期理论可为旅游效率的演化提供理论指导。

人文地理学传统范式为旅游效率研究提供理论视角。空间分析、区域研究、人地关系是人文地理学研究的三大范式，旅游效率与人文地理学研究的三大传统范式是紧密相连的。①人文地理学中的空间分析方法为旅游业效率研究提供技术支持，借助空间分析方法如ESDA、重心、标准差椭圆、空间插值、空间变异等分析方法，可以清楚地洞察旅游效率的空间分布状况；②区域研究为旅游业效率的研究提供尺度视角，本研究以省域为研究尺度，定量分析了31个省份1997—2011年的旅游业发展效率，未来可针对不同尺度下旅游业效率的空间分异进行分析；③旅游业效率实际上是人地关系的一种特殊形式，旅游业效率反映了旅游经营者对旅游业发展各类资源的利用情况，是旅游发展相关资源利用是否合理且定量化的一个指标，其本质上反映了人地关系。

效率问题是经济学中的研究热点，因此旅游业效率不可避免地会涉及经济学的相关研究，效率问题涉及资源的优化配置问题，旅游效率反映了旅游业发展的相关资源是否存在闲置与浪费，旅游业的增长方式属于粗放型还是集约型，也从一个侧面反映了旅游需求与供给的平衡问题，这些问题基本上都属于经济学的研究命题。旅游业效率涉及发展经济学、区域经济学、资源经济学、计量经济学等，经济学理论是旅游业效率的基本理论之一。除此之外，旅游业效率还涉及管理学、市场学、系统科学、可持续发展等理论。

(3)基本问题

旅游效率虽然是近年来旅游学科内研究的一个热点，但学科范式仍没有完整的构建，旅游效率仍没能成为旅游研究中的主流，没有形成像旅游地生命周期理论、旅游流、旅游市场营销等旅游主题一样的研究体系。旅游效率的研究当前仍然以效率的测算为主，普遍缺少机理的深入系统分析。旅游效率的基本理论问题的研究,可按照"是什么——为什么——如何测"这样的路径逐渐深入。

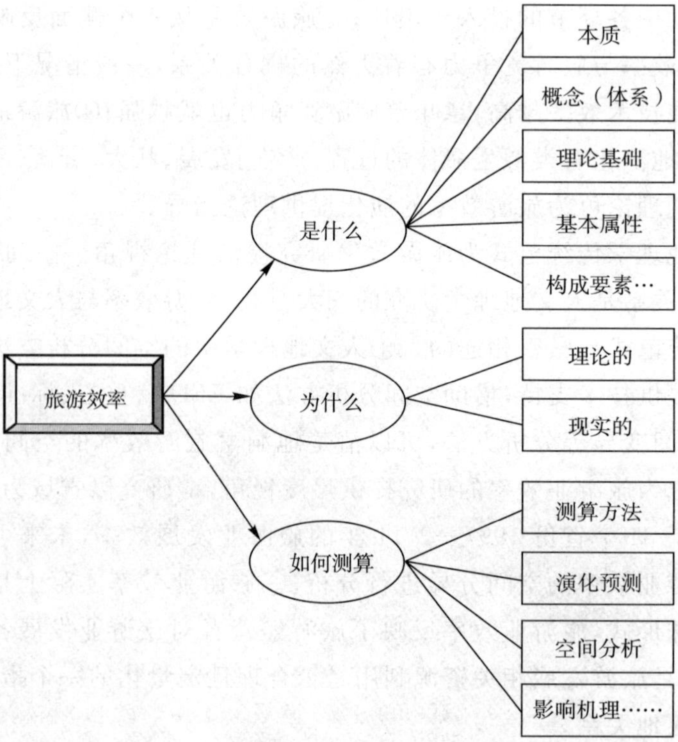

图 3.4 旅游效率研究基本问题

旅游效率从本质上说是一种客观存在的经济现象,其概念体系与理论基础前文已经进行了初步研究,旅游效率的基本属性可归纳为以下几点:①相对性。当前文献中对旅游效率的计算,主要方法有两种:随机前沿函数法(SFA)与数据包络分析法。随机前沿函数法是在一定的假设基础上进行的,往往只是对经济学中经典生产函数的简单模仿,并且模型允许存在一定的误差,模型的理论基础需要进一步论证,因此其计算的结果具有一定的相对性;数据包络分析方法用线性规划模型来评价具有相同类型的多投入和多产出的决策单元,通过衡量各决策单元与最佳前沿面的差距来确定效率,计算结果本质上属于比例关系,还不能反映出旅游经营的实际效率。基于以上分析,旅游业效率的测算结果具有一定的相对性。②波动性。旅游业是一项关联性很强的第三产业,旅游业的发展与很多产业密切相关,旅游业效率因而受到各种各样因素的干扰，总体上旅游业效率在波动中上升，第三章用 HP 滤波分析各项效率的波动项与周期项，验证了旅游效率的波动性。③指向性。综合效率表明一个地区旅游业发展的总体状况，纯技术效率总体上反映了旅游业发展的集约化程度，规模效率总体上反映了一个地区旅游业发展的粗放型程度。一般情况下，纯技术效率与规模效率呈负相关关系。2003 年"非典"之后，中国大陆旅游业综合效率主要受纯技术效率驱动，旅游业发展的集约化程度提高。

旅游效率的研究是十分必要的。从理论上说，旅游效率的研究使经济学中的效率理论在旅游学中得到充分的应用，从人文地理学的视角研究旅游效率，与传统人文地理学研究的三大范式是紧密相连的，旅游效率属于多学科交叉研究的领域，可以促进多学科在旅游学科内的交融，进一步扩充旅游研究的理论内涵。从实际意义上说，旅游效率关系到地区旅游业的增长方式是否合理，旅游业发展的相关资源是否得到合理的利用，还关系到旅游业的低碳化经营、包容性增长以及可持续化发展。不论是基于理论视角，还是基于实际应用价值，旅游效率的研究都是十分必要的。

旅游效率的测算，不仅包括旅游效率数值的测算，还应当包括旅游效率演化的预测、空间分析、影响机理等方面内容。未来对旅游效率的研究，可针对以下几个方面展开深入研究：①旅游效率的测算方法应该多元化发展，不应该仅仅局限于一两种方法。随机前沿生产函数法与数据包络分析方法虽然都是测算效率较好的工具，但两种方法都有一定的局限，未来可综合多种方法对旅游效率进行评价。②旅游效率的研究主题应该逐渐深入。已有文献已经涉及星级酒店、旅行社、国家级风景名胜区、文化旅游地，旅游业各行业的效率测度是未来深入研究的方向之一。③旅游效率的机制与模式研究仍有待进一步加强，旅游效率影响机理的缺乏是当前国内旅游效率研究中普遍存在的现象，当前国内对旅游效率评价的时间尺度相对较短，缺少从长时段角度加强对旅游效率机制与模式方面的研究。④旅游效率及其影响机理的时空尺度效应重视力度不够。由于旅游业的综合性，旅游效率的影响因素较多，各影响因素在不同的时间与空间条件下，对旅游效率的作用机理不尽相同，未来应充分重视此方面研究。

3.1.1.3　旅游业效率

旅游业效率投入产出指标的选择应该满足以下条件：①满足效率计算

的技术要求：首先指标的选择应该小于决策单元数目，此外投入指标的个数不能小于产出指标的个数；②各个指标之间应该避免出现很强的线性相关性。如果选择星级饭店的房间数作为投入指标，一般不再考虑星级饭店数量，因为星级饭店数量与房间数之间有一定的相关性；③指标的选择应该尽量客观性、可行性，尽量与旅游业发展密切相关。旅游系统包括食、住、行、游、购、娱等要素，如果要考虑到每个要素具体的投入产出，旅游效率的计算根本不可能实现，但可以从与旅游业发展密切相关的行业选择投入产出指标进行测度，如酒店业与旅行社业等。

传统经济学认为土地、资本、劳动力、技术等要素是经济增长的主要因素，因此在考察旅游经济投入要素时，必须充分考虑到这些要素。在相对较短的时间内，可忽略技术因素对旅游投入的影响。旅游业是第三产业，第三产业的发展对土地的依赖程度比第一、第二产业相对较小。当前国内旅游业发展中，土地并不是影响旅游发展的决定性因素，虽然旅游资源的发展必须要有一定的土地投入，但从全国层面上说，各种类型旅游资源占用土地的面积无法一一获取。基于以上分析，本研究在考察旅游投入要素时，重点分析资本与劳动力两大因素对旅游业效率的影响。

饭店业、旅行社业、旅游交通业是旅游业发展的三大支柱产业，旅游业效率的投入指标必须考虑到这三大行业的发展情况。旅游交通业很难与一般交通业剥离开来，且相关统计数据并不健全，几乎无法获得。星级饭店与旅行社却是旅游业发展最直接的关联产业，星级饭店集中了中国住宿业的主体，而且形成了社会品牌。星级饭店从某种程度上说，代表一个城市的整体旅游形象，分别选择星级饭店的房间数(间)以及固定资产(万元)代表星级饭店方面的投入指标。旅行社是旅游业内各要素的中介者和组织者，旅行社业对地区旅游业的发展具有重要的促进作用，分别选择地区旅行社总数(个)与固定资产(万元)作为旅行社方面的投入指标。《中国旅游统计年鉴》中分别对星级饭店、旅行社、旅游景区的从业人数进行了统计，旅游从业人数主要包括这三大产业的人数，本研究以旅游从业人数(人)代表旅游发展的劳动力投入。旅游收入是衡量地区旅游经济的重要指标，并且统计数据比较健全，选择旅游总收入(万元)表示各省旅游业发展的产出指标(包括国内旅游收入与国际旅游收入之和，其中国际旅游收入按当年美元兑换人民币的汇率换算而成)。基于以上分析，本研究以星级饭店房间数、星级饭店固定资产、旅行社总数、旅行社固定资产、旅游从业人数五大指标代表旅游业效率的投入要素，以旅游总收入作为产出要素。

3.1.2　旅游资源优势度

旅游资源是旅游业发展的客体，对旅游业的发展尤其重要，对落后地区旅游业的发展更是如此。虽然当今“无景点旅游”以及人造主题类的旅游资源方兴未艾，但旅游资源对旅游业发展的基础作用仍然存在。高级别的旅游资源，不仅是一个地方旅游形象的代表，同时也是一个地方整体形象的代表，是区域旅游吸引力的核心来源之一。考察旅游资源对旅游经济的影响，仍然以定性研究为主，虽然近年来部分学者涉及旅游资源的定量测度以及旅游资源对旅游经济影响的实证分析，但系统理论的实证研究仍然不足，其主要原因有：①旅游资源概念的模糊性。虽然不同专家与学者对旅游资源进行了不同的界定，这些界定基本立足于某一领域或者视角进行，基本没有解决旅游资源的定量测度问题。②旅游资源不同于自然资源，对其进行定量测度具有一定困难性，不可能采取自然资源的评价方法对旅游资源进行定量测度。③旅游资源的年际变化较难测度。旅游资源是不断变化的，如国家旅游局定期都要在全国范围内进行A级景区评定，A级景区的数量是不断变化的，同时其他旅游资源数量也在不断变化之中，对这种变化如何量化存在一定的困难性。

为了定量分析旅游资源对旅游效率的影响，必须要解决旅游资源的年际变化问题，进而利用计量经济软件展开相应的研究。本研究引入旅游资源优势度概念，其实质上反映了省际旅游资源丰裕度相对变化的情况，通过测算发现该指标基本上能代表省际旅游资源赋存状况的动态变化。旅游资源优势度是不断变化的，通过对旅游资源优势度的测算，可以从一个侧面验证省域旅游业发展是否存在旅游资源与旅游经济的“错位状况”，即中国省际旅游业发展是否存在着“资源诅咒”现象。此外，利用旅游资源优势度以及旅游业效率数据，可构建计量经济学模型，分析旅游资源优势度对旅游业效率的影响，进而从旅游资源角度提出改善旅游业效率的相关意见与建议。

国家旅游局《旅游资源分类、调查与评价 GB/T18972－2003》将旅游资源分为8主类，31亚类，155个基本类型，并且对旅游资源评价赋值标准进行了详细的说明。中国大陆旅游资源十分丰富，截至2013年6月，中国一共有45处世界遗产，在世界上的排名仅次于意大利，其中自然遗产10处，文化遗产31处，双遗产4处，文化景观2处。优秀旅游城市共339家，国家重点文物保护单位1080处（2006年国家第六批），国家重点风景名胜区共208处，如果采取国标标准进行评价，其过程复杂，基本不可行，并且结果仍有待考证。本研究分别选择世界遗产、世界地质公园、全国重点寺院宫观、全国爱国主义教育示范基地、国家自然保护区、国家重点文保单位、国家级风景名胜区、国家水利风景区、国家历史文化名城、国家4A及以上景区、中国优秀旅游城市、中国历史文化名镇名村12项指标，这12项指标基本能代表省级旅游资源禀赋状况。在具体的计算过程中，针对以下问题本研究进行了明确的说明：①某项单体旅游资源在某年份相关部门没有评定，则用0值代替。如5A级景区，国家旅游局2007年实行5A级景区的评定，在2007年之前没有5A级景区，则该项指标用0值代替；再如国家重点风景名胜区并不是每年都进行评选，如果该年份没有进行评选，则用前一年的数据代替。②某项单体旅游资源同时隶属于两项及以上类型，则重复计算。如西递宏村既属于历史文化名镇，又属于世界遗产，同时也是5A级景区，在计算时如果剔除了相关指标，则会影响旅游资源的整体丰裕度指标，因此按所属的相关指标进行计算，并不需要剔除。

王凯（1999）、黄成林（2001）、程道品（2001）、邓俊国（2004）、韩春鲜（2009）、董红梅（2010）等学者曾对旅游资源禀赋进行了定量测量。对旅游资源禀赋进行定量测评，基本的方法有两种，即定性评价方法与定量评价方法，定量评价一般通过构建指标后确定指标权重，然后加权求和计算综合得分，即为旅游资源定量评价的结果。指标的确定，一般也有两种方法，即绝对指标与相对指标。绝对指标主要包括旅游资源的数量、类型、等级、区位、通达度等要素，相对指标主要将绝对指标与总量进行对比，从而得出相关的比例关系。由于相对指标的确定涉及旅游资源的年际测算，采用主观打分测算的方法（如AHP法）科学性值得怀疑，因为专家打分的方法只是某一时间段上的主观测度，其他时间段无法客观测量，因此本研究尽量采用客观评价方法（如熵值法）进行指标权重的确定。旅游资源的数量是不断变化的，如国家旅游局定期发布的A级景区名单，用旅游资源优势度指标可以定量反映各省旅游资源丰裕度的相对变化情况，客观反映资源数量的变化。本研究构建以下旅游资源优势度评价指标体系（如表3.1）：

表 3.1　旅游资源优势度评价指标体系

目标层	指标层	计算方法/数据来源
旅游资源优势度	总量	根据统计资料进行统计分析
	类型(组合状况)	同上
	等级	同上
	通达度(区位条件)	替代指标:公路里程/铁路里程
	密度指数	$D_{ij}=Q_{ij}/\mathrm{sqrt}(S_{ij}\cdot P_{ij})$
	集中度指数	$S_{ij}=r_{ij}/\sum r_{ij}$

注:密度指数计算公式中,D_{ij} 为 i 年 j 省份旅游资源的密度指数,其中 Q_{ij} 为 i 年 j 省份旅游资源的总数,S_j 为 j 省份的面积,P_{ij} 为 i 年 j 省份人口;S_{ij} 为 i 年 j 省份旅游资源的集中度指数,r_{ij} 为 i 年 j 省份旅游资源的个数,详见参考文献:[246]、[88]。式中 $i=1997$,1998,…,2011,代表所选年份;$j=1,2,\cdots,31$,代表大陆 31 个省、自治区、直辖市。

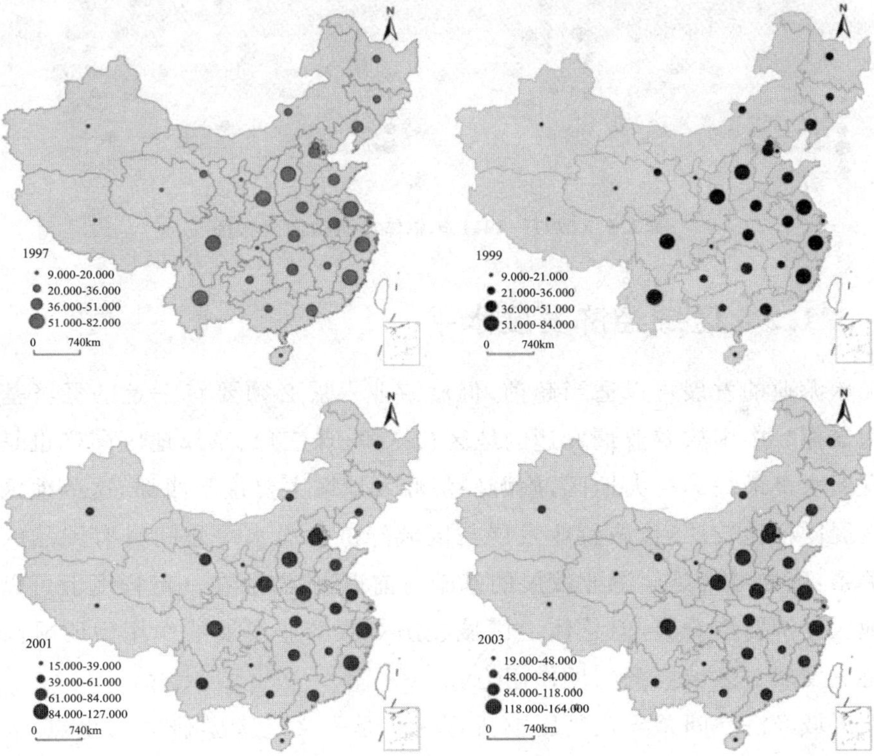

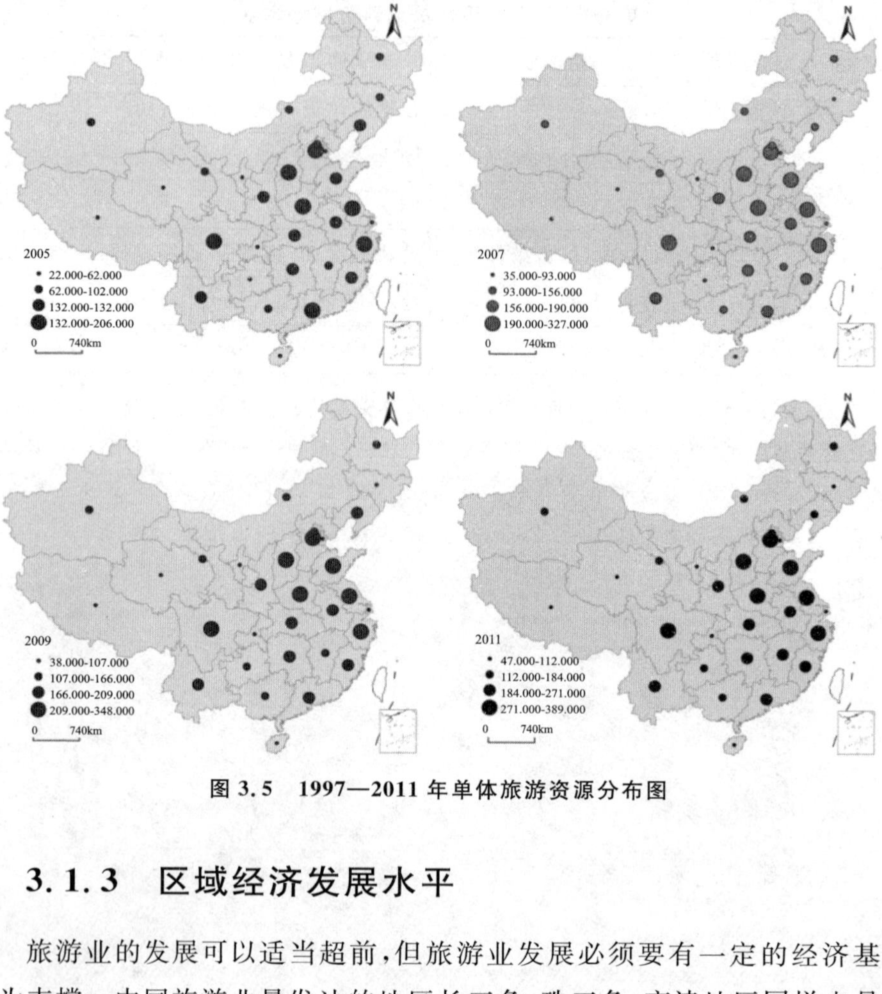

图 3.5　1997—2011 年单体旅游资源分布图

3.1.3　区域经济发展水平

旅游业的发展可以适当超前,但旅游业发展必须要有一定的经济基础作为支撑。中国旅游业最发达的地区长三角、珠三角、京津地区同样也是经济发展水平最高的三大地区,旅游经济后发地区主要位于西部,这些地区经济发展同样比较落后,旅游业发展与区域经济发展水平之间具有天然的耦合关系:区域经济是旅游业发展的基础与前提,旅游业在一定程度上可以促进地区经济转型升级,但总体上区域经济对旅游业发展的作用力明显高于旅游业发展对区域经济的反作用力。

区域经济空间差异及其影响机理一直是人文地理学研究的重点,大部分研究者采用 GDP 或者人均 GDP 代表区域经济发展差异的评判指标,与其他相关指标相比,GDP(尤其是人均 GDP)作为区域经济差异评价指标有一定的科学性。区域经济是一个复杂开放的系统,系统内各因素是不断发展变化的，仅仅选择单一的指标往往会忽略其他因素对整体经济发展的影响，同时还会忽视各因素间相互作用对经济系统产生的直接或间接影响。在参考相关专家(伍世代，王强，2008；柯文前等，2013；杨晓光等，2002；周玉翠等，2002)研究的基础上，同时结合区域旅游业发展实际，构建区域旅游业效率演化的经济因素指标体系，主要组成部分如下：

(1)现状指标：分别用各省 GDP、人均 GDP、人均第二产业总产值、人均第三产业总产值、人均固定资产、GDP 密度表示，代表地区经济发展的总体现状，大部分指标来源于国家统计局官方网站(http://www.stats.gov.cn/tjsj/ndsj/)，其中 GDP 密度计算公式为：

$$\mathrm{DGDP}_{it}=\frac{GDP_{it}}{S_i} \tag{3-4}$$

其中，DGDP 表示 GDP 密度；$i=1,2,\cdots,31$ 代表大陆 31 个省级区域；$t=1997,1997,\cdots,2011$，代表年份；GDP_{it}、S_i 分别表示 i 省 t 年的国内生产总值以及 i 省的面积。

(2)质量指标：分别用 GDP 增长率、人均 GDP 增长率、第二产业增长率、第三产业增长率、固定资产增长率、产业结构高级化指数、产业结构合理化指数表示，代表地区经济发展的质量，其中 GDP 增长率、人均 GDP 增长率、第二产业增长率、第三产业增长率、固定资产增长率采用的是环比增长率。

自西蒙·库兹涅茨提出现代经济增长概念(Kuznets，1971)以来，大量的关于经济增长与产业结构转变关系的理论和实证研究相继开展，如 Peneder(2002)、田红(2009)、干春晖(2011)、渠立权(2013)、黄秉杰(2013)、彭冲(2013)等学者的研究。产业结构变迁在促进经济增长的同时，也带来了短期的经济波动，大量的研究表明，产业对区域经济增长的促进作用具有一定的时空效应，即"结构红利"具有一定的时空效应。所谓"结构红利"是指生产要素从效率较低的部门流向效率较高的部门，会进一步带动劳动生产率或者产出的增长。旅游业效率是一种客观存在的经济现象，其发展与演化是否受到产业结构变迁的影响，且在不同的时间段、不同的地区，产业结构变迁对旅游业效率演化机理影响究竟如何，需要进一步验证。

产业结构变迁的测度指标较多，常用的方法有 Chenery 等(1989)发展的"多国模型"或者 Fabricant(1942)提出的 SSM 法(Shift－Share Method，偏离一份额法），本研究借鉴干春晖等（2011）学者构建的产业结构高级化与合理化指数对产业结构变迁进行定量测度。在信息化高度发达的今天，社会经济逐渐迈向“服务化”，在“经济服务化”过程中第三产业的增长率要快于第二产业的增长率（吴敬琏，2008），认为产业结构的高级化应当反映当今全球经济活动的普遍规律，因此用第三产业产值与第二产业产值的比重对产业结构高级化进行测度，本质上反映了产业结构的“服务化”，计算公式为：

$$TS = GDP_{\text{Ⅲ}} / GDP_{\text{Ⅱ}} \quad (3-5)$$

其中，TS 表示产业结构的高级化指数，$GDP_{\text{Ⅲ}}$、$GDP_{\text{Ⅱ}}$ 分别表示第三、第二产业的生产总值。泰尔指数（Theil and Henri，1967）常用来反映区域发展差异，该指标可用来测量区域产业结构的合理化：

$$TL = \sum_{i=1}^{n} \frac{Y_i}{Y} \ln\left(\frac{Y_i}{L_i} / \frac{Y}{L}\right) \quad (3-6)$$

式中 TL、Y、L 分别表示产业结构合理化指数、产值、就业，Y_i/Y、L_i/L 分别代表产出结构与就业结构，其中 $i=1,2,3$，分别代表第一产业、第二产业、第三产业，TL 值越大，反映地区产业结构越不合理。

(3)支持保障指标：分别用地方财政收入、人均财政收入，货物进出口占GDP 比重、人均邮电业务量，公路里程、铁路里程表示，代表地区经济发展的三大支持保障体系：财政保障、对外交流、交通条件，数据主要来源于中国统计年鉴。

需要指出的是，上述将区域经济发展指标划分为现状指标、质量指标、支持保障指标三类，只是根据经验的划分，划分是否科学需要进一步验证，部分指标可能需要调整以及删除，从而使得划分更加科学。可以利用SPSS16.0 中的主成分分析，提取若干个公因子，其输出报表中因子载荷矩阵基本上反映了各项指标在主成分上的载荷系数，根据载荷系数的大小可以判断上述划分是否合理。

3.1.4 制度(市场化指数)

改革开放以来，中国进行了市场化改革，中国经济实现腾飞。经过三十多年的高速增长，2007 年，中国经济超过德国，成为世界第三大经济体。2010 年中国国内生产总值为 397983 亿美元，首次超过日本成为世界第二大经济体。中国经济腾飞的事实说明了制度变革对经济增长的重要性，大量研究同样证明了“改革仍是中国经济增长最大的红利”。制度改革对旅游经济的增长也起到了重大的推动作用，旅游业作为第三产业中的新兴产业，由改革开放前的“外事接待型”产业转化为改革开放后的“出口创汇型”产业。现阶段旅游业除了改善当地经济发展之外，另外一个重要的作用就是满足人们日益增长的物质文化需求。事实证明，制度改革是国民经济发展以及旅游业发展的重要保障之一，在某些特殊的历史阶段，制度改革对区域经济发展的影响往往是决定性的。

从理论研究来说，制度因素对区域经济以及旅游业发展同样具有重要的作用。制度转向、文化转向、关系转向是新经济地理学的三大转向，他们共同的特点是强调社会文化背景对经济地理学的影响（李小建等，2006）。传统地理学认为区域是研究主题，往往过分偏重于空间分析，对于空间差异的内部机理深入挖掘力度相对不够。旅游业效率是一种客观存在的经济现象，其演化发展必将受到制度因素对其的影响。以科斯（Coase）和诺斯（North）为代表的新制度经济学尤其重视制度对经济增长的影响，新制度经济学最初是从产权方面来研究制度与经济增长关系的，之后研究者还从其他多个角度来研究制度与经济增长的关系，如民主程度、不平等、法律、开放、金融发展等（范涛等，2009）。刘玉珂等（2012）总结了制度对区域经济增长影响的实证研究分类：①制度因素的衡量，主要分为经济制度变革（金玉国，2001）、法律制度（李春涛等，2010）、非正式制度（许标文等，2007）、市场化指数（樊纲等，2011）等指标。②指标的选取，分为两类：只挑选制度因素中的一个变量来衡量制度，如所有制结构（洪名勇，2001）；选择两个及以上指标，如赵理想（2007）、何承伟（2007）、靳涛（2007）等人的研究成果。③研究区域，学者们的研究成果大致相同，制度因素对区域经济增长具有尺度因素，即制度因素（及各分量）在不同的地域范围内，对经济增长的影响力度是不同的（高萍等，2006；钟心桃等，2008）。

然而，在众多的研究中，樊纲、王小鲁等人的系列研究成果认可程度相对较高。樊纲等（2003）通过构建“中国各地区市场化进程相对指数”对中国各地区市场化相对进程进行了测度，市场化指数以 5 个方面、23 个分指标为基础，如表 3.2 所示。文章的最大贡献在于市场化指数可作为“制度变量”对其他社会经济问题进行解释，如余凤龙等（2013）利用该指数对中国旅游经济增长的贡献进行了研究，认为改革仍是中国尤其是中西部省份旅游经济增长的后发优势。在后来的研究中(樊纲等，2011)，作者对市场化指数的应用研究展开论述，利用中国各省的市场化指数，通过构建计量经济学模型定量考察市场化改革对全要素生产率和经济增长的贡献，结果表明：1997—2007 市场化指数对经济增长的贡献率达到年均 1.45 个百分点，全要素生产率的 39.2%是由市场化贡献的。作者最后得出中国市场化转型道路仍未完成，经济的可持续发展有赖于进一步推进市场化改革。市场化指数构建具有重要意义，在一定程度上解决了制度定量化测度的难题，同时也为从制度方面对其他社会经济活动的分析提供了数据支撑。

表 3.2　市场化指数的指标体系(樊纲等，2003)

目标层	一级指标	二级指标
市场化指数(IN)	政府与市场的关系(ING)	市场分配资源的比重 减轻农民的税费负担 减少政府对企业的干预 减轻企业的税外负担 缩小政府规模
	非国有经济的发展(INF)	非国有经济在工业总产值中所占比例 非国有经济在全社会固定资产总投资中所占比例 非国有经济就业人数占城镇总就业人数比例
	产品市场的发育程度(INC)	价格由市场决定的程度 减少商品市场上的地方保护
	要素市场的发育程度(INY)	金融业的市场化 引进外资的程度 劳动力流动性 技术成果市场化
	市场中介组织的发育和法律制度环境(INZ)	市场中介组织的发育 对生产者合法权益的保护 知识产权保护 消费者权益保护

已有文献对制度变迁及其对旅游业发展的影响展开论述(陆林等，2008；余凤龙，陆林，2008，2010；余凤龙等，2011；杨春宇，2011)，但较少有文献涉及制度变迁对旅游业效率的影响。旅游业发展与制度变迁是紧密相连的，在某些特定的时间段，制度因素可能是旅游业发展的主导因素。据统计，1978 年入境旅游人次为 180.92 万人次，2011 年达到 13542.35 万人次，2011 年是 1978 年的近 75 倍，平均每年游客人数上涨 392.98 万人次。1978

年入境旅游过夜游客人数为71.60万人次,2011年达到5758.07万人次,2011年是1978年的80多倍,平均每年入境过夜游客数量增加167.25万人次。1978年至2011年我国入境旅游取得了翻天覆地的变化,主要是受旅游业发展政策的驱动,还是制度在其中起到了基础性的作用。本研究主要利用樊纲等(2003)构建的市场化指数,进而展开对旅游业效率影响机理的研究。

3.1.5　文化资本

文化资本(captial culture)是布迪厄对马克思的资本理论进行非经济解读之后,首次提出的一个重要的社会学概念,作者在《文化再制与社会再制》一书中首次使用到这一名词。文化资本是指在文化的传承与积累的过程中形成的一种新的经济资本,其客观形式为文化产品(Bourdie,1986)。布迪厄在《资本的形式》(1986)提出了完整的文化资本理论,文化资本由三种形态构成:①体化状态,以持久的精神和身体持久情趣方式存在,如行为方式,语言习惯;②物化状态,以文化商品的形式存在,如艺术品;③体制化状态,以一种客观化的形式存在,指个人持有的文化资本在制度上被认可,如各类文凭、各类证书。Throsby分析界定了四种类型的资本:实物资本、人力资本、自然资本和文化资本。他将文化资本的概念引入经济分析当中,他认为文化资本实质上可以看成财富价值积累的一种形式,这种积累会引起服务和物品的不断流动,从而形成具有一定文化与经济价值的商品。文化资本还可以分为有形的文化资本和无形的文化资本,有形的文化资本主要指被赋予文化意义的建筑、遗址、艺术品,无形的文化资本主要是指与既定人群相符的思想、时间、信念及价值。

传统经济增长理论认为,促进经济增长的动力主要是物质资本、人力资本以及技术创新,这种观点相对忽视了文化资本对经济增长的促进作用。古典经济学家斯密虽然在其经典著作中提到了文化因素对经济增长的作用,但并没有展开充分的论述。马克斯·韦伯明确提出了西方经济增长的一个最主要原因是“资本主义精神”。新制度经济学派的代表性人物科斯认为文化因素通过影响正式制度构建进而对一个国家或地区经济发展产生重要影响,文化实质上是非正式制度的重要组成部分之一。文化在另一方面可以通过生产要素质量、技术创新这两条途径对区域经济发展产生影响

(Sacco,Segre,2006)。文化资本不像人力资本那样,可以方便的测度,因此部分学者对文化资本的研究偏向于规范分析。近年来,部分海外学者还通过构建计量经济模型,分析文化资本在经济增长中的贡献度。如部分学者通过对比物质资本、文化资本、自然资本之间的异质性,分析文化资本对经济增长的影响,学者 Bucci 和 Segre(2011)进一步将文化资本的概念引入到内生增长模型中,对文化资本与经济增长之间的关系进行论证。

在新经济增长理论阶段,尤其重视知识、技术、人力资本、制度等因素对经济增长的作用。新经济增长理论在解释经济增长方面虽然有一定的进步,但仍然存在以下问题:新经济增长理论解释不了经济增长与经济停滞长期并存的主要原因;忽视企业家精神以及企业无形资源在推动经济增长中的作用;对经济增长起决定性作用的因素间相互关系的研究重视不够。将文化资本的概念引入经济增长理论当中,在一定程度上可以解释上述问题,国外学者的研究基本上验证了文化资本是经济增长的动力源泉之一,文化因素在一定程度上说,“是经济增长的第一桶金”,在当今经济发展的过程中起到了重要的作用。

表 3.3 金相郁、武鹏(2009)文化资本存量估算指标

		二级指标	说明
文化资本	固体的文化资本	文化遗产 文化遗产 文化藏品 重点文物	每万人世界文化遗产数量 每万人文化藏品数量 每万人重点文保单位数量
	产品的文化资本	文化产业 文化设施 文化就业	人均文化产业增加值 人均文化机构固定资产累计投资额 文化、教育、娱乐类就业人数占总就业人口数比重
	身体化的文化资本	文化教育 文化消费 文化交流	人均受教育年限 人均文化、教育、娱乐消费支出 每万人涉外文化交流次数
	制度化的文化资本	文化支持 文化管理 文化稽查	人均文化机构财政拨款支持 每万人文化管理机构人员数 每万人文化市场稽查机构人数

近年来,国内学者逐渐加强对文化资本测度及文化资本在经济增长过程中所起到的作用的研究。社会生产中的任何经济活动,都根植于一定的

地域文化之中，经济活动的生产、消费、交换，包括经济活动者基本上都根植于一定的地域文化中，任何经济活动都受到文化因素的影响。高波、张志鹏(2004)认为文化资本通过两方面对经济增长起作用：一是文化资本具有报酬递增的特征；二是文化资本对人们利用资源、技术、制度等要素起到制约作用。文化资本与其他资本的主要区别包括四个方面：①文化资本具有多层次的内部结构；②文化资本具有一定的物化形式与现实载体；③文化资本投资或积累的实质是价值观体系的不断扩展；④文化资本不完全等同于人力资本，前者主要体现在人们获得"为什么"的知识，后者主要体现在获得"怎么办"知识。高波(2007)认为企业家精神包括创新精神、敬业精神和合作精神，其实质就是以价值观体系扩展和创新为核心的文化资本积累，作者从理论上论证了企业家精神与经济增长之间存在显著的相关关系，"企业家精神是经济增长的发动机"。金相郁、武鹏(2009)参考了联合国教科文组织及新西兰政府部门设计的文化指标，对中国各区域的文化资本存量指标进行设计，主要包括固体的文化资本、产品的文化资本、身体化的文化资本、制度化的文化资本四个二级指标和12个三级指标(如表3.3)，进一步对2005年中国大陆文化资本存量进行了估算，作者最后利用C－D生产函数验证了文化资本对区域经济发展具有显著的正向影响，文化资本对区域产出有8.54%的贡献率。王云等(2012)年采用CHS模式和永续存盘法测算了大陆31个省级区域2004—2009年的文化资本存量，作者构建的文化资本估算指标体系如表3.4所示，在此基础上通过建立空间计量面板模型，论证了我国文化资本与GDP之间相互影响的关系：我国省级文化资本存量间存在着显著的空间正相关，考虑空间因素后，文化资本对经济增长贡献度明显增大。

表3.4　王云等(2012)中国文化估算指标体系

指标 资本类型	存量指标定义	存量额估算指标	备注
创意资本	建筑和工业设计投资之价值积累	建筑设计投入额	我国工业设计规模太小，与建筑设计投入
品牌资本	企业品牌推广投资之价值积累	企业品牌广告推广投入	

续表

指标 资本类型	存量指标定义	存量额估算指标	备注
版权资本	版权产品研发生产投资之价值积累	A. 广播电视节目生产及服务投入 B. 电影生产及服务投入 C. 文化艺术创作及服务投入 D. 图书出版投入 E. 图书馆和档案馆服务活动 F. 音像制品投入	新闻和游戏节目不计入

王云等(2013)将文化资本作为重要的投入要素引入经济增长模型,构造了扩展的 MRW 模型(Mankiw,Romer 和 Weil 创建的模型),研究物质资本、人力资本、文化资本投入在稳态经济运行和实际经济运行下对经济增长的影响。当前我国经济增长主要依靠固定资产和物质资本积累,人力资本和文化资本投入对经济增长的影响有限,但在稳态经济增长的情形下,人力资本和文化资本起到的作用更大。孟召宜等学者以江苏省为例,对文化与经济发展的关系进行研究,取得了一系列研究成果:第一,通过构建指标,从时间和空间两个角度对江苏省经济文化协调发展过程和格局进行研究;第二,在文化区划的基础上,定量分析了 1952—2008 年江苏省不同文化区、文化亚区之间经济差异的空间格局,提出了区域经济增长的文化机理,从文化的角度分析空间差异的内在机理;第三,以江苏省丰县、昆山为例,构建文化经济共同演化模型(如图 3.6),作者认为区域文化是文化经济共同演化和区域发展模式形成创新的能动因素,区域发展变迁是一个非均衡的文化经济共同演化过程;第四,作者基于企业家精神,从县域、省域两个层面对 1990—2010 年江苏省文化资本进行测度,同时基于 C—D 生产函数验证了文化资本对区域经济增长的影响。李娟伟、任保平(2013)利用 1997—2011 年中国省际面板数据分别对传统文化资本和市场文化资本进行估算,通过实证考察它们对中国经济增长的影响,研究表明:传统文化资本主要通过影响物质资本积累促进经济增长,市场文化资本主要通过影响技术进步与创新推动经济增长,提高两种文化资本积累是促进中国经济增长的有效路径。

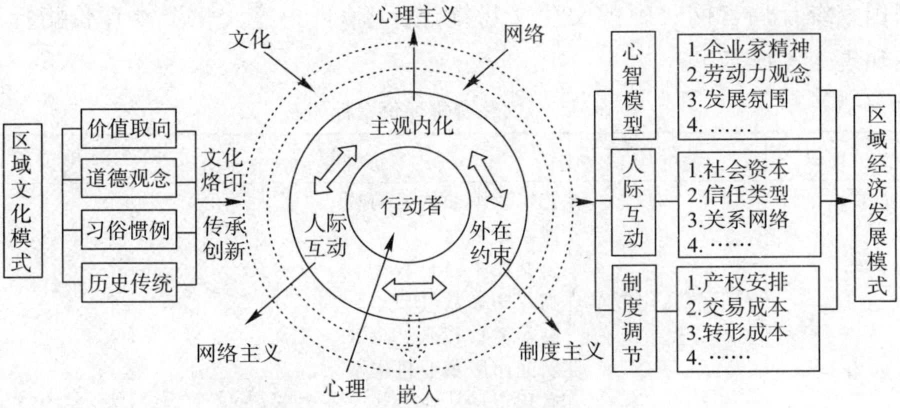

图 3.6 区域经济增长的文化机理(孟召宜等,2010)

文化是旅游的灵魂与基础,旅游是文化的载体,文化与旅游有着天然的耦合关系。张志亮(2009)以布尔迪厄的文化再生产理论为分析框架,从山西大寨文化资本的形成入手,分别从经济结构转型、权力干预、资本代际传递和资本转移策略四个维度,分析在旅游场域中大寨文化资本的再生产机制。吴启焰、王兆杰(2011)论述了布尔迪厄的文化资本理论在旅游规划中的应用,作者以丽江为例,认为旅游文化资本在旅游规划中的应用主要表现在旅游文化能力、文化旅游产品、旅游文化制度三方面,提出了文化资本在旅游规划中应用的展望,即准确定位旅游文化能力群体、旅游文化产品的地域特色植入、建立特色化的旅游文化制度。

社会生产中的大部分经济活动都根植于一定的文化中,文化是社会经济活动的"母体"。旅游业作为第三产业的重要组成部分之一,其发展时刻受到文化因素的影响。当前国内相关研究相对较少,一方面是因为文化的外延较广,文化资本的定量测度存在一定的困难;另一方面是因为文化资本对旅游业影响研究的基础理论仍没有建立。然而,大量的研究基本上验证了文化对社会经济活动的显著性影响,旅游经济及旅游业效率从本质上来说都是经济现象的一种,其发展演化必定受到文化因素的影响,未来需进一步重视相关理论与实证研究。

在相关研究的基础上,本研究采取较为传统的分类方法,同时基于数据的可获得性、真实性及可比较性,将文化资本分为有形的文化资本(如:艺术表演团体机构、博物馆、公共图书馆等)和无形的文化资本(如:文化事业费、国家财政性教育经费、专利申请受理数等)。数据全部来源于中华人民共和国国家统计局官网、《中国文化文物统计年鉴》。构建文化资本评价指标体系如表 3.5 所示：

表 3.5　文化资本评价指标体系

目标层	基准层	指标层	单位
文化资本	有形的文化资本	艺术表演团体机构数	个
		博物馆数量	个
		公共图书馆个数	个
		高等学校数(所)	个
		高等学校教职工总数	人
		新闻出版事业机构数	个
		文化市场从业人数	人
	无形的文化资本	文化事业费	万元
		国家财政性教育经费	万元
		专利申请受理数	个
		R&D 经费投入	万元

3.2　实证测度技术

3.2.1　修正的 DEA 测度模型

1978 年 Charnes 和 Cooper 等人创建了数据包络分析(Date Envelopment Analysis,DEA)，是运筹学、管理学和数理经济学交叉研究的一个新领域，时至今日在各学科内获得了广泛的应用。当前旅游效率的测度方法主要有非参数的 DEA 模型法与随机前沿生产函数法(SFA)，非参数的 DEA 模型因为其操作简单、方便实用，近年来在效率测评中获得了广泛的应用。由于传统 DEA 模型权重变化过于灵活，容易造成 *DMU* 有效的数量较多：即使所有 DMU 的投入产出都很低，其结果仍有可能为 1。针对传统 DEA 计算方法的不足之处，借鉴 TOPSIS 思想，引入虚拟最优决策单元 DMU_{j+1}，其他地区通过考察与最优决策单元的距离判别其相对效率的高低(陶长琪，2011)。设有 n 个部门或单位，每个 DMU_j 都有 m 种输入和 s 种输出，分别用输入 X_j 和输出 Y_j 表示，其中 $X_j=(x_{1j},x_{2j},\cdots,x_{mj})^T>0$，$Y_j=(y_{1j},y_{2j},\cdots,y_{sj})^T>0$。$x_{ij}>0$ 表示第 j 个决策单元 DMU_j 的第 i 种类型输入的输入量；$y_{rj}>0$

表示第 j 个决策单元 DMU_j 的第 r 种类型输出的输出量。引入虚拟的最优决策单元 $DMU_{j+1}=\{\min(x_{1j},x_{2j},\cdots,x_{mj}),\max(y_{1j},y_{2j},\cdots,y_{sj})\}$，即投入最小产出最大的决策单元，其效率值 $\theta_j{}^*=1$ 是唯一有效的 DMU。其中，$j=1,2,\cdots,n;i=1,2,\cdots,m;r=1,2,\cdots,s$。利用修正后的 B^2C 模型求解 31 个省市区相对于最优决策单元的相对效率，模型形式如下：

$$\begin{cases}\max\theta_j^* \\ \text{s. t.} \sum_{j=1}^{n+1}\lambda_j x_j \leqslant \lambda_j \\ \sum_{j=1}^{n+1}\lambda_j y_j \leqslant \theta_j y_j \\ \sum_{j=1}^{n+1}\lambda_j \leqslant 1,\lambda_j \geqslant 0\end{cases} \tag{3-7}$$

当前国内外对旅游效率测算的方法主要有三种：随机前沿函数法、平均值效率测度法、数据包络分析法，部分学者将上述方法进行了组合，希望能得到更好的结果。但在当前旅游业效率测算方法中，随机前沿函数法以及数据包络分析，仍然是效率测度的最主要方法(马晓龙，2010)。

随机前沿函数法(SFA)主要借助经济学中经典的生产函数模型，通过引入资本、劳动力、技术等因素，建立各要素与旅游业效率之间的生产函数关系，然后利用回归方程进行参数估计。旅游效率从本质上反映的是一种客观存在的经济现象，借助生产函数的思想构建模型进行估计，具有一定的合理之处。但是随机前沿函数法也有一定缺陷：①这种方法是在一定的假设基础上进行的，往往只是对经济学中经典生产函数的简单模仿，虽然经过统计检验，但方程中加入的新变量随意性太大，各变量之间的关系、各变量与效率之间的关系没有经过严格的科学论证；②这种方法所构建的模型允许存在一定的误差，同时模型的参数估计比较复杂，初始模型往往不能达到研究者的要求，需要进行一系列的调整，最终的结果通常是统计学上比较理想的结果，研究者往往得出结果后忽略了此前参数进行调整的实际意义；③旅游业是一项关联性很强的第三产业，受旅游业发展制约的因素众多，具体到旅游业发展效率的影响机理更为复杂。随机前沿生产函数法仅仅考虑了经济方面的因素，旅游效率的其他影响因素(如资源状况、文化因素、生态环境等)基本没有考虑。平均值效率测度又称为绝对效率测度法，该方法利用投入产出指标进行直接运算，方法简单易行，其计算结果就是旅游业发展的绝对效率。由于旅游业本身的综合关联性，单一指标往往不能代表整体旅游业的发展状况，旅游业效率的发展是各项因素综合投入的结果，利用单一指标并不合适，因此这种方法在旅游业效率的测度中使用较少。

数据包络分析（DEA）最初由 Charnes 和 Cooper 等人于 1978 年创建，因其简单易行并且具有一定的科学严密性，在运筹学、管理学以及数理经济学中得到了广泛的应用。这种方法可以实现多投入多产出的效率测算，弥补了传统单一指标的投入与产出缺陷，通过将数学中的线性规划技术引入到效率的测度中，将每一个评价单元作为一个决策单元（Decision Making Unit，DMU），通过比较同一时点不同决策单元加权的投入、产出数量，确定有效生产前沿面，再通过衡量各决策单元与最佳前沿之间的差距，进而确定各项效率（陶卓民等，2010）。决策单元的选取并没有特殊的限制，对各指标间的相关关系并没有明确的限制，该方法突破了 SFA 的限制，借助 DEAP2.1 软件可以实现各项效率的评价。数据包络分析在测算效率时虽然具有以上诸多优势，但也具有一定的局限性，主要体现在权重变化过于灵活这一点，这样容易导致有效的 DMU 过多，影响测算结果的真实性。传统数据包络分析测算效率经常导致不重要指标权重较大，而重要的指标权重较小，甚至出现 0 的情况，结合 TOPSIS 思想，引入虚拟最优决策单元，可有效地解决此类问题（陶长琪，2011），前文给出了修正的 DEA 模型的计算方法。

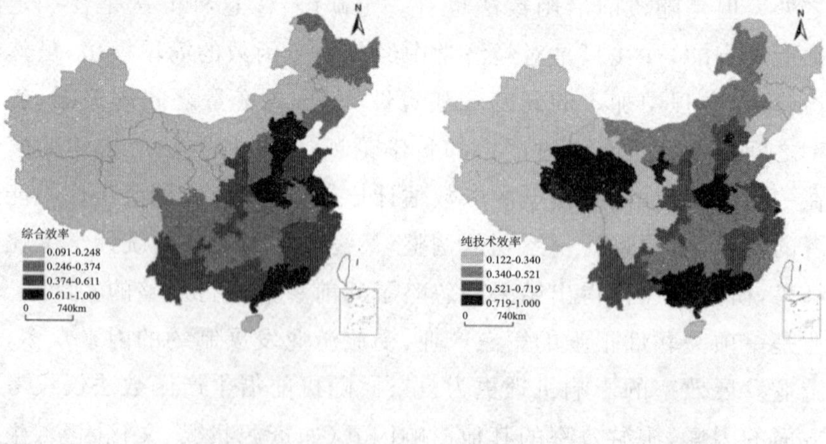

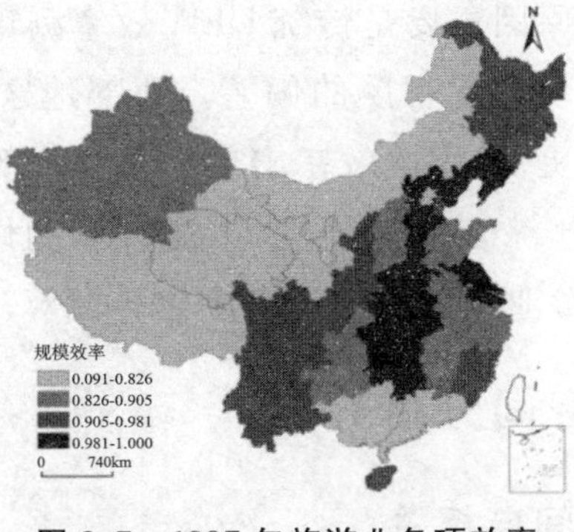

图 3.7 1997 年旅游业各项效率

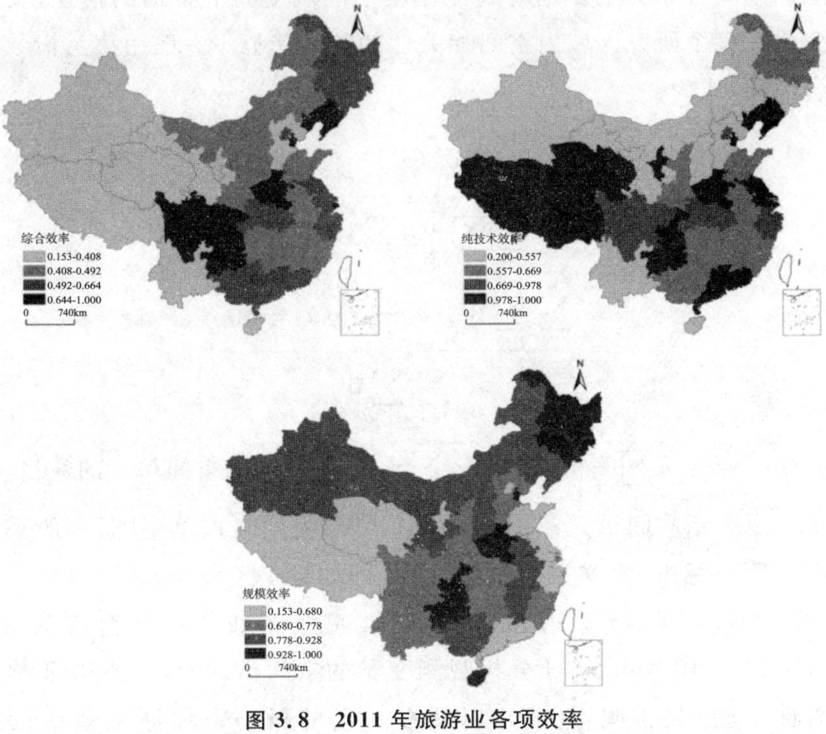

图 3.8 2011 年旅游业各项效率

为了验证以上理论，分别运用传统的 DEA 效率测算模型与经过修正的 DEA 测算模型对 1997、2011 年旅游业效率进行了测算，并且借助 ArcGIS9.3 重分类工具进行可视化表达，结果如图 3.8 所示。从图 3.7、图 3.8可以发现，使用传统 DEA 计算结果使得很多地区旅游业效率出现一定程度的“虚高”：1997 年宁夏、青海两省的纯技术效率明显高于江浙沪地区，2011 年宁夏、青海、西藏等地区的纯技术效率也出现了与事实不相符合的现象，出现此类现象的原因主要是传统 DEA 效率测算模型权重指标过于灵活，使得效率测算时出现一定程度的偏差。西部地区旅游业总收入相对较低，但旅游业投入要素更低，因此效率出现了“虚高”现象，传统 DEA 测算模型无法识别此种现象。综合以上分析，本研究利用修正后的 DEA 模型对 1997—2011 年省域旅游业发展的各项效率进行测算。

3.2.2 经典空间分析方法

3.2.2.1 全局空间自相关

全局空间自相关主要是对属性在整个区域空间上特征的描述，反映了观测变量在整个研究区域内空间相关性的整体趋势。一般用莫兰指数来测算，其计算公式为：

$$Moran's I = \frac{n\sum_{i=1}^{n}\sum_{j=1}^{n}W_{ij}(x_i-\overline{x})(x_j-\overline{x})}{\sum_{i=1}^{n}\sum_{j=1}^{n}W_{ij}\sum_{i=1}^{n}(x_i-\overline{x})} = \frac{\sum_{i=1}^{n}\sum_{j=1}^{n}W_{ij}(x_i-\overline{x})(x_j-\overline{x})}{s^2\sum_{i=1}^{n}\sum_{j=1}^{n}W_{ij}} \tag{3-8}$$

其中 $\overline{x}=1/n\sum_{i=1}^{n}x_i$，$s^2=1/n\sum_{i=1}^{n}(x_i-\overline{x})$，$n$ 为空间单元的数目，本文为 31；x_i、x_j 表示空间单元 i、j 的属性值。W_{ij} 为空间权重矩阵，一般采用临近标准和距离标准，本文采用临近标准：即如果 i 区域与 j 区域相邻，其值为 1；否则 $W_{ij}=0$；当 $i=j$ 时，$W_{ij}=0$。莫兰指数的取值范围为 $-1\leqslant$ Moran's I$\leqslant1$，用 Moran's I 分析观测变量的空间格局时，一般用 Z 检验进行显著性检验（吴玉鸣，2007），以便在一定的概率下保证推断结论的正确性。

3.2.2.2 局部空间自相关

①LISA 指数。局部空间自相关指数可以具体度量每个区域与周边地区之间的局部空间关联和空间差异程度，结合 Moran 散点图或散点地图等形式，可以将局部差异的空间结构可视化，研究其空间分布规律。一般采用 Local Moran's I（LISA）统计量来衡量局部空间的自相关性，其计算公式

如下：

$$I_i = \frac{(x_i - \bar{x})}{s^2} \sum_{j=1, j\neq i}^{n} W_{ij}(x_j - \bar{x}) = Z_i \sum_{j=1, j\neq i}^{n} W_{ij} Z_j \qquad (3-9)$$

其中 Z_i，Zj 为区域 i 和区域 j 属性的标准化值，$Z_i = (x_i - \bar{x})/s$，$\sum_{j=1, j\neq i}^{n} W_{ij} Z_j$ 为空间滞后向量，其他字母含义如前文所述，其统计检验也可以采取 Z 检验。

②Getis－Ord G_i^*。为了研究空间数据的局域空间关联模式，Ord & Getis(1995)提出了用于进行空间局部相关性分析的统计指数 G，其计算公式为：

$$G_i(d) = \sum_{j=1}^{n} W_{ij}(d) x_j / \sum_{j=1}^{n} x_j \qquad (3-10)$$

当 $i \neq j$ 时，Ord & Getis 定义的 $G_i(d)$ 的标准形式为：

$$Z[G_i(d)] = \frac{G_i(d) - E[G_i(d)]}{\sqrt{VAR[G_i(d)]}} \qquad (3-11)$$

式中，n 为空间单元的数目；x_i、x_j 表示空间单元 i、j 的属性值，$E[G_i(d)]$ 和 $VAR[G_i(d)]$ 分别为数学期望和变异值，$W_{ij}(d)$ 为空间权重矩阵，采用临近标准确定。如果 $Z[G_i(d)]$ 为正且显著，表明 i 位置周围值较高，属于高值空间集聚（热点区）；若 $Z[G_i(d)]$ 为负且显著，表明 i 位置周围值较低，属于低值空间集聚（冷点区）。

3.2.2.3　重心及标准差椭圆

重心及标准差椭圆可用于分析点的集中与离散分布趋势。重心的概念最初来源于物理学，指物体内各个点所受重力产生合力的作用点，可看作空间分布的平均中心，近年来广泛运用于社会经济领域。假设一个大区域由 n 个小区域构成，$m_i(x_i, y_i)$ 为第 i 个小区域的中心坐标，u_i 为小区域的某种属性值，$M(x_j, y_j)$ 为大区域第 j 年的重心坐标，其计算公式为（赵媛等，2012）：

$$M(x_j, y_j) = \left[\frac{\sum_{i=1}^{n} u_i x_i}{\sum_{i=1}^{n} u_i}, \frac{\sum_{i=1}^{n} u_i y_i}{\sum_{i=1}^{n} u_i}\right] \qquad (3-12)$$

标准差椭圆主要要素有：转角 θ、沿主轴的标准差和沿辅轴的标准差

（转角 θ 可看成正北方向与顺时针旋转的主轴之间的夹角）。标准差椭圆的计算公式如下：

$$x_i^* = x_i - x_{wmc}; y_i^* = y_i - y_{wmc} \tag{3-13}$$

$$\tan\theta = \frac{\left[\sum_{i=1}^{n} u_i^2 x_i^{*2} - \sum_{i=1}^{n} u_i^2 y_i^{*2}\right] + \sqrt{\left[\sum_{i=1}^{n} u_i^2 x_i^{*2} - \sum_{i=1}^{n} w_i^2 y_i^{*2}\right]^2 + 4\left[\sum_{i=1}^{n} u_i^2 x_i^{*2} y_i^{*2}\right]^2}}{2\sum_{i=1}^{n} u_i^2 x_i^* y_i^*} \tag{3-14}$$

$$\alpha_x = \sqrt{\frac{\sum_{i=1}^{n} (u_i x_i^* \cos\theta - u_i y_i^* \sin\theta)^2}{\sum_{i=1}^{n} u_i^2}}; \beta_y = \sqrt{\frac{\sum_{i=1}^{n} (u_i x_i^* \sin\theta - u_i y_i^* con\theta)^2}{\sum_{i=1}^{n} u_i^2}} \tag{3-15}$$

式中，$x_i{}^*$ 和 $y_i{}^*$ 为各点距离重心的相对坐标，α_x、β_y 分别为沿 x 轴的标准差和沿 y 轴的标准差，利用 ArcGIS9.3 可实现标准差椭圆三要素的计算。

3.2.3 HP 滤波

1980 年，Hodrich 和 Prescott 在他们的论文中首次使用 HP 滤波方法分析战后的美国经济周期（高铁梅等，2009），其实质是过滤掉低频的趋势成分，保留高频的周期成分。设 $\{M_t\}$ 为包含波动成分和趋势成分的时间序列，$\{M_t{}^c\}$、$\{M_t{}^T\}$ 分别为其中的波动成分与趋势成分，则：

$$M_t = M_t{}^c + M_t{}^T \tag{3-16}$$

计算 HP 滤波的实质也就是从 $\{M_t\}$ 中将 $M_t{}^T$ 分离出来，一般而言，时间序列 $\{M_t\}$ 中不可观测部分趋势 $\{M_t{}^T\}$ 被定义为下面损失函数最小：

$$\min\sum_{t=1}^{T}\{(M_t - M_t^T)^2 + \lambda[c(L)M_t^T]^2\} \tag{3-17}$$

式中，$c(L)$ 是延迟算子多项式，

$$c(L) = (L^{-1} - 1) - (1 - L) \tag{3-18}$$

将以上两个公式合并，则 HP 滤波的问题就是使以下损失函数最小的问题：

$$\min\sum_{t=1}^{T}\{(M_t-M_t^T)^2+\lambda\sum_{t=2}^{T-1}[(M_{t+1}^T-M_t^T)-(M_t^T-M_{t-1}^T)]^2\} \tag{3-19}$$

调节参数 λ 对 HP 滤波具有重要作用，根据经验可得出，年度数据 $\lambda=100$；季度数据 $\lambda=1600$；月度数据 $\lambda=14400$。旅游业效率包含着波动项与趋势项，为了清晰地分析旅游业效率的演化规律，可结合 HP 滤波分析各项效率的演化规律。

3.2.4　熵值法及耦合协调度

本研究利用熵值法确定旅游资源优势度。熵主要是来源于热力学的一个物理概念，经过申农(Shannon C E)引入信息论，在当今社会经济领域获得了广泛的应用。信息熵是系统无序程度的度量，某项指标的指标值变异程度越大，信息熵越小，该指标提供的信息量越大，该指标的权重越大，反之亦然。设有 n 个观测值($n=1,2,\cdots,31$)，代表大陆 31 个省份，m 个指标($m=1,2,3,\cdots,12$)，代表本研究选择的 12 项指标。X_{ij} 为第 i 个观测值第 j 项指标，用熵值法确定各指标权重后可计算各省的综合得分，作为该省旅游资源优势度。

(1)计算 i 个观测值的特征比重 m_{ij}：

$$m_{ij}=X_{ij}/\sum X_{ij} \tag{3-20}$$

(2)计算第 j 项指标的信息熵 r_j：

$$r_j=-1/(\ln n\sum m_{ij}\cdot\ln m_{ij}) \tag{3-21}$$

(3)计算指标 X_{ij} 的差异性系数 v_j：

$$v_j=1-r_j \tag{3-22}$$

(4)确定第 j 项指标的权重 u_j：

$$u_j=v_j/\sum v_j \tag{3-23}$$

(5)用加权求和法计算各省份旅游资源的优势度 S：

$$S=100\times\sum u_j m_{ij} \tag{3-24}$$

为了进一步分析旅游经济、旅游资源优势度、旅游业效率三者之间的相互关系，研究引入耦合协调度模型进行分析。耦合是指两个或两个以上的系统或运动方式之间通过相互作用而彼此影响以致协同的现象。“耦合”一词最初来源于物理学，在社会经济领域，主要应用在经济发展与生态环境耦合、人口与经济发展耦合、水资源与经济发展耦合、城市化与生态环境耦合、产业集聚与区域经济耦合等方面。借鉴物理学中的耦合度模型，在相关研究的基础上，提出本研究的耦合度模型：

$$C_n = \left[\frac{u_1 \cdot u_2, \cdots, u_n}{\prod (u_i + u_j)}\right]^{1/n} \quad (3-25)$$

其中，C_n为多个系统的耦合度，$u_i(i=1,2,\cdots,n)$是各子系统综合评价函数。耦合度C是判断多个系统耦合度的重要指标，但在一些情况下判断存在着一定的误差，需要结合协调度进一步分析。协调度是指系统演变过程内部各要素相互和谐一致的属性，当$n=2$时，协调度计算公式为：

$$R=(C\times P)^{1/2} \quad (3-26)$$

$$P=\alpha u_1 \cdot \beta u_2 \quad (3-27)$$

当$n=3$时，协调度计算公式为：

$$P=\alpha u_1 \cdot \beta u_2 \cdot \lambda u_3 \quad (3-28)$$

其中R为协调度；α,β,λ为待定系数。本研究认为旅游经济、旅游资源优势度、旅游业效率重要性相同，因此现在计算三者耦合协调时，取$\alpha=\beta=\lambda=1/3$。显然$C\in[0,1]$，当$C=1$时，表明各系统处于最佳耦合状态；当$C=0$时，表明系统内部各要素之间处于无关状态，系统将向无序发展。同样$R\in[0,1]$，根据数值的大小，可以将耦合协调的等级进行阶段划分（如表3.6）：

表3.6　耦合协调度等级划分

耦合度C	0～0.3	0.3～0.5	0.5～0.8	0.8～1.0
耦合等级	低水平耦合阶段	拮抗阶段	磨合阶段	高水平耦合阶段
协调度R	0～0.3	0.3～0.5	0.5～0.8	0.8～1.0
耦合协调等级	低度协调耦合	中度协调耦合	高度协调耦合	极度协调耦合

3.2.5　分位数回归

1978年Koenker和Bassett最早提出了分位数回归(Quantile Regression)估计方法，分位数回归是计量经学前沿理论之一，在经济学、地理学、管理学等学科领域中获得了广泛的应用，尤其是在劳动经济学领域。相对于传统的最小二乘法估计，分位数回归模型具以下优势（高铁梅等，2009）：①分位数回归尤其适用于具有异方差性的模型；②分位数回归对于条件分布的刻画更加细致，能给出条件分布的大体特征；③通过使加权误差绝对值之和最小得到参数的估计，估计不容易受到异常值的影响，从而使得估计结果相对于最小二乘法更加稳定；④分位数回归并不要求数据具有很强的分布特征，在扰动项非正态的情况下，比最小二乘法的估计结果更加有效。分位数回归的数学原理如下：

假设随机变量 Y 的概率分布为：

$$F(y)=\text{Prob}(Y\leqslant y) \tag{3-29}$$

Y 的 τ 分位数为满足 $F(y)\geqslant\tau$ 的最小 y 值，即：

$$q(\tau)=\inf\{y;\ F(y)\geqslant\tau\},0<\tau<1 \tag{3-30}$$

$F(y)$ 的 τ 分位数 $q(\tau)$ 可以由最小化关于 ξ 的目标函数得到，即：

$$\begin{aligned} q(\tau) &= \text{argmin}_{\xi}\{\tau\int_{y>\xi}|y-\xi|dF(y)+(1-\tau)\int_{y<\tau}|y-\xi|dF(y)\} \\ &= \text{argmin}_{\xi}\{\int\rho|y-\xi|dF(y)\} \end{aligned} \tag{3-31}$$

式中，$\text{argmin}_{\xi}\{\cdot\}$ 函数表示取函数最小值时 ξ 的取值，$\rho\tau(u)=u[(\tau-I(u<0)]$ 称为检查函数(check function)，依据 u 取值符号进行非对称的加权。$F(y)$ 可以由如下经验分布函数代替：

$$F_N(y)=\frac{1}{N}\sum_{i=1}^{N}I(y_i\leq y) \tag{3-32}$$

式中，$y_1,y_2,\cdots,y_N$ 为 Y 的 N 个样本观测值，$I(z)$ 是指数函数，z 是条件关系式，当 z 为真时，$I(z)=1$，当 z 为假时，$I(z)=0$。假设 Y 的条件分位数由 k 个解释变量组成的矩阵 X 线性表示：

$$q(\tau|x_i,\beta(\tau))=x_i'\beta(\tau) \tag{3-33}$$

式中，$x_i=(x_{1i},x_{2i},\cdots,x_{ki})'$ 为解释变量向量，$\beta(\tau)=(\beta_1,\beta_2,\cdots,\beta_k)'$ 是 τ 分位数下的系数向量。当 τ 在(0,1)上变动时，求解加权绝对残差最小化问题就可以得到分位数回归在不同分位点上的参数估计量。

$$\hat{\beta}=\arg\min_{\beta(\tau)}[\sum_{i=1}^{N}\rho_{\tau}(y_i-x_i'\beta(\tau))] \tag{3-34}$$

当 $\tau=0.5$ 时为最小绝对值离差法(Least Absolute Deviations，LAD)，另外，分位数回归的系数估计需要求解线性规划问题，很多方法可对此问题进行求解。

借助 EViews6.0 以及 R 软件均可进行分位数回归分析，其中 R 语言是诞生于1980年左右的S语言的一个分支，是统计领域广泛使用的语言之一，借助R进行编程，可进行分位数回归分析及软件出图。以下程序可实现旅游资源优势度(LnAI)、区域经济(LnECON)、制度因素(LnIN)、文化资本(LnCULT)与旅游业综合效率(LnCRSTE)的分位数回归：

```
package "quantreg" was built under R version 3.0.2
lvyou<-read.csv("fenwsh.csv")
lvyourq<-rq(LnCRSTE~LnAI + LnECON + LnIN + LnCULT,data = lvyou,tau
= c(0.1,0.25,0.5,0.75,0.9))
summary(lvyourq,se = "nid")
plot(summary(lvyourq))
```

3.2.6 面板数据计量分析

面板数据是同时包含若干个个体成员和时期的二维数据，对于面板数据的组织需要同时对截面和时刻的观测进行组织，Eviews6.0中提供的合成数据对象(POOL)可对面板数据进行组织。常用的面板模型主要有变截距模型、动态变截距模型和变系数模型三种，其中变截距模型是面板模型中最常见的一种形式，模型的回归方程形式如下：

$$y_i = \alpha_i + x_i\beta + v_i \tag{3-35}$$

式中，$i=1,2,\cdots,N$，表示个体成员；y_i是$T\times1$维被解释变量向量；x_i是$T\times k$维解释变量矩阵；β是$k\times1$维系数向量。i个截面成员方程间的截距项α_i不同，用来说明个体的影响，随机误差项v_i反映模型中忽略的随机截面成员和时期变化因素的影响。根据个体影响的不同形式，变截距模型分为固定影响(Fixed Effects)变截距模型和随机影响(Random Effects)变截距模型两种。固定效应模型假设模型中不随时间变化的非观测效应与误差项相关，其表达式如下所示：

$$y_{it} = \alpha_i + \sum_{i=1}^{k}\beta_i x_{it} + v_{it} \tag{3-36}$$

式中，$t=1,2,\cdots,T$，代表时间跨度。

随机效应模型假设模型中不随时间变化的非观测效应与误差项不相关，其表达式如下所示：

$$y_{it} = \alpha + \sum_{i=1}^{k}\beta_i x_{it} + u_i + v_{it} \tag{3-37}$$

模型中不随时间变化的非观测效应 u_i 与随机误差项 v_{it} 不相关。同时随机效应模型也可以写成如下形式：

$$y_{it} = \alpha_i + \sum_{i=1}^{k} \beta_i x_{it} + \delta_{it} \tag{3-38}$$

其中，$\delta_{it} = u_i + v_{it}$ 为复合扰动项。选择随机效应模型还是固定效应模型，一般需要进行 Hausman 检验。如果一个面板数据在时间和截面个体之间均无显著性差异，将其作为混合数据直接进行 OLS 回归便会得到较高的估计效率，这样的模型称之为混合横截面模型。EViews6.0 以固定效应模型为基础进行 LR 检验，可决定是否采用混合横截面模型。

3.2.7　地理加权回归

经典的线性回归模型通常由随机误差项 ε_i 和一套参数 β_0（常数项）、β_i（系数）组成的，是建立在最小二乘法基础上对参数进行的估计，这种方法通常认为区域之间是相互独立的，而往往忽略了区域之间相互关联和溢出效应的作用，其计算结果与实际期望往往有一定的偏差，影响了研究结果的实际意义。地理加权回归（Geographical Weighted Regression，GWR）扩展了普通的线性回归模型，特定区位 i 的回归系数不再是利用全部信息获得的假定常数 β_0，而是利用邻近观测值的子样本数据信息进行局域回归估计，以及随着空间上局域地理位置变化而变化的变数 β_i 而得到的，GWR 模型在传统 OLS 回归模型的基础上，放松了常参数全域估计假设，其模型可表示为：

$$y_i = \beta_0(u_i, v_i) + \sum_{k=1}^{n} \beta_k(u_i, v_i) x_{ik} + \varepsilon_i \tag{3-39}$$

式中，u_i，v_i 是区位 i 地理坐标，并非固定的地理系数。根据地理学第一定律，距离空间位置 i 较近的观测值较与之距离较远的观测值的空间联系更为密切，通过利用加权最小二乘法对邻近位置 i 的局域加权获得 GWR 模型参数估计值为：

$$\beta(u_i, v_i) = [X^T W(u_i, v_i) X]^{-1} X^T W(u_i, v_i) Y \tag{3-40}$$

式中，W 是基于邻近或距离概念的空间权重矩阵，在空间分析中，常用基于邻近或距离概念的空间权重矩阵，本研究基于邻近空间权重矩阵，利用高斯函数构建加权函数。在地理加权回归中，Bandwith 或 Neighbors 是其中重要的参数，用于各个局部估计的带宽或相邻数目，主要用来控制模型中的平滑程度，一般用 AICc（修正的 Akaikw 信息准则）和 CV（交叉验证）的方法计算带宽。

3.3 数据来源

数据是实证研究的基础，本研究的数据主要分为两大部分：直接数据与间接数据。间接数据主要通过直接数据推导出来，如旅游资源优势度；直接数据主要通过统计年鉴与网络收集获得，下表列举了本研究数据来源清单。文章中的数据如无特殊说明，均来自《中国旅游统计年鉴 1998—2012》《中国旅游年鉴 1998—2012》《中国城市建设统计年鉴 1998—2012》《中国区域经济统计年鉴 1998—2012》《新中国六十年统计资料汇编》《中国文化文物统计年鉴 1998—2012》中华人民共和国国家统计局官网（http://www.cnta.gov.cn）、中华人民共和国国家旅游局官网（http://www.cnta.gov.cn/）、国家自然保护区网站（http://www.nre.com.cn）、国家地质公园网站（http://www.geopark.cn）、国家公园网（http://www.gjgy.com/）、水利部网站（http://www.mwr.gov.cn/slfjq）、中国景点网（http://www.cssn.com.cn/www/A－class－attractions/01195G5R011.html）、中华人民共和国人民政府国务院办公厅文件（http://www.gov.cn/）。

表 3.7 本书的指标体系及数据来源

目标层	指标层	单位	数据来源
旅游业效率	旅游总收入	千亿元	《中国旅游统计年鉴（1998—2012）》《中国旅游年鉴》
	星级饭店房间数	间	同上
	星级饭店固定资产	亿元	同上
	旅行社总数	个	同上
	旅行社固定资产	亿元	同上
	旅游业从人人数	万人	同上
旅游资源	世界遗产	个	国家旅游局官网
	世界地质公园	个	国家地质公园网站
	全国重点寺院宫观	个	中国景点网
	全国爱国主义教育示范基地	个	中国景点网

续表

目标层	指标层	单位	数据来源
旅游资源	国家自然保护区	个	国家自然保护区网站
	国家重点文保单位	个	中华人民共和国人民政府国务院办公厅文件
	国家级风景名胜区	个	中国景点网
	国家水利风景区	个	水利部网站
	国家历史文化名城	个	国家旅游局官网
	国家4A级以上景区	个	国家旅游局官网
	中国优秀旅游城市	个	国家旅游局官网
	中国历史文化名镇名村	个	国家旅游局官网
区域经济	GDP	千亿元	《中国区域经济统计年鉴1998—2012》、国家统计局官网
	人均GDP	万元/人	同上
	人均第二产业总产值	万元/人	同上
	人均第三产业总产值	万元/人	同上
	人均固定资产投资	万元/人	同上
	GDP密度	万元/km^2	根据统计资料计算
	GDP增长率	%	同上
	人均GDP增长率	%	同上
	第二产业增长率	%	同上
	第三产业增长率	%	同上
	固定资产增长率	%	同上
	产业结构高级化	%	间接计算
	产业结构合理化	%	同上
	地方财政收入	千亿元	《中国区域经济统计年鉴1998—2012》、国家统计局官网
	人均财政收入	万元/人	根据统计年鉴计算
	货物进出口占GDP比重	%	同上
	人均邮电业务量	万元/人	同上
	公路里程	万km	统计年鉴
	铁路里程	万km	同上
制度（市场化指数）	政府与市场的关系	%	参考文献[110]
	非国有经济的发展	%	同上
	产品市场的发育程度	%	同上
	要素市场的发育程度	%	同上
	市场中介组织的发育和法律制度环境	%	同上

续表

目标层	指标层	单位	数据来源
文化资本	艺术表演团体机构数	个	《中国文化文物统计年鉴 1998—2012》、国家统计局官网
	博物馆数量	个	同上
	公共图书馆个数	个	同上
	高等学校数(所)	个	同上
	高等学校教职工总数	人	同上
	新闻出版事业机构数	个	同上
	文化市场从业人数	人	同上
	文化事业费	万元	同上
	国家财政性教育经费	万元	同上
	专利申请受理数	个	同上
	R&D 经费投入	万元	同上

第四章　旅游业效率的综合测度

旅游业效率是旅游效率研究的重要组成部分，旅游业效率的空间分析及演化特征研究，关系到旅游竞争力的提升以及旅游业可持续发展，具有重要的实践意义。旅游业是一项关联性很强的产业，如果完全考虑旅游业经营过程中所有的投入与产出要素，旅游业效率的测算几乎难以实现。旅游业效率的测算必须选择一种切实可行，同时又具有一定理论基础的方法。旅游业效率从本质上来说是一种客观存在的经济现象，因此对旅游业效率的评价，必须基于传统经济学效率分析的视角。基于经济增长理论，同时考虑到数据的真实性、可靠性以及模型计算等方面的因素，选取与旅游业发展密切相关的投入产出要素，进行旅游业效率的测算，在此基础上分析旅游业效率空间分布及演化特征。

区域旅游收入是表征旅游业产出要素的一种重要变量，基本上能反映区域旅游经济的发展状况，因此本章节首先对中国省际旅游经济发展进行综合评判。旅游业效率的测算是对其影响机理实证分析的基础，旅游业效率具有一定的空间分布特征，同样各因素对旅游业效率的影响也存在空间效应。借鉴传统空间分析技术方法(ESDA、重心、标准差椭圆等)，可以清晰地洞察各省旅游业效率的空间分布状况，进一步总结出区域旅游业效率演化特征。本部分研究为后文旅游业效率影响机理的分析奠定了数据基础。

4.1 省际旅游经济空间差异

4.1.1 总体特征分析

旅游收入与旅游人次是表征旅游经济最主要的两大指标,旅游收入基本上能反映一个地区旅游经济的发展状况,主要包括国际旅游(外汇)收入与国内旅游收入两大指标,用旅游总收入代表地区旅游经济发展水平,其中国际旅游(外汇)收入按当年美元兑换人民币汇率折算而成。1997—2011年大陆31个省份旅游总收入的描述性统计特征如表4.1所示。从表4.1可以看出:1997—2011年旅游总收入的中值、总和、最大值、最小值、均值(除2003年外)总体上不断增大,表明大陆旅游业总体规模的不断扩大。

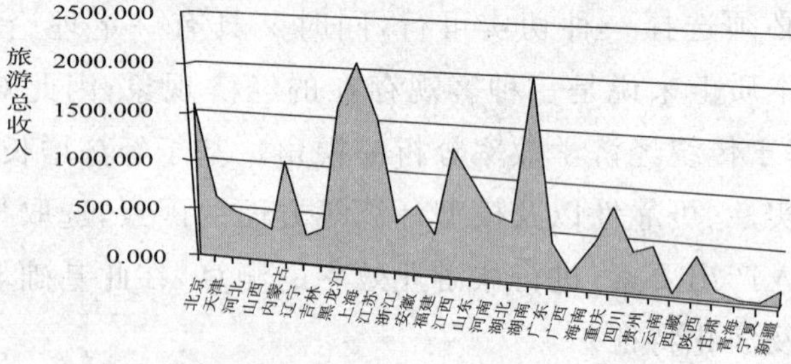

图4.1 各省旅游总收入均值(1997—2011)

表4.1 1997—2011年旅游总收入统计特征

年份	1997	1998	1999	2000	2001	2002	2003	2004
MEDIAN	98.801	118.870	141.864	157.616	204.053	230.716	206.962	300.910
SUM	5314.281	5895.890	6974.539	8298.417	9577.511	11321.880	10905.943	14848.869
MAX	812.166	873.891	962.169	1150.279	1266.110	1467.433	1338.364	1664.245
MIN	2.711	3.834	4.846	6.906	7.549	9.866	10.280	15.122
AVERAGE	171.428	190.190	224.985	267.691	308.952	365.222	351.805	478.996
年份	2005	2006	2007	2008	2009	2010	2011	
MEDIAN	352.570	427.842	569.848	664.775	1060.144	1061.230	1342.000	
SUM	17856.700	21585.950	26426.597	29931.307	44302.463	45000.020	55426.000	
MAX	1877.041	2234.329	2772.187	3202.806	4562.194	4685.000	5580.000	
MIN	17.748	25.674	31.639	22.582	67.573	67.800	84.000	
AVERAGE	576.023	696.321	852.471	965.526	1429.112	1451.614	1787.935	

注:表中的MEDIAN、SUM、MAX、MIN、AVERAGE分别代表各年份旅游总收入的中值、总和、最大值、最小值以及平均数。

表 4.2 反映了 1997—2011 年各省旅游的增长情况。(1)从绝对增长量情况来看:1997—2011 年江苏省旅游总收入绝对增长量最大,2011 年比 1997 年增长了 5185.653 亿元;宁夏回族自治区旅游总收入绝对增长量最小,2011 年比 1997 年增长了 81.289 亿元。在 1997—2003、2004—2011 年两个时间段,江苏省旅游总收入的绝对增长量在 31 个省级区域中都是最大,2003 年江苏省旅游总收入比 1997 年增加了 670.338 亿元,2011 年旅游总收入比 2004 年增长了 4144.220 亿元。广西、宁夏两区旅游总收入的绝对增长量分别在 1997—2003、2004—2011 年最小,广西壮族自治区旅游总收入在 2003 年出现巨大的下滑趋势,2003 年比 1997 年旅游总收入下降了 54.198 亿元,2011 年宁夏回族自治区旅游总收入比 2004 年增长了 68.878 亿元。(2)从相对增长率状况来看:1997—2011 年内蒙古旅游总收入的相对增长率最大,2011 年旅游总收入相当于 1997 年的近 50 倍;上海市旅游总收入的相对增长量最小,2011 年旅游总收入相当于 1997 年的 3 倍多。1997—2003 年新疆维吾尔自治区旅游总收入的相对增长率最大,2003 年比 1997 年增长了近 6 倍;广西壮族自治区旅游总收入的相对增长率最小,2003 年反而比 1997 年有所下降。2004—2011 年贵州省旅游总收入相对增长率最大,2011 年比 2004 年增长了近 90%;上海市旅游总收入的相对增长率在 2004—2011 年同样最低,2011 年间比 2004 年增长了 51%。

在不同时间段,不同地带的增长速度不尽相同。(1)从绝对增长量来看:1997—2011 年总体上东部地区旅游总收入绝对增长量最大,其次分别为中部地区与西部地区,这种格局在 1997—2003、2004—2011 两阶段基本如此,后一阶段东中西地带间的绝对差距呈扩大态势。(2)从相对增长率看:1997—2011 年总体上西部地区旅游总收入相对增长率最高,其次分别为中部地区、西部地区。1997—2003 年三大地带旅游总收入的相对增长率态势基本与 1997—2011 年的总趋势相一致;2004—2011 年中部地区旅游总收入的相对增长率最快,其次是西部地区、东部地区。(3)东中西三大地带的相对增长率表现出与绝对增长量不同的格局:总体上东部地区旅游总收入的绝对增长量大于中西部,中西部地区旅游总收入的相对增长率高于东部。(4)两阶段三大地带旅游总收入表现出不同的增长特征:2004—2011 年三大地带旅游总收入的绝对增长量大于 1997—2003 年,但 2004—2011 年相对增长率却小于前一阶段,三大地带旅游总收入的绝对增长量增大,增长速度相对放缓。

从上述分析可以看出，东部地区旅游总收入的增长速度虽然放缓，但基数仍然很大，如上海市，同样比例的增长速度，在东部地区带来的绝对增长量更大。西部地区旅游总收入虽然较低，但发展速度较快，有较大的提升空间。以桂林山水为代表的广西壮族自治区是西部较早发展旅游的地区，但这种先发优势逐渐被周边地区所取代，尤其云贵滇。有句话说"西部旅游九五看云南，十五看四川，十一五、十二五看贵州"。从上述分析可以看出，四川、云南、贵州省旅游业发展速度较快，是未来西部旅游业增长的引擎。中部地区并没有东部地区优越的区位交通与经济基础，也没有西部地区独特的自然风光与少数民族风情，中部地区旅游业发展面临着一系列困境。近年来，中部地区在承接东部地区产业结构转移、转变旅游发展方式等问题上加大投入，旅游经济增长速度逐渐加快，在 2004—2011 年中部地区旅游总收入增长速度最快。不可否认的是中国旅游业的发展仍然存在明显的地带性差异，各地带间存在较大的差距，但"差距就是前景、差距就是方向，差距就是动力"。

表 4.2 1997—2011 年旅游总收入的增长情况

省份	绝对增长(单位:亿元)			相对增长(%)		
	1997—2011	1997—2003	2004—2011	1997—2011	1997—2003	2004—2011
北京	2632.341	285.898	1802.335	4.557	0.495	0.561
天津	1331.071	267.361	966.715	8.591	1.726	0.651
河北	1070.213	54.525	870.639	7.098	0.362	0.713
山西	1295.213	54.675	1142.247	27.683	1.169	0.851
内蒙古	862.630	77.379	734.944	49.661	4.455	0.835
辽宁	3149.485	264.611	2759.848	17.447	1.466	0.829
吉林	885.370	120.085	723.154	40.932	5.552	0.797
黑龙江	955.335	146.501	780.991	12.626	1.936	0.758
上海	2286.230	536.129	1532.277	3.203	0.751	0.511
江苏	5181.653	670.338	4144.220	13.008	1.683	0.743
浙江	3593.604	461.120	2779.860	11.729	1.505	0.713
安徽	1413.199	95.213	1250.405	14.303	0.964	0.827
福建	1436.122	226.316	1046.244	8.927	1.407	0.655
江西	1026.655	118.123	865.188	12.939	1.489	0.782
山东	3470.088	343.504	2885.457	15.093	1.494	0.780
河南	2574.125	119.155	2168.756	11.296	0.523	0.774
湖北	1792.925	148.804	1576.855	9.238	0.767	0.794
湖南	1702.391	214.179	1410.086	21.384	2.690	0.791
广东	4047.834	526.198	3195.755	4.984	0.648	0.658

续表

省份	绝对增长(单位:亿元)			相对增长(%)		
	1997—2011	1997—2003	2004—2011	1997—2011	1997—2003	2004—2011
广西	928.840	−54.198	935.060	3.557	−0.208	0.786
海南	238.341	31.877	189.006	3.865	0.517	0.630
重庆	1194.596	130.488	1008.271	16.274	1.778	0.795
四川	2287.455	297.093	1833.832	20.325	2.640	0.764
贵州	1394.518	82.274	1261.342	40.442	2.386	0.883
云南	1180.039	186.502	930.954	9.837	1.555	0.716
西藏	91.374	6.739	79.691	25.199	1.859	0.839
陕西	1239.377	74.801	1024.090	14.475	0.874	0.773
甘肃	315.268	8.910	274.756	21.400	0.605	0.833
青海	87.855	10.496	71.775	21.193	2.532	0.780
宁夏	81.289	7.569	68.878	29.991	2.792	0.820
新疆	366.285	78.996	263.501	26.707	5.760	0.693
东部	2447.152	301.140	1925.618	8.505	0.987	0.686
中部	1389.760	121.568	1183.625	22.229	2.172	0.801
西部	823.806	88.387	681.709	22.584	2.278	0.790
MAX	5181.653	670.338	4144.220	49.661	5.760	0.883
MIN	81.289	−54.198	68.878	3.203	−0.208	0.511

以上分析仅从描述统计角度分析了1997—2011年大陆各省旅游业发展状况,为了进一步分析省域旅游经济的发展差异,需分别引入变异系数、Theil系数、Moran's I来分析1997—2011年省际旅游经济的演化特征,分析结果如图4.2所示。1997—2011年总体上变异系数有所减小,由1997年的1.165下降到2011年的0.770,说明省域旅游经济发展差异总体上减小,其中2011年变异系数数值最小,2003年变异系数数值最大(1.590),当年"非典"的宏观形势客观上拉大了各省旅游收入的差距。Moran's I总体上增大,由1997年的0.190上升到2011年的0.232,说明总体上省域旅游业发展出现微弱的集聚空间态势,Moran's I数值在2001—2003年出现负值,说明这是三年省域旅游业发展总体上出现微弱的离散空间分布态势,其他年份Moran's I数值均为正值,其中2008年数值最大(0.270),2008年北京奥运会的举行,有力地促进了省域旅游业的发展,使得总体上省域旅游经济的空间集聚态势得到一定程度的加强。总体Theil系数有所缩小,说明省际旅游业发展差异有所缩小,由1997年的0.609下降到2011年的0.149,

结论与变异系数基本一致,从 Theil 的分解结果来看,东部地区 Theil 系数由 1997 年的 0.456 下降到 2011 年的 0.152,中部地区 Theil 系数由 1997 年的 0.077 下降到 2011 年的 0.009,东部地区 Theil 系数由 1997 年的 0.119 下降到 2011 年的 0.052,三大地带 Theil 系数总体上都出现下降趋势,表现出与总体 Theil 系数相一致的格局,说明三大地带内部各省旅游业发展差异总体上减小。除在个别年份出现波动外,Theil 系数总体上表现出东部大于西部,西部大于中部的总体格局,说明东部地区各省旅游业发展差异最大,西部次之,中部各省旅游业发展差异程度最小。此外地带间 Theil 系数由 1997 年的 0.242 下降到 2011 年的 0.048,说明三大地带间旅游业的发展差距也出现缩小趋势。

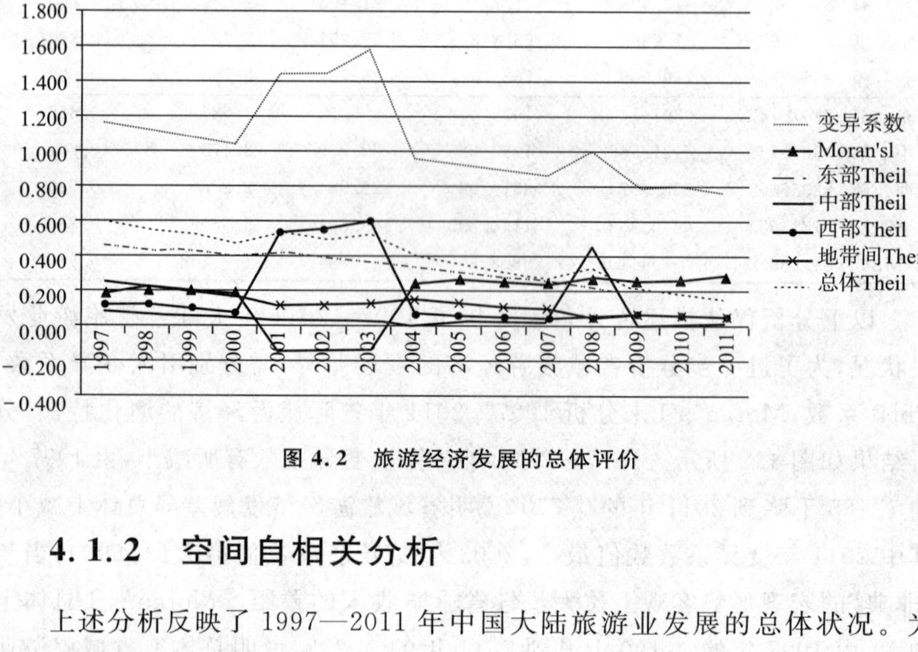

图 4.2 旅游经济发展的总体评价

4.1.2 空间自相关分析

上述分析反映了 1997—2011 年中国大陆旅游业发展的总体状况。为了客观清楚地分析各省基本状况,分别选择 1997、2004、2011 年三年的截面数据,利用探索性空间分析方法,借助 ArcGIS9.3 空间分析工具进一步分析。对 1997、2004、2011 年三年旅游总收入数据重新进行分类,结果如图 4.3所示,按照数值的大小,将所有省份分为四大类别,分别为旅游经济发达区、旅游经济较发达区、旅游经济较落后区、旅游经济后发区。(1)旅游经济发达区:1997 年属于该类别的主要有:北京、山东、江苏、上海、浙江、广东、广西 7 个省、市,2011 年辽宁代替广西成为旅游经济发达区。(2)旅游经济较发达区：1997 年属于该类别的主要有：辽宁、河北、天津、河南、湖北、四川、云南、福建 8 个省、市，2011 年旅游经济较发达区总体南移，属于该类别的主要有：天津、河南、安徽、湖北、湖南、福建、四川、贵州 8 个省、市。(3)旅游经济较落后区：1997 年属于该类别的主要有：黑龙江、山西、陕西、重庆、安徽、江西、湖南、海南 8 个省、市，2011 年河北、云南、广西代替安徽、湖南、海南进入旅游经济较落后区。(4)旅游经济后发地区：1997 年属于该类别的主要有：吉林、内蒙古、宁夏、甘肃、青海、西藏、贵州、新疆 8 个省、自治区，2011 年海南代替贵州进入旅游经济后发地区。

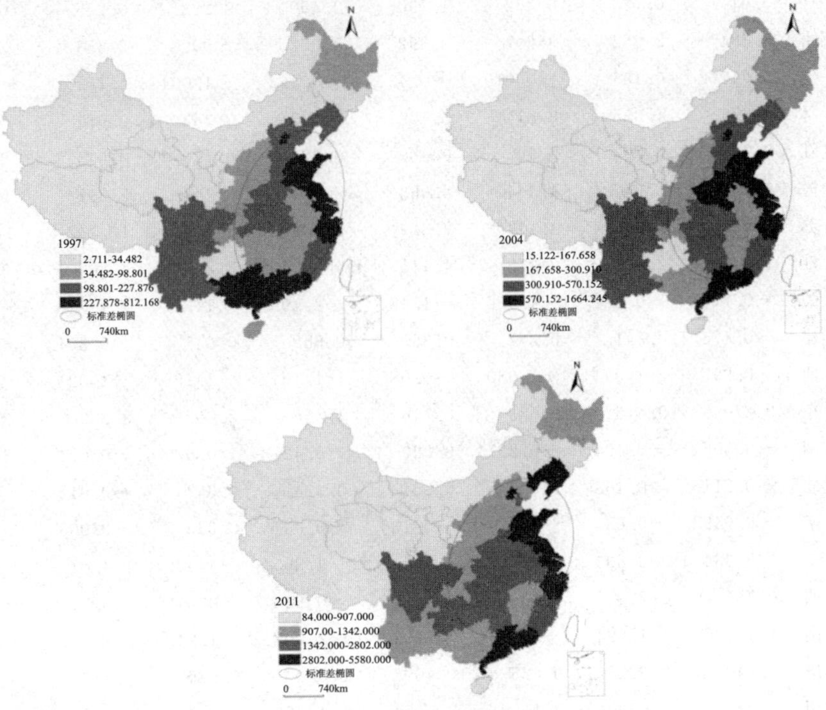

图 4.3　1997、2004、2011 年各省旅游经济发展状况

局部自相关散点地图的实质，是根据标准化值 z_i 与空间滞后向量组成的相关关系图。HH 区(标准化值 z_i 与空间滞后向量皆为正值)为扩散效应区，代表高值的区域被周边高值的地区包围；LH 区(标准化值 z_i 小于 0，空间滞后向量大于 0)为过渡区，代表低值区域被周边高值的邻居包围；LL 区(标准化值 z_i 与空间滞后向量皆小于 0)为低速增长区，代表低值区域被周围低值的邻居包围；HL 区(标准化值 z_i 大于 0，空间滞后向量小于 0)为极化效应区，代表高值的区域被周边低值的邻居包围。分别计算1997—2011年31个省份旅游经济的局部空间自相关指数，结果见表4.3，选择1997、2004、2011年的截面数据，结合Moran散点地图来研究空间分布的异质性，结果见图4.4。

表4.3 旅游经济局部空间自相关指数

省份	1997	1999	2001	2003	2005	2007	2009	2011
北京	−0.366	−0.392	−0.086	−0.308	−0.452	−0.845	−0.693	−0.745
天津	−0.154	−0.061	0.374	0.204	0.023	−0.187	−0.114	−0.141
河北	−0.118	−0.186	−0.408	−0.447	−0.574	−1.051	−1.456	−1.338
山西	0.617	0.728	0.752	1.190	0.490	0.282	0.215	0.233
内蒙古	3.284	3.962	3.607	3.392	3.202	2.809	2.633	2.686
辽宁	−0.072	0.106	−0.019	−0.454	−0.462	−1.004	−1.908	−1.492
吉林	0.875	1.035	0.814	0.489	0.597	0.383	0.013	0.125
黑龙江	0.706	0.733	0.595	0.480	0.722	0.726	0.643	0.590
上海	4.762	5.352	4.464	8.063	7.121	6.145	5.291	5.856
江苏	3.651	4.501	4.147	7.829	8.505	9.606	10.742	11.068
浙江	1.945	2.402	2.275	4.410	5.048	5.259	4.860	5.058
安徽	−0.718	−0.832	−1.058	−1.484	−2.196	−1.911	−1.518	−1.493
福建	−0.175	0.341	0.387	0.350	0.688	0.641	−0.301	−0.295
江西	−0.997	−1.054	−1.080	−1.085	−1.101	−1.169	−1.021	−1.063
山东	0.270	0.413	0.583	0.716	1.656	2.662	3.839	3.736
河南	−0.305	−0.404	−0.227	0.020	−0.427	−0.520	−0.001	−0.034
湖北	−0.211	−0.168	−0.246	0.051	0.324	0.397	−0.012	−0.007
湖南	−0.949	−0.687	−0.373	−0.136	−0.031	0.033	−0.003	−0.006
广东	−3.334	−3.830	−4.962	−4.537	−4.395	−4.130	−4.015	−4.164
广西	0.785	0.274	−0.588	−0.744	−0.648	−0.616	−0.512	−0.534
海南	−1.706	−1.894	−2.049	−2.020	−2.002	−1.942	−1.957	−2.016
重庆	0.742	0.622	0.425	0.409	0.543	0.529	0.210	0.224
四川	1.234	0.053	0.102	−0.746	−1.287	−2.440	−1.936	−1.813
贵州	0.699	0.618	0.869	0.630	0.741	0.522	0.279	0.299
云南	0.342	0.127	0.324	0.238	0.503	0.617	0.572	0.586
西藏	1.772	1.494	1.705	1.580	1.878	1.976	2.528	2.541
陕西	1.420	1.544	1.443	1.943	1.321	1.269	0.967	0.985
甘肃	3.013	3.186	3.349	3.456	3.489	3.565	4.086	4.087
青海	2.196	2.181	2.353	2.328	2.557	2.615	3.302	3.303
宁夏	1.623	1.925	1.938	2.103	2.104	2.261	2.403	2.386
新疆	1.882	1.736	1.954	2.068	2.418	2.707	3.343	3.342

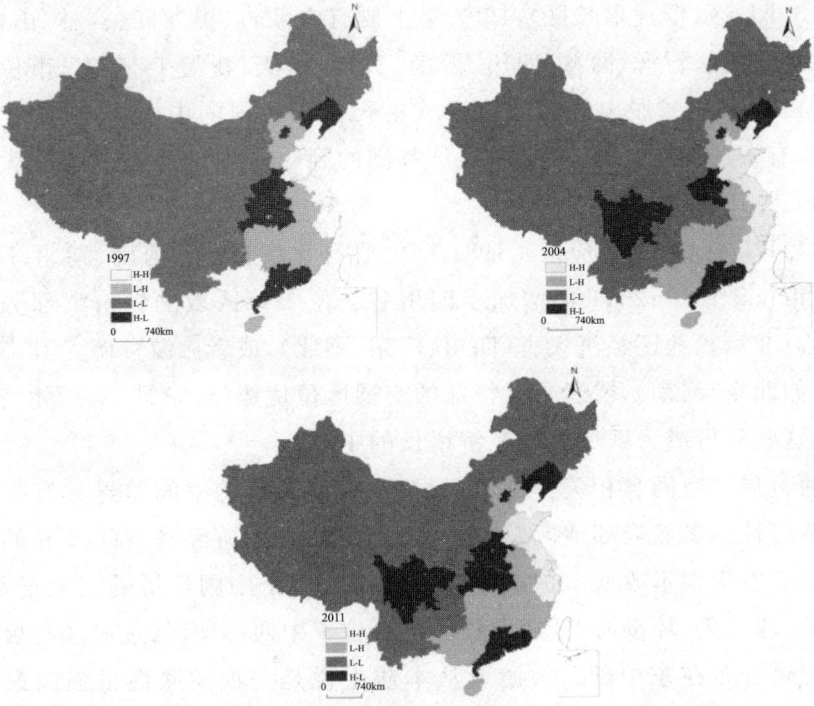

图 4.4　1997、2004、2011 年旅游经济的局部空间自相关分布图

从图 4.4 可以看出：(1)HH 区(扩散效应区)：1997 年主要有山东、上海、江苏、浙江、广西 5 个省、市位于该区，2011 年广西壮族自治区退出该区。长三角地区的上海、江苏、浙江经济发达，区域一体化程度较高，区内“互为旅游地、互为客源地”的现象比较普遍，该地区是未来中国旅游经济增长的重心。山东省拥有“一山、一水、一圣人”等丰富的旅游资源，背靠长三角及环渤海中国两大经济增长中心，旅游业发展具有得天独厚的区位优势。广西壮族自治区旅游业发展较早，以桂林山水为代表的旅游资源很早就闻名国内外，但近年来广西逐渐被其他地区所超越，旅游业发展面临转型升级等突出问题。

(2)LH 区(过渡区)：1997 年主要有天津、河北、安徽、江西、福建、湖南、海南 7 个省、市位于该区，2011 年广西壮族自治区进入该区。该区域主要位于中东部地区，大部分分布在旅游大省或者经济强省的周边。周边强势省份的发展，对其旅游业的发展有一定的屏蔽作用，使得这些省份逐渐发展成为旅游扩散效应区与极化效应区之间的过渡地带。

(3)LL区(低速增长区)：1997年主要有内蒙古、黑龙江、吉林、山西、陕西、甘肃、宁夏、青海、西藏、四川、云南、贵州、重庆、新疆14个省、市位于该区；2011年四川省脱离该区。该区域主要位于我国的中西部，旅游业发展虽然具有资源优势，但还面临着经济基础的制约，旅游业发展具有较大的提升空间。

(4)HL区(极化效应区)：1997年主要有北京、辽宁、河南、湖北、广东5个省、市位于该区；2011年增加了四川省。位于该区域的省份大部分为政治中心(北京)、地区经济大省(四川、广东、湖北)，或者旅游资源尤其丰富的省份(如北京、河南)，或者具有特殊的交通区位优势(辽宁、广东)，凭借这些优势，这些省份成为区域旅游经济增长的中心。

通过局部空间自相关分析可以发现：旅游经济的空间差异具有很强的路径依赖性。虽然局部地区发生位移，但总体上旅游经济空间差异的基本格局没有发生根本改变。扩散效应区基本上位于中国经济的三大增长极：长三角、珠三角、环渤海；低速增长区主要位于中西部地区；过渡区与极化效应区交错分布在东中部。旅游业从本质上说是一项关联性很强的第三产业，旅游业中的很多部门与宏观经济部门有着密切的联系，这些行业的发展对旅游业发展有很大的影响，但旅游业的发展并不能决定这些行业的走向，旅游业的发展受制于很多其他条件，旅游业具有一定的敏感性与脆弱性，由此决定了旅游业的发展具有一定的路径依赖性。此外，省际旅游经济的发展水平仍然存在较大的差异：1997—2011年空间差异较小、旅游经济发展水平较高的省份占少数；空间差异较小，旅游经济发展水平较低的省份所占比重较大。

运用ArcGIS9.3空间统计模块可计算出省域旅游经济发展水平的G指数，用自然断裂点法(Jenks)将数值由低到高划分为四大类，分别为：冷点地区、次冷地区、次热地区、热点地区，结果如图4.5所示。(1)1997年位于热点区的省市主要有：上海、江苏、浙江、福建，2011年增加了山东与安徽两省。(2)1997年位于次热地区的省市主要有：北京、天津、河北、山东、安徽、江西、湖南、广东、广西，2011年河南代替安徽、山东两省进入该区。(3)1997年位于次冷区的省份主要有：黑龙江、吉林、辽宁、山西、河南、湖北、重庆、云南、贵州、海南；2011年陕西代替河南进入该区。(4)1997年位于冷点区的省、自治区主要有：内蒙古、陕西、宁夏、甘肃、青海、西藏、四川、新疆；

2011 年除陕西省进入次冷区以外,基本格局与 1997 年相一致。1997—2011 年冷点区个数减少,热点区个数增多,表明旅游经济在该时段获得一定程度的发展,但总体上冷点区个数仍然超过热点区个数,省域旅游经济后发地区仍然较多,旅游经济的两极分化仍然比较严重。局域 G 指数分析结果基本上验证了以上局部空间自相关指数,部分结果不同是两种方法对旅游经济数值的敏感程度不一样。与局部空间自相关相比,局域 G 指数分析结果表明省域旅游经济空间差异的地带分异更加明显,主要是该方法运用了自然断裂点(Jenks)法对数值进行了突出显示,因此会出现上述的结果。

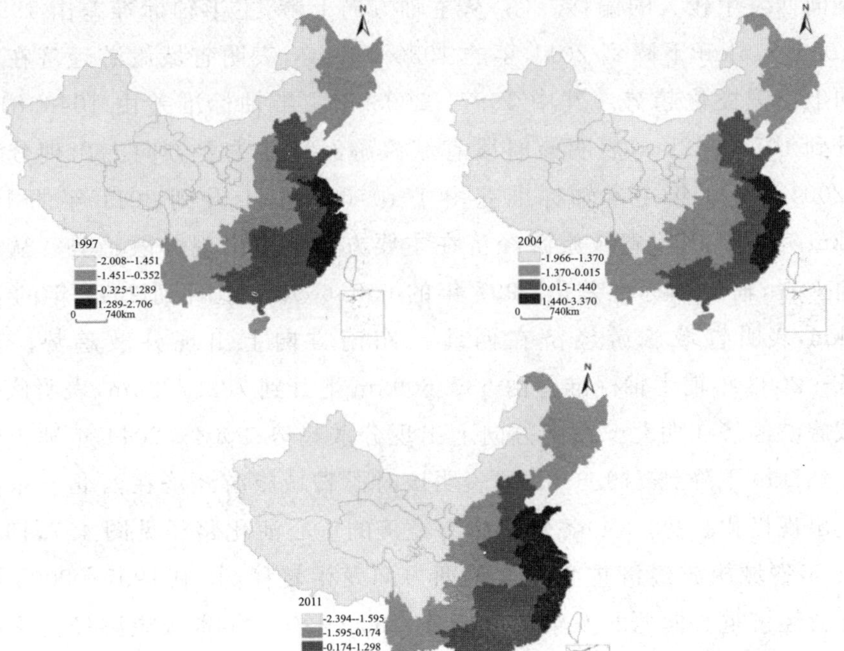

图 4.5　1997、2004、2011 年省域旅游经济的冷热区分布图

4.1.3　重心及标准差椭圆分析

结合标准差椭圆可进一步分析省域旅游经济的空间格局。沿 x 轴的标准差和沿 y 轴的标准差、转角 θ 以及重心坐标分别为标准差椭圆的三要素,各年份标准差椭圆如图 4.6 所示,各参数见表 4.4,以下分别从这三要素分析省域旅游经济空间格局的演化。(1)标准差椭圆的范围北抵辽东半岛、京津冀地区，西达四川，南至两广、东到长三角地区，基本上囊括了中国经济最发达的珠三角、长三角、环渤海以及成渝经济圈，这里是省域旅游经济高值区的集聚地，也是未来中国旅游经济增长的引擎。(2)转角θ经历了先增大后减小的变化，总体上2011年转角($\theta_{2011}=25.311$)大于1997年的转角($\theta_{1997}=17.434$)，表明总体上省域旅游经济表现出东北一西南的空间分布格局，这种趋势得到一定的加强。2003年转角最大($\theta_{2003}=56.206$)，中国省域旅游经济的东一西分布格局在这一年得到空前的强化，主要是因为受当年“非典”形势的影响，西部地区旅游业的发展势头好于中东部，使得标准差椭圆向西发生较大的偏移。(3)从主轴方向上看，主半轴标准差由1997年的1046.814km下降到2011年的1036.760km，表明省域旅游经济在主要方向上出现极化趋势。其中1997—2003年主半轴标准差由1046.814km上升到1079.642km，表明该时段省域旅游经济在主要方向上出现分散趋势；2004—2011年主半轴标准差由1010.618km上升到2011年的1036.760km，表明该时段省域旅游经济在主要方向上也出现分散趋势。从辅轴方向上看，辅半轴标准差由1997年的630.609km上升到2011年的719.935km，表明省域旅游经济在西北一东南方向上出现分散趋势。其中1997—2003年辅半轴标准差由630.609km上升到782.722km，表明该时段省域旅游经济在西北一东南方向上出现分散趋势；2004—2011年辅半轴由734.437km下降到719.935km，表明该时段省域旅游经济在西北一东南方向上出现极化趋势。(4)各年份旅游经济的重心演化路径见图4.7，1997—2011年省域旅游经济重心向北偏西方向发生转移，其中1997—2003年省域旅游经济重心向西北发生较大偏移，2004—2011年省域旅游经济重心向东北发生较大偏移。

表4.4　1997—2011年省域旅游经济标准差椭圆的参数变化

年份	1997	1999	2001	2003
转角/°	17.434	19.043	49.194	56.206
沿y轴标准差/km	1046.814	1038.041	1053.750	1079.642
沿x轴标准差/km	630.609	732.289	797.819	782.722
年份	2005	2007	2009	2011
转角/°	20.370	22.488	24.851	25.311
沿y轴标准差/km	1010.618	1009.059	1026.437	1036.760
沿x轴标准差/km	734.437	743.067	717.487	719.935

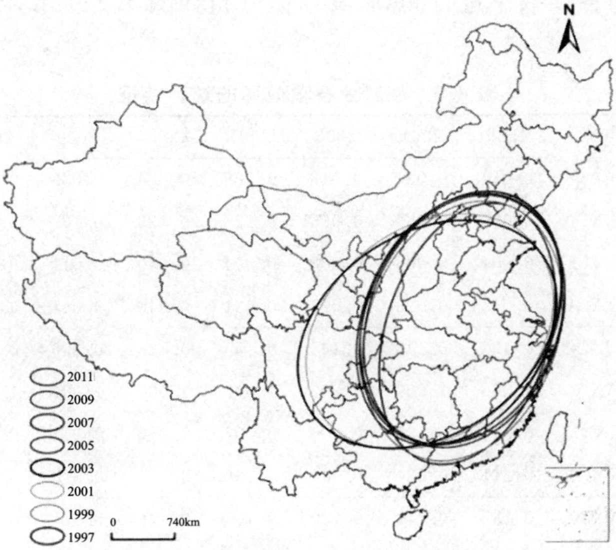

图 4.6　各年份旅游经济标准差椭圆分布

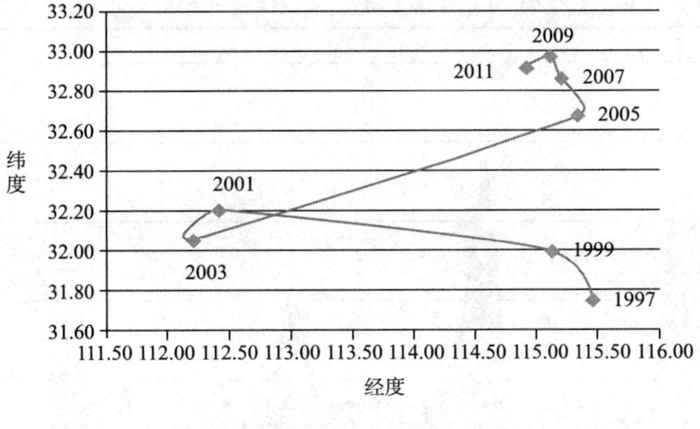

图 4.7　省域旅游经济重心演化路径

4.2　旅游业效率测度

4.2.1　总体旅游业效率测度

本文采用修正的 DEA 模型(详细原理见 3.1.1),借助 DEAP2.1 软件对旅游业发展各项效率进行测算,其均值分布如图 4.8 所示,各项效率的统计结果见表 4.5。

表 4.5　旅游业各项效率的统计特征

变量	1997	1999	2001	2003	2005	2007	2009	2011	
综合效率	MEDIAN	0.014	0.021	0.018	0.028	0.034	0.038	0.039	0.054
	MAX	0.090	0.083	0.065	0.120	0.129	0.122	0.139	0.176
	MIN	0.004	0.005	0.005	0.004	0.010	0.011	0.009	0.015
	AVERAGE	0.018	0.023	0.023	0.031	0.040	0.041	0.043	0.064
纯技术效率	MEDIAN	0.122	0.148	0.161	0.155	0.188	0.206	0.232	0.241
	MAX	1.000	1.000	1.000	1.000	1.000	1.000	1.000	1.000
	MIN	0.004	0.005	0.006	0.007	0.010	0.012	0.015	0.015
	AVERAGE	0.211	0.234	0.244	0.263	0.307	0.308	0.313	0.320
规模效率	MEDIAN	0.133	0.142	0.120	0.161	0.176	0.171	0.165	0.238
	MAX	1.000	1.000	1.000	1.000	1.000	1.000	1.000	1.000
	MIN	0.023	0.045	0.036	0.053	0.057	0.046	0.052	0.070
	AVERAGE	0.222	0.239	0.212	0.244	0.256	0.255	0.252	0.329

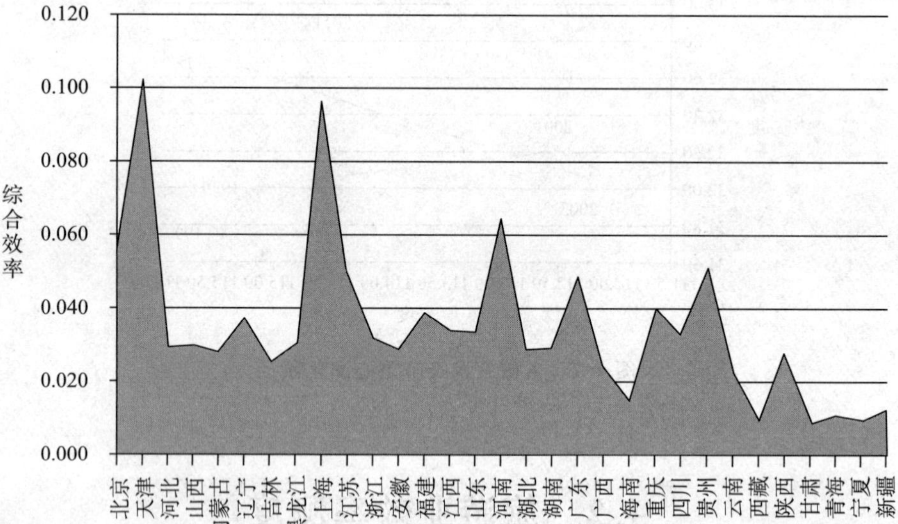

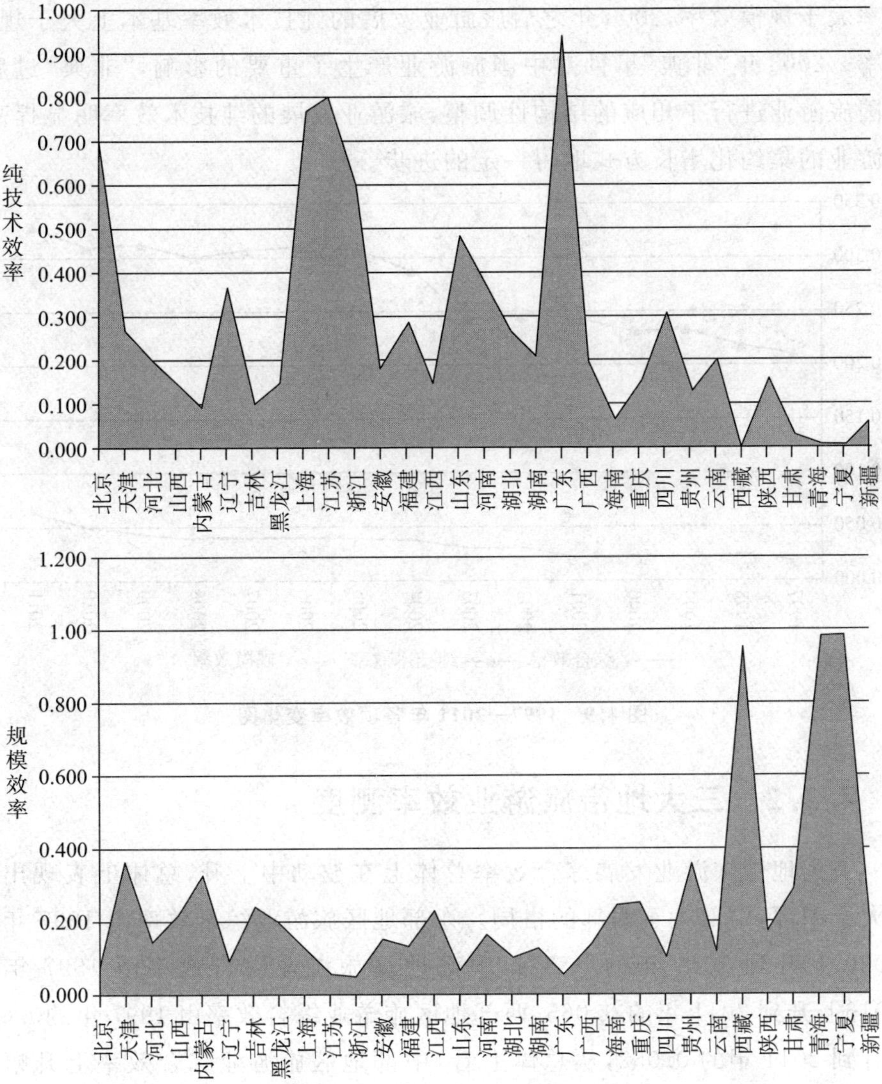

图 4.8　1997—2011 年各省旅游业各项效率均值图

1997—2011 年省域旅游业各项效率均值的折线图如图 4.9 所示。1997—2011 年总体上旅游业发展的各项效率均得到一定程度的提升，其中综合效率均值由 1997 年的 0.018，上升到 2011 年的 0.064；纯技术效率均值由 1997 年的 0.211 上升到 2011 年的 0.320；规模效率均值由 1997 年的 0.222 上升到 2011 年的 0.330。2003 年之前个别年份旅游业发展的纯技术效率大于规模效率，2003年之后旅游业发展的纯技术效率基本上大于规模效率。2003年"非典"事件对中国旅游业产生了重要的影响，"非典"过后，中国旅游业进行了相应的结构性调整，旅游业发展的纯技术效率明显提高，旅游业的集约化增长方式取得一定的进步。

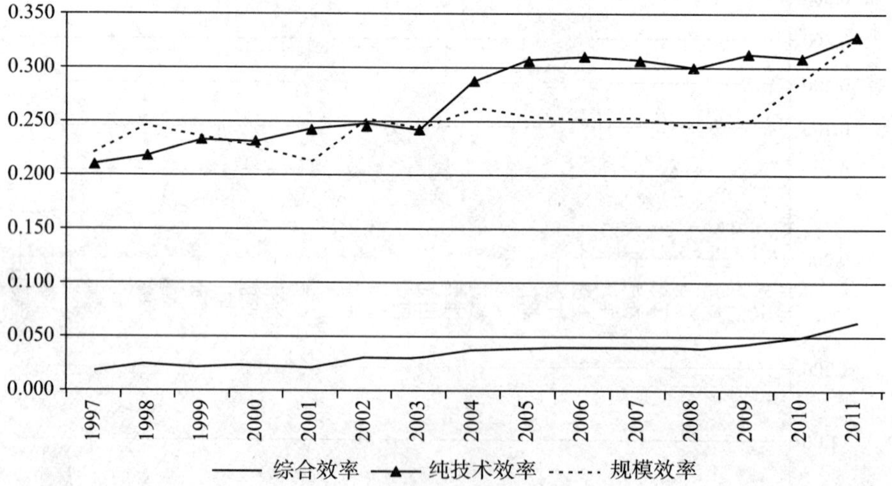

图 4.9　1997—2011 年各项效率变化图

4.2.2　三大地带旅游业效率测度

三大地带旅游业发展综合效率总体上在波动中上升，总体上表现出东部大于中部，中部大于西部的格局。东部地区旅游业综合效率由1997年的0.026上升到2011年的0.074，中部地区旅游业综合效率由1997年的0.016上升到2011年的0.065，西部地区旅游业综合效率由1997年的0.011上升到2011年的0.052，从总体上看，中部地区旅游业综合效率上升幅度最大。三大地带旅游业纯技术效率总体上表现出与综合效率相一致的演化格局，各地带旅游业发展纯技术效率在波动中上升，并且表现出东部大于中部，中部大于西部的总体格局。东部地区旅游业纯技术效率由1997年的0.411上升到2011年的0.498，中部地区旅游业纯技术效率由1997年的0.115上升到2011年的0.266，西部地区旅游业纯技术效率由1997年的0.057上升到2011年的0.156，从总体上看，中部地区旅游业纯技术效率提升幅度最大。

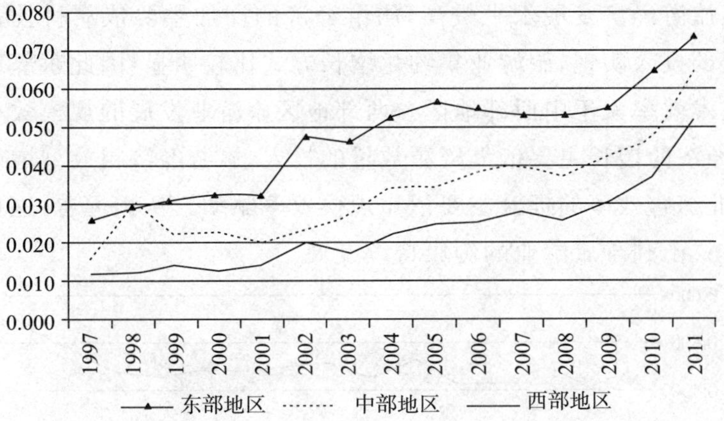

图 4.10　三大地带综合效率变化特征

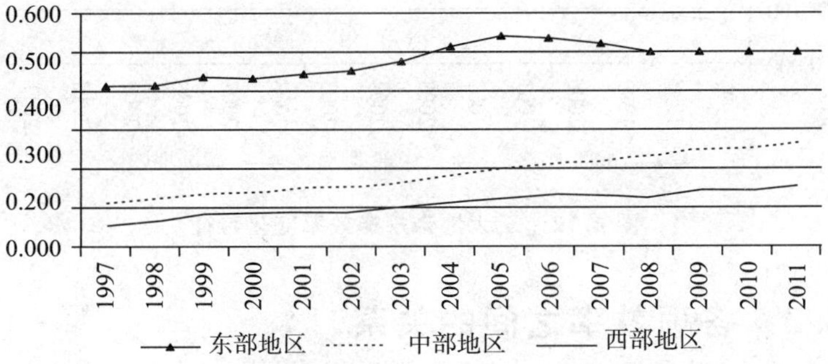

图 4.11　三大地带纯技术效率变化特征

三大地带旅游业规模效率表现出与综合效率、纯技术效率不同的变化特征，总体上三大地带旅游业规模效率在波动中上升，并且表现出西部地区大于中部地区，中部地区大于东部地区的总体格局。东部地区旅游业规模效率由 1997 年的 0.076 上升到 2011 年的 0.209，中部地区旅游业规模效率由 1997 年 0.176 的上升到 2011 年的 0.262，西部地区旅游业规模效率由 1997 年的 0.439 上升到 2011 年的 0.533，从总体上看，东部地区旅游业规模效率提升幅度最大。

通过以上分析可以发现，2003 年以前大陆旅游业综合效率由纯技术效率与规模效率交替驱动，2003 年之后，综合效率由纯技术效率驱动，旅游业发展的集约化经营取得一定程度的进步。中国三大地带旅游业综合效率表现出不同的演化规律：1997—2011 年东部地区旅游业综合效率主要由纯技术效率驱动，西部地区旅游业综合效率主要由规模效率驱动，从总体上看，东部地区旅游经济发展水平较高,旅游经济的增加主要依靠科技、资金、人才等要素的投入实现,旅游业集约化增长方式比较明显,因此东部地区旅游业的纯技术效率大于中西部地区。西部地区旅游业发展的规模效率相对较高,旅游经济的增长主要依靠资源数量的投入,旅游经济粗放型增长方式明显,旅游业综合效率的提升主要依靠规模效率驱动。从长远看,这种粗放型的增长方式不利于旅游业的健康持续发展。

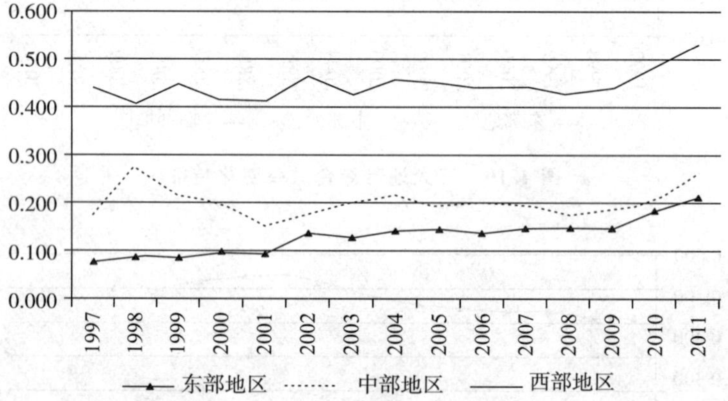

图 4.12　三大地带规模效率变化特征

4.2.3　各项效率之间的关系

为了定量分析各项效率之间的相关关系,分别绘制了 1997—2011 年大陆 31 个省份旅游业综合效率、纯技术效率以及规模效率的散点图,为散点图添加线性趋势线,结果如图 4.13 所示。虽然大部分散点图 R^2 没有达到 0.9,但总体上反映了旅游业发展各项效率之间的大致关系:综合效率与纯技术效率表现出一定的正相关性,综合效率与规模效率表现出一定的负相关性,规模效率与纯技术效率之间也表现出一定的负相关,1997—2011 年各项效率的均值表现出相同的特征。

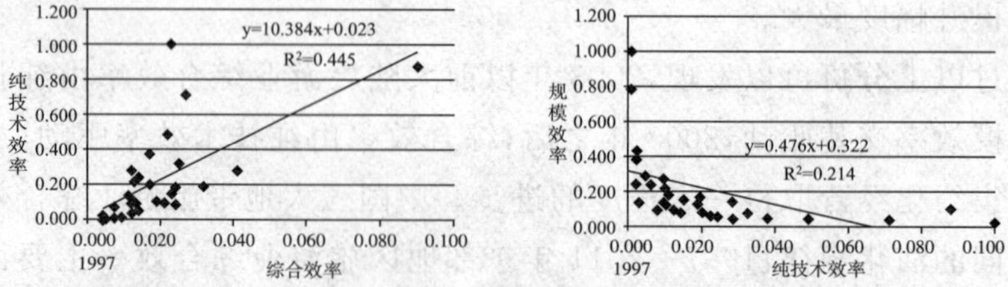

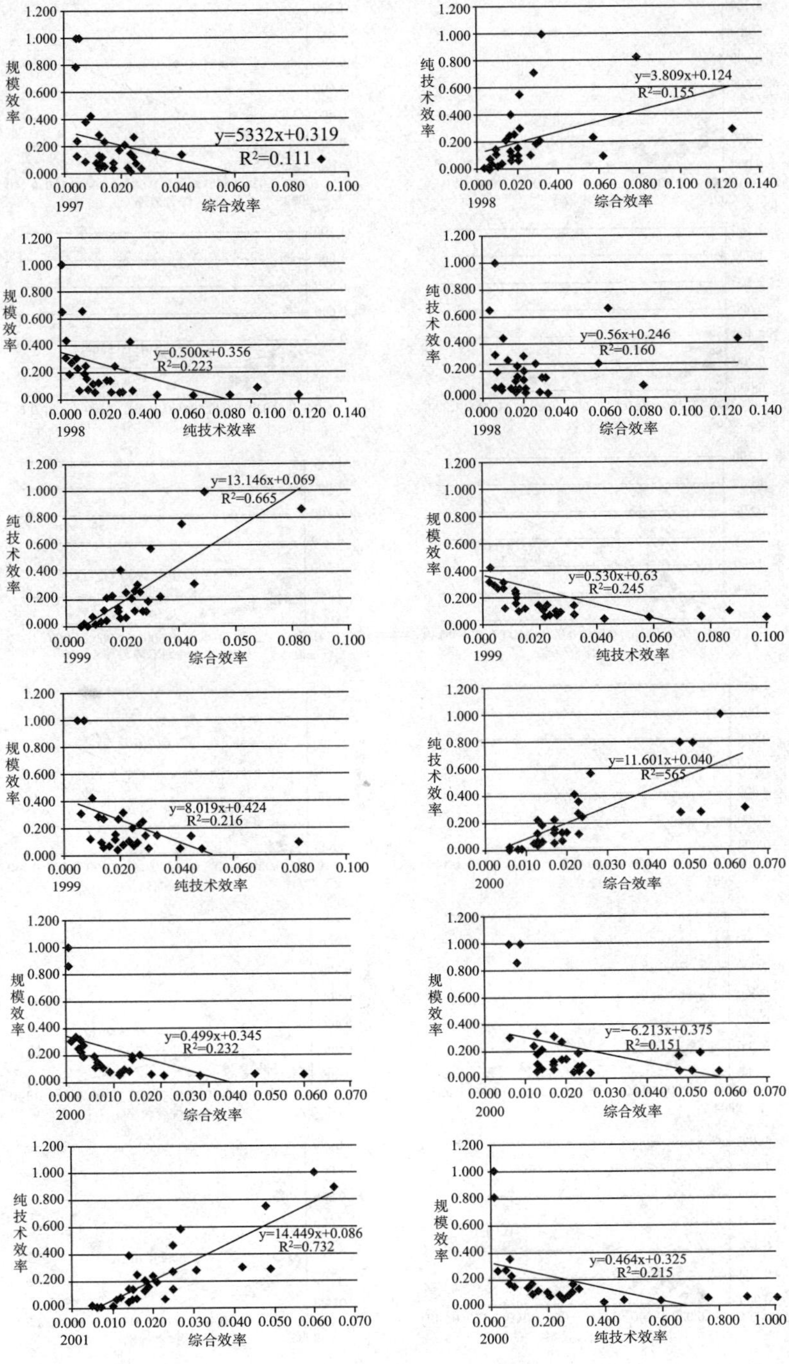

规模效率
y=5332x+0.319
R²=0.111
1997
综合效率
纯技术效率
y=3.809x+0.124
R²=0.155
1998
综合效率
规模效率
y=0.500x+0.356
R²=0.223
1998
纯技术效率
纯技术效率
y=0.56x+0.246
R²=0.160
1998
综合效率
纯技术效率
y=13.146x+0.069
R²=0.665
1999
综合效率
规模效率
y=0.530x+0.63
R²=0.245
1999
纯技术效率
规模效率
y=8.019x+0.424
R²=0.216
1999
纯技术效率
纯技术效率
y=11.601x+0.040
R²=565
2000
综合效率
规模效率
y=0.499x+0.345
R²=0.232
2000
综合效率
规模效率
y=−6.213x+0.375
R²=0.151
2000
综合效率
纯技术效率
y=14.449x+0.086
R²=0.732
2001
综合效率
规模效率
y=0.464x+0.325
R²=0.215
2000
纯技术效率

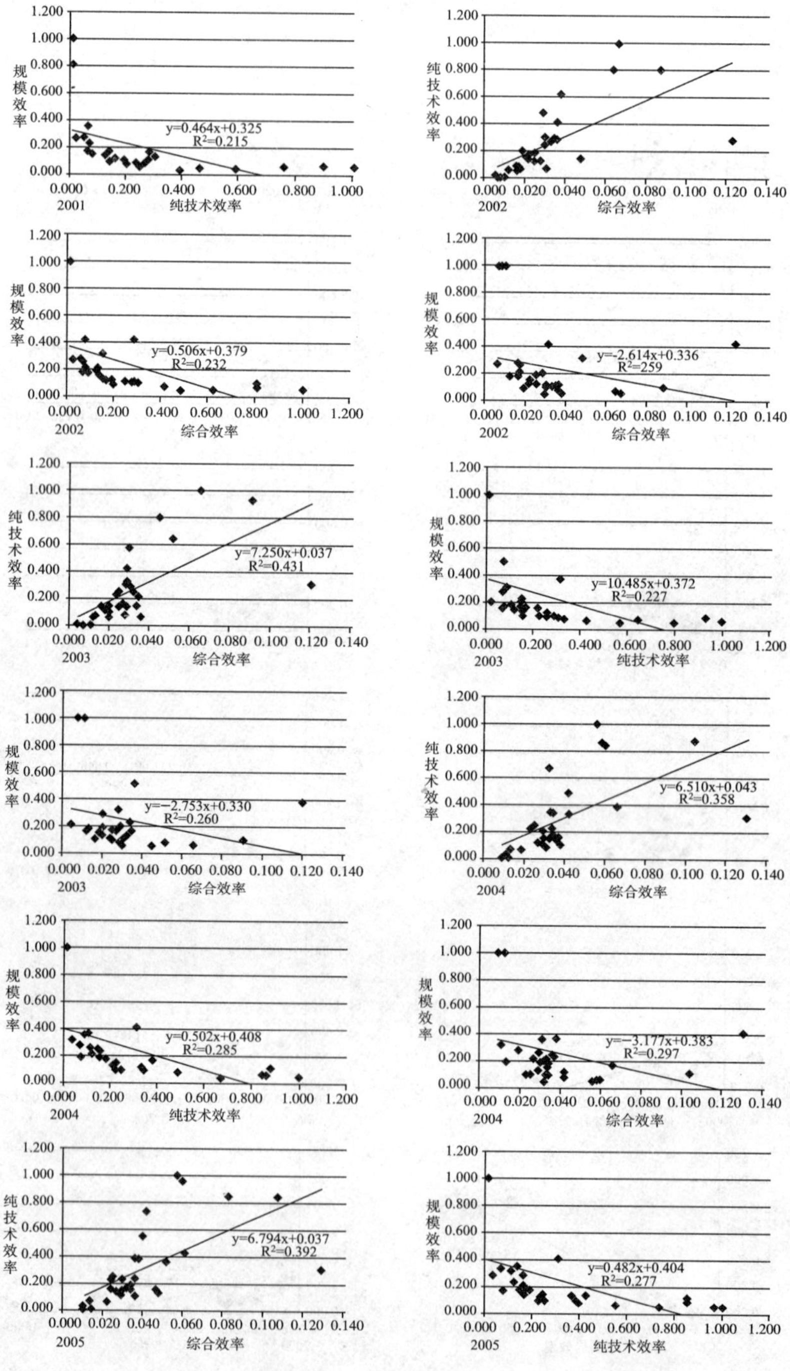
规模效率
y=0.464x+0.325
R²=0.215
2001
纯技术效率
纯技术效率
y=7.250x+0.037
2002
综合效率
规模效率
y=0.506x+0.379
R²=0.232
2002
综合效率
规模效率
y=-2.614x+0.336
R²=259
2002
综合效率
纯技术效率
y=7.250x+0.037
R²=0.431
2003
综合效率
规模效率
y=10.485x+0.372
R²=0.227
2003
纯技术效率
规模效率
y=−2.753x+0.330
R²=0.260
2003
综合效率
纯技术效率
y=6.510x+0.043
R²=0.358
2004
综合效率
规模效率
y=0.502x+0.408
R²=0.285
2004
纯技术效率
规模效率
y=−3.177x+0.383
R²=0.297
2004
综合效率
纯技术效率
y=6.794x+0.037
R²=0.392
2005
综合效率
规模效率
y=0.482x+0.404
R²=0.277
2005
纯技术效率

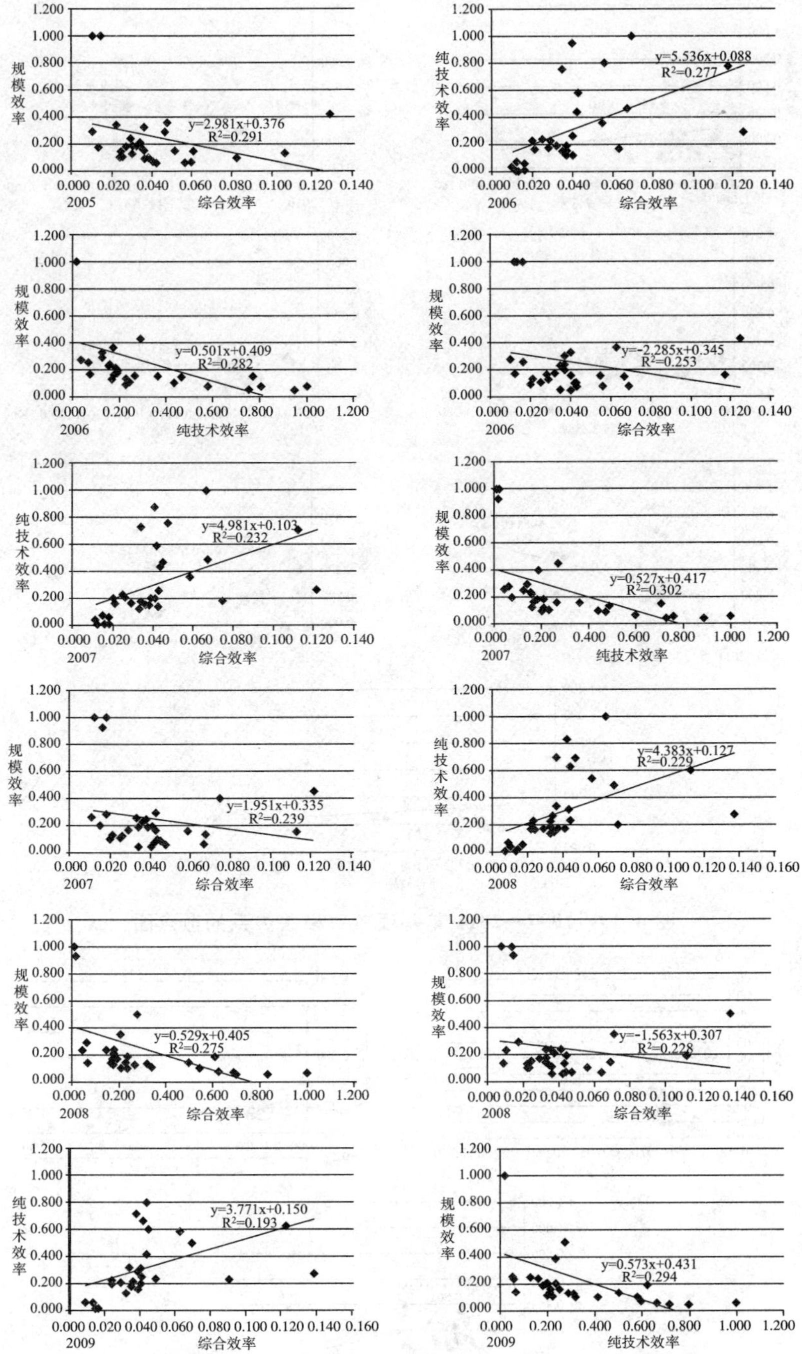
规模效率
y=2.981x+0.376
R²=0.291
2005
综合效率
纯技术效率
y=5.536x+0.088
R²=0.277
2006
综合效率
规模效率
y=0.501x+0.409
R²=0.282
2006
纯技术效率
规模效率
y=-2.285x+0.345
R²=0.253
2006
综合效率
纯技术效率
y=4.981x+0.103
R²=0.232
2007
综合效率
规模效率
y=0.527x+0.417
R²=0.302
2007
纯技术效率
规模效率
y=1.951x+0.335
R²=0.239
2007
综合效率
纯技术效率
y=4.383x+0.127
R²=0.229
2008
综合效率
规模效率
y=0.529x+0.405
R²=0.275
2008
综合效率
规模效率
y=-1.563x+0.307
R²=0.228
2008
综合效率
纯技术效率
y=3.771x+0.150
R²=0.193
2009
综合效率
规模效率
y=0.573x+0.431
R²=0.294
2009
纯技术效率

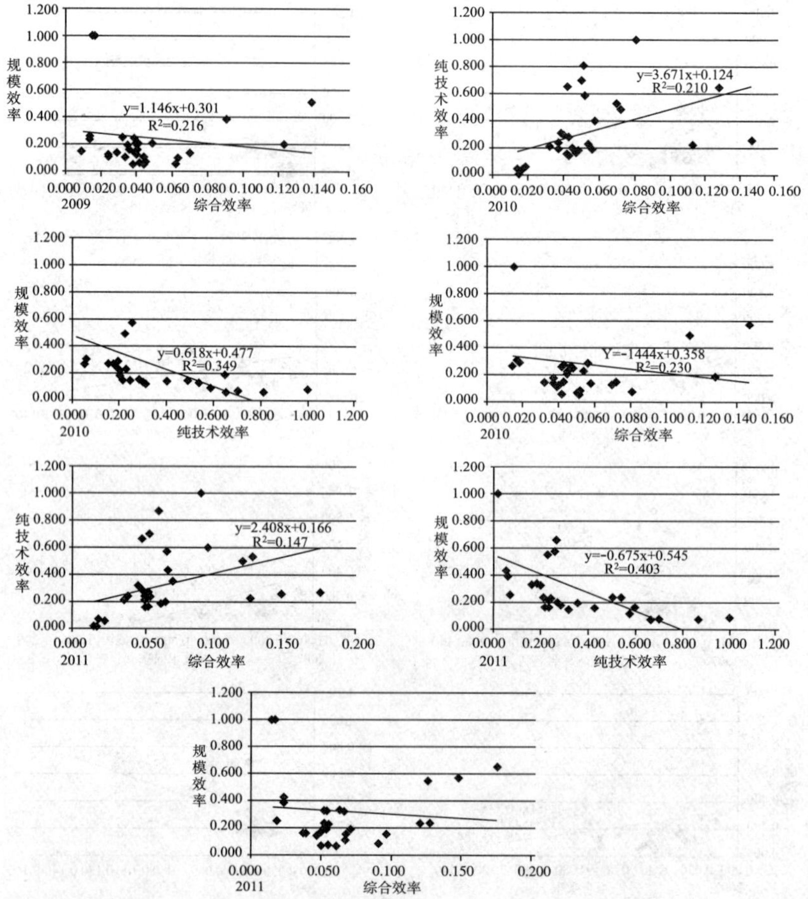

图 4.13　1997—2011 年各项效率相关关系的散点图

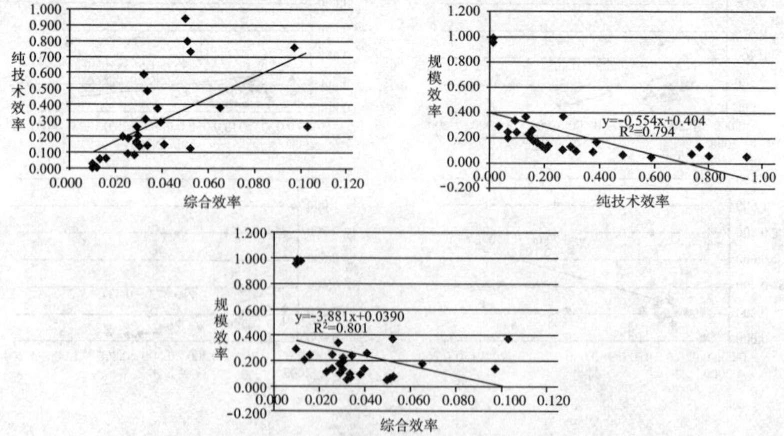

图 4.14　1997—2011 年各项效率均值的散点图

4.3　旅游业效率的空间分析

4.3.1　各项效率重分类

用 ArcGIS9.3 重分类工具对各项效率进行重分类，按数值由高到低分别为：高值区、次高区、次低区、低值区，综合效率的空间分布如图 4.15 所示。1997 年位于高值区的省、市主要有：北京、天津、河北、河南、上海、重庆、广西；2011 年贵州、辽宁、江苏代替了河北、北京、广西进入该区。1997 位于次高区的省份主要有：江苏、浙江、江西、福建、广东、陕西、云南；2011 年位于该区域变化幅度较大，位于该区的省、市主要有：黑龙江、北京、山西、湖北、浙江、江西、广东、四川。1997 年位于次低区的省份主要有：黑龙江、辽宁、山东、山西、安徽、湖北、湖南、贵州、四川；2011 年位于该区的省份主要有：吉林、内蒙古、陕西、山东、安徽、福建、湖南、广西。1997 年位于低值区域的省份主要有：吉林、内蒙古、宁夏、甘肃、青海、新疆、西藏、海南；2011 年河北、云南代替内蒙古、吉林两省进入该区。

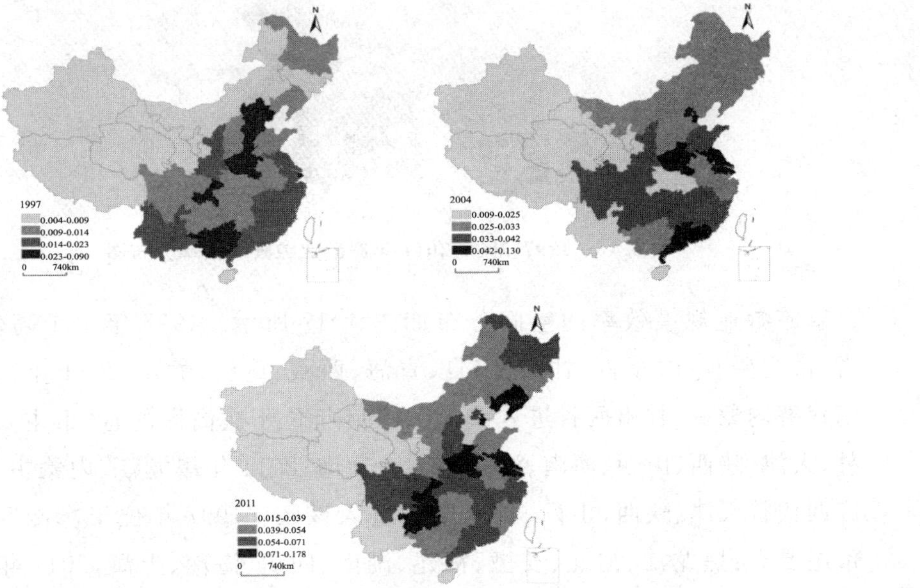

图 4.15　1997、2004、2011 年旅游业综合效率分布图

纯技术效率的空间分布如图 4.16 所示。1997 年位于高值区的省、市主要有：北京、山东、江苏、浙江、上海、广东、广西；2011 年辽宁代替广西进入该区。1997 年位于次高区的省、市主要有：辽宁、河北、天津、河南、湖北、福建、海南、四川、云南；2011 年位于该区的省分主要有天津、安徽、河南、湖北、湖南、贵州、四川、福建。1997 年位于次冷区的省、市主要有：黑龙江、山西、陕西、安徽、江西、湖南、海南、重庆，2011 年河北、广西、云南代替安徽、湖南、海南进入该区。1997 年位于低值区的省份主要有：吉林、贵州、内蒙古、宁夏、甘肃、青海、西藏、新疆；2011 年海南省代替贵州省进入该区。

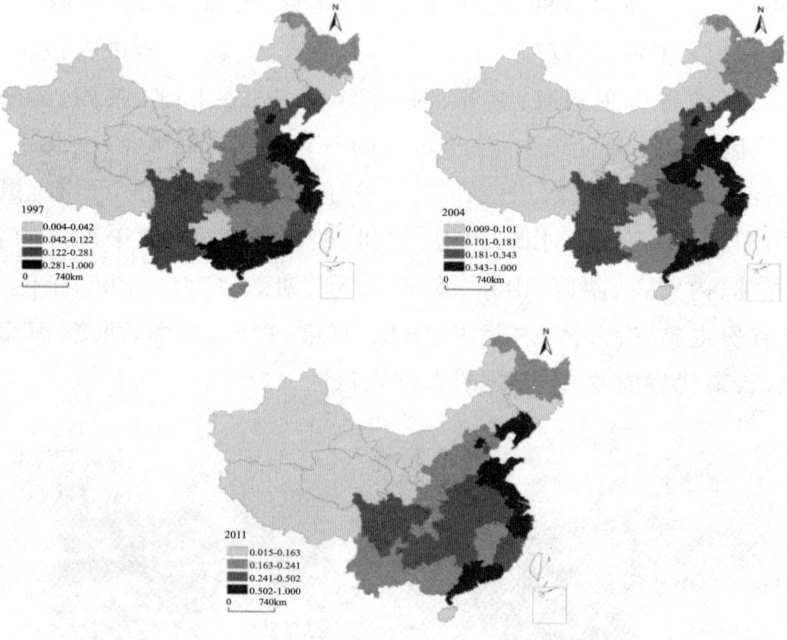

图 4.16　1997、2004、2011 年旅游业纯技术效率分布图

旅游业规模效率的空间分布如图 4.17 所示。1997 年位于高值区的省、市主要有：内蒙古、甘肃、宁夏、青海、西藏、重庆、贵州；2011 年天津、海南代替内蒙古、甘肃两省进入该区。1997 年位于次高区的省、市主要有：吉林、天津、陕西、山西、河南、江西、新疆、云南；2011 年黑龙江、内蒙古、甘肃、广西代替天津、陕西、山西、云南四省进入该区。1997 年位于次冷区的省、市主要有：黑龙江、河北、安徽、福建、湖南、四川、海南、上海，2011 年陕西、山西、湖北、云南代替四川、海南、湖南、黑龙江进入该区。1997 年位于低值区的省、市主要有北京、辽宁、山东、江苏、浙江、湖北、广东、广西；2011 年四川、湖南代替广西、湖北进入该区。通过以上分析可以看出：综合效率与纯技术效率的空间分布格局相似性较大，纯技术效率与旅游经济空间分布相似性最大，规模效率表现出与前两项效率不同的分布格局。

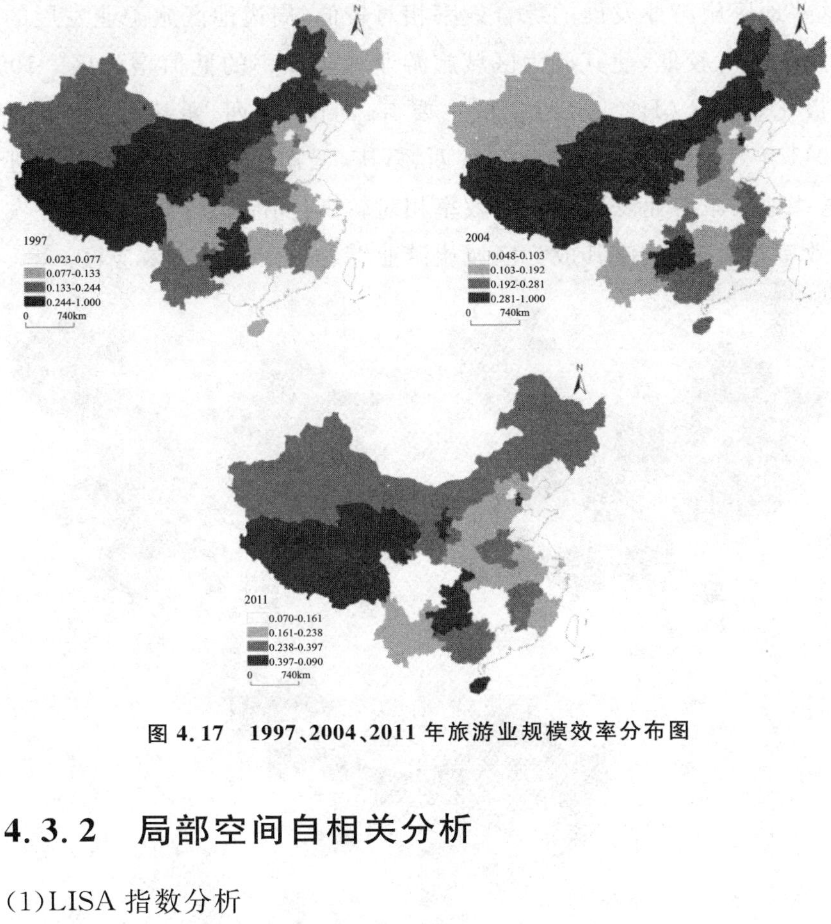

图 4.17　1997、2004、2011 年旅游业规模效率分布图

4.3.2　局部空间自相关分析

(1)LISA 指数分析

旅游业综合效率的 LISA 散点地图如图 4.18 所示。1997 年综合效率位于扩散效应区(HH 区)的省、市主要有：北京、天津、河北、上海、江苏、江西，2011 年湖北、重庆、贵州代替河北、天津两省市进入该区，这些地区旅游业发展的综合效率相对较高，并且周边地区旅游业发展的综合效率也相对较高，属于旅游业综合效率的扩散效应区。1997 年综合效率位于过渡区(LH 区)的省、市主要有：山东、山西、安徽、浙江、福建、湖北、湖南、贵州、海南，2011 年吉林、河北、陕西、广西、云南代替福建、湖北、贵州、海南四省进入该区，这些地区旅游业发展的综合效率相对较低，周边地区旅游业发展的综合效率相对较高，这些地区属于旅游业综合效率的过渡区。位于低速增长区（LL 区）的省份主要有：黑龙江、吉林、辽宁、内蒙古、甘肃、青海、宁夏、四川、新疆、西藏，2011 年海南、广东、广西代替四川、吉林、辽宁三省进入该区，这些地区旅游业发展的综合效率相对较低，周边地区旅游业发展的综合效率业也相对较低，使其成为区域旅游业综合效率的低值增长区。1997 年位于极化效应区（HL 区）的省份主要有：河南、陕西、重庆、云南、广西、广东，2011 年辽宁、天津、四川代替陕西、重庆、云南、广东、广西五省市进入该区，这些地区旅游业发展的综合效率相对较高，同时周边地区旅游业发展的综合效率相对较低，使其成为区域旅游业综合效率的极化效应区。

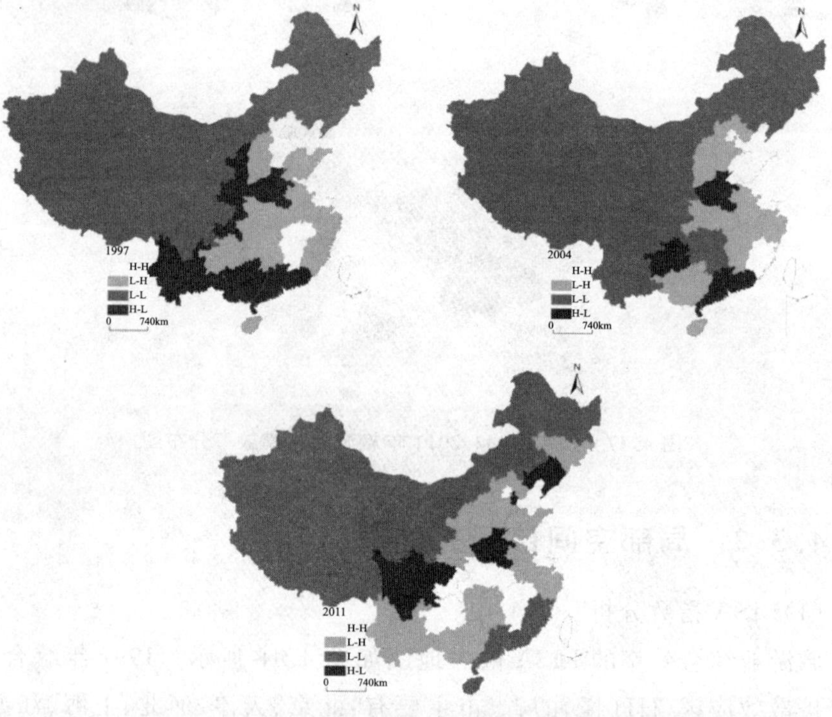

图 4.18　1997、2004、2011 年综合效率的局部自相关地图

旅游业纯技术效率的 LISA 散点地图如图 4.19 所示。1997 年扩散效应区主要有山东、江苏、上海、浙江、广西 5 省市，2011 年河南代替广西进入该区。1997 年过渡区主要有天津、河北、安徽、湖南、江西、福建、海南 7 省市，2011 年位于该区的省份基本没有发生位移。1997 年低速增长区主要有黑龙江、吉林、内蒙古、山西、陕西、甘肃、青海、宁夏、西藏、新疆、四川、重庆、贵州、云南14个省市区，2011年四川省退出该区，其他省份没有发生位移。1997年极化效应区主要有辽宁、北京、河南、湖北、广东5省市，2011年四川省代替河南省进入该区。

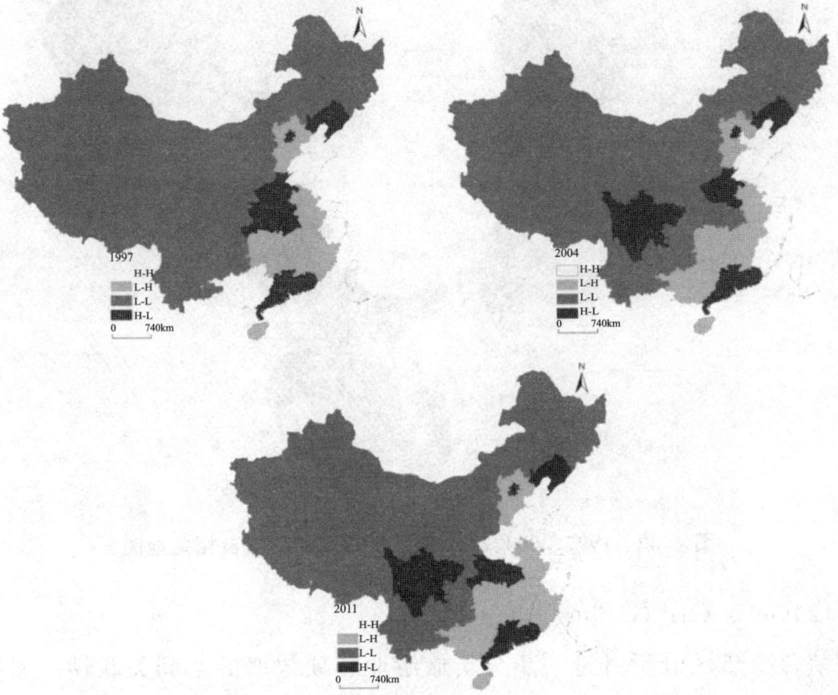

图4.19　1997、2004、2011年纯技术效率的局部自相关地图

旅游业规模效率的LISA散点地图如图4.20所示。1997年位于扩散效应区的省份主要有：内蒙古、宁夏、甘肃、青海、新疆、西藏，2011年黑龙江、江西代替内蒙古、新疆进入该区。1997年位于过渡区的省份主要有：黑龙江、辽宁、陕西、四川、云南、江西，2011年湖南、新疆代替黑龙江、辽宁、江西三省进入该区。1997年位于低速增长区的省份主要有：吉林、北京、天津、山东、河北、河南、江苏、浙江、上海、湖北、湖南、广东、广西、海南14个省市区，2011年辽宁代替江西、湖南、吉林、北京、海南五省市进入该区。1997年位于极化效应区的省份主要有：山西、重庆、贵州，2011年吉林、内蒙古、海南三省代替山西省进入该区。

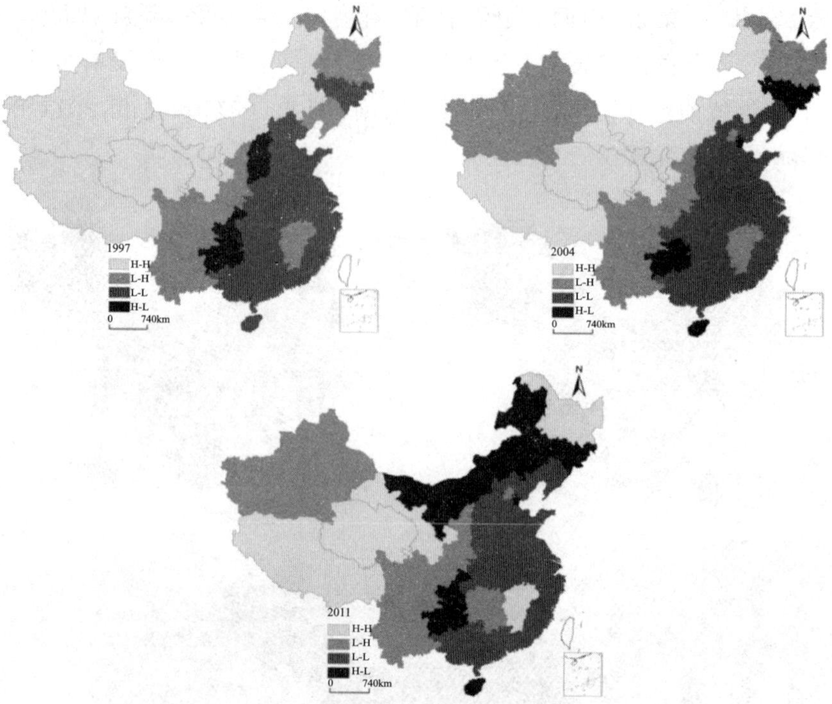

图 4.20 1997、2004、2011 年规模效率的局部自相关地图

(2)Getis. Ord G_i^* 指数分析

结合冷热区分析可进一步分析旅游业各项效率的空间关联性。旅游业综合效率的冷热区分布如图 4.21 所示。1997 年综合效率位于热点区的仅有上海市一个地区，2011 年扩展到北京、河南、重庆、贵州 4 省市。1997 年位于次热地区的省、市主要有：北京、天津、河北、河南、江苏、江西、重庆、云南、广西、广东，2011 年位于该区的省份向东发生偏移，主要包括辽宁、北京、江苏、湖北、江西、四川 6 个地区。1997 年位于次冷区的省份主要有：黑龙江、辽宁、山东、山西、陕西、安徽、浙江、福建、湖北、湖南、贵州、四川 12 个省，2011 年吉林、内蒙古、河北、广东、广西、云南代替贵州、四川、湖北三省进入该区。1997 年位于冷点区的省份主要有：吉林、内蒙古、宁夏、甘肃、青海、西藏、四川、海南，2011 年冷点区范围有所缩小，青海、甘肃、宁夏、西藏、新疆、海南 6 个省市仍位于该区。

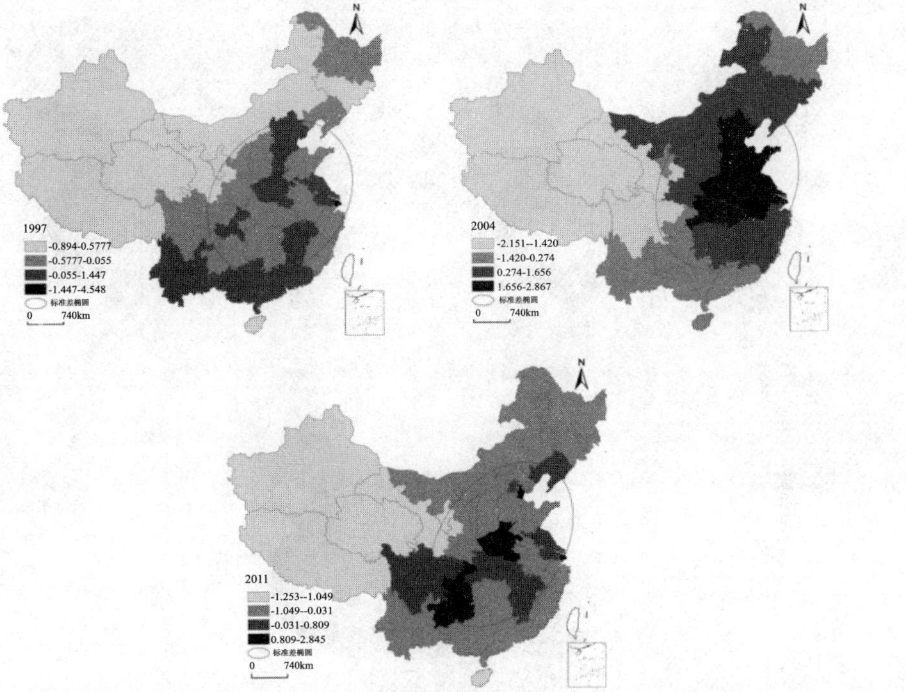

图 4.21 1997、2004、2011 年旅游业综合效率局域 G 指数

旅游业纯技术效率的冷热区分布如图 4.22 所示。1997 年纯技术效率位于热点区的省、市主要有:北京、上海、广东,2011 年热点区有所缩小,江苏代替北京、上海进入该区。1997 年位于次热区的省份主要有:山东、江苏、浙江、河南、广西,2011 年辽宁、北京、四川代替广西、江苏两省进入该区。1997 位于次冷区的省份主要有:辽宁、天津、河北、安徽、福建、湖北、四川、云南 8 省市,2011 年该区范围有所扩大,主要包括黑龙江、吉林、内蒙古、河北、天津、山西、陕西、安徽、江西、福建、湖北、湖南、重庆、贵州、广西、云南 16 个省市区。1997 年位于冷点区的省份主要有:黑龙江、吉林、内蒙古、山西、陕西、甘肃、青海、宁夏、西藏、新疆、重庆、贵州、湖南、江西、海南 15 个地区,2011 年该区的范围有所缩小,主要包括宁夏、甘肃、青海、新疆、西藏 5 个地区。

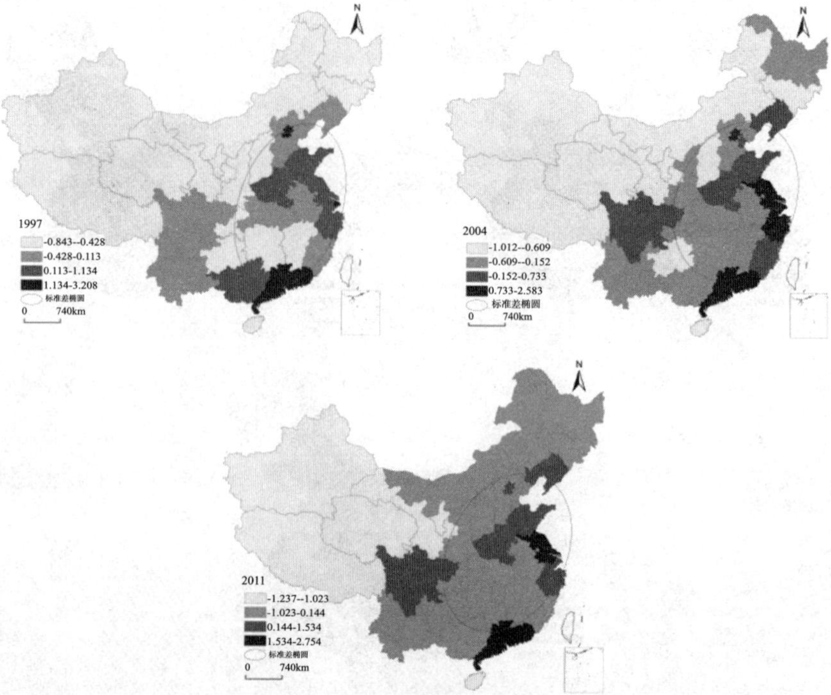

图 4.22 1997、2004、2011 年旅游业纯技术效率局域 G 指数

旅游业规模效率的冷热区分布如图 4.23 所示。1997 年规模效率位于热点区的省份主要有:宁夏、青海、西藏,2011 年位于该区的省份没有发生变化。1997 年规模效率位于次热区的主要有:内蒙古、山西、甘肃、新疆、重庆、贵州 6 个省市区,2011 年江西、海南代替山西、新疆两省区进入该区。1997 年位于次冷区的主要有:黑龙江、吉林、河北、河南、陕西、江西、湖南、云南 8 个省,2011 年该区范围有所扩大,位于该区的主要有:辽宁、河北、山西、陕西、河南、安徽、湖北、湖南、福建、四川、云南、广西、新疆 13 个省市。1997 年位于冷点区的主要有:辽宁、北京、山东、江苏、浙江、上海、安徽、福建、广东、广西、湖北、四川、海南 13 个省市,2011 年该区只剩下北京、山东、江苏、浙江、广东 5 省市。

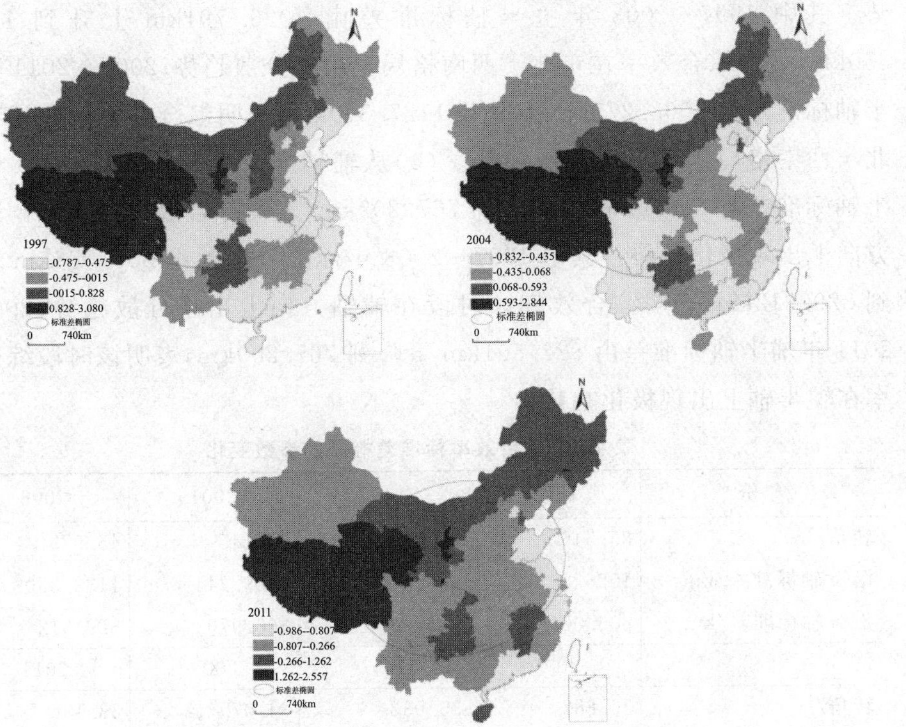

图 4.23　1997、2004、2011 年旅游业规模效率局域 G 指数

4.3.3　标准差椭圆分析

1997—2011 年省旅游业综合效率的标准差椭圆分析结果见表 4.6 及图 4.24。(1)从综合效率标准差椭圆的分布范围来看，最北端到达内蒙古与辽宁的交界处，最西端位于四川省东部，最南端达到两广交界处，最东端位于长三角地带，范围基本上覆盖了中国经济最发达的四大中心，由此说明综合效率与区域经济发展水平具有相对一致性。(2)从转角 θ 大小的变化来看，由 1997 年的 35.546°下降到 2011 年的 33.136°，总体上综合效率的空间分布呈现出东北一西南走向，并且有向正北一正南方向转变的微弱趋势。其中 1997 年至 2003 年转角 θ 由 35.546°上升到 45.979°，综合效率的东北一西南空间分布格局逐渐强化；2005 年至 2011 年转角 θ 由 26.882°上升到 33.136°，综合效率的东北一西南的空间分布格局同样出现强化趋势。(3)从主轴方向上看，主半轴标准差由 1997 年的 1026.790km 上升到 2011 年的 1127.340km，表明综合效率在东北一西南格局上出现微弱的分散趋势。其中1997—2003年主半轴标准差由1026.791km上升到1132.350km，表明综合效率在东北一西南格局上出现分散趋势；2005—2011年主半轴标准差由1068.275km上升到1127.340km，表明综合效率该时段在东北一西南格局上也出现分散趋势。(4)从辅轴方向上看，1997—2011年辅半轴标准差由806.066km下降到767.209km，表明综合效率在西北一东南方向上出现极化趋势。其中1997—2003年标准差椭圆由806.066km上升到829.312km，表明综合效率该时段在辅轴方向上出现分散趋势；2005—2011年辅半轴标准差由822.561km下降到767.209km，表明该时段综合效率在辅半轴上出现极化趋势。

表4.6　综合效率标准差椭圆的参数变化

年份	1997	1999	2001	2003
转角/°	35.546	31.505	48.145	45.979
沿 y 轴标准差/km	1026.791	1075.762	1089.244	1132.350
沿 x 轴标准差/km	806.066	934.407	860.970	829.312
年份	2005	2007	2009	2011
转角/°	26.882	35.032	34.070	33.136
沿 y 轴标准差/km	1068.275	1092.259	1097.796	1127.340
沿 x 轴标准差/km	822.561	859.391	790.657	767.209

1997—2011年省旅游业纯技术效率的标准差椭圆分析结果见表4.7及图4.25。(1)从纯技术效率标准差椭圆的分布范围来看，基本与综合效率空间分布相一致：最北端到达河北与辽宁的交界处，最西端位于四川省中部，最南端达到两广交界处，最东端位于长三角地带，可知纯技术效率与区域经济发展水平同样具有相对一致性。(2)从转角 θ 大小的变化来看，由1997年的17.460°上升到2011年的25.293°，总体上纯技术效率的空间分布呈现出东北一西南走向，并且有进一步弱化的趋势。其中1997年至2003年转角 θ 由17.460°上升到56.163°，纯技术效率的东北一西南空间分布格局逐渐弱化；2005年至2011年转角 θ 由20.377°上升到25.293°，纯技术效率的东北一西南的空间分布格局同样出现弱化。(3)从主轴方向上看，主半轴标准差由1997年的1047.311km下降到2011年的1137.000km，表明纯技术效率在东北一西南格局上出现极化趋势。其中1997—2003年主半轴标准差由1047.311km上升到1079.641km，表明纯技术效率在东北一

西南格局上出现分散趋势;2005—2011 年主半轴标准差由 1010.738km 上升到 1037.000km,表明综合效率该时段在东北一西南格局上出现分散趋势。(4)从辅轴方向上看,1997—2011 年辅半轴标准差由 631.550km 上升到 783.067km,表明纯技术效率在西北一东南方向上出现分散趋势。其中,1997—2003 年标准差椭圆由 631.550km 上升到 783.067km,表明纯技术效率该时段在辅轴方向上出现分散趋势;2005—2011 年辅半轴标准差由 734.430km下降到 719.626km,表明该时段综合效率在辅半轴上出现极化趋势。

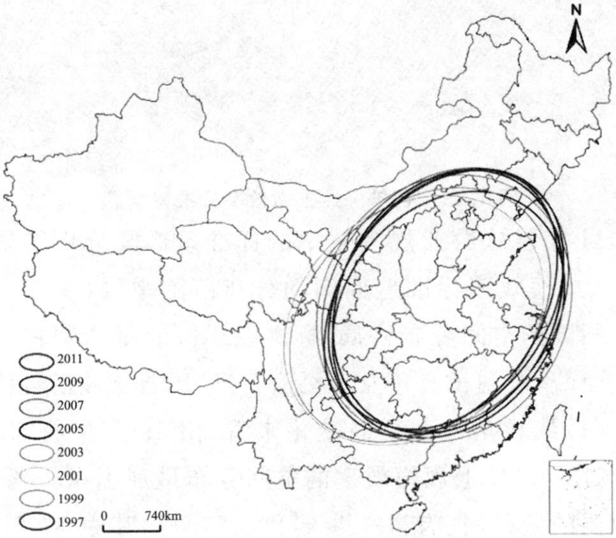

图 4.24　各年份综合效率标准差椭圆

表 4.7　纯技术效率标准差椭圆的参数变化

年份	1997	1999	2001	2003
转角/°	17.460	19.011	49.321	56.163
沿 y 轴标准差/km	1047.311	1037.712	1053.903	1079.641
沿 x 轴标准差/km	631.550	732.037	798.714	783.067
年份	2005	2007	2009	2011
转角/°	20.377	22.527	24.853	25.293
沿 y 轴标准差/km	1010.738	1008.900	1026.480	1037.000
沿 x 轴标准差/km	734.430	743.400	717.967	719.626

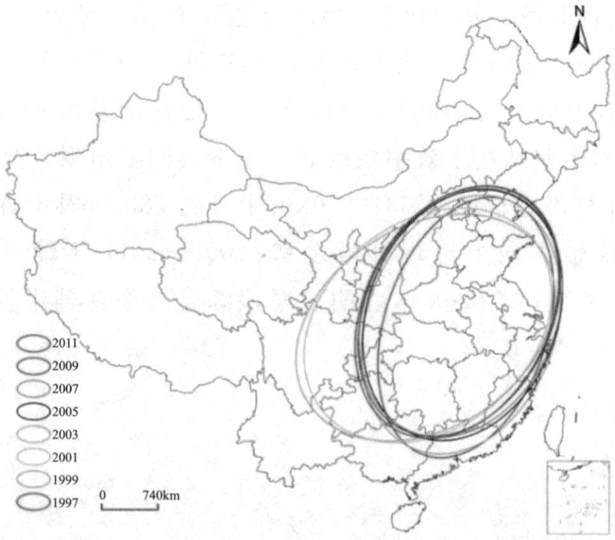

图 4.25 各年份纯技术效率标准差椭圆

1997—2011 年省旅游业规模效率的标准差椭圆分析结果见表 4.8 及图 4.26。(1)从规模效率标准差椭圆的分布范围来看，表现出与综合效率及纯技术效率不同的空间分布格局：标准差椭圆北抵内蒙古，南到广西、云南、西达青海、西藏，东到长三角及环渤海，与中国省域旅游经济发展水平的相关性不强。(2)从转角 θ 大小的变化来看，由 1997 年的 83.734°下降到 2011 年的 75.275°，总体上规模效率的空间分布呈现出东一西走向，向东北一西南发生微弱的偏移，且有进一步弱化的趋势。其中 1997 年至 2003 年转角 θ 由 83.734°下降到 79.648°，规模效率的东一西空间分布格局出现弱化；2005 年至 2011 年转角 θ 由 80.716°下降到 75.275°，规模效率的东一西南一的空间分布格局同样出现弱化。(3)从主轴方向上看，主半轴标准差由 1997 年的 1308.9981km 上升到 2011 年的 1344.459km，表明规模效率在主要方向上出现分散趋势。其中，1997—2003 年主半轴标准差由 1308.998km 上升到 1358.197km，表明规模效率在主要方向上出现分散趋势。2005—2011 年主半轴标准差由 1361.486km 下降到 1344.459km，表明综合效率该时段在主要方向上出现极化趋势。(4)从辅轴方向上看，1997—2011 年辅半轴标准差由 884.168km 上升到 1026.984km，表明规模效率在南一北方向上出现分散趋势。其中 1997—2003 年标准差椭圆由 884.168km 上升到 978.574km，表明该时段规模效率在辅轴方向上出现分散趋势；2005—

2011 年辅半轴标准差由 981.151km 上升到 1026.984km,表明该时段综合效率在辅半轴上出现分散趋势。

表 4.8　规模效率标准差椭圆的参数变化

年份	1997	1999	2001	2003
转角/°	83.734	79.239	83.654	79.648
沿 y 轴标准差/km	1308.998	1405.192	1376.470	1358.194
沿 x 轴标准差/km	884.168	908.547	951.854	978.574
年份	2005	2007	2009	2011
转角/°	80.716	78.546	78.502	75.275
沿 y 轴准差/km	1361.486	1394.236	1392.013	1344.459
沿 x 轴标准差/km	981.151	981.986	943.768	1026.984

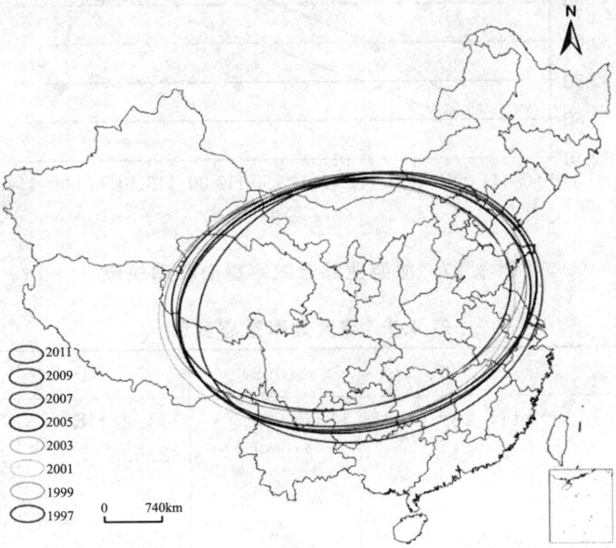

图 4.26　各年份规模效率标准差椭圆

4.3.4　重心分析

旅游业效率是一种经济现象,说明了旅游业发展的合理化程度,经济研究中重心的概念实质上反映了经济现象空间分布的平均中心,旅游业效率重心反映了旅游业发展合理化程度在空间上的分布中心,各年份旅游业效率重心变迁实质上反映了旅游业发展合理化程度空间分布中心的转移,对洞察旅游业效率的空间演化具有重要的意义。

综合效率重心的坐标计算结果及演化轨迹如表4.9及图4.27所示。各年份综合效率重心的变化范围在111.221°～114.215°E,32.249°～33.911°N之间,大致位于河南南部与湖北北部。从重心的移动轨迹来看,综合效率重心总体上向西北发生偏移,1997—2011年向西北移动了110.511km,其中1997—2003年综合效率重心向西北偏移了221.821km,2005—2011年综合效率重心向东北偏移了56.988km,综合效率2005—2011年偏移的速度小于1997—2003年。

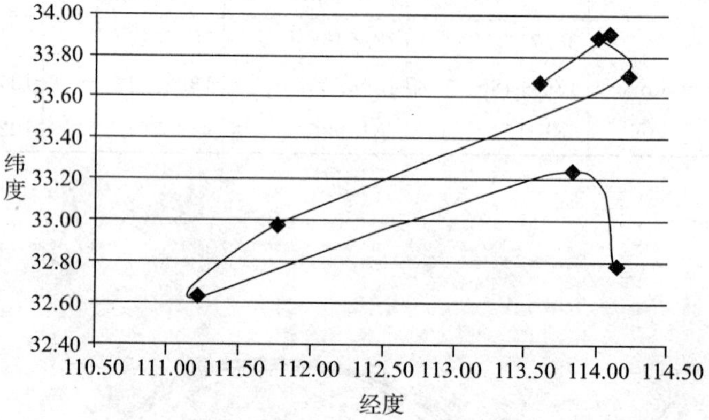

图4.27 旅游业综合效率重心移动轨迹

表4.9 综合效率重心变动

年份	1997	1999	2001	2003
中心坐标(°)	114.135°E, 32.781°N	113.824°E, 33.249°N	111.221°E, 32.633°N	111.774°E, 32.980°N
移动方向	西北	西南	东北	东北
移动距离(km)	59.639	252.649	64.569	241.164
年份	2005	2007	2009	2011
中心坐标(°)	114.215°E, 33.712°N	114.006°E, 33.888°N	114.085°E, 33.911°N	113.602°E, 33.668°N
移动方向	西北	东北	西南	
移动距离(km)	27.525	7.736	52.234	

纯技术效率重心的坐标计算结果及演化轨迹如表4.10及图4.28所示。各年份纯技术效率重心的变化范围在112.180～115.457°E,31.758～32.998°N之间,大致位于河南、湖北、安徽三省的交界处。从重心的移动轨迹来看,纯技术效率总体上向西部发生偏移,1997—2011年向西北偏移了

138.722km，其中 1997—2003 年纯技术效率重心向西北偏移了 311.419km，2005—2011 年纯技术效率重心向东北偏移了 47.864km，纯技术效率重心 2005—2011 年偏移的速度小于 1997—2003 年。

表 4.10 纯技术效率重心变动

年份	1997	1999	2001	2003
中心坐标(°)	115.457°E，31.758°N	115.114°E，31.998°N	112.404°E，32.208°N	112.180°E，32.055°N
移动方向	西北	西偏北	西南	东北
移动距离(km)	42.013	256.602	27.129	305.014
年份	2005	2007	2009	2011
中心坐标(°)	115.340°E，32.675°N	115.202°E，32.862°N	115.105°E，32.981°N	114.918°E，32.918°N
移动方向	西北	西北	西南	
移动距离(km)	24.498	16.051	18.824	

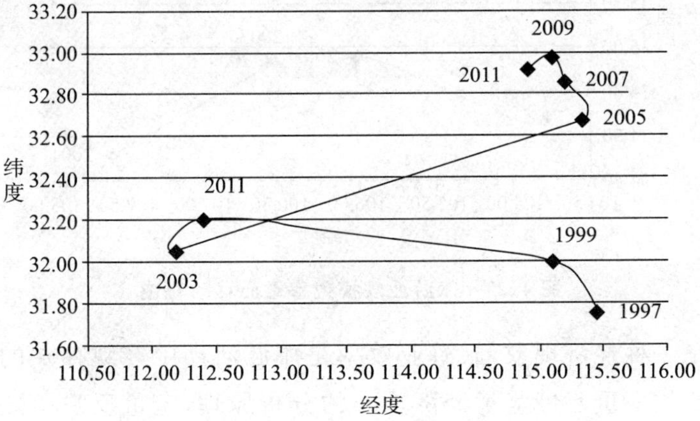

图 4.28 旅游业纯技术效率重心移动轨迹

规模效率重心的坐标计算结果及演化轨迹如表 4.11 及图 4.29 所示。各年份规模效率重心在 104.794～107.608°E，34.522～35.675°N 之间变动，大致位于甘肃与陕西的交界处。从重心的移动轨迹来看，规模效率重心总体向东南发生偏移，1997—2011 年规模效率重心向东南偏移了 243.348km，其中 1997—2003 年规模效率重心向西南偏移了 91.133km，2005—2011 年规模效率重心向西南偏移了 118.968km，规模效率重心 2005—2011 年偏移的速度大于 1997—2003 年。

表 4.11　规模效率重心变动

年份	1997	1999	2001	2003
中心坐标(°)	105.164°E，35.398°N	105.457°E，35.675°N	104.794°E，34.676°N	106.011°E，34.961°N
移动方向	东北	西南	东北	东南
移动距离(km)	40.684	126.514	115.654	40.543
年份	2005	2007	2009	2011
中心坐标(°)	106.329°E，34.707°N	106.556°E，34.940°N	106.541°E，34.923°N	107.608°E，34.522°N
移动方向	东北	西南	东南	
移动距离(km)	33.211	2.335	107.344	

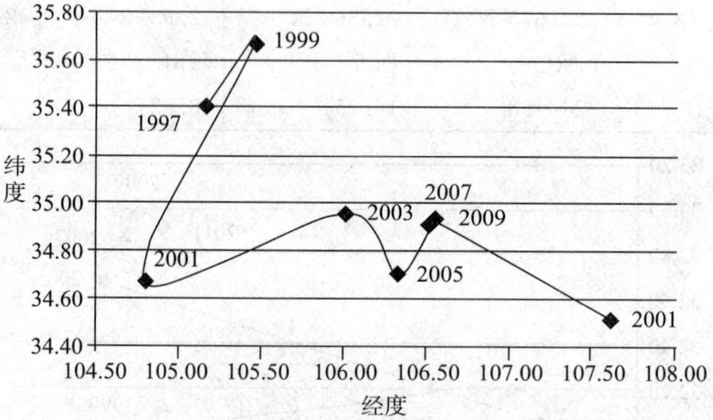

图 4.29　旅游业规模效率重心移动轨迹

效率是一种经济现象，旅游业效率是旅游活动中客观存在的一种经济现象。旅游效率重心借鉴了经济重心的分析原理，定量反映了效率高值集聚的变动情况。综合效率与纯技术效率重心总体上向西北发生偏移，规模效率重心表现出与前两者不同的空间分布格局，总体上向东南发生偏移。前文分析结果表明，综合效率与纯技术效率之间存在一定的正相关，因此其重心演化轨迹同样存在一定的相似性。

4.4 演化特征分析

时间序列的季节性变动常常掩盖了经济发展的客观规律，相对于月度数据以及季度数据，年度数据相对平稳。但个别年份特殊事件往往会造成旅游收入巨大的波动，进一步对旅游业效率产生一定影响，因此在分析旅游效率演化特征时,需要剔除波动性成分。利用 HP 滤波分析方法,可将旅游业各项效率均值的时间序列分解为波动序列以及趋势序列,从而进一步考察各项旅游效率的演化特征。各项效率的 HP 滤波分解如图 4.30 所示,东中西三大地带各项效率的 HP 滤波分解如图 4.31,各项效率滤波分解结果如表 4.12 所示。从 HP 滤波分解的结果可以看出,虽然周期项起伏较大,但总体上各项效率的趋势项稳步上升,反映了 1997—2011 年大陆整体旅游效率水平的提升。从图 4.31 可以看出:1997—2011 年中部地区旅游业规模效率趋势项虽然在个别年份出现下降趋势,但总体上是上升的。除此之外,三大地带旅游业发展各项效率基本表现出稳步上升的态势。

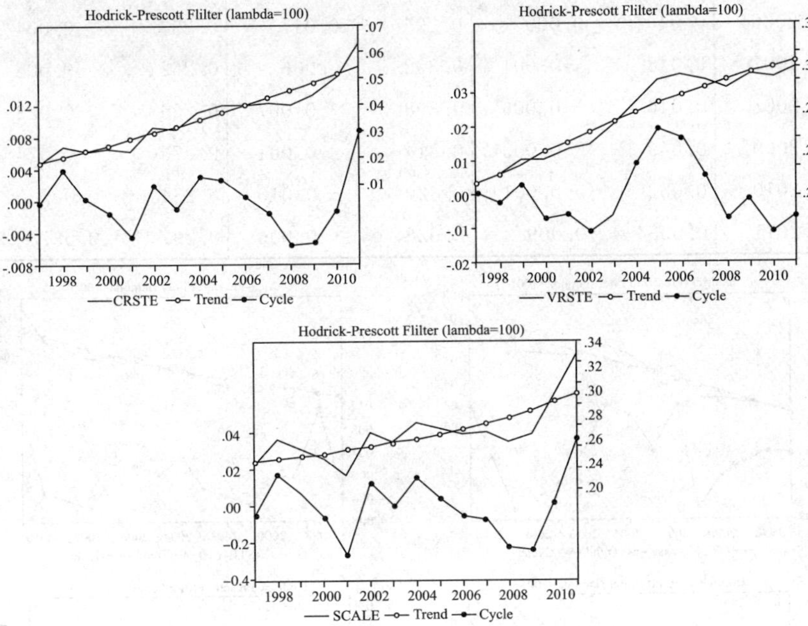

图 4.30　各项效率的 HP 滤波分解图

注:Trend 表示分解出来的趋势序列,Cycle 表示分解出来的循环变动序列,下同。

表 4.12　各项效率的 HP 滤波的分解结果

年份	综合效率		纯技术效率		规模效率	
	趋势成分	周期成分	趋势成分	周期成分	趋势成分	周期成分
1997	0.018	0.000	0.210	0.001	0.227	−0.005
1998	0.021	0.004	0.220	−0.003	0.229	0.017

续表

年份	综合效率		纯技术效率		规模效率	
	趋势成分	周期成分	趋势成分	周期成分	趋势成分	周期成分
1999	0.023	0.000	0.230	0.004	0.232	0.007
2000	0.025	−0.002	0.240	−0.007	0.235	−0.006
2001	0.027	−0.005	0.250	−0.006	0.237	−0.025
2002	0.030	0.002	0.260	−0.011	0.241	0.013
2003	0.032	−0.001	0.269	−0.006	0.244	0.000
2004	0.035	0.003	0.278	0.009	0.248	0.015
2005	0.037	0.003	0.287	0.020	0.252	0.004
2006	0.040	0.000	0.295	0.017	0.257	−0.004
2007	0.043	−0.001	0.302	0.006	0.262	−0.008
2008	0.046	−0.006	0.308	−0.007	0.269	−0.023
2009	0.049	−0.005	0.314	−0.001	0.276	−0.024
2010	0.052	−0.001	0.320	−0.010	0.284	0.002
2011	0.055	0.009	0.326	−0.006	0.292	0.037

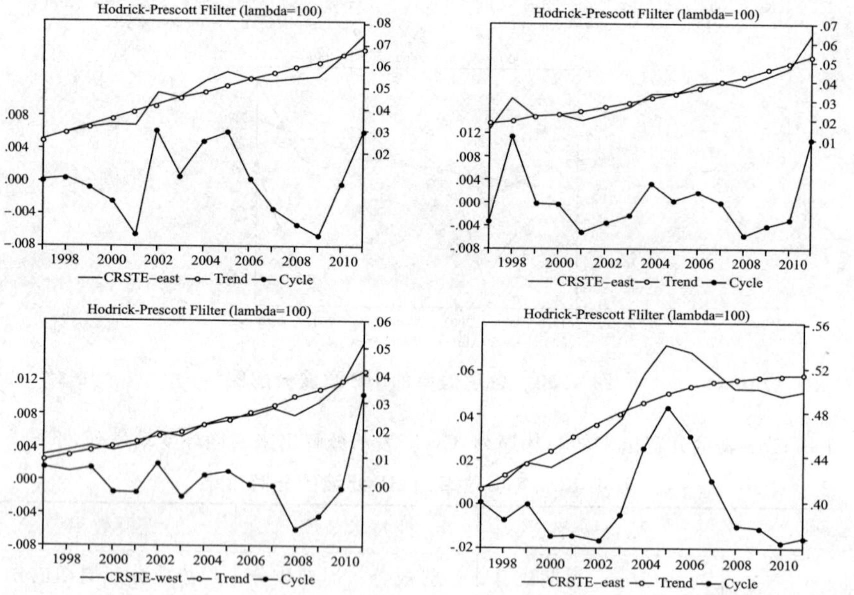

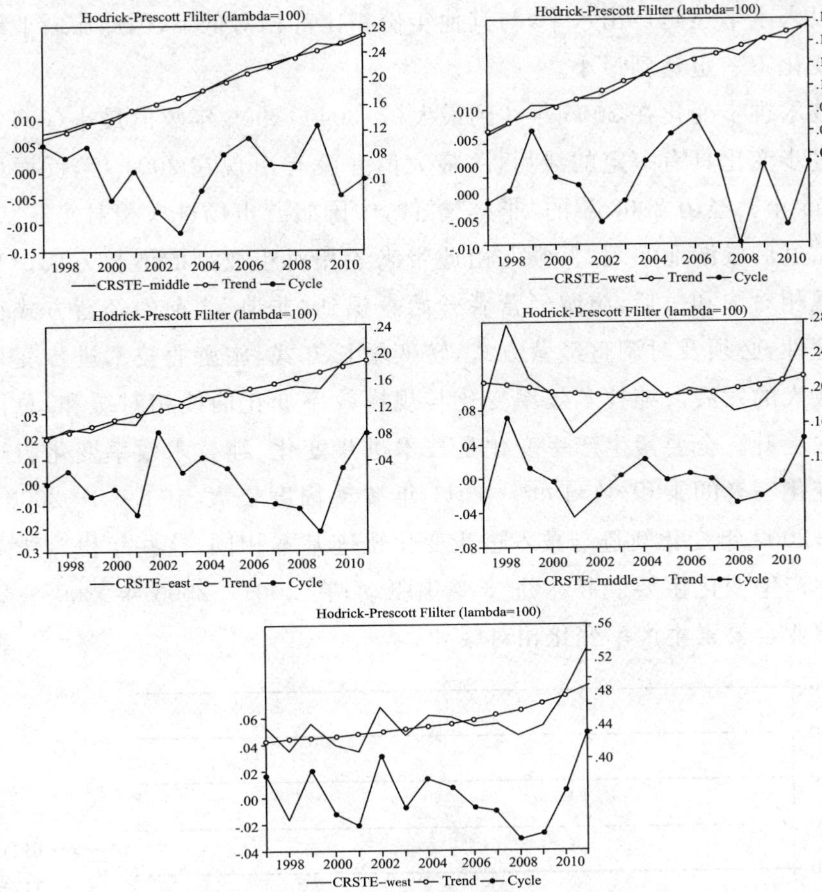

图 4.31　三大地带各项效率的 HP 滤波分解图

注：CREST－east、CREST－middle、CREST－west、VRSTE－east、VRSTE－middle、VRSTE－west、SCALE－east、SCALE－middle、SCALE－west 分别代表东中西三大地带旅游业各项效率。

图 4.32 反映了旅游业各项效率的变化特征。除个别年份外，综合效率变化、技术进步变化、纯技术效率变化、规模效率变化数值均大于 1，表明各项效率均取得了显著的增长。综合效率变化在 2004 年达到最大值(3.455)，2001 年数值最小(0.456)，2003 年"非典"事件严重影响了中国旅游业的发展，使中国旅游业发展降至最低点，"非典"过后中国旅游业出现"触底反弹"。2004 年旅游业综合效率与 2003 年相比，出现巨大的反差。旅游业综合效率的变化在 2004 年达到最大值。综合效率变化的最小值并没有在 2003 年降至最小值，主要原因是当年旅游业发展基本出现停滞，不

管是投入水平还是产出水平，与其他年份相比都相对低下，因此旅游业综合效率变化不一定达到最小。

技术进步变化在 2005 年达到最大（7.304），2006 年数值最小（0.149）。技术进步变化具有一定的滞后性，最大值并没有出现在 2004 年，反而出现在 2005 年。经历 2003 年的“非典”事件，中国旅游市场进入相对停滞状态，“非典”过后旅游业实现“井喷”，由此带来了相对粗放型的增长方式。当市场出现相对饱和过后，旅游经营者开始意识到“非典”之前的经营方式存在不合理性，必须及时调整经营方式，转变增长方式，旅游业技术进步变化出现了较大的发展。纯技术效率变化与规模效率变化曲线相对缓和，总体在波动中上升。全要素生产率变化是技术进步变化、纯技术效率变化与规模效率变化三者的乘积，在 1998—2011 年波动幅度较大，在 1998—2000 年、2004—2007 年变化轨迹与技术进步变化轨迹基本相同，这些年份旅游业全要素生产率变化主要受技术进步变化驱动；在 2001—2003 年、2008—2011 年旅游业全要素生产率变化相对缓和。

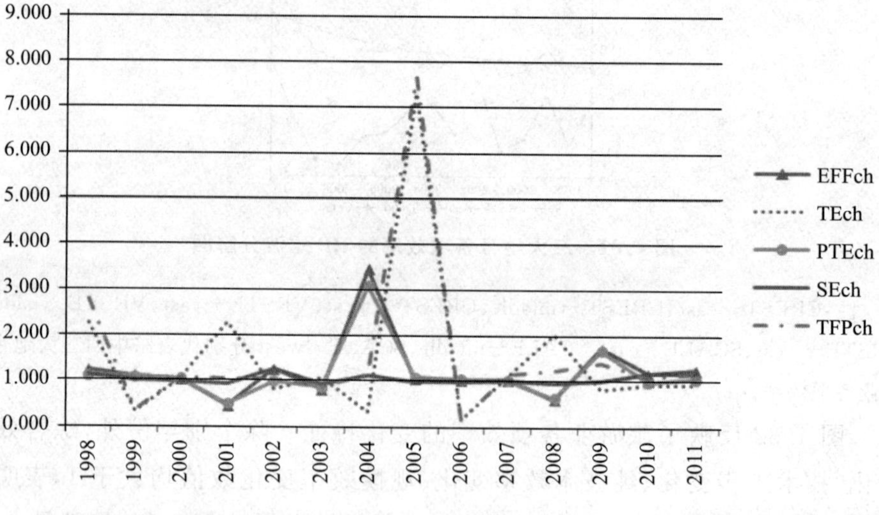

图 4.32　1997—2011 年各项效率的变化特征图

注：EFFch、Tech、PTEch、SEch、TFPch 分别表示综合效率变化、技术进步变化、纯技术效率变化、规模效率变化、全要素生产率变化。

根据以上实证分析结果，可总结出省域旅游业效率时空演化特征主要包括以下几点（图 4.33）：①地带效应：各项效率在东中西三大地区的差异明显。综合效率与纯技术效率总体上表现出东部大于中部,中部大于西部的格局;规模效率表现出西部大于中部,中部大于东部的格局。②空间集聚性:各项效率高低值空间分异明显:综合效率与纯技术效率高值区主要集中分布在东部地区,低值区主要集中分布在西部地区,规模效率的空间分布正好与此相反。③空间方向性:各项效率的重心移动轨迹具有一定的规律性。综合效率与纯技术效率重心总体上向西北发生偏移,规模效率重心总体上向东南发生偏移。④空间错位性:各项效率与旅游资源优势度排名表现出一定的错位现象,即所谓的"资源诅咒"现象,本文第五章有详细论述。⑤时间效应:各项效率的均值在波动中稳步上升,旅游业增长的集约化总体上取得一定程度的进步。

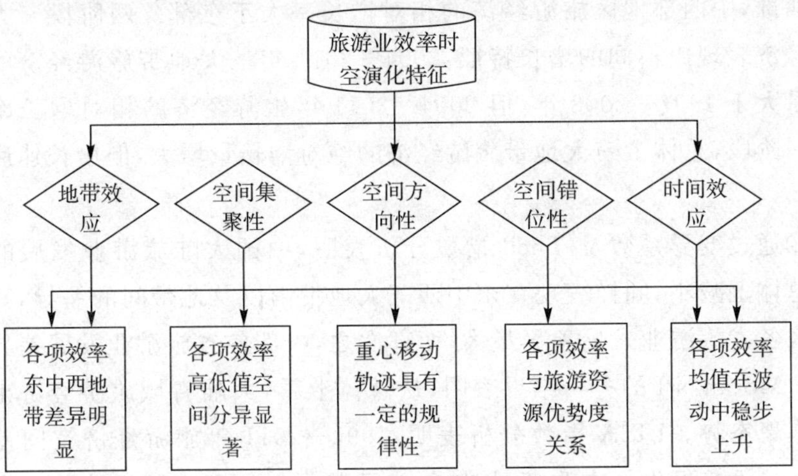

图 4.33　旅游业效率时空演化特征

注:空间错位性在本书 5.1.2 部分有详细论述。

4.5　本章小结

以大陆 31 个省级区域 1997—2011 年的面板数据为例,运用修正后的 DEA 模型对 1997—2011 年各省旅游业各项效率进行测度,在此基础上借助 Theil 指数、空间自相关、重心及标准差椭圆等分析技术对旅游经济及各项效率进行分析,最后得出旅游经济及各项效率的演化规律,主要研究结

论有:

①在不同时间截面,中国大陆旅游经济增长速度各不相同。从绝对增长量来看:1997—2011年总体上东部地区旅游经济绝对增长量最大,其次分别为中部地区与西部地区,这种格局在1997—2003、2004—2011两阶段基本如此,后一阶段东中西地带间的差距呈扩大态势。从相对增长率看:1997—2011年总体上西部地区旅游经济相对增长率最大,其次分别为中部地区、西部地区。1997—2003年三大地带旅游经济的相对增长率态势基本与1997—2011年的总趋势相一致;2004—2011年中部地区旅游经济的相对增长率最快,其次分别为西部地区、东部地区。东中西三大地带的相对增长率表现出与绝对增长量不同的格局:东部地区旅游经济的绝对增长量大于中西部,中西部地区旅游经济的相对增长率大于东部。两阶段三大地带旅游经济表现出不同的增长特征:2004—2011年三大地带旅游经济的绝对增长量大于1997—2003年,但2004—2011年旅游经济的相对增长率却小于前一阶段,总体上三大地带旅游经济的绝对增长量增大,但增长速度相对放缓。

②通过变异系数及Theil指数分析表明,中国大陆旅游业发展的省际差异总体上减小,同样表现在东中西三大地带内以及地带间的差异,其中东部地区各省旅游业发展差异最大,西部次之,中部各省旅游业发展差异程度最小。Moran's I的分析结果表明,从总体上看,大陆省域旅游经济出现微弱的集聚态势。LISA指数分析表明:1997—2011年旅游经济空间差异的基本格局没有发生根本改变:扩散效应区基本上位于中国经济的三大增长极:长三角、珠三角、环渤海,低速增长区主要位于中西部地区,过渡区与极化效应区交错分布在东中部。区域旅游经济冷热区分析基本上验证了上述结果。

③效率测算结果表明2003年之后旅游业发展的纯技术效率大于规模效率,"非典"过后,中国旅游业进行了相应的结构性调整,旅游业的集约化增长方式取得一定的进步。三大地带旅游业发展综合效率总体上在波动中上升,总体上表现出东部大于中部,中部大于西部的格局,旅游业纯技术效率表现出与综合效率相一致的演化格局。三大地带旅游业规模效率表现出与综合效率、纯技术效率不同的空间格局,总体上表现出西部地区大于中部地区,中部地区大于东部地区的总体格局。从总体上看,东部地区旅游业增

长的集约化程度较高，中西部地区旅游业增长的粗放型程度较高。

④对 1997—2011 年的大陆各省旅游业各项效率的相关分析发现，综合效率与纯技术效率的正相关性较大，规模效率与综合效率及纯技术效率总体上表现出负相关。各项效率的相关关系总体上决定了旅游业各项效率的空间分布格局：综合效率与纯技术效率表现出大致相同的空间分布格局，规模效率与前两者大致表现出相反的空间分布格局。除个别年份外，综合效率变化、技术进步变化、纯技术效率变化、规模效率变化数值均大于 1，表明 1997—2011 年各项效率均取得显著的增长。

⑤借助 LISA 指数、局域 G 指数、标准差椭圆、重心等空间分析技术对各项效率的空间分布进行了综合评判，从总体上看，综合效率与纯技术效率的高值区集中在东部沿海，尤其是长三角、珠三角、京津冀及周边，低值区主要集中分布在西部；规模效率表现出与前两者不同的空间分布格局，高值区反而大部分分布在西部。1997—2011 年旅游业综合效率及纯技术效率总体上表现出东北一西南的空间分布格局，规模效率表现出大致的东西空间分布格局。旅游业综合效率与纯技术效率重心总体上向西北发生偏移，规模效率重心总体上向东南发生偏移。

⑥旅游业效率演化具有以下特征：一是地带效应：各项效率在东中西三大地区的差异明显；二是空间集聚性：各项效率高低值空间分异明显；三是空间方向性：各项效率的重心移动轨迹具有一定的规律性；四是空间错位性：各项效率与旅游资源优势度排名表现出一定的错位现象，即所谓的“资源诅咒”现象；五是时间效应：各项效率的均值在波动中稳步上升，旅游业增长的集约化总体上取得一定程度的进步。

第五章　旅游业效率的演化机理

旅游业是关联性很强的第三产业，国民经济中很多部门都与旅游业有着密切联系，此外，其他社会经济现象如生态环境、文化制度都与旅游业有着千丝万缕的联系。图 5.1 从系统动力学的视角对旅游业效率影响因素进行梳理，旅游业效率影响机理的系统动力学模型主要包含六个水平变量，六个速率变量，六个表函数及十七个辅助变量。①六个水平变量为：第三产业产值、国内生产总值、第二产业产值、文化资本存量、地方财政收入、旅游资源；②六个速率变量为：第三产业增长量、国内生产总值增长量、第二产业增长量、文化资本增长量、财政收入增长量、旅游资源优势度；③六个表函数：第三产业增长率、国内生产总值增长率、第二产业增长率、有形文化资本增长率、无形文化资本增长率、财政收入增长率；④十七个辅助变量为：邮电业务量、人均邮电业务量、铁路里程、公路里程、人均第三产业产值、人均GDP、人均 GDP 增长率、货物进出口占 GDP 比重、GDP 密度、固定资产投资、生态环境、固定资产增长率、人均固定资产投资、人均第二产业产值、人均财政收入、市场化指数、旅游业效率。

在进行模型检验与仿真模拟时，达不到理想的效果，主要是由于旅游业效率的本质决定的。旅游业虽然是国民经济的战略性支柱产业，但从全国范围来看，旅游业在宏观经济中所占比重仍然较小；具体到旅游业效率，其与其他社会经济发展因素间的相互影响较小（即很难构成系统回路）。在分析旅游业效率的影响机理时，不可能完全考虑到这些因素，只能选择代表性因素进行深入研究。本部分主要基于旅游资源、区域经济、制度因素、文化因素四大维度，分析其对旅游业效率的影响。

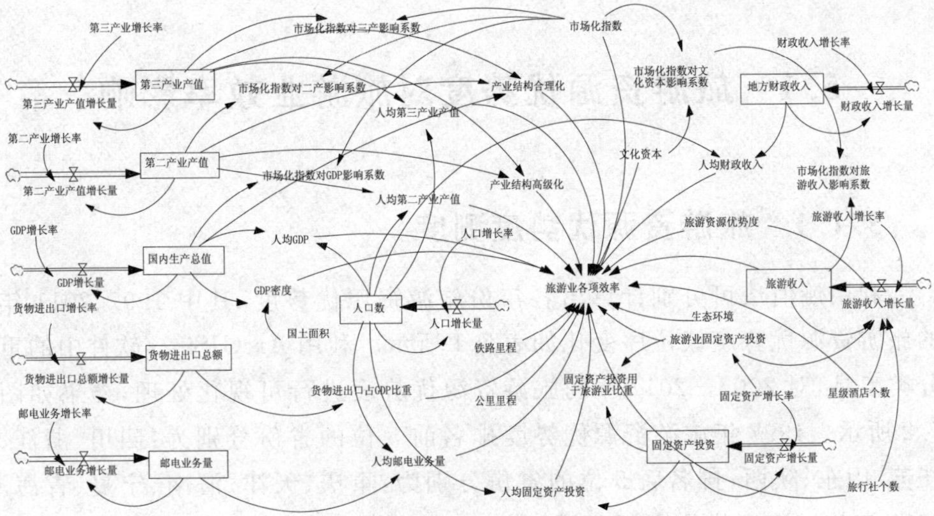

图 5.1　旅游业效率影响因素的 SD 流图

旅游资源是旅游的客体，对旅游业发展尤为重要。虽然时下人造主题类的旅游资源层出不穷，无景点旅游方兴未艾，但尤其是针对经济后发地区而言，旅游资源仍然是旅游业发展的基础。旅游业从本质上来说是一项经济产业，旅游业效率从本质上来说是一项客观存在的经济现象，与国民经济有着密切的联系。要想科学分析旅游业的影响机理，就必须研究区域经济对旅游业效率的影响。任何经济活动都根植于一定的制度文化环境中，制度文化一方面对旅游业效率的演化产生直接影响，另一方面对旅游业效率演化的其他因素产生影响，进而对旅游业效率产生间接影响，制度文化因素也是旅游业效率演化的一个重要影响因子。

本部分将旅游业效率的影响因素划分为四大部分，借助 EViews6.0 统计分析软件，分别从旅游资源优势度、区域经济、市场化指数、文化资本单项因素四个角度考察其对旅游效率影响的时空差异，并进一步利用路径分析、分位数回归技术，对旅游业效率影响机理进行综合总结，最后提出区域旅游业效率演化的模式与机制。

5.1 旅游资源优势度对旅游业效率影响

5.1.1 旅游资源优势度测度

利用熵值法可分别计算出各年份旅游资源优势度,其中1997、2011年的旅游资源优势度级位序变化如表5.1所示。利用ArcGIS9.3软件中的重分类工具,对2007—2011年的旅游资源优势度进行可视化处理,结果如图5.2所示。1997年旅游资源优势度排名前5位的省份分别为:四川、浙江、江苏、山东、陕西;排名后5位的省份分别为:重庆、天津、海南、宁夏、青海。2011年旅游资源优势度排名前5位的省份分别为:河南、四川、浙江、福建、安徽;排名后5位的省份分别为:西藏、海南、宁夏、天津、青海。从分析结果可知:旅游资源优势度较高的地区不完全位于西部地区,相反,旅游资源优势度较低的省份大部分集中在西部地区。

表5.1 1997、2011年旅游资源优势度级位序变化

省份	1997	排序	2011	排序	省份	1997	排序	2011	排序
北京	3.739	14	2.968	18	湖北	4.401	8	3.084	17
天津	1.159	28	0.573	30	湖南	3.949	12	4.049	11
河北	4.026	11	3.850	13	广东	3.793	13	5.081	6
山西	4.321	9	4.286	10	广西	2.374	19	2.335	21
内蒙古	1.204	26	3.242	15	海南	1.092	29	0.742	28
辽宁	3.198	16	2.387	20	重庆	1.175	27	1.504	25
吉林	1.733	22	1.627	24	四川	8.584	1	6.530	2
黑龙江	2.005	20	3.151	16	贵州	1.669	23	2.423	19
上海	1.234	24	0.984	26	云南	5.034	6	3.639	14
江苏	5.700	3	4.639	8	西藏	1.210	25	0.842	27
浙江	5.735	2	5.952	3	陕西	5.327	5	3.921	12
安徽	4.815	7	5.274	5	甘肃	2.836	18	1.920	22
福建	4.267	10	5.503	4	青海	0.725	31	0.542	31
江西	3.122	17	4.537	9	宁夏	0.891	30	0.608	29
山东	5.472	4	4.908	7	新疆	1.876	21	1.732	23
河南	3.334	15	7.166	1					

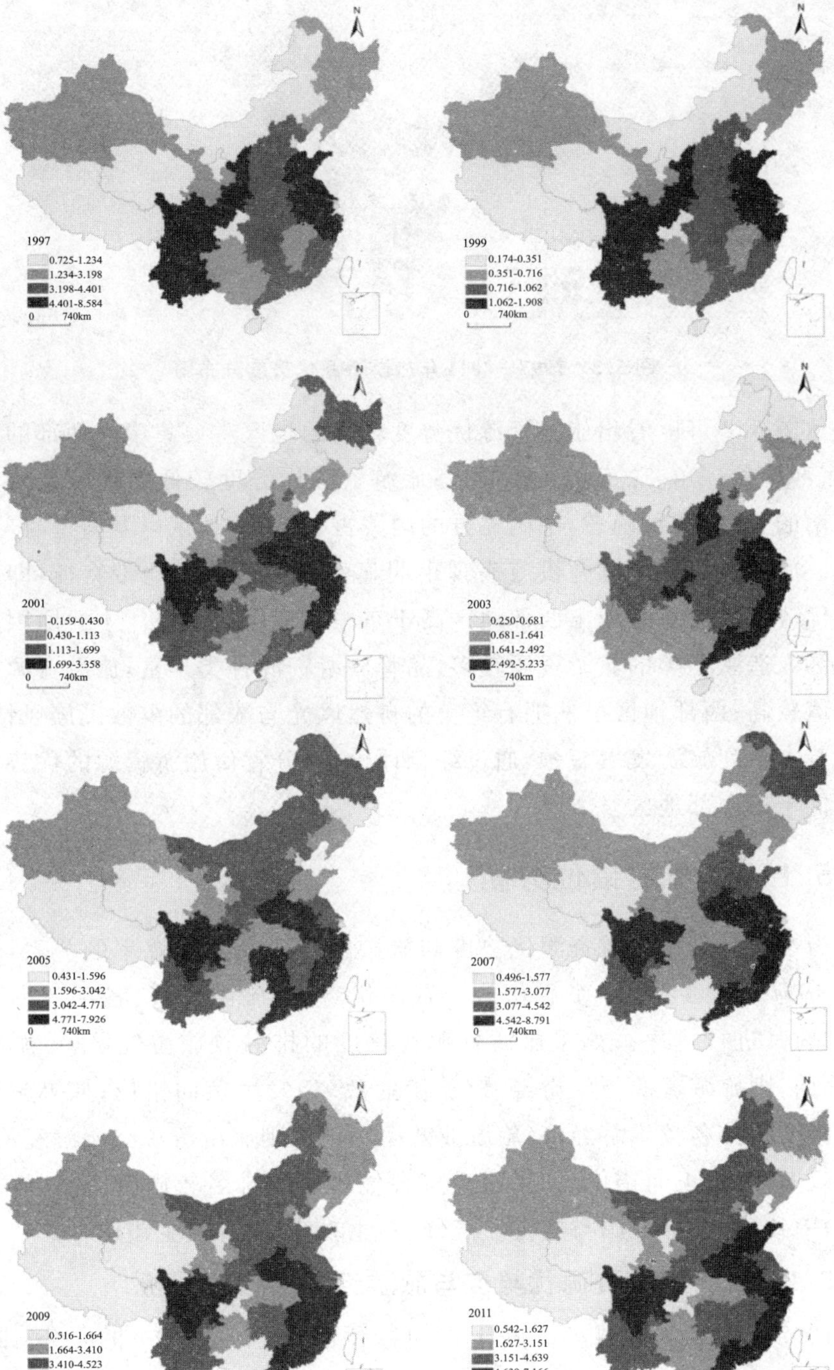
N
1997
0.725-1.234
1.234-3.198
3.198-4.401
4.401-8.584
0 740km
N
1999
0.174-0.351
0.351-0.716
0.716-1.062
1.062-1.908
0 740km
N
2001
-0.159-0.430
0.430-1.113
1.113-1.699
1.699-3.358
0 740km
N
2003
0.250-0.681
0.681-1.641
1.641-2.492
2.492-5.233
0 740km
N
2005
0.431-1.596
1.596-3.042
3.042-4.771
4.771-7.926
0 740km
N
2007
0.496-1.577
1.577-3.077
3.077-4.542
4.542-8.791
0 740km
N
2009
0.516-1.664
1.664-3.410
3.410-4.523
4.523-7.782
0 740km
N
2011
0.542-1.627
1.627-3.151
3.151-4.639
4.639-7.166
0 740km

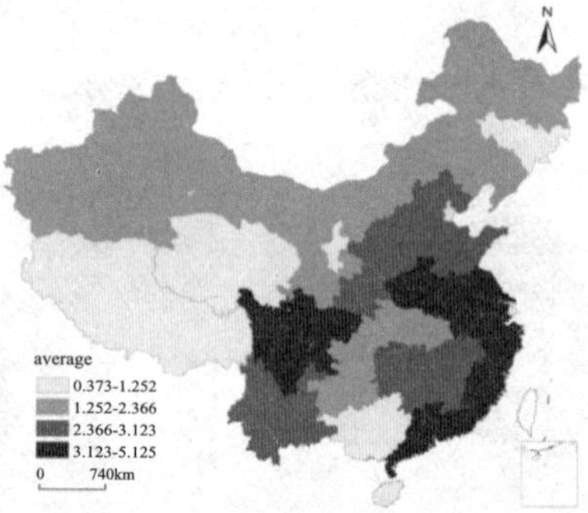

图 5.2　1997—2011 年旅游资源优势度分布图

从图 5.2 可以看出旅游资源优势度较高的地区主要集中在西部的云贵川，东部的长三角、珠三角及其周边；旅游资源优势度较低的地区主要集中在西南的青海、西藏两省，中国北方的内蒙古、吉林等地区以及海南、广西等地区。旅游资源优势度并没有表现出明显的东中西三大地带特征：即旅游资源优势度并没有表现出西部地区高于东中部地区的态势。主要原因是东部地区人造主题类的旅游资源较多，品牌旅游资源种类丰富，旅游资源的附加价值较高；西部地区虽然拥有绝美的自然风光与浓郁的少数民族风情，但面临着一系列旅游发展瓶颈，通过综合评价，部分省份旅游资源的优势度反而远低于东中部地区。

5.1.2　空间错位分析

为了定量分析旅游资源优势度与旅游经济以及各项效率的关系，分别求出 1997—2011 年 31 个省份旅游资源优势度、旅游经济、各项效率的均值，并对其进行排序。如果旅游资源优势度的排名较旅游经济（旅游业效率）靠前，则旅游资源与旅游经济（旅游业效率）发生负向错位；如果旅游资源优势度的排名较旅游经济（旅游业效率）靠后，则旅游资源与旅游经济（旅游业效率）发生正向错位；如果旅游资源优势度的排名较旅游经济（旅游业效率）一致，则旅游资源与旅游经济（旅游业效率）没有发生错位。

5.1.2.1　旅游资源优势度与旅游经济的错位分析

1997—2011 年旅游经济发生正向错位的地区主要有：北京、天津、辽宁、吉林、上海、江苏、山东、湖北、广东、广西、海南、重庆、青海 13 个省市，这些地区旅游资源优势度排名落后于旅游经济发展的排名，说明该类地区的旅游资源的经济价值得到了合理的利用。1997—2011 年旅游资源发生负向错位的地区主要有：河北、山西、内蒙古、黑龙江、浙江、安徽、福建、江西、河南、湖南、四川、贵州、云南、西藏、陕西、甘肃、宁夏、新疆 18 个省市，这些地区旅游资源优势度排名与旅游经济发展排名相比，相对靠前，说明该类地区的旅游资源的经济价值并没有得到最大程度的利用，存在着一定程度的"资源诅咒"现象。

通过上述分析可以看出，旅游经济发生正向错位的省份除重庆、青海两个地区外，基本位于东中部，经济基础优势明显。重庆处于西部成渝经济圈，经济基础与周边其他地区相比，相对较高。青海发生正向错位指数的原因并不是由于其经济基础优势，而是因为其旅游资源优势度均值排名最后一位，旅游资源优势度相对于其旅游经济排名相对靠前。总体而言，发生负向错位的省份除河北、浙江两省外，基本位于西部地区，这些地区经济基础相对落后，旅游发展的资源优势并不能较快地转化为经济优势，使得"资源诅咒"现象在中西部地区普遍存在。

表 5.2　旅游资源优势度与旅游经济的错位

省　份	优势度均值	排序	旅游经济均值	排序	省　份	优势度均值	排序	旅游经济均值	排序
北　京	2.560	15	1525.259	4	湖　北	2.366	16	619.308	11
天　津	0.510	28	594.964	12	湖　南	3.084	10	554.602	13
河　北	2.761	14	446.627	16	广　东	3.865	4	1982.997	1
山　西	3.123	8	397.021	19	广　西	1.252	24	424.540	17
内蒙古	1.774	19	262.246	25	海　南	0.499	29	135.174	27
辽　宁	1.921	18	998.178	7	重　庆	1.417	22	379.511	20
吉　林	1.168	25	262.247	24	四　川	4.753	2	790.115	9
黑龙江	2.247	17	358.315	22	贵　州	1.502	20	376.454	21
上　海	0.692	26	1555.351	3	云　南	3.029	12	464.062	14
江　苏	3.799	5	1964.575	2	西　藏	0.669	27	26.146	30
浙　江	4.618	3	1425.659	5	陕　西	2.779	13	405.907	18
安　徽	3.787	6	453.181	15	甘　肃	1.468	21	88.376	28
福　建	3.557	7	658.206	10	青　海	0.373	31	30.062	29
江　西	3.056	11	356.578	23	宁　夏	0.463	30	25.614	31
山　东	3.102	9	1231.150	6	新　疆	1.259	23	141.798	26
河　南	5.152	1	959.051	8					

5.1.2.2 旅游资源优势度与各项效率的错位分析

就综合效率而言，发生正向错位的地区主要有：北京、天津、辽宁、吉林、黑龙江、上海、广西、海南、重庆、贵州、青海、宁夏12个省市，这些省份旅游业综合效率的排名相对于旅游资源优势度而言更加靠前，旅游资源优势度对综合效率的提升起到一定程度的促进作用。发生负向错位的地区主要有：河北、山西、内蒙古、江苏、浙江、安徽、福建、山东、河南、湖北、湖南、广东、四川、云南、西藏、陕西、甘肃、新疆18个省市，这些地区旅游业综合效率的排名相对于旅游资源优势度而言更加靠后，旅游资源综合效率的作用并没有达到最大程度的发挥，旅游资源优势度对综合效率的提升没有起到显著的推动作用。江西省旅游资源优势度与旅游业综合效率的排名正好相同，没有发生错位现象。

表5.3 旅游资源优势度与各项效率的错位

省份	优势度均值	排序	综合效率均值	排序	纯技术效率均值	排序	规模效率均值	排序
北京	2.560	15	0.052	4	0.737	4	0.072	27
天津	0.510	28	0.103	1	0.269	11	0.374	4
河北	2.761	14	0.030	17	0.204	15	0.144	18
山西	3.123	8	0.030	16	0.141	22	0.221	12
内蒙古	1.774	19	0.028	22	0.091	25	0.338	6
辽宁	1.921	18	0.038	10	0.377	8	0.092	26
吉林	1.168	25	0.025	24	0.098	24	0.247	9
黑龙江	2.247	17	0.030	15	0.148	20	0.197	14
上海	0.692	26	0.097	2	0.767	3	0.133	22
江苏	3.799	5	0.051	6	0.802	2	0.060	29
浙江	4.618	3	0.032	14	0.591	5	0.053	30
安徽	3.787	6	0.029	20	0.179	17	0.158	17
福建	3.557	7	0.040	9	0.293	10	0.134	21
江西	3.056	11	0.034	11	0.147	21	0.240	11
山东	3.102	9	0.034	12	0.488	6	0.068	28
河南	5.152	1	0.065	3	0.388	7	0.171	16
湖北	2.366	16	0.029	19	0.266	12	0.106	24
湖南	3.084	10	0.030	18	0.214	13	0.135	20

续表

省份	优势度均值	排序	综合效率均值	排序	纯技术效率均值	排序	规模效率均值	排序
广东	3.865	4	0.050	7	0.943	1	0.053	31
广西	1.252	24	0.025	23	0.194	16	0.136	19
海南	0.499	29	0.016	26	0.066	26	0.246	10
重庆	1.417	22	0.041	8	0.154	19	0.257	8
四川	4.753	2	0.033	13	0.315	9	0.100	25
贵州	1.502	20	0.052	5	0.128	23	0.372	5
云南	3.029	12	0.023	25	0.205	14	0.113	23
西藏	0.669	27	0.009	30	0.010	31	0.962	3
陕西	2.779	13	0.029	21	0.162	18	0.174	15
甘肃	1.468	21	0.009	31	0.032	28	0.293	7
青海	0.373	31	0.012	28	0.012	29	0.982	2
宁夏	0.463	30	0.010	29	0.010	30	0.988	1
新疆	1.259	23	0.013	27	0.064	27	0.206	13

就纯技术效率而言，发生正向错位的地区主要有：北京、天津、辽宁、吉林、上海、江苏、山东、湖北、广东、广西、海南、重庆、青海 13 个省市，这些省市旅游业纯技术效率的排名相对于旅游资源优势度而言更加靠前，旅游资源优势度对纯技术效率的提升起到一定程度的促进作用。旅游资源的纯技术效率发生负向错位的地区主要有：河北、山西、内蒙古、黑龙江、浙江、安徽、福建、江西、河南、湖南、四川、贵州、云南、西藏、陕西、甘肃、新疆 17 个省市，这些旅游业纯技术效率的排名相对于旅游资源优势度更加靠后，旅游资源的纯技术效率的作用并没有得到充分发挥，旅游资源优势度对旅游业纯技术效率的提升并没有起到促进作用。宁夏回族自治区旅游资源优势度与旅游业纯技术效率的排名正好相同，该自治区并没有发生错位现象。

就规模效率而言，发生正向错位的地区主要有：天津、内蒙古、吉林、黑龙江、上海、广西、海南、重庆、贵州、西藏、甘肃、青海、宁夏、新疆 14 个省市，这些省市旅游规模效率的排名相对于旅游资源优势度更加靠前，旅游资源优势度对规模效率的提升起到一定程度的促进作用。发生负向错位的地区主要有：北京、河北、山西、辽宁、江苏、浙江、安徽、福建、山东、河南、湖北、湖南、广东、四川、云南、陕西 16 个省市，这些省旅游规模效率的排名相对于旅游资源优势度更加靠后，旅游资源的规模效率的作用并没有得到最大程度的发挥，旅游资源优势度对旅游资源规模效率的提升并没有起到促进作用。江西省旅游资源优势度与旅游业规模效率的排名正好相同，没有发生错位现象。

通过以上分析可以发现，综合效率、纯技术效率、规模效率发生负向错位的省份分别占到总数的 58.065%、54.839%、51.613%，总体而言，一半以上省份旅游资源优势度与各项效率发生负向错位，旅游资源的利用存在着不合理性，存在着一定的闲置与浪费，需要借助计量经济方法分析其深层机理。

5.1.3 耦合协调度分析

上述错位分析基本上反映了旅游资源优势度与旅游经济及旅游业各项效率之间的相互关系，但并没有反映出旅游资源优势度、旅游经济、旅游业效率三者之间的定量关系。可将以上三者之间的关系看成三个系统之间的关系，利用耦合协调度模型定量测度三者之间的关系。

5.1.3.1 旅游经济—优势度—综合效率耦合协调

基于 1997—2011 年 31 个省级区域的均值数据，采用耦合协调度计算公式计算旅游业综合效率与旅游经济及旅游资源优势度之间的耦合度及协调度。就耦合度而言，处于低水平耦合的地区主要有：内蒙古、广西、海南、西藏、甘肃、青海、宁夏、新疆 8 个省市；处于拮抗阶段的地区主要有：北京、天津、河北、山西、辽宁、吉林、黑龙江、上海、浙江、安徽、福建、江西、山东、湖北、湖南、重庆、四川、贵州、云南、陕西 20 个省市；处于磨合阶段的地区主要有：江苏、河南、广东 3 省。就协调度而言，处于低度协调耦合的地区主要有：内蒙古、吉林、广西、海南、重庆、西藏、甘肃、青海、宁夏、新疆 10 个省市；处于中度协调耦合的地区主要有：北京、天津、河北、山西、辽宁、黑龙江、上海、安徽、福建、江西、山东、湖北、湖南、四川、贵州、云南、陕西 17 个省市；处于高度协调耦合的地区主要有：江苏、浙江、河南、广东 4 个省。1997—2011 年旅游经济—旅游资源优势度—旅游业综合效率耦合度的全国均值为 0.328，处于拮抗阶段；旅游经济—旅游资源优势度—旅游业综合效率协调度的全国均值为 0.346，属于中度协调耦合。总体而言，三者之间的耦合度及协调度仍然相对较低。

5.1.3.2　旅游经济—优势度—纯技术效率耦合协调

通过计算1997—2011年旅游业纯技术效率与旅游经济及旅游资源优势度的偶和协调度发现，就耦合度而言，处于低水平耦合阶段的地区主要有：天津、内蒙古、吉林、黑龙江、广西、海南、重庆、贵州、西藏、甘肃、青海、宁夏、新疆13个省市；处于拮抗阶段的地区主要有：河北、山西、辽宁、上海、安徽、福建、江西、山东、河南、湖北、湖南、四川、云南、陕西14个省市；处于磨合阶段的地区主要有：北京、江苏、浙江、广东4个省市。就协调度而言，处于低度协调耦合的地区主要有：天津、内蒙古、吉林、黑龙江、广西、海南、重庆、贵州、西藏、甘肃、青海、宁夏、新疆13个省市；处于中度协调耦合的地区主要有：河北、山西、辽宁、上海、安徽、福建、江西、山东、河南、湖北、湖南、四川、云南、陕西14个省市；处于高度协调耦合的地区主要有：北京、江苏、浙江、广东4个省市。耦合度与协调度三个阶段基本呈一一对应关系，1997—2011年旅游经济—旅游资源优势度—旅游业纯技术效率耦合度的全国均值为0.332，处于拮抗阶段；旅游经济—旅游资源优势度—旅游业综合效率协调度的全国均值为0.349，属于中度协调耦合。总体而言，三者之间的耦合度及协调度同样相对较低。

5.1.3.3　旅游经济—优势度—规模效率耦合协调

通过计算1997—2011年旅游业规模效率与旅游经济及旅游资源优势度的耦合协调度发现，就耦合度而言，处于低水平耦合阶段的地区主要有：天津、河北、内蒙古、辽宁、吉林、黑龙江、上海、湖北、广西、海南、重庆、云南、西藏、甘肃、青海、宁夏、新疆17个省市；处于拮抗阶段的地区主要有：北京、山西、江苏、浙江、安徽、福建、江西、山东、河南、湖南、广东、四川、贵州、陕西14个省市。就协调度而言，处于低度协调耦合的地区主要有：天津、内蒙古、吉林、黑龙江、湖北、广西、海南、重庆、西藏、甘肃、青海、宁夏、新疆13个省市；处于中度协调耦合的地区主要有：北京、河北、山西、辽宁、上海、江苏、浙江、安徽、福建、江西、山东、河南、湖南、广东、四川、贵州、云南、陕西18个省市。1997—2011年旅游业规模效率与旅游经济及旅游资源优势度的耦合协调度相对较低，全国均值分别为0.288、0.316，分别处于低水平耦合阶段以及中度协调耦合阶段。

旅游经济—优势度—规模效率的耦合协调相对于其他两大系统数值较低，旅游经济—优势度—综合效率对于其他两大系统数值较高。总体上，西部地区的耦合协调度相对较低，东部地区的耦合协调度相对较高，但大陆省际旅游业发展效率与旅游资源及旅游经济的耦合协调度都相对较低，这一方面反映了当前阶段旅游经济虽然增长迅速，但集约化增长程度较小，旅游业增长方式仍有很大的提升空间；另一方面反映了旅游资源的利用仍然存在一定程度的不合理性，其潜力并没有得到充分挖掘。未来应努力提升三者之间的耦合协调发展，尤其是规模效率与另外两者之间的耦合协调发展。

5.1.4 面板数据计量分析

为了定量测度旅游资源优势度对各项效率的影响及其时空尺度效应，借鉴计量经济学中的面板数据分析模型，利用1997—2011年31个省份旅游资源优势度以及各项旅游业效率的数据，构建旅游资源优势度对各项效率的POOL面板数据。由于数据的自然对数变换不影响协整关系，还能使趋势线性化，并且可以消除异方差以及两者之间的弹性值，对旅游资源优势度、综合效率、纯技术效率、规模效率分别取自然对数，记为：Ln*AI*、Ln*crste*、Ln*vrste*、Ln*scale*。

5.1.4.1 旅游资源优势度对旅游业效率的总体影响

利用OLS法分别对POOL面板数据模型的固定效应和随机效应进行估计，Mundlak认为随机效应模型是假设全部包含个体随机影响的回归变量是外生的，而固定效应模型认为个体影响效果的变量是内生的。为了确定选择固定效应还是随机效应模型，本研究用Hausman对POOL面板数据模型进行检验，其结果如表5.4所示。从表中可以看出旅游资源优势度对综合效率、纯技术效率、规模效率回归的Hausman检验值分别为5.212（$p=0.028<0.05$）、13.138（$p=0.000<0.01$）、44.948（$p=0.000<0.01$），从p值可以看出拒绝随机效应模型。另外从LR检验的伴随概率来看，其p值分别为小于0.01，拒绝混合横截面模型相对于固定效应模型更有效的假设。通过以上检验，通过构建旅游资源优势度对各项效率的固定效应模型进行回归分析。

从表5.4可以看出，总体上一个单位Ln*AI*的增加会引起0.329个单位 Ln*crste* 的增加，一个单位 Ln*AI* 的增加会引起 0.249 个单位 Ln*vrste* 的增加，一个单位 Ln*AI* 的增加会引起 0.079 个单位 Ln*scale* 的增加。当前条件下，省际旅游资源优势度的增加，总体上对各项效率的提升有一定的促进作用。省际旅游资源优势度的增加对各项效率的影响程度不尽相同：对旅游业综合效率提升促进作用最大，对纯技术效率提升作用次之，对规模效率提升作用最小。旅游业的集约化增长，应该依靠科技、人才、技术、资金等要素的投入，在旅游业集约化增长的背景下，旅游资源在旅游经济以及旅游效率的提升中所起的作用应该越来越小。上述结论只是反映了在当前条件下，旅游资源优势度对旅游效率的正向影响，并没有反映各时段以及各地带旅游资源优势度对旅游效率的影响情况，即没有全面反映不同时空条件下旅游业集约化增长的情况，下文分别从三个时间段（1997—2001、2002—2006、2007—2011）和三大地带的角度考察旅游资源优势度对旅游业各项效率的时空影响。

表 5.4 旅游资源优势度对各项效率的影响及检验

变量		模型Ⅰ*a*	模型Ⅰ*b*	模型Ⅰ*c*
		随机效应模型	固定效应模型	混合横截面模型
综合效率	常数项 *C*	−3.752 (−36.350)***	−3.752 (−59.834)***	−3.744 (−107.202)***
	Ln*AI*	0.327(11.247)***	0.329(11.047)***	0.310(9.506)***
	样本个数	465	465	465
	截面数	15	15	15
	调整的 R^2	0.813	0.989	0.861
	F 值	126.745***	33.806***	90.358***
	LR 检验		48.922***	
	Hausman 检验	5.212**		
纯技术效率	常数项 *C*	−1.971 (−11.625)***	−1.968 (−13.881)***	−2.176 (−40.797)***
	Ln*AI*	0.257(11.777)***	0.249(11.389)***	0.718(14.408)***
	样本个数	465	465	465
	截面数	15	15	15
	调整的 R^2	0.824	0.940	0.909
	F 值	135.150***	235.188***	207.581***
	LR 检验		21.553***	
	Hausman 检验	13.138**		

续表

变量		模型Ⅰa	模型Ⅰb	模型Ⅰc
		随机效应模型	固定效应模型	混合横截面模型
规模效率	常数项 C	−1.775 (−18.704)***	−1.784 (−16.357)***	−1.558 (−42.822)***
	LnAI	0.060(3.111)**	0.079 (4.060)***	−0.409 (−11.950)***
	样本个数	465	465	465
	截面数	15	15	15
	调整的 R^2	0.896	0.905	0.836
	F 值	88.837**	120.769***	142.791**
	LR 检验		26.215***	
	Hausman 检验	44.948***		

注：***、**、*分别代表1%、5%、10%的显著性水平，括号内数字为 t 值。下同。

5.1.4.2 旅游资源优势度对旅游业效率影响的时间分异

利用OLS方法对不同时间段的POOL面板数据模型进行估计，其检验结果见表5.5、表5.6、表5.7。从表5.5可以看出1997—2001、2002—2006、2007—2011年旅游资源优势度对综合效率回归的Hausman检验值分别为5.326(p=0.000<0.01)、2.315(p=0.000<0.01)、5.231(p=0.000<0.01)，从 p 值可以看出拒绝随机效应模型。另外从LR检验的伴随概率来看，其 p 值分别小于0.01，拒绝混合横截面模型相对于固定效应模型更有效的假设，因此通过构建旅游资源优势度对综合效率的固定效应模型进行回归分析。同理，分别建立旅游资源优势度对纯技术效率与规模效率的固定效应模型进行参数估计。

表5.5 旅游资源优势度对综合效率影响的时间分异

时间段	1997—2001		2002—2006		2007—2011	
模型	模型Ⅱa	模型Ⅱb	模型Ⅱc	模型Ⅱd	模型Ⅱe	模型Ⅱf
	随机效应	固定效应	随机效应	固定效应	随机效应	固定效应
常数项 C	−4.065 (−36.930)***	−4.069 (−63.923)***	−3.646 (−32.667)***	−3.645 (−52.810)***	−3.462 (−21.604)***	−3.412 (−12.292)***
LnAI	−0.153 (−3.929)***	−0.184 (−4.567)***	0.212 (6.721)***	0.210 (6.471)***	0.234 (1.834)**	0.180 (0.607)***

续表

时间段	1997—2001		2002—2006		2007—2011	
模型	模型Ⅱa	模型Ⅱb	模型Ⅱc	模型Ⅱd	模型Ⅱe	模型Ⅱf
	随机效应	固定效应	随机效应	固定效应	随机效应	固定效应
样本个数	155	155	155	155	155	155
截面数	5	5	5	5	5	5
调整的 R^2	0.799	0.915	0.812	0.906	0.783	0.942
F 值	21.568***	22.882***	77.125***	48.888***	3.387***	27.470***
LR 检验		15.263**		28.956***		31.026**
Hausman 检验	5.326***		2.315***		5.231***	

(1)综合效率

利用固定效应模型分析旅游资源优势度在不同时段对旅游业综合效率的影响，从表中可以看出：1997—2001 年一个单位 LnAI 的增加，会引起 0.184 个单位 LnCRSTE 的下降，2002—2006 年一个单位 LnAI 的增加，反而会引起 0.210 个单位 LnCRSTE 的增加，2007—2011 年一个单位 LnAI 的增加，会再度引起 0.180 个单位 LnCRSTE 的增加。1997—2001 年中国大陆旅游处于起步期，旅游业发展的各项规章制度相对不健全，旅游业的粗放型增长模式明显，因此旅游资源优势度的增加不利于综合效率提升。2002—2006 年是中国大陆旅游业发展速度最快，同时也是旅游业波动幅度最大的阶段之一，旅游业经过起步期的发展，国内旅游需求逐渐旺盛，旅游市场远没有达到饱和状态，在该阶段不管是粗放型的增长模式，还是集约化的增长模式，都会提升旅游业的综合效率。2007—2011 年是中国旅游业发展相对比较稳定的时段，“非典”过后，旅游业发展思路进行相关调整，总体上旅游资源优势度对旅游业综合效率的提升起到正向作用，但与前一个阶段相比作用较小，主要是因为该阶段旅游市场基本饱和，旅游业的集约化增长明显，旅游资源在旅游经济增长中起到的促进作用相对降低。在古典经济增长理论中，资源对经济增长起到的作用尤其重要，近些年来，资源在经济增长中所起到的作用之所以越来越小，是因为其他因素超过或者限制了旅游资源应该产生的作用。随着科技的进步、制度的完善、文化的繁荣，旅游资源仍会对旅游业综合效率的提升起到正向促进作用，但作用力度会越来越小。

(2)纯技术效率

利用固定效应模型估计旅游资源优势度在不同时段对纯技术效率的影

响,结果见表5.6。旅游资源优势度对旅游业纯技术效率的影响具有一定的时间尺度效应,在不同的时间段,旅游资源优势度对旅游业纯技术效率的影响不尽相同:1997—2001年一个单位Ln*AI*的增加,引起0.110个单位LnVRSTE的减小;2002—2006年一个单位Ln*AI*的增加,反而引起0.201个单位LnVRSTE的增加;2007—2011年一个单位Ln*AI*的增加,再度引起0.198个单位LnVRSTE的增加。1997—2001年中国大陆旅游业总体上处于粗放型的增长模式,旅游增长模式存在着一定的不合理性,因此旅游资源优势度的增加,反而会引起纯技术效率的下降。2002—2006年,经过"非典"的洗礼,旅游业的集约化增长取得一定的进步,旅游资源对旅游业纯技术效率提升的正向作用开始显现,正向促进作用在2007—2011年比2002—2006年得以强化,这种正向作用逐步加强。

表5.6　旅游资源优势度对纯技术效率影响的时间分异

时间段	1997—2001		2002—2006		2007—2011	
模型	模型Ⅲ*a*	模型Ⅲ*b*	模型Ⅲ*c*	模型Ⅲ*d*	模型Ⅲ*e*	模型Ⅲ*f*
	随机效应	固定效应	随机效应	固定效应	随机效应	固定效应
常数项 *C*	−2.155 (−10.917) ***	−2.157 (−32.290) ***	−1.921 (−11.085) ***	−1.916 (−18.704) ***	−2.035 (−11.202) ***	−1.803 (−14.753) ***
Ln*AI*	−0.100 (−3.791) ***	−0.110 (−4.179) ***	0.201 (8.456) ***	0.192 (8.016) ***	0.446 (4.096) ***	0.198 (1.515) ***
样本个数	155	155	155	155	155	155
截面数	5	5	5	5	5	5
调整的R^2	0.856	0.979	0.905	0.985	0.826	0.990
*F*值	95.213***	228.173***	98.218***	330.945***	215.021***	480.732***
*LR*检验		21.203**		10.982***		82.012***
Hausman检验	19.795***		13.706***		11.908***	

(3)规模效率

旅游资源优势度对旅游业规模效率的影响同样具有时间效应,在不同的时间段,旅游资源优势度对旅游业发展规模效率有不同的影响(表5.7):1997—2001年,一个单位的Ln*AI*增加,引起0.076个单位LnSCALE的减少;2002—2006年,一个单位Ln*AI*的增加,引起0.017个单位LnSCALE的增加;2007—2011年,一个单位Ln*AI*的增加,引起0.006个单位LnSCALE的减少。前文已分析,1997—2011年中国大陆旅游业总体上处于无序经营状态,旅游资源优势度的增加,不利于旅游业规模效率的提升。

2002—2003 年，大陆旅游业总体上处于粗放型增长阶段，只要依靠旅游资源数量的投入，就可以获得规模效率的增加。2003 年“非典”之后，旅游业经营思路从总体上进行了相关调整。“非典”从一个侧面反映了传统的粗放型经营方式不能从根本上改变旅游业的脆弱性与敏感性，只有不断加强对旅游业科技、人才、资金、技术等要素的投入，提倡旅游业的集约化增长模式，才能促进旅游业的长期健康稳定发展。该时期旅游市场逐渐饱和，仅仅增加资源数量的投入，并不能改进旅游业规模效率，反而会导致恶性竞争、低水平重复建设、生态破坏与环境污染，导致旅游业规模效率的降低。从长期看，仅仅增加旅游资源的数量，不利于旅游业规模效率的提升。

表 5.7　旅游资源优势度对规模效率影响的时间分异

时间段	1997—2001		2002—2006		2007—2011	
模型	模型Ⅳ*a*	模型Ⅳ*b*	模型Ⅳ*c*	模型Ⅳ*d*	模型Ⅳ*e*	模型Ⅳ*f*
	随机效应	固定效应	随机效应	固定效应	随机效应	固定效应
常数项 *C*	−1.917 (−16.727) ***	−1.912 (−85.156) ***	−1.717 (−18.444) ***	−1.729 (−96.666) ***	−1.041 (−8.057) ***	−1.619 (−7.317) ***
Ln*AI*	−0.110 (−3.104) **	−0.076 (−2.081) ***	−0.004 (−1.200) ***	0.017 (1.859) ***	−0.625 (−6.101) ***	−0.006 (−1.027) ***
样本个数	155	155	155	155	155	155
截面数	5	5	5	5	5	5
调整的 R^2	0.802	0.905	0.635	0.974	0.698	0.929
F 值	8.555***	48.372***	9.213***	184.674***	35.190***	65.617***
LR 检验		58.125***		78.962**		84.123***
Hausman 检验	20.306**		40.898***		8.456***	

5.1.4.3　旅游资源优势度对旅游业效率影响的空间分异

利用 OLS 方法对不同地带的 POOL 面板数据模型进行估计，其检验结果见表 5.8、表 5.9、表 5.10。从表 5.8 可以看出，东中西三大地带旅游资源优势度对综合效率回归的 Hausman 检验值分别为 2.883（$p=0.047<0.05$）、5.432（$p=0.000<0.01$）、10.250（$p=0.038<0.05$），从 p 值可以看出拒绝随机效应模型。另外从 LR 检验的伴随概率来看，其 p 值同样小于 0.05，拒绝混合横截面模型相对于固定效应模型更有效的假设，因此通过构建东中西三大地带旅游资源优势度对综合效率的固定效应模型进行回归分析。同理，分别建立东中西三大地带旅游资源优势度对纯技术效率与规模

效率的 POOL 面板数据进行参数估计。

(1)综合效率

旅游资源优势度对综合效率的影响具有空间差异：在东中西不同地带，旅游资源优势度对旅游业综合效率的影响效应各不相同(见表 5.8)。1997—2011 年一个单位 Ln*AI* 的增加，在东部地区会引起 0.278 个单位 LnCRSTE 的增加，在中部地区会引起 0.366 个单位 LnCRSTE 的增加，在西部地区会引起 0.377 个单位 LnCRSTE 的增加。旅游资源优势度对各地带旅游业综合效率均具有显著的正向促进作用，从总体上看，它对西部地区旅游业综合效率的影响程度最大，对东部地区旅游业综合效率的影响程度最小。东部地区经济发达，区位优势突出，制度健全、人力资源素质较高，但旅游市场基本达到饱和状态，旅游业综合效率主要依靠先进技术、人才、资金驱动；西部地区环境优美，少数民族风情独特，但旅游市场远没有达到饱和状态，旅游业综合效率暂时可以通过资源数量的增加来实现。因此旅游资源优势度对旅游业综合效率的促进作用，在西部地区最大，在东部地区最小。

表 5.8　三大地带旅游资源优势度对综合效率的影响

地区	东部地区		中部地区		西部地区	
模型	模型Ⅴ*a*	模型Ⅴ*b*	模型Ⅴ*c*	模型Ⅴ*d*	模型Ⅴ*e*	模型Ⅴ*f*
	随机效应	固定效应	随机效应	固定效应	随机效应	固定效应
常数项 *C*	−3.390 (−21.257) ***	−3.399 (−89.393) ***	−3.801 (−44.030) ***	−3.795 (−74.050) ***	−4.120 (−25.387) **	−4.119 (−93.330) ***
Ln*AI*	0.258 (5.376) ***	0.278 (5.624) ***	0.344 (7.350) ***	0.336 (6.968) ***	0.385 (6.762) ***	0.377 (6.379) ***
样本个数	180	180	135	135	150	150
截面数	12	12	9	9	10	10
调整的 R^2	0.133	0.636	0.284	0.460	0.232	0.674
F 值	28.598***	27.105***	54.259***	11.852***	45.964***	31.796***
LR 检验		193.453**		31.852***		119.360***
Hausman 检验	2.883**		5.432***		10.250**	

(2)纯技术效率

旅游资源优势度对纯技术效率的影响同样具有地带差异：在不同的地带，旅游资源优势度对旅游业纯技术效率的影响各不相同(见表 5.9)。1997—2011 年，一个单位 Ln*AI* 的增加，在东部地区会引起 0.104 个单位 LnCRSTE 的增加，在中部地区会引起 0.334 个单位 LnCRSTE 的增加，在西部地区会引起 0.293 个单位 LnVRSTE 的增加。旅游资源优势度在不同地带对旅游业纯技术效率均具有显著的正向促进作用,总体上表现出中部大于西部、西部大于东部的格局。东部地区旅游业纯技术效率的增长并不是依靠资源带动,旅游资源在纯技术效率提升中的作用最小;中西部地区旅游市场与东部地区相比,远没有达到饱和状态,旅游资源优势度的增加,对纯技术效率的提升作用大于东部地区。中部地区没有东部地区优越的区位条件与发达的经济基础,与西部地区相比缺少绝美的生态环境与少数民族风情,但中部地区人文类旅游资源相对较多,各省工业基础相对雄厚,具有发展旅游业的物质基础,因此中部地区与西部地区相比拥有相对发达的经济基础,旅游资源优势度对纯技术效率的驱动作用较西部地区更大。

表 5.9　三大地带旅游资源优势度对纯技术效率的影响

地区	东部地区		中部地区		西部地区	
模型	模型Ⅵ*a*	模型Ⅵ*b*	模型Ⅵ*c*	模型Ⅵ*d*	模型Ⅵ*e*	模型Ⅵ*f*
	随机效应	固定效应	随机效应	固定效应	随机效应	固定效应
常数项 *C*	−1.039 (−5.267) ***	−1.037 (−50.731) ***	−2.109 (−18.166) ***	−2.101 (−53.391) ***	−2.948 (−14.982) ***	−2.943 (−98.380) ***
Ln*AI*	0.108 (4.096) **	0.104 (3.904) ***	0.345 (9.401) ***	0.334 (9.024) ***	0.335 (7.015) ***	0.293 (6.022) ***
样本个数	180	180	135	135	150	150
截面数	12	12	9	9	10	10
调整的 R^2	0.801	0.926	0.888	0.930	0.720	0.930
F 值	16.613***	186.930***	85.965***	41.182***	43.131***	197.795***
LR 检验		436.694***		114.290***		279.020***
Hausman 检验	2.755***		4.723**		21.880***	

(3)规模效率

旅游资源优势度对规模效率的影响同样具有尺度效应:在东中西三大地带,旅游资源优势度对旅游业规模效率的影响不完全相同(见表 5.10)。1997—2011 年,一个单位 Ln*AI* 的增加,在东部地区会引起 0.075 个单位 LnSCALE 的增加,在中部地区会引起 0.001 个单位 LnSCALE 的增加,在西部地区会引起 0.082 个单位 LnSCALE 的增加。西部地区旅游资源优势度对规模效率的正向促进作用最大,大部分原因是西部地区旅游业效率主要依靠规模效率驱动,相同数量的旅游资源投入,在西部获得的收益最大。相对于西部地区而言,中东部地区旅游业增长的集约化程度较高。旅游资源数量的投入，不一定能对规模效率起到巨大的推动作用，但东部地区凭借其资金技术等优势，可以最大程度地提升旅游资源的规模报酬，因此东部地区相同数量的旅游资源投入，会带来超过中部地区的规模效率，但总体上来说，与西部没有饱和的旅游市场相比，相同数量的旅游资源投入，在西部地区比在中部地区会获得更大的规模效率。

表 5.10　三大地带旅游资源优势度对规模效率的影响

地区	东部地区		中部地区		西部地区	
模型	模型Ⅶa	模型Ⅶb	模型Ⅶc	模型Ⅶd	模型Ⅶe	模型Ⅶf
	随机效应	固定效应	随机效应	固定效应	随机效应	固定效应
常数项 C	−2.329 (−23.230) ***	−2.363 (−76.272) ***	−1.689 (−16.319) ***	−1.695 (−52.135) ***	−1.169 (−11.900) ***	−1.175 (−76.646) **
LnAI	0.105 (2.723) ***	0.075 (4.352) **	−0.006 (−1.194) ***	0.001 (1.042)***	0.041 (1.691)***	0.082 (3.282)***
样本个数	180	180	135	135	150	150
截面数	12	12	9	9	10	10
调整的 R^2	0.028	0.760	0.801	0.978	0.659	0.954
F 值	6.241**	48.237***	90.231***	21.433***	62.013***	32.717**
LR 检验		223.688***		119.830***		376.767***
Hausman 检验	34.525***		31.563***		72.293***	

5.1.5　省际旅游资源优势度对各项效率的影响

5.1.5.1　最小二乘法估计

上述分析验证了旅游资源优势度对旅游业各项效率的总体影响以及地带影响，旅游资源优势度对各个地区的影响是否如此，仍需要进一步的验证。利用 1997—2011 年大陆 31 个省际区域旅游资源优势度以及各项效率的数据进行回归分析，利用最小二乘法对回归系数进行估计，回归结果见表 5.11。除去不显著的回归系数外，旅游资源优势度对旅游业综合效率影响程度最大的省份为贵州省，回归系数达到 0.046；其次为青海省，回归系数达到 0.010；再次为甘肃与广西，回归系数达到 0.009，西部地区旅游资源优势度提升对旅游业综合效率的改进有较大的促进作用。在东部很多地区（如北京、天津、河北、广东、海南），旅游资源优势度的提升与旅游业综合效率改进并没有显著的关系。

表 5.11　旅游资源优势度对各项效率的回归系数

省份	crste	vrste	scale	省份	crste	vrste	scale
北京	**0.000**	**-0.027**	**0.003**	湖北	**0.001**	**0.003**	**0.003**
天津	**0.044**	**-0.032**	**0.186**	湖南	0.005	0.027	0.006
河北	**0.000**	**0.000**	**0.003**	广东	**-0.001**	-0.018	**0.000**
山西	0.007	0.036	**-0.013**	广西	0.009	**0.025**	0.031
内蒙古	0.008	0.036	-0.034	海南	**0.001**	**-0.012**	**0.067**
辽宁	0.004	0.099	0.014	重庆	**0.004**	**0.015**	**0.004**
吉林	0.007	0.055	**0.016**	四川	0.003	0.021	**0.004**
黑龙江	0.006	0.013	0.025	贵州	0.046	0.090	0.078
上海	0.006	**-0.137**	0.010	云南	**0.001**	**0.003**	**0.005**
江苏	0.008	**0.080**	0.005	西藏	0.008	0.008	0.015
浙江	0.004	0.054	0.001	陕西	0.005	0.018	0.012
安徽	0.004	0.011	0.012	甘肃	0.009	0.011	0.015
福建	0.004	0.014	**0.005**	青海	0.010	0.011	0.023
江西	**0.002**	0.012	**-0.014**	宁夏	0.007	0.006	0.068
山东	0.003	0.055	**-0.002**	新疆	**-0.002**	**-0.004**	**-0.012**
河南	**0.002**	0.024	**-0.006**				

注:表中的加粗阴影数字表示回归系数不显著。

旅游资源优势度对旅游业纯技术效率影响最大的省份为辽宁,回归系数达到0.099,其次分别为吉林(0.055)、山东(0.055)、浙江(0.054)等地,东部地区很多省份旅游资源优势度对旅游业纯技术效率的回归系数不显著,因此从总体上来说,中部地区旅游资源优势度对旅游业纯技术效率的影响程度超过东部地区。旅游资源优势度对旅游业规模效率影响最大的省份为贵州,回归系数为0.078,其次为宁夏,回归系数为0.068,在旅游资源优势度与各项效率的回归分析中,对规模效率回归不显著省份数最多,表明现阶段旅游资源优势度的增加,对旅游业规模效率的影响甚小,规模效率的提升不能仅仅局限在旅游资源数量的增加。

5.1.5.2　脉冲响应分析

以上分析表明了1997—2011年旅游资源优势度对旅游业各项效率的总体影响,并没有反映出旅游资源优势度对各项效率的动态影响,以及旅游资源优势度对旅游业各项效率的影响趋势,为了进一步洞察这些问题,结合脉冲响应模型进一步进行分析,表5.12利用1997—2011年大陆31个省际区域的数据,显示了旅游资源优势度对各项效率的动态冲击。从脉冲响应函数的图像出发，可总结归纳出旅游资源优势度对各项效率动态影响的规律，进而提出相关建议。大部分响应函数的图形可分为两大部分，前期图形的波动程度较大，后期图形比较平缓，大部分脉冲响应函数在第8—15期之后围绕一个数值趋于均衡。脉冲响应函数可归纳为以下几类：

(1)“倒V型”：旅游资源优势度对旅游业效率的影响经历了“上升——最大值——下降——稳定”的过程。如T－4区的脉冲响应函数反映了山西省旅游资源优势度对旅游业综合效率的影响，在初始阶段迅速上升，大约在第5期达到最大正值之后开始逐步下降，最终在第16期之后围绕一个离0值很近的负值趋于稳定；P－10区的脉冲响应函数表示的是江苏省旅游资源优势度对旅游业纯技术效率的影响，大致经历了“上升——最大值——下降——稳定”的过程，在初始阶段旅游资源优势度对纯技术效率具有正向冲击作用，之后逐渐上升，在第3期达到最大值后开始下降，大约第16期之后江苏省旅游资源优势度对纯技术的冲击围绕一个较小的正值趋于稳定；S－7区的脉冲响应函数表明了吉林省旅游资源优势度对旅游业规模效率的冲击过程，在初始阶段旅游资源优势度对旅游业规模效率冲击是负向的，之后迅速上升，在第4期达到最大正值后逐步下降，在第10期之后基本围绕0值趋于均衡。

(2)“V型”：旅游资源优势度对旅游业各项效率的影响经历了“下降——最小值——上升——稳定”的过程。如P－2区的脉冲响应函数表明，天津市旅游资源优势度对旅游业纯技术效率的影响经历了“下降——最小值——上升——稳定”的过程，初始阶段天津市旅游资源优势度标准差信息扰动项对其纯技术效率起到负向冲击作用，在第5期达到最小负值之后逐步上升，在第9期之后旅游资源优势度对旅游业纯技术效率的影响逐渐上升为正值，在经历短暂的波动之后，在第16期之后基本趋于稳定；S－5区的脉冲响应函数表明了内蒙古旅游资源优势度对规模效率的影响，在初始阶段旅游资源优势度对规模效率的冲击逐渐下降，在第2期达到最小值之后逐渐上升，大致在第15期之后围绕一个负值趋于稳定。

(3)“近J型”：旅游资源优势度对旅游业效率的影响经历了“上升/下降——最大值/最小值——稳定”的过程。如T－23区的脉冲响应函数表明了四川省旅游资源优势度对旅游业综合效率的动态冲击过程，在初始阶段旅游资源优势度对旅游业综合效率的冲击是负值，在第2期上升到0值，在第 4 期达到最大值后基本围绕一个正值趋于稳定；P－31 区的脉冲响应函数表明了新疆维吾尔自治区旅游资源优势度对纯技术效率的动态影响，初始阶段旅游资源优势度对旅游业纯技术效率的冲击逐渐下降，在第 8 期之后基本趋于 0 值，表明第 8 期之后旅游资源优势度对旅游业纯技术效率基本没有显著的影响；S－23 区的脉冲响应函数表明了四川省旅游资源优势度对旅游业规模效率的影响过程，在初始阶段旅游资源优势度对旅游业规模效率的影响逐渐增大，由负值上升到最大值，在第 5 期之后基本围绕一个正值趋于稳定。

(4)“直线型”：旅游资源优势度对旅游业效率几乎没有影响，或者说是旅游资源优势度对旅游业效率的影响基本围绕一个固定值不变。如 T－25 区的脉冲响应函数显示出云南省旅游资源优势度对旅游业综合效率的影响甚微；P－22 区的脉冲响应函数分析表明，旅游资源优势度对云南省旅游业纯技术效率冲击基本不变，围绕一个负值趋于稳定；S－17 区的脉冲响应函数表明，湖北省旅游资源优势度对旅游业规模效率的提升基本没有影响。

(5)“波浪形”：旅游资源优势度对旅游效率的冲击呈现出波动起伏的状态。如 T－12 区的脉冲响应函数反映了安徽省旅游资源优势度对旅游业综合效率的冲击，基本呈正向波动状态；S－22 区的脉冲响应函数反映了重庆市旅游资源优势度对旅游业规模效率的动态冲击呈波动状态，基本围绕 0 值上下波动。

(6)“组合型”：基本可分为两类，一类为以上基本类型的组合，如 T－16 区的脉冲响应函数是看成是“V 型”与“近 J 型”的组合，反映了河南省旅游资源优势度对综合效率的动态影响，在前 2 期旅游资源优势度对综合效率的冲击逐渐下降，在第 2 期达到一个极小值之后开始上升，在第 3 期达到一个极大值之后继续下降，在第 8 期达到另外一个极小值之后开始逐渐上升，最终围绕一个固定值趋于均衡。另一类为脉冲响应函数在接近末期时表现出不稳定的态势。如 T－12 区的脉冲响应函数反映了安徽省旅游资源优势度对旅游业规模效率的影响，末期的上升趋势并没有完全改变，旅游资源优势度对旅游业规模效率的冲击稳步上升。再如 P－19 区的脉冲响应函数反映了广东省旅游资源优势度对纯技术效率的动态冲击基本呈“S 型”分布，旅游资源优势度对旅游业纯技术效率的冲击基本呈现出波动状态。

表 5.12 脉冲响应分析结果

	综合效率对旅游资源优势度的响应(T)	纯技术效率对旅游资源优势度的响应(P)	规模效率对旅游资源优势度的响应(S)
北京 1	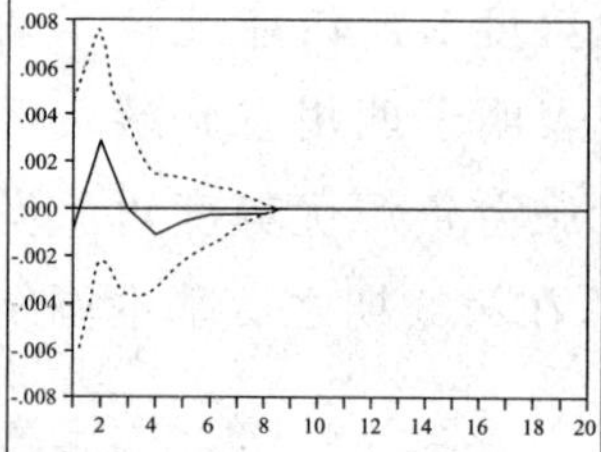	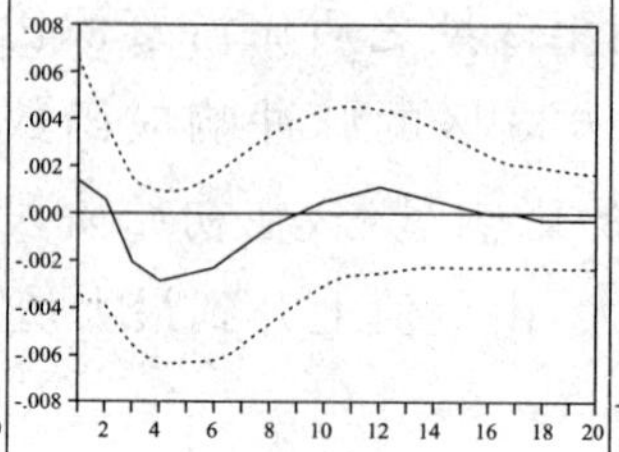	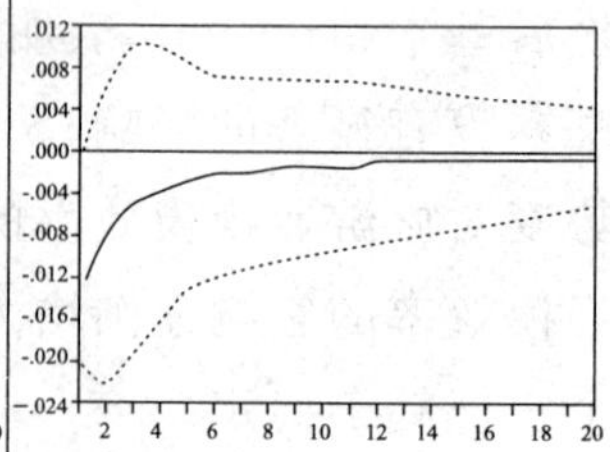
天津 2	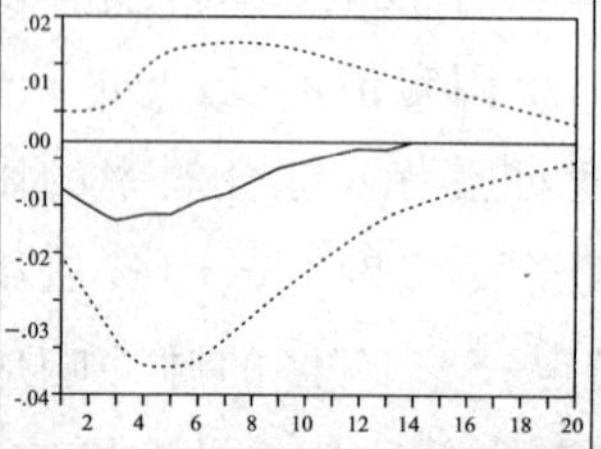	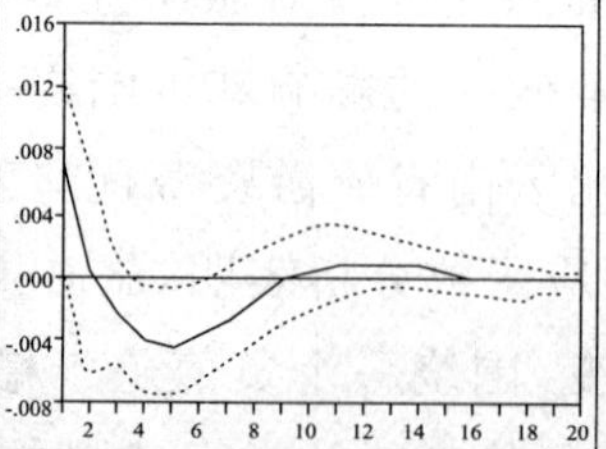	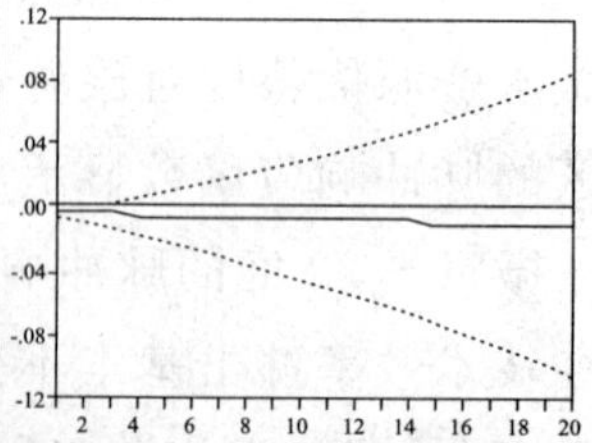
河北 3	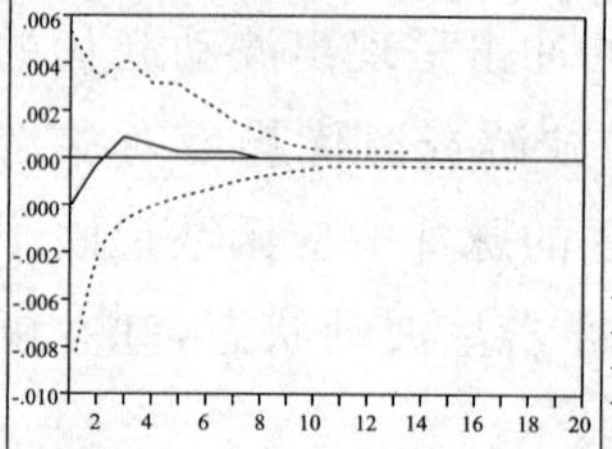	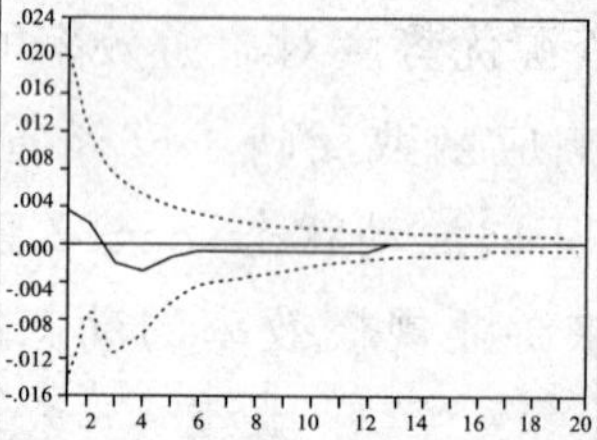	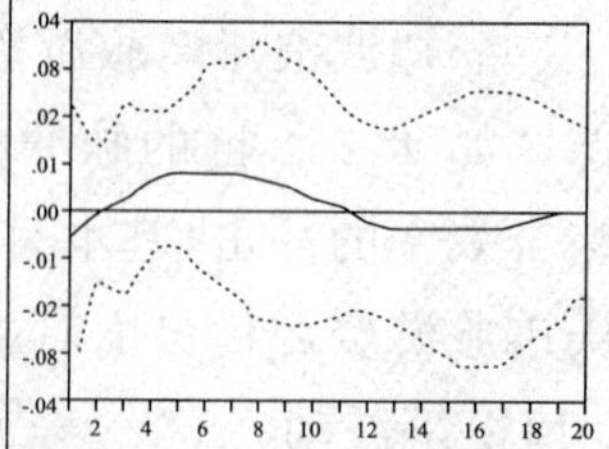
山西 4	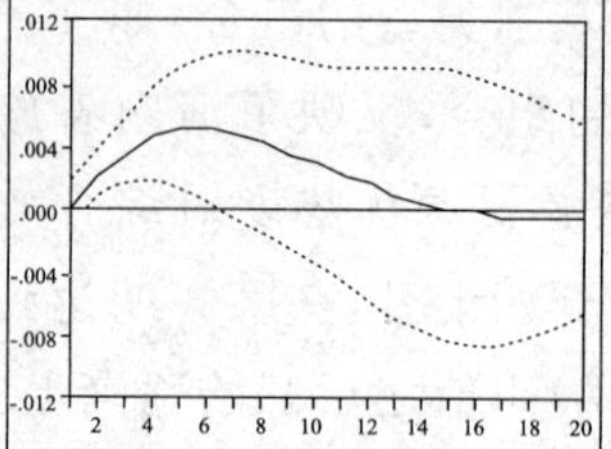	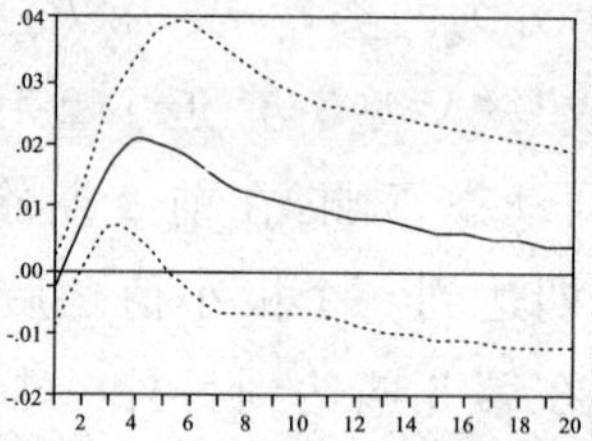	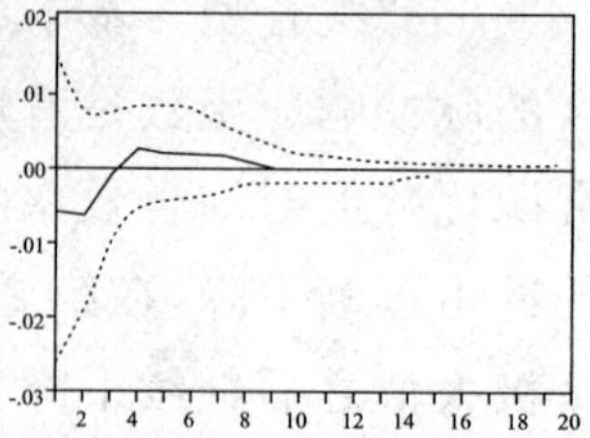
内蒙古 5	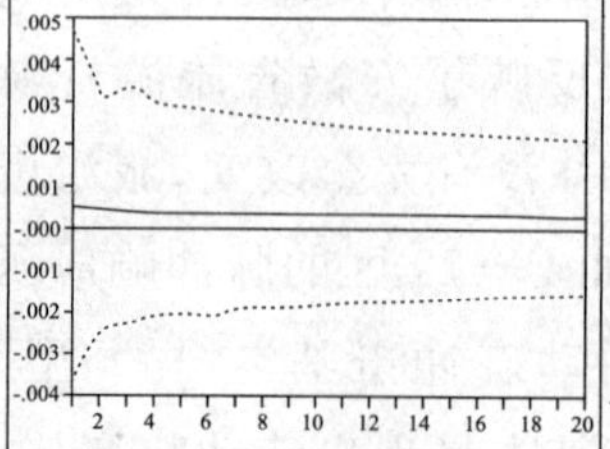	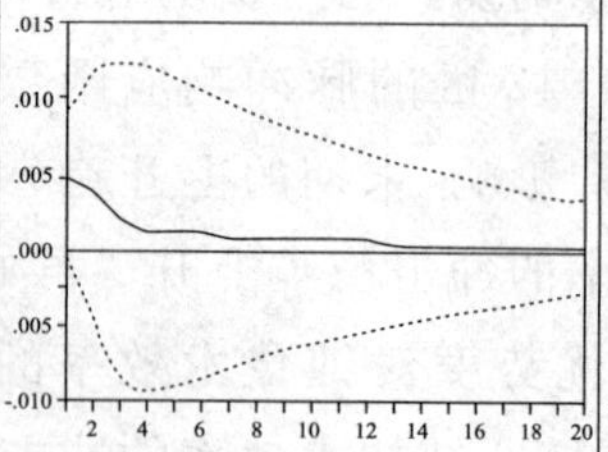	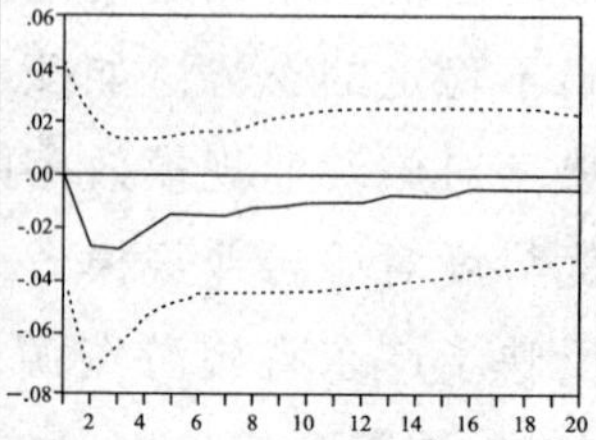

续表

	综合效率对旅游资源优势度的响应(T)	纯技术效率对旅游资源优势度的响应(P)	规模效率对旅游资源优势度的响应(S)
辽宁 6	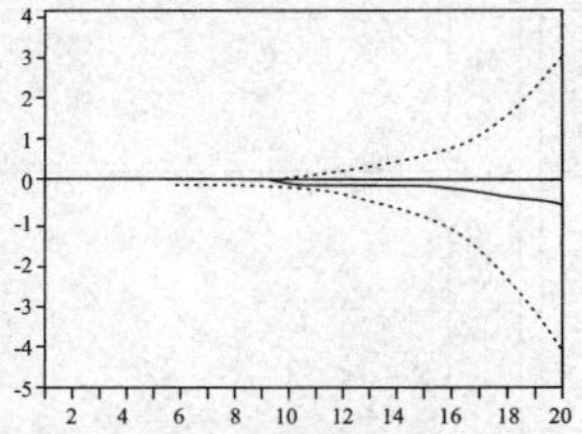	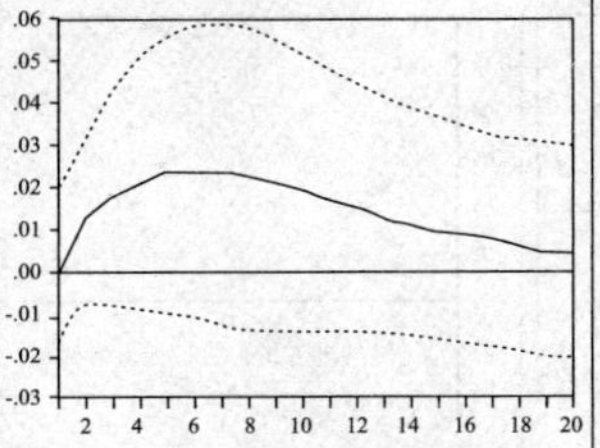	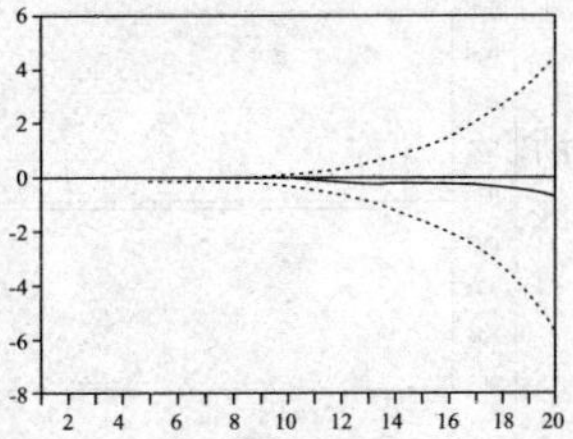
吉林 7	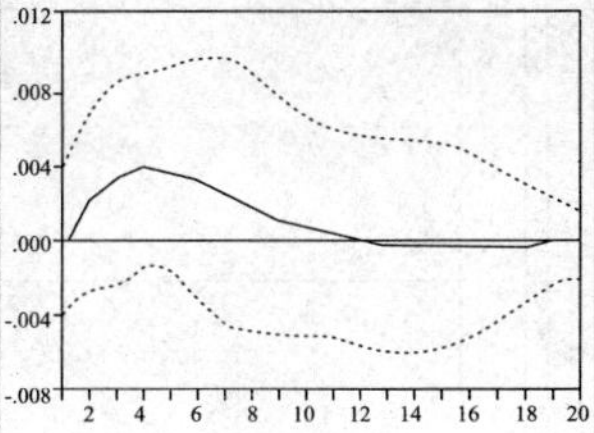	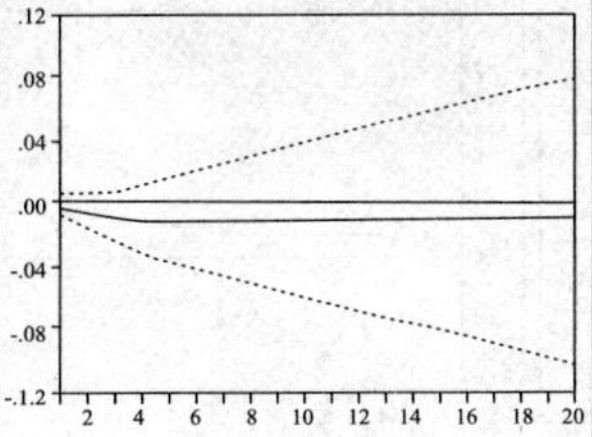	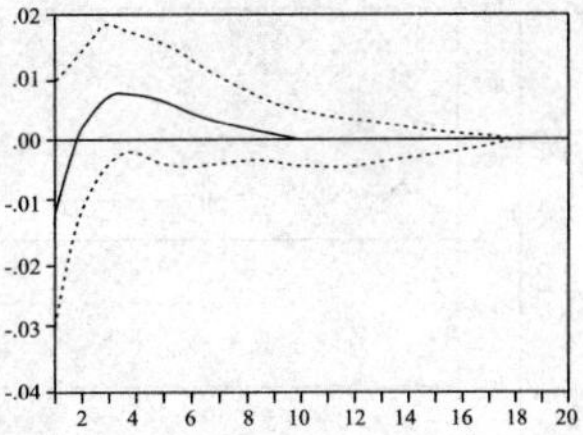
黑龙江 8	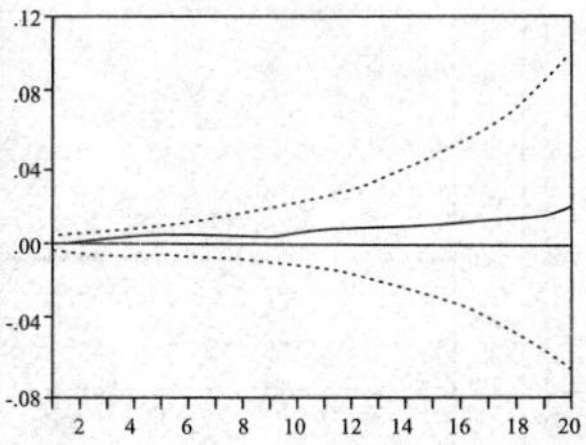	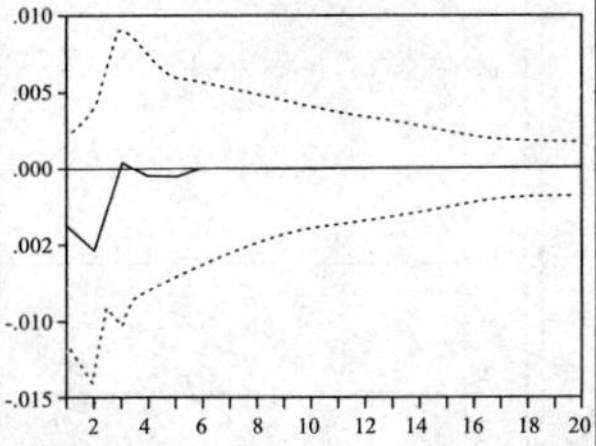	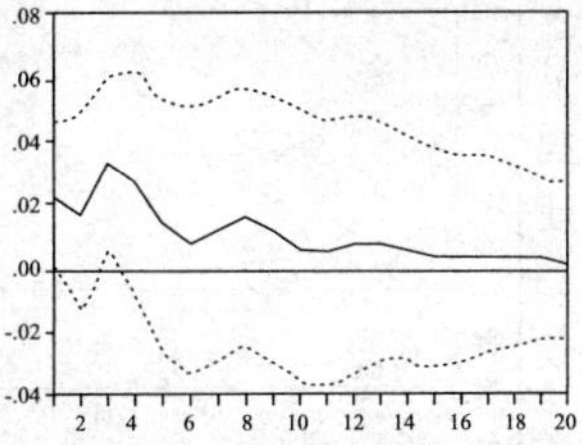
上海 9	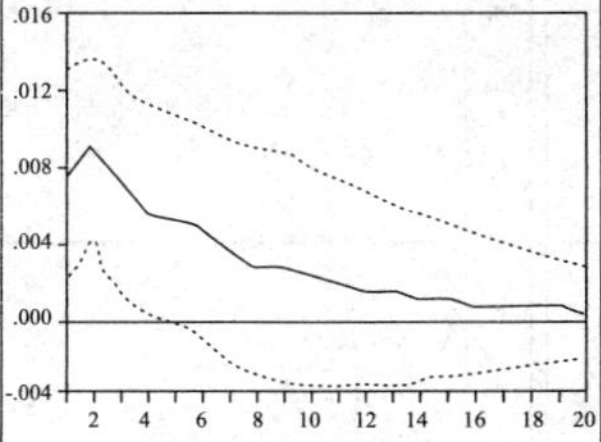	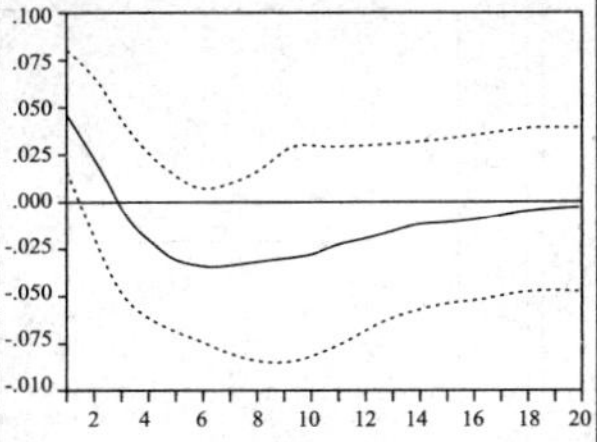	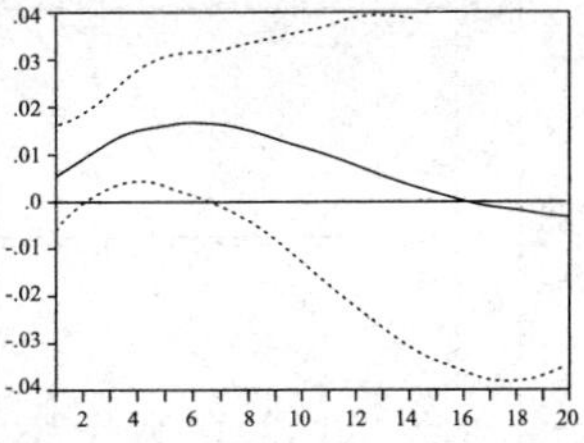
江苏 10	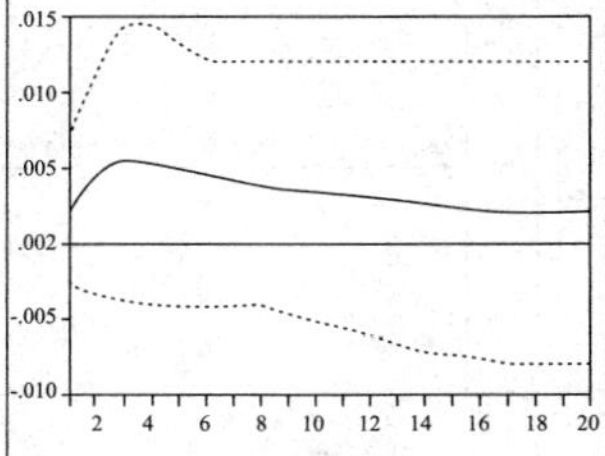	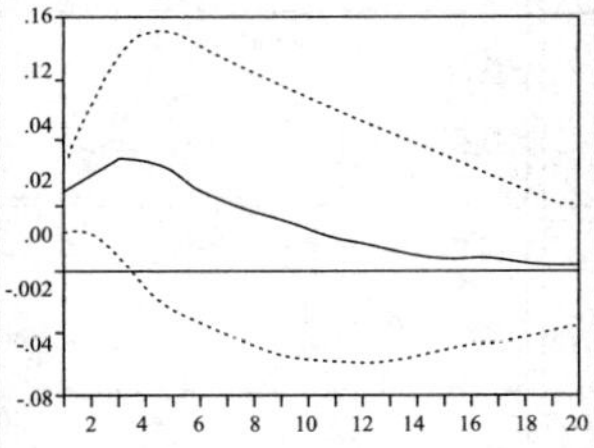	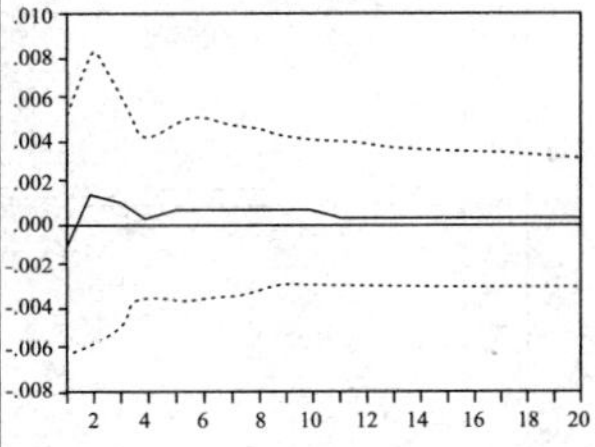

续表

	综合效率对旅游资源优势度的响应(T)	纯技术效率对旅游资源优势度的响应(P)	规模效率对旅游资源优势度的响应(S)
浙江 11	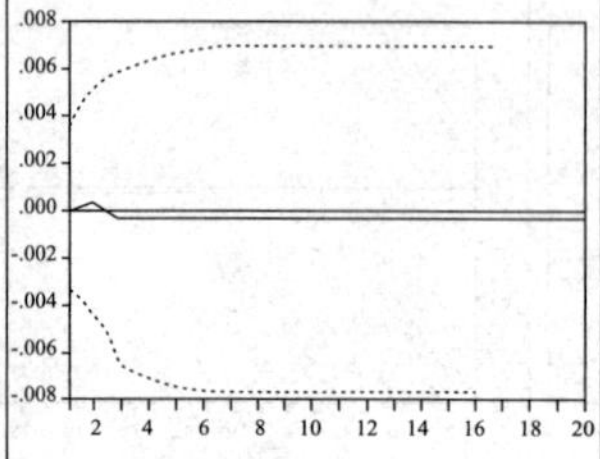	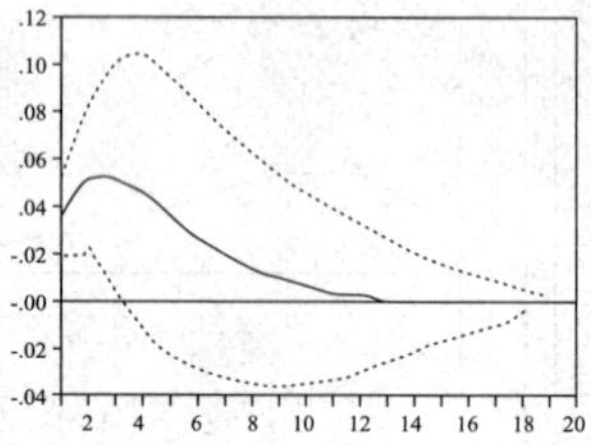	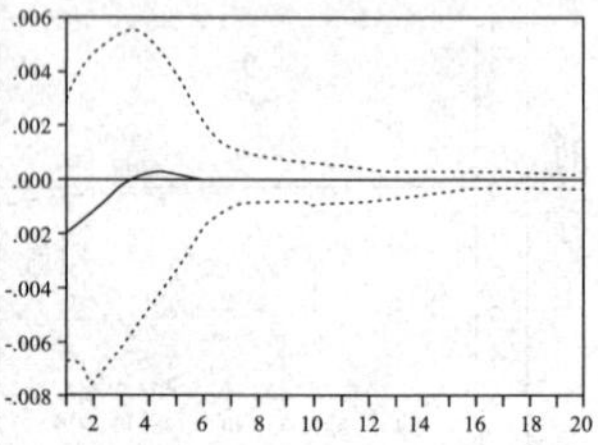
安徽 12	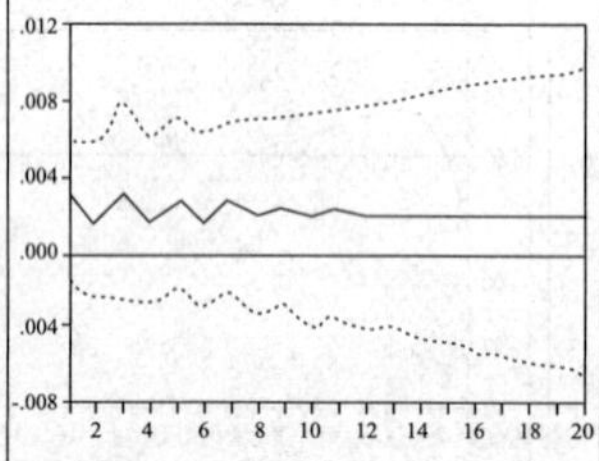	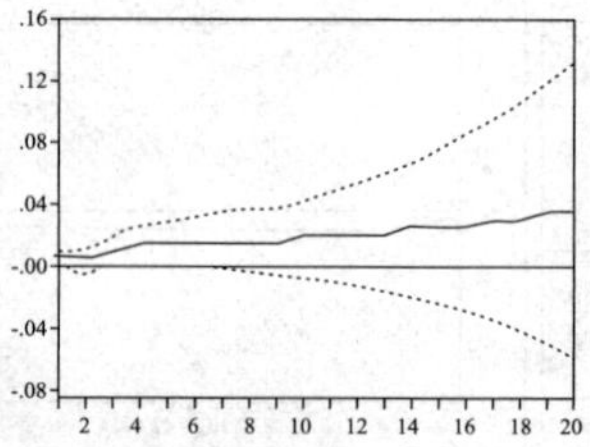	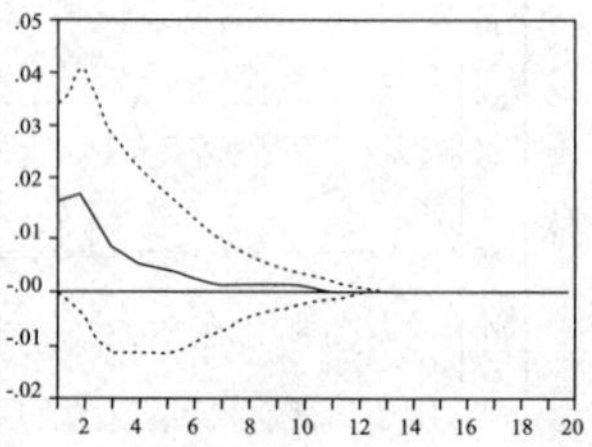
福建 13	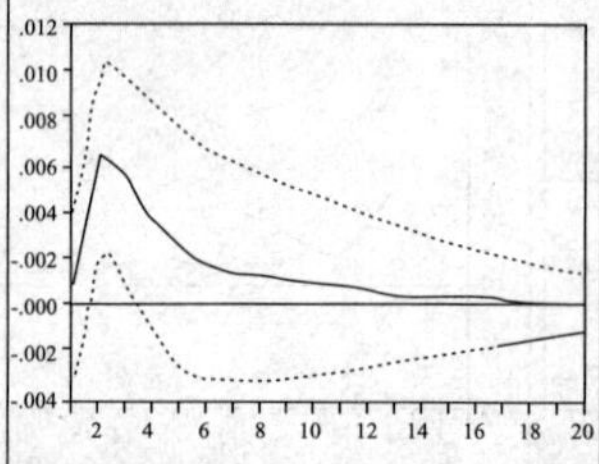	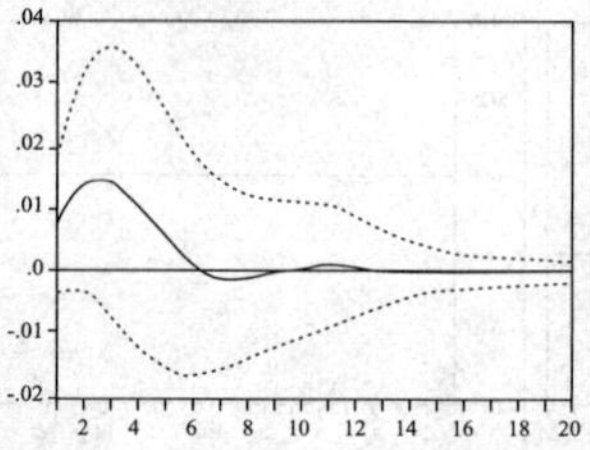	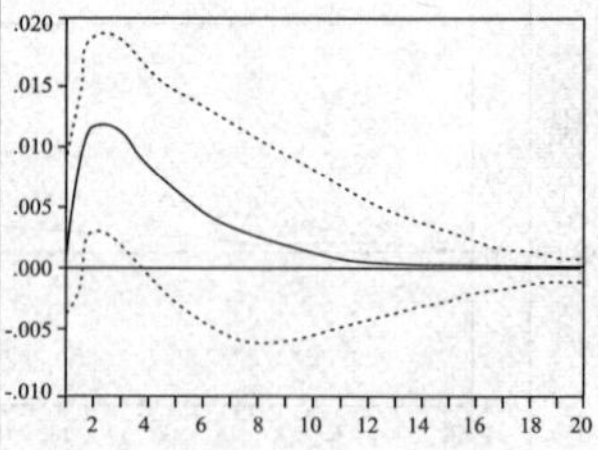
江西 14	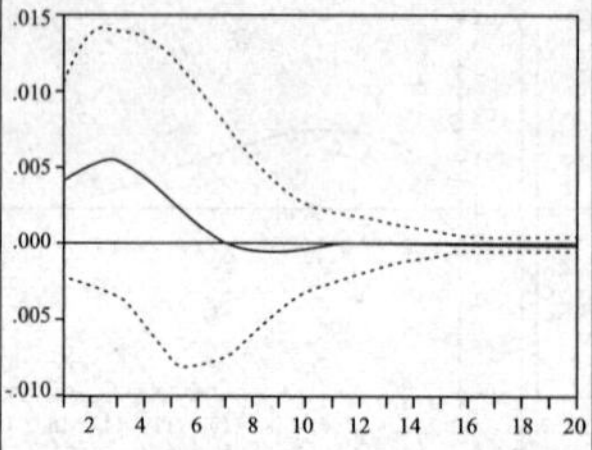	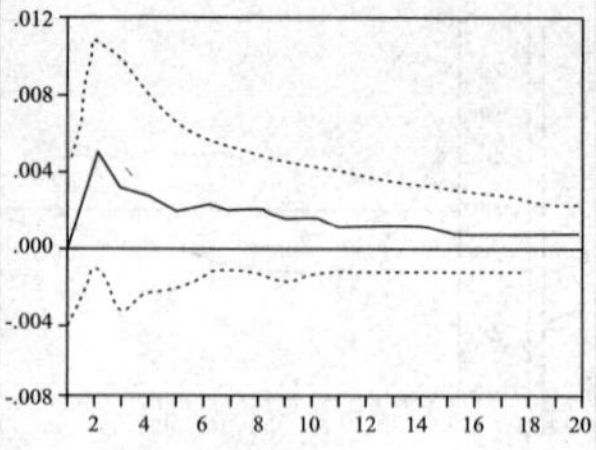	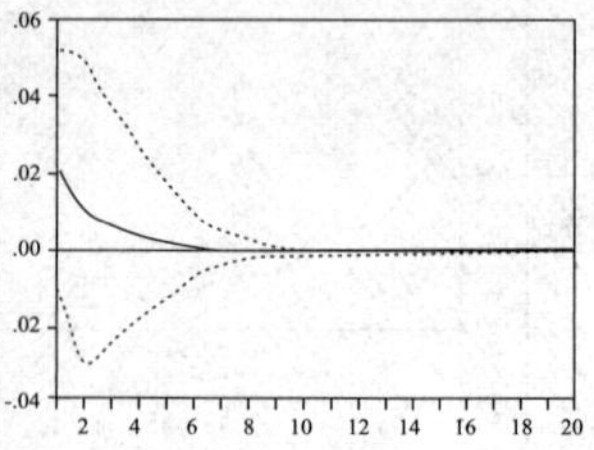
山东 15	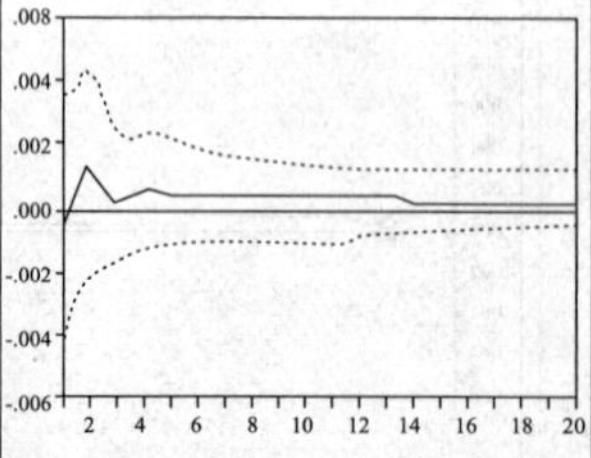	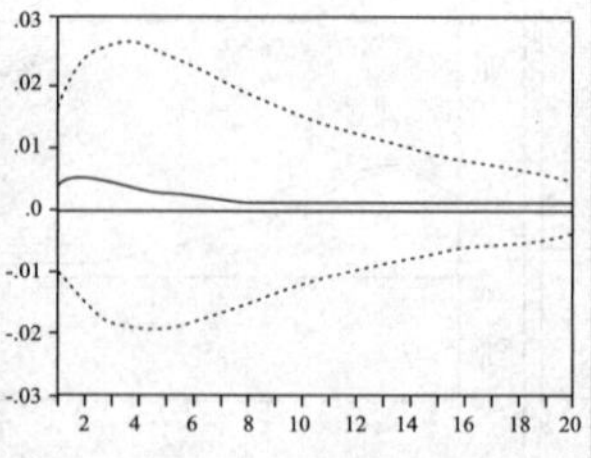	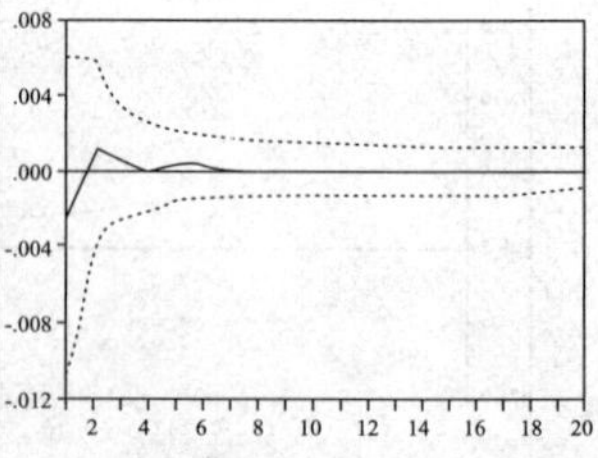

续表

	综合效率对旅游资源优势度的响应(T)	纯技术效率对旅游资源优势度的响应(P)	规模效率对旅游资源优势度的响应(S)
河南16	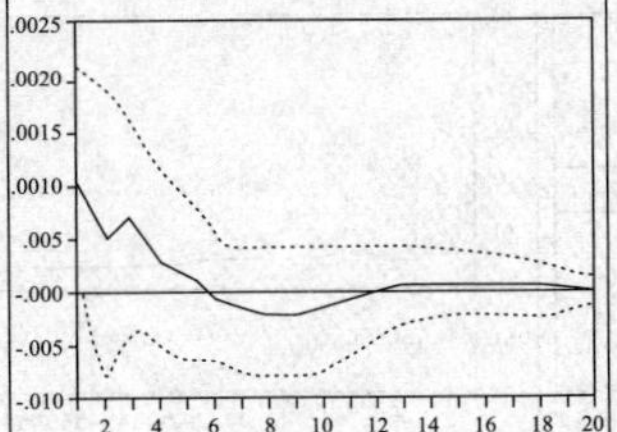	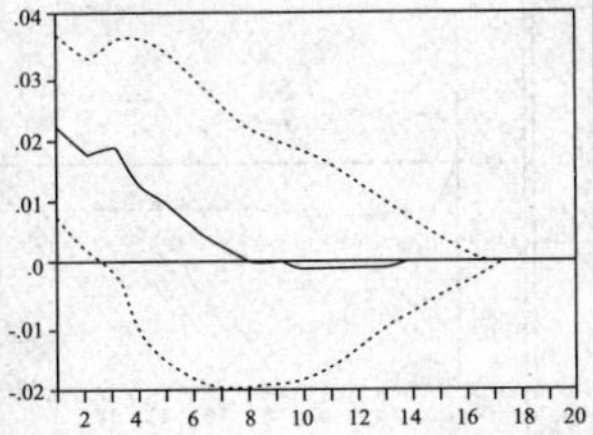	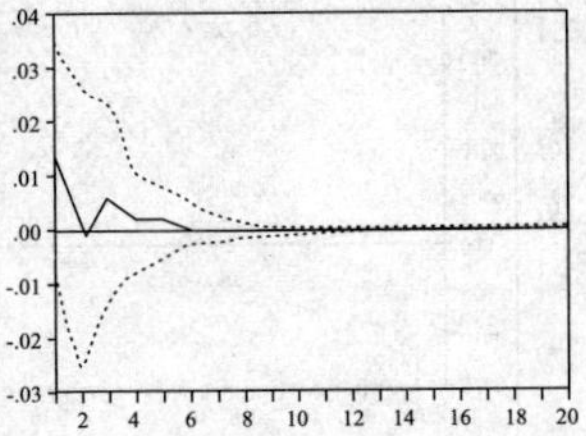
湖北17	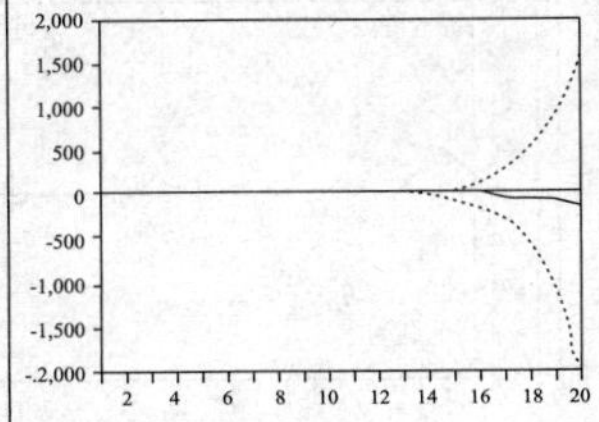	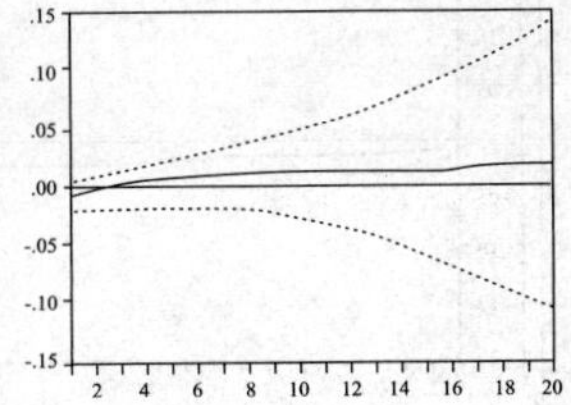	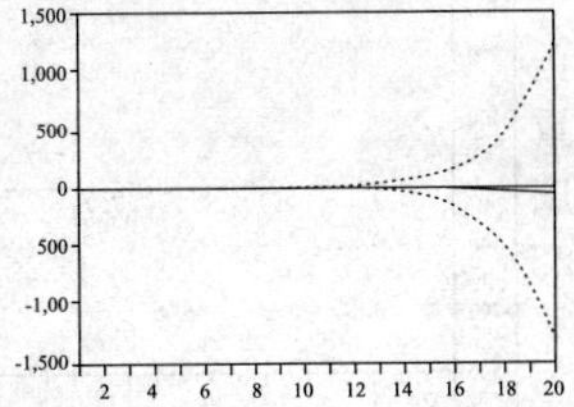
湖南18	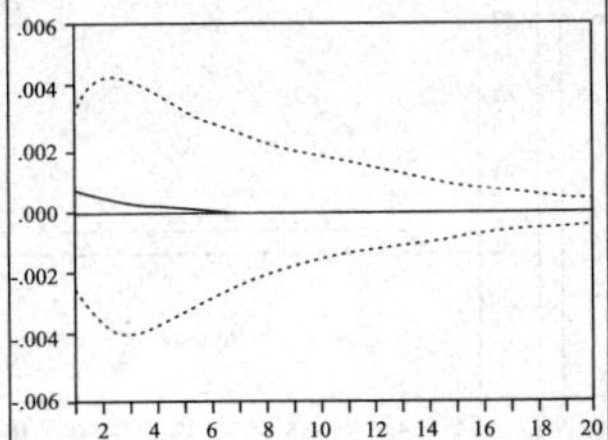	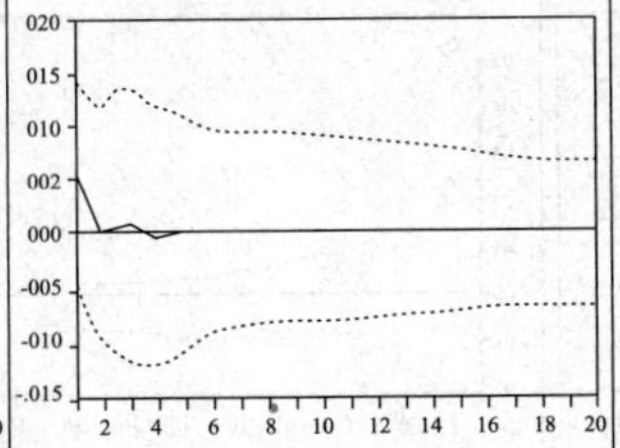	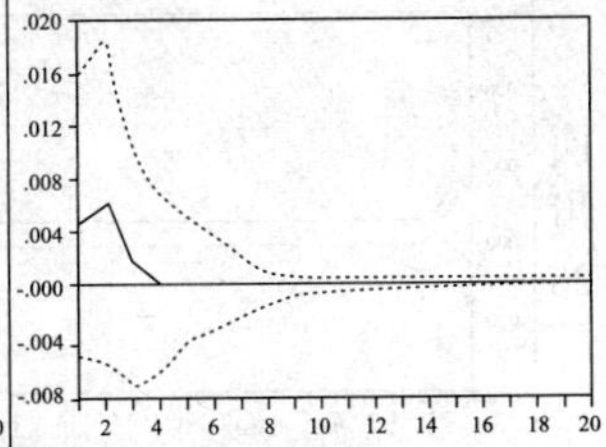
广东19	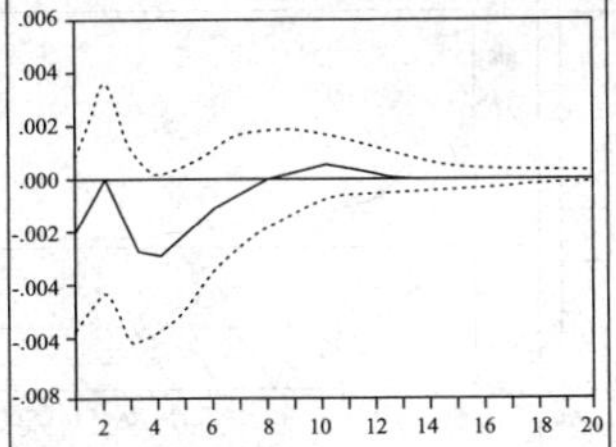	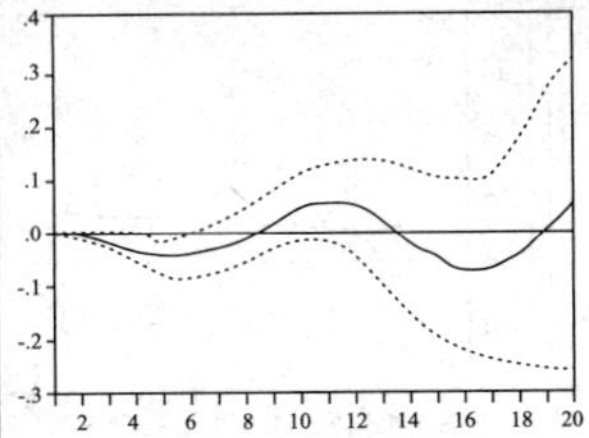	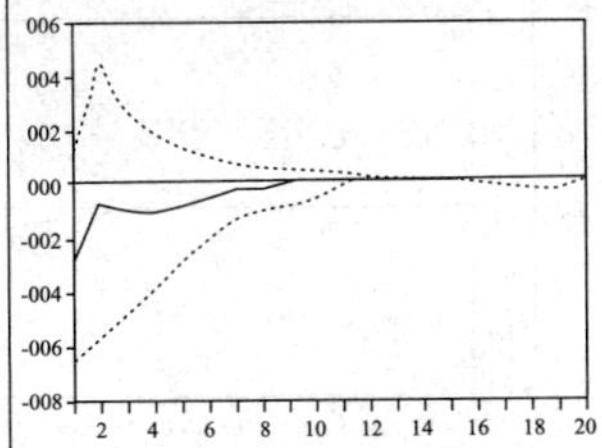
广西20	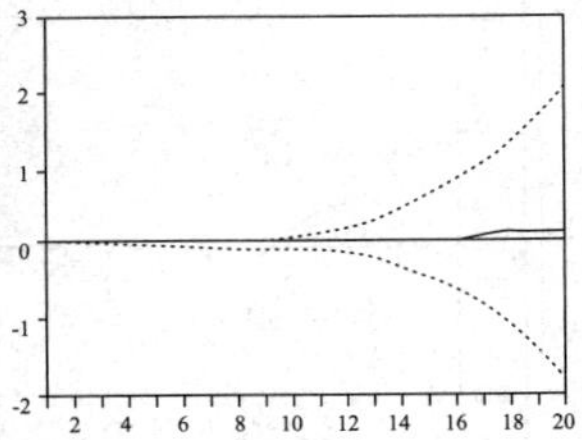	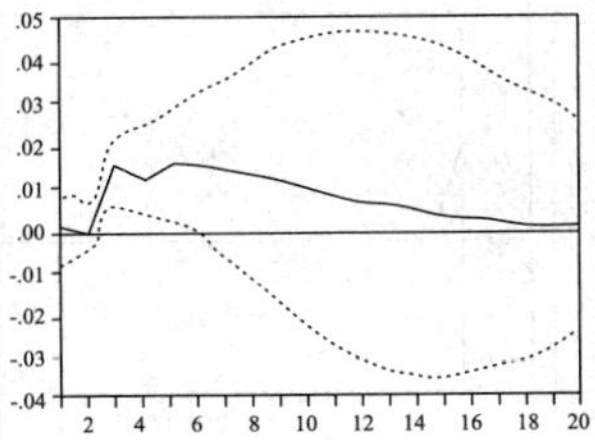	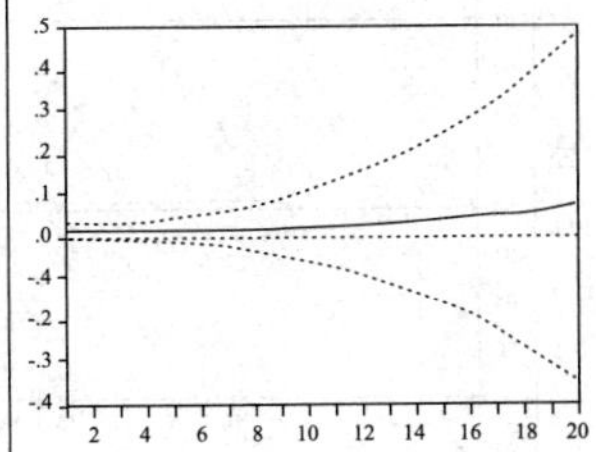

续表

	综合效率对旅游资源优势度的响应(T)	纯技术效率对旅游资源优势度的响应(P)	规模效率对旅游资源优势度的响应(S)
海南 21	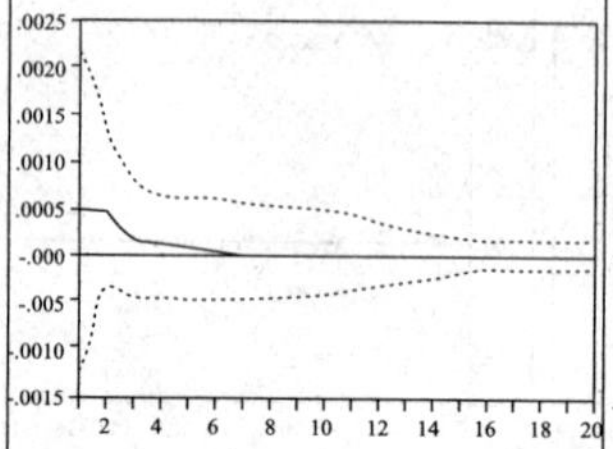	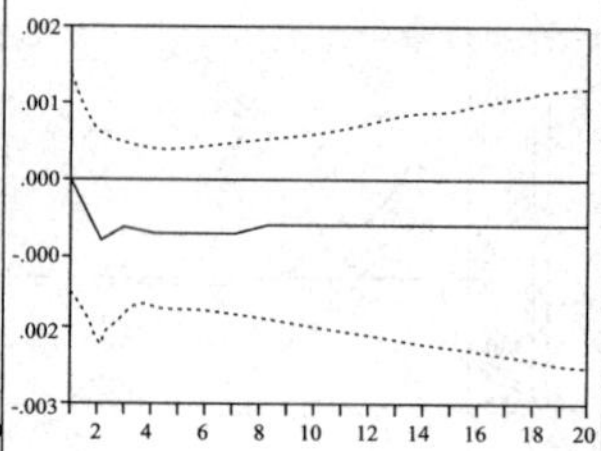	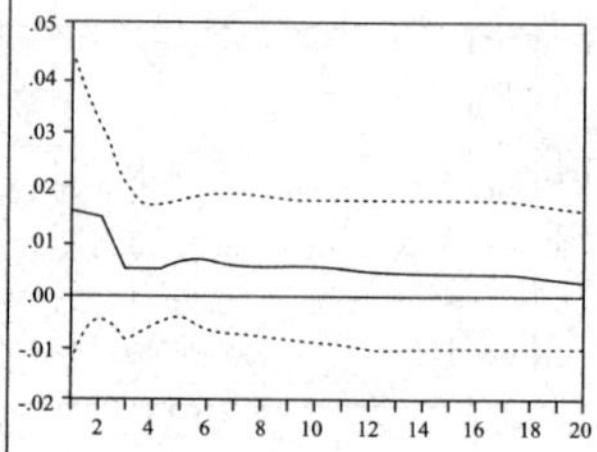
重庆 22	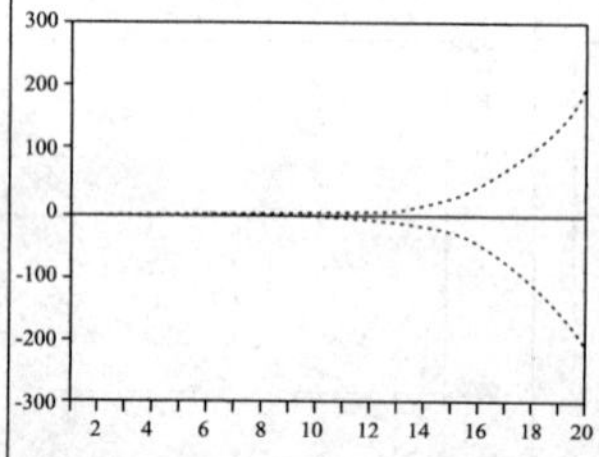	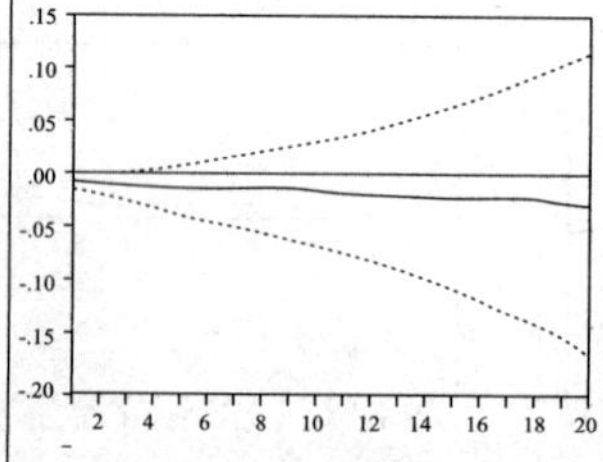	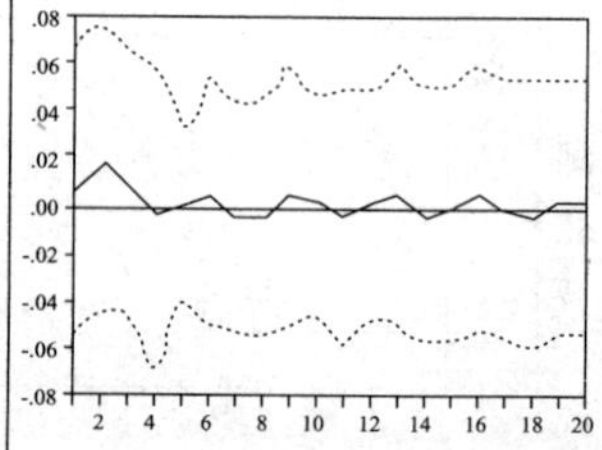
四川 23	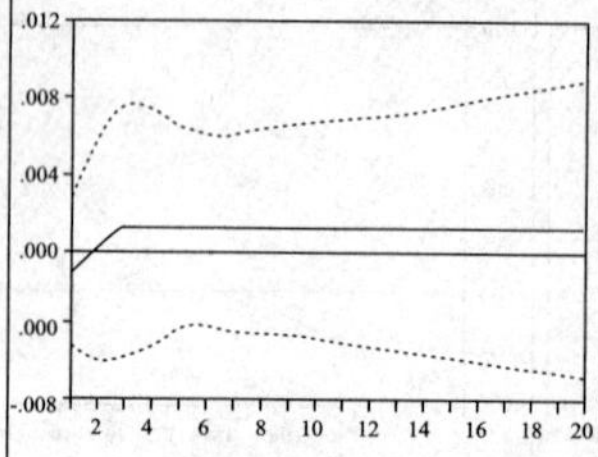	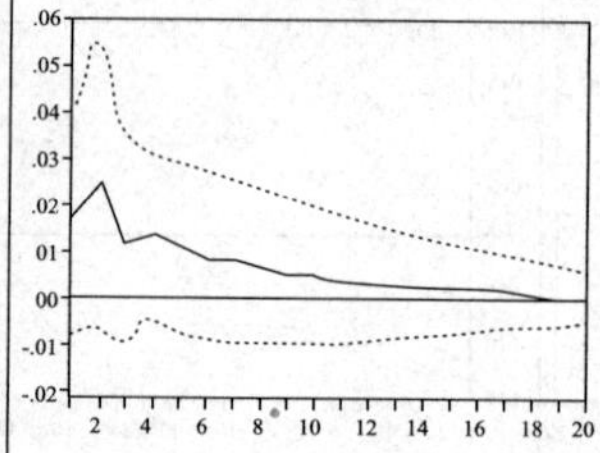	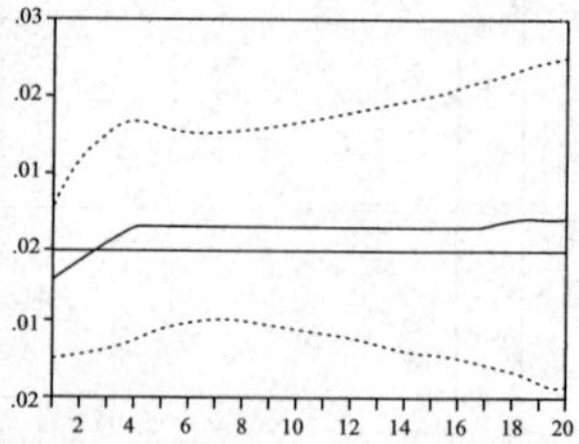
贵州 24	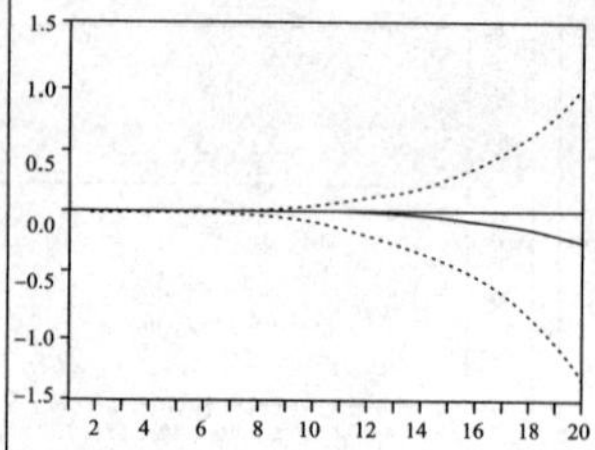	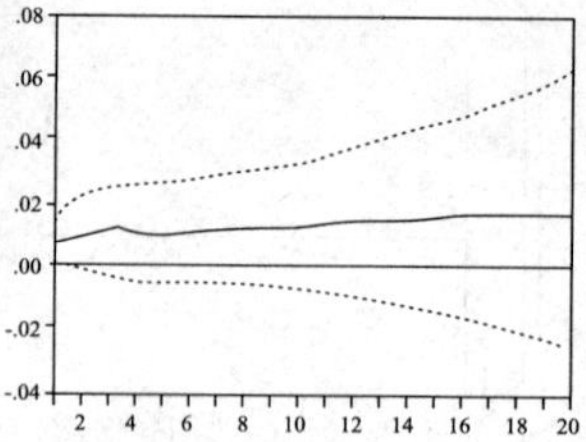	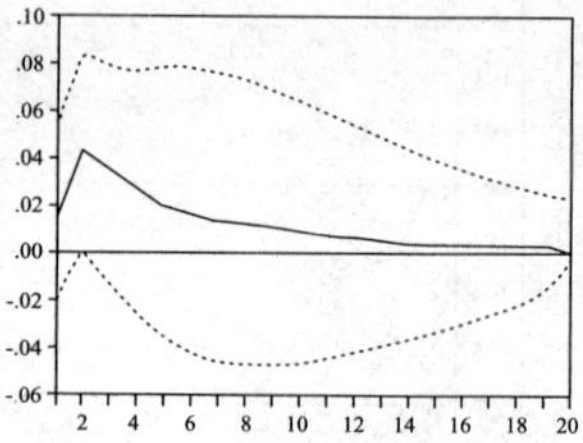
云南 25	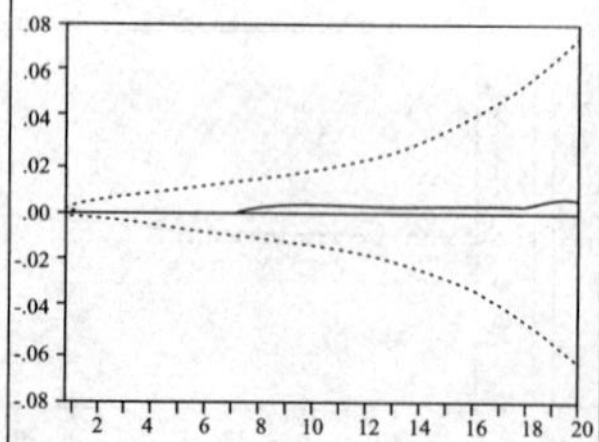	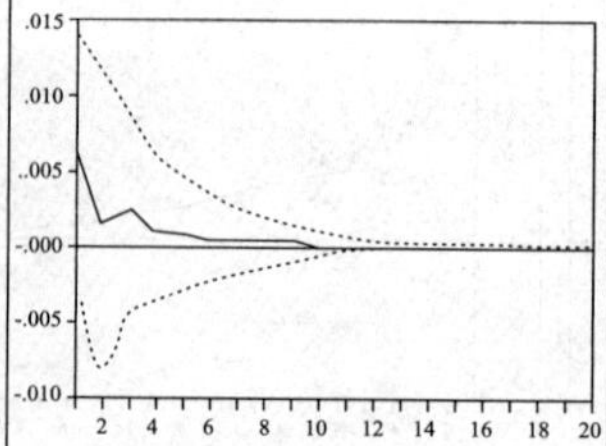	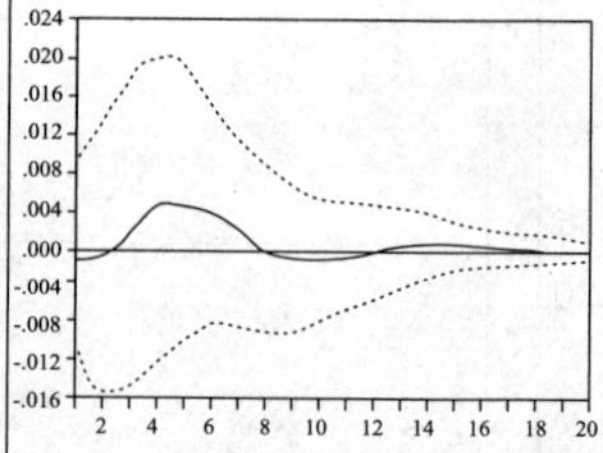

续表

	综合效率对旅游资源优势度的响应(T)	纯技术效率对旅游资源优势度的响应(P)	规模效率对旅游资源优势度的响应(S)
西藏 26	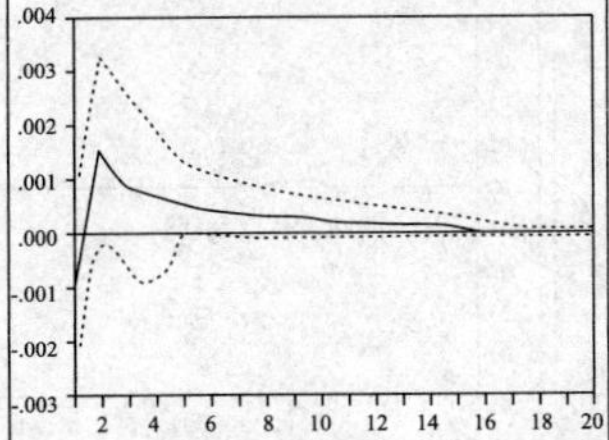	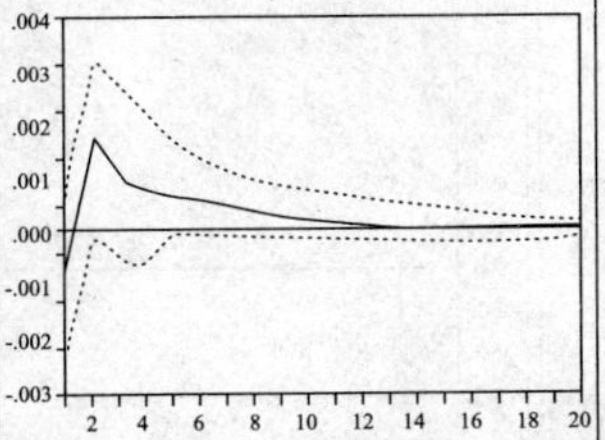	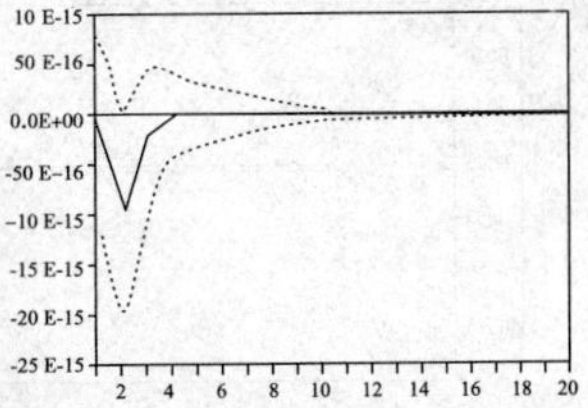
陕西 27	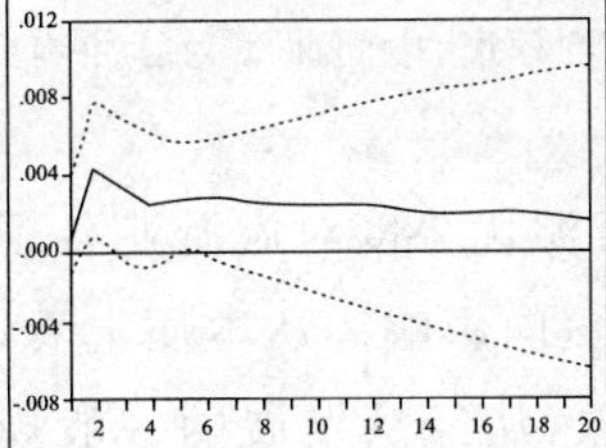	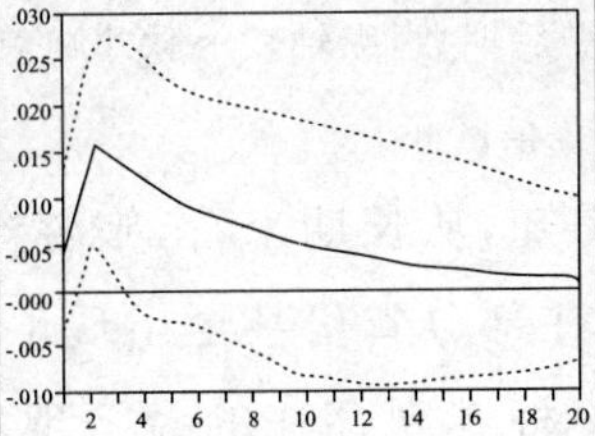	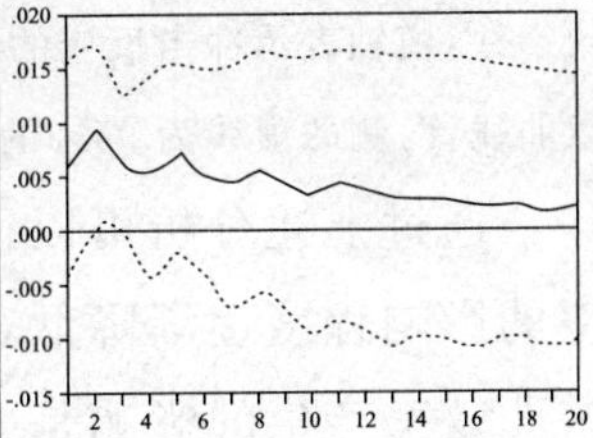
甘肃 28	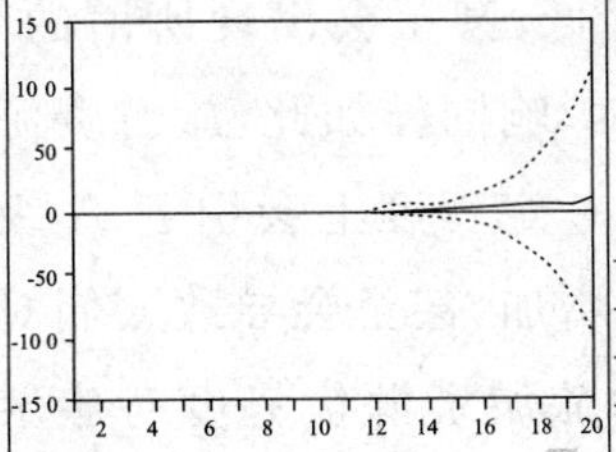	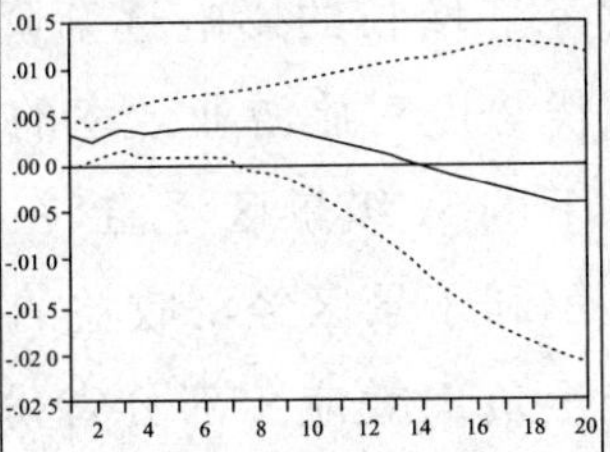	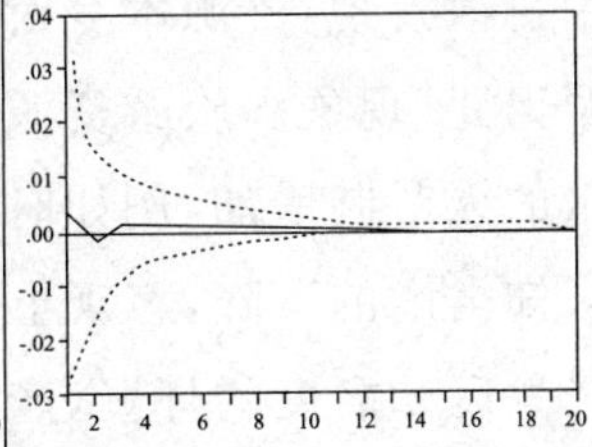
青海 29	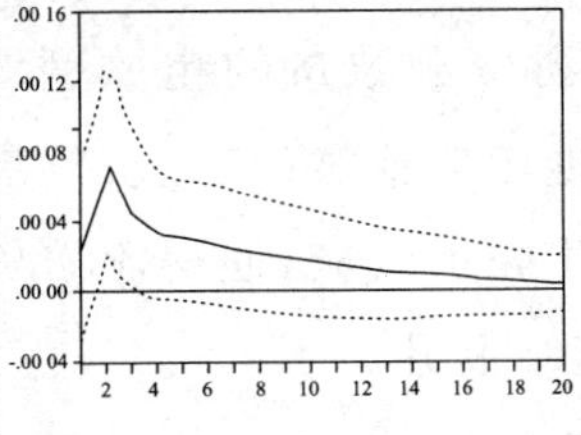	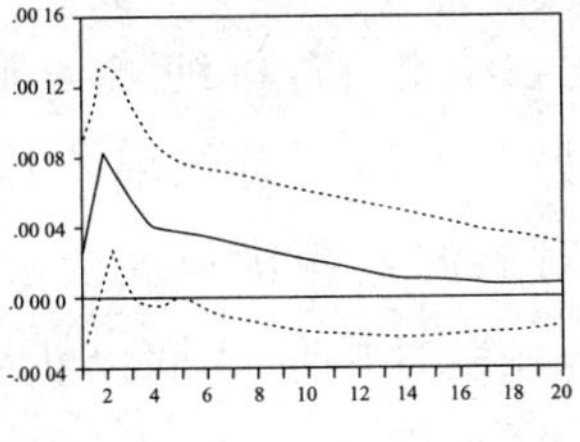	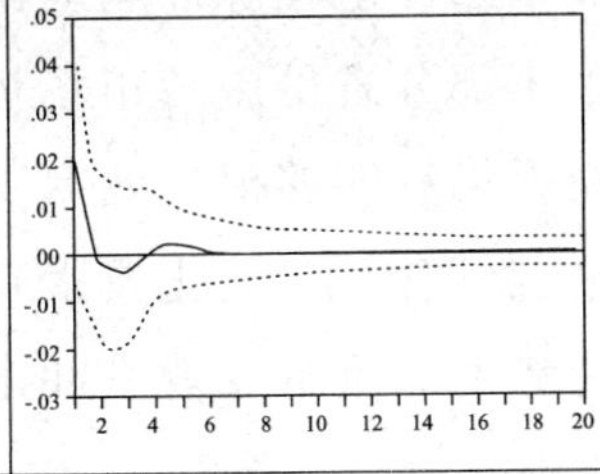
宁夏 30	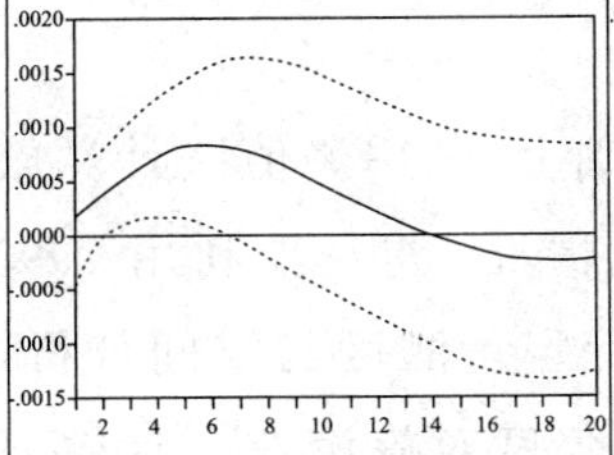	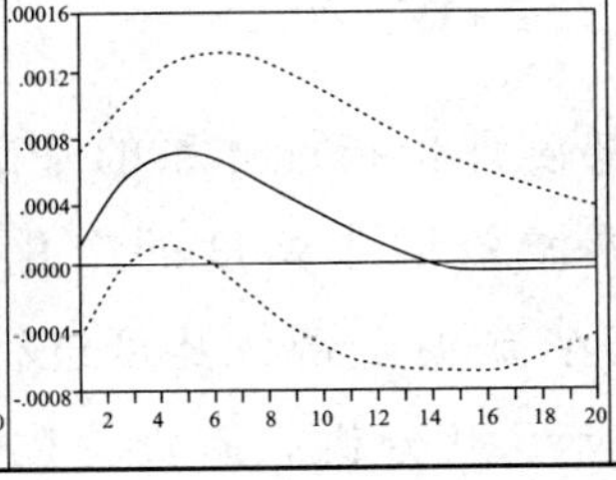	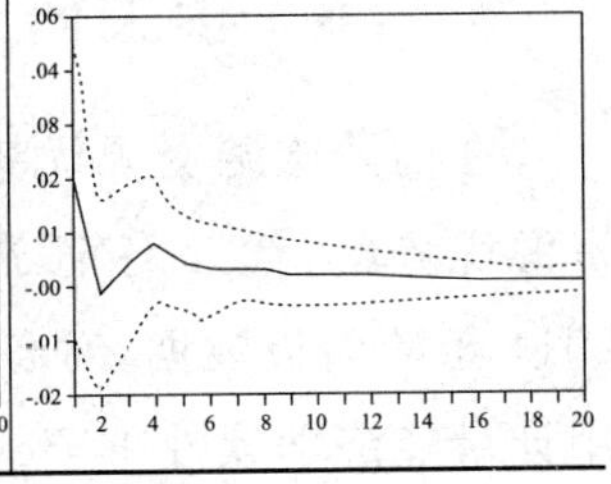

续表

<table>
<tr><th></th><th>综合效率对旅游资源优势度的响应(T)</th><th>纯技术效率对旅游资源优势度的响应(P)</th><th>规模效率对旅游资源优势度的响应(S)</th></tr>
<tr><td>新疆31</td><td>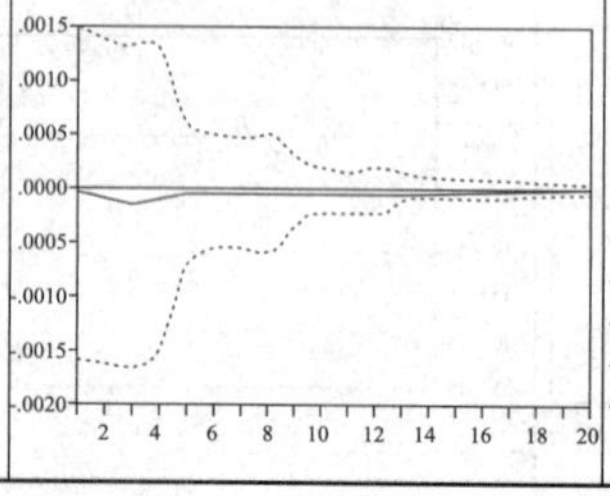
</td><td>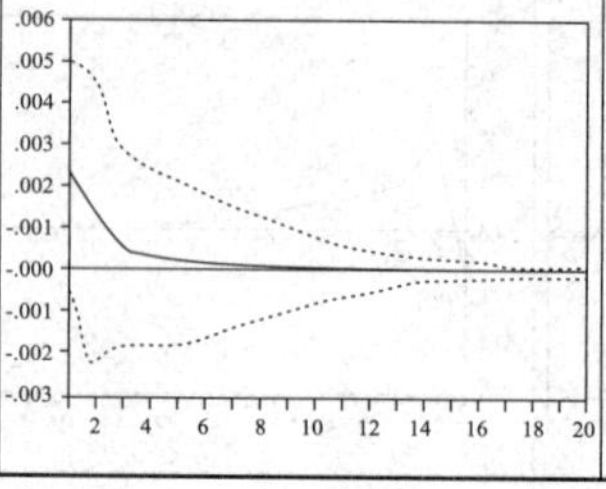
</td><td>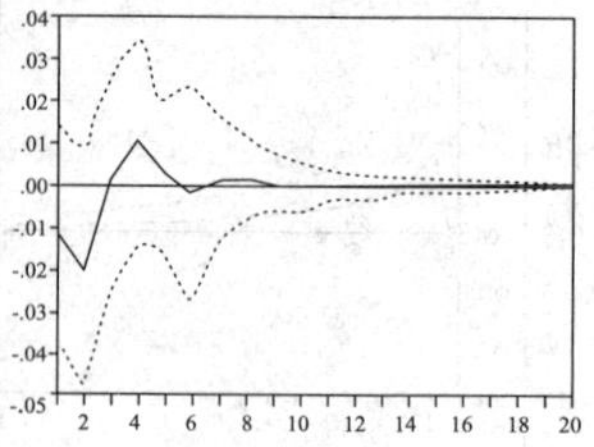
</td></tr>
</table>

注：横轴表示冲击反应的滞后期数，纵轴表示脉冲响应的程度，中间曲线为脉冲响应函数曲线，两侧的虚线为95%的置信区间。

通过上述分析可以得知，从长期来看，旅游资源优势度对旅游业各项效率的影响程度逐渐降低，在部分省份甚至出现了负向影响。从本质上看，旅游业效率产生的影响是一种客观存在的经济现象，从经济发展的一般规律中可以发现：资源本身对经济增长的影响逐渐降低，甚至会出现所谓的“资源诅咒”现象。旅游资源优势度对旅游业效率的影响同样如此，旅游资源数量的无节制增加，例如时下的A级景区泛滥，在一定程度上会引起A级景区知名度的下降，客观上不利于景区经济收益的增加，甚至会导致人们对A级景区知名度的怀疑，产生负面效应。部分省份旅游资源优势度对旅游业效率的冲击在脉冲响应函数的晚期仍然逐渐上升，主要原因有两点：一方面由于部分省份旅游市场仍没有饱和，单纯增加旅游资源数量的粗放型增长模式仍然能够提高效率；另一方面旅游效率的其他影响要素（如经济发展水平、制度因素、文化要素）对旅游资源优势度会产生叠加效应，使得旅游资源优势度对旅游业效率冲击在脉冲响应晚期仍然继续上升。

5.1.6 相关研究结论

在构建旅游资源优势度评价指标体系的基础上，利用熵值法计算旅游资源优势度，代表各省旅游资源丰裕度的变化情况，进一步利用1997—2011年的面板数据，对各省旅游资源优势度进行定量测度与空间分析，利用计量经济学软件EViews6.0分析旅游资源优势度对旅游业各项效率的影响机理，主要结论包括：

①大陆各省旅游资源优势度并没有明显表现出中西部高于东部的格局，中国旅游资源优势度高值区主要集中分布在三大片区：西部以四川为中心及周边片区，包括周边的云南、贵州；珠三角片区及周边，以广东为核心，包括周边的湖南与福建；长三角片区及周边，以江浙沪为核心，包括周边的安徽、山东等地。1997—2011年间，总体上旅游资源优势度向东部发生偏移。

②旅游经济发生正向错位的省份除重庆、青海两个地区外，基本位于东中部地区；发生负向错位的省份除河北、浙江两省外，基本位于西部地区。旅游经济发生负向错位的省份大部分经济比较落后，旅游发展的资源优势并不能较快转化为经济优势，使得“资源诅咒”现象在中西部地区普遍存在。综合效率、纯技术效率、规模效率发生负向错位省份分别占到总数的58.065%、54.839%、51.613%，一半以上省份旅游资源优势度与各项效率发生负向错位，旅游资源的利用存在着不合理性，存在着一定程度的闲置与浪费现象。

③利用固定效应模型分析旅游资源优势度对各项效率的影响，结果发现旅游资源优势度对旅游业各项效率的影响具有明显的时空尺度效应。1997—2011年，省际旅游资源优势度的增加，对各项效率的提升均有一定的促进作用，总体上省际旅游资源优势度的增加，对综合效率提升的促进作用最大，对纯技术效率的提升作用次之，对规模效率的提升作用最小。

省际旅游资源优势度对旅游业各项效率的影响具有时间尺度效应。在1997—2001年、2002—2006年、2007—2011年三个时间段，旅游资源优势度对综合效率的影响经历了负向影响——正向影响——正向影响减小的历程；旅游资源优势度对纯技术效率的影响经历了负向影响——正向影响——正向影响扩大的历程；旅游资源优势度对规模效率的影响经历了负向影响——正向影响——负向影响的历程。

省际旅游资源优势度对旅游业各项效率的影响具有空间尺度效应：在东中西三大地带，旅游资源优势度对旅游业各项效率的影响机理各不相同。就综合效率而言，旅游资源优势度对西部地区旅游业综合效率的影响程度最大，对东部地区旅游业综合效率的影响程度最小。就纯技术效率而言，旅游资源优势度对纯技术效率的影响在中部最大，西部次之，东部最小。就规模效率而言，旅游资源优势度对规模效率的影响在西部最大，东部次之，中部最小。

④旅游资源优势度对旅游业各项效率影响存在时空分异，主要是受中国大陆总体旅游业发展环境以及东中西三大地带具体实际的影响。1997—2001 年为中国旅游业发展相对无序时期，2002—2006 年为中国旅游业快速发展与多变时期，2007—2011 年为中国旅游业相对稳定发展时期，总体旅游发展形势是旅游资源优势度对各项效率影响差异的主要原因。东部地区经济较发达、区位交通优势突出，但旅游业面临着激烈的竞争、旅游市场基本饱和；西部地区经济基础相对落后、旅游交通区位较落后，但旅游业发展面临的竞争相对较小，旅游市场远没有达到饱和状态；中部地区旅游业发展宏观环境介于两者之间。东中西宏观经济形势及旅游业发展的现实是造成旅游资源优势度对旅游业各项效率影响差异的主要原因。

⑤利用 1997—2011 年 31 个省级区域数据进行脉冲响应分析，可发现脉冲响应函数形状大致可以分为“倒 V 型”“V 型”“近 J 型”“直线型”“波浪形”“组合型”六大类别，不同的脉冲响应函数反映了旅游资源优势度对各项效率不同的动态冲击过程，但从长期看，各省旅游资源优势度对旅游业各项效率的正向冲击逐渐减小，大部分趋于 0 值。当前旅游资源优势度对旅游业效率提升具有一定的短期效应，但从长期看，仍需重视其他社会经济因素对旅游业效率的影响，以及它们之间叠加效应对旅游业效率的影响。

5.2 区域经济对旅游业效率影响

5.2.1 区域经济各指标空间分析

基于旅游业发展视角，本研究构建了区域经济发展的指标体系，详细内容见第三章。

5.2.1.1 现状指标

区域经济发展现状指标的空间分布如图 5.3 所示。从图中可以看出 GDP 的高值区主要集中在长三角、珠三角以及环渤海及其周边地区，低值区主要集中分布在西部地区，人均 GDP、人均第二产业生产总值、人均第三产业生产总值、GDP 密度表现出大致相同的空间分布格局。人均固定资产投资的高值区主要分布在内蒙古、辽宁、北京、天津、上海、江苏、浙江 7 个地区，低值区主要分布在河南、湖南、贵州、广西、云南、四川、甘肃、海南 8 个地区。

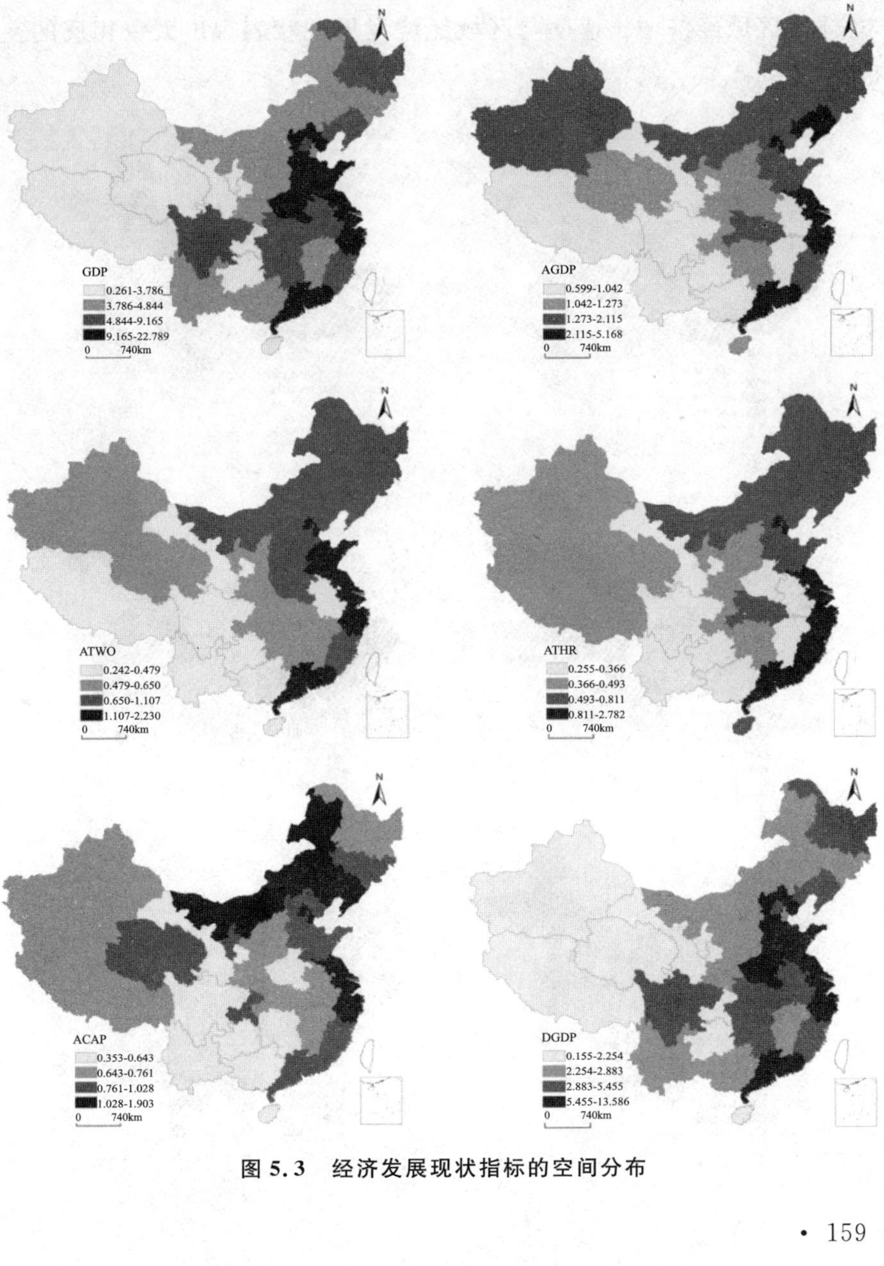

图 5.3　经济发展现状指标的空间分布

5.2.1.2 质量指标

区域经济发展质量指标的空间分布如图 5.4 所示。GDP 增长率的高值区主要分布在北京、天津、内蒙古、陕西、青海、西藏 6 个地区,低值区主要分布在黑龙江、上海、安徽、湖北、福建、广西、云南、海南 8 个地区。第二产业增长率、第三产业增长率、固定资产增长率表现出大致相同的空间分布格局,总体上区域经济增长速度与区域经济发展现状表现出大致相反的空间分布格局。

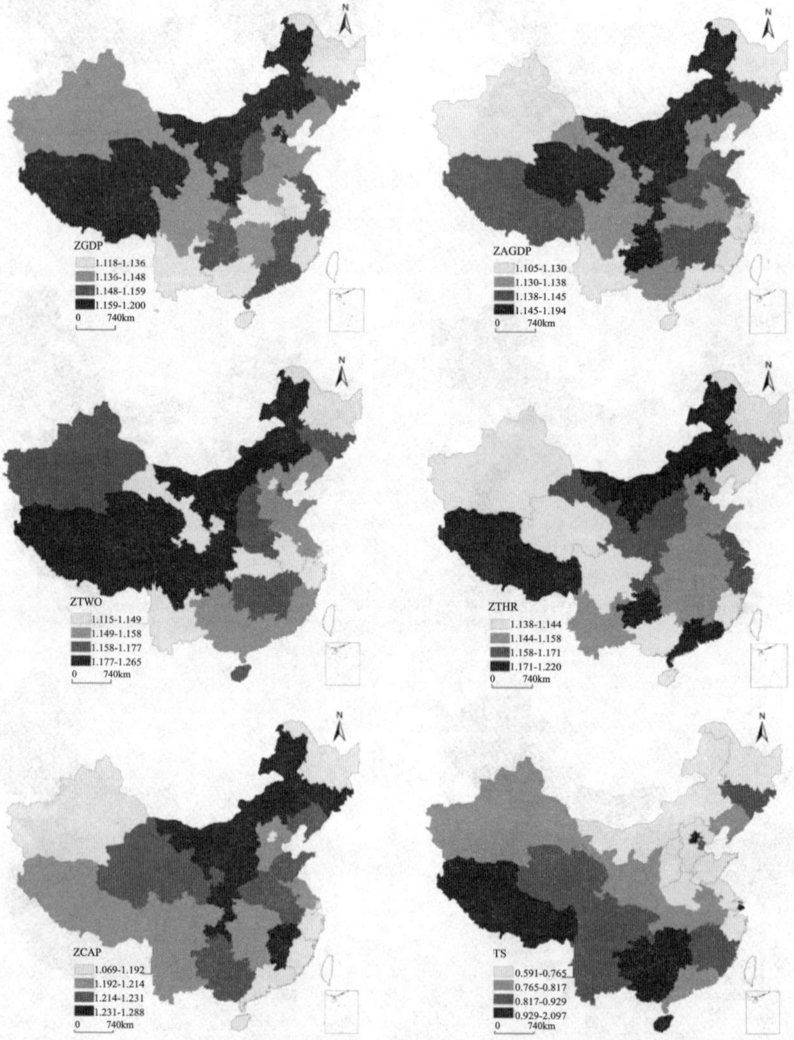

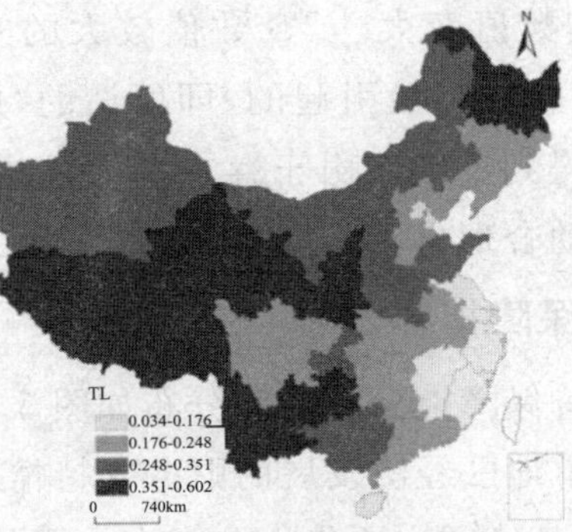

图 5.4　经济发展质量指标的空间分布

GDP 增长率、人均 GDP 增长率、第二产业增长率、第三产业增长率、固定资产投资增长率基本反映了区域经济增长速度，产业结构合理化与产业结构高级化基本上能代表地区经济发展质量，其空间分布格局与以上经济指标并不相同。1997—2011 年各省产业结构高级化指数的高值区主要分布在北京、上海、湖南、贵州、广西、海南、西藏 7 个地区。北京和东部地区的上海经济比较发达，服务业发达，产业结构的高级化指数相对较高；西部地区部分省份第三产业比东中部地区落后，但第二产业相对于东中部地区更加落后，使得产业结构高级化出现了"虚高"现象，这一现象甚至超过了部分东部地区。产业结构高级化指数的低值区主要集中在黑龙江、内蒙古、河北、山西、河南、山东、江苏、福建 8 个地区，这些地区的工业化相对发达，大部分为工业大省，虽然部分省份第三产业发达，但相对于拥有雄厚基础的第二产业，第三产业比重相对较低，使得这些地区的产业结构高级化指数相对较低。产业结构合理化指数是一个逆指标，数值越大表明产业结构越不合理。从图 5.7 可以看出，产业结构合理化指数较高的地区主要集中在黑龙江、陕西、甘肃、青海、贵州、云南、西藏 7 个地区，说明这些地区产业结构的合理化程度较低，黑龙江省为东北老工业基地，第二产业拥有雄厚的基础，第三产业发展相对不足，其他地区为西部省份，第三产业的发展相对落后。产业结构合理化指数较低的省份主要集中在北京、天津、江苏、上海、浙江、福建、江西、海南 8 个地区，表明这些地区产业结构的合理化程度较高，三大产业间协调发展的程度比较理想。通过分析还可以发现，西部地区产业结构的高级化指数存在一定程度的"虚高"，部分年份甚至超过了东部地区，如西藏、青海等地，主要是因为西部地区工业化指数相对较低，使得在计算 *TS*

时分母变小，导致总体数值变大。*TS* 数值较大的实质并不是“服务化”提高导致的，而是工业化相对不足引起的，即所谓的“虚高”现象，从产业结构的合理化指数上可以得到反映。由于存在产业结构的“虚高”现象，产业结构的高级化并没有带动合理化，两者的相关系数为 0.110。

5.2.1.3　支持保障指标

区域经济发展支持保障指标的空间分布如图 5.5 所示。地方财政收入与人均财政收入代表了地区经济发展的财务支持情况。两者大致表现出相同的空间分布格局，其高值区主要集中分布在中国的东部沿海地区，低值区主要分布在中西部内陆地区，相对于地方财政收入，人均财政收入在中部地区更低。货物进出口占 GDP 比重与人均邮电业务总额基本上反映了地区对外经济联系，总体上表现出从东部沿海向西部内陆递减的空间格局。公路里程与铁路里程基本上反映了地区对外交通联系状况，但同时与各省份国土面积也有一定的关系。公路里程高值区主要集中在西部及山东、河南两省，低值区主要分布在吉林、北京、天津、宁夏、青海、西藏、海南等地；铁路里程的高值区主要集中在东北及河北、河南、湖北等地，低值区主要分布在北京、天津、江苏、上海、海南、宁夏、重庆、西藏等地。

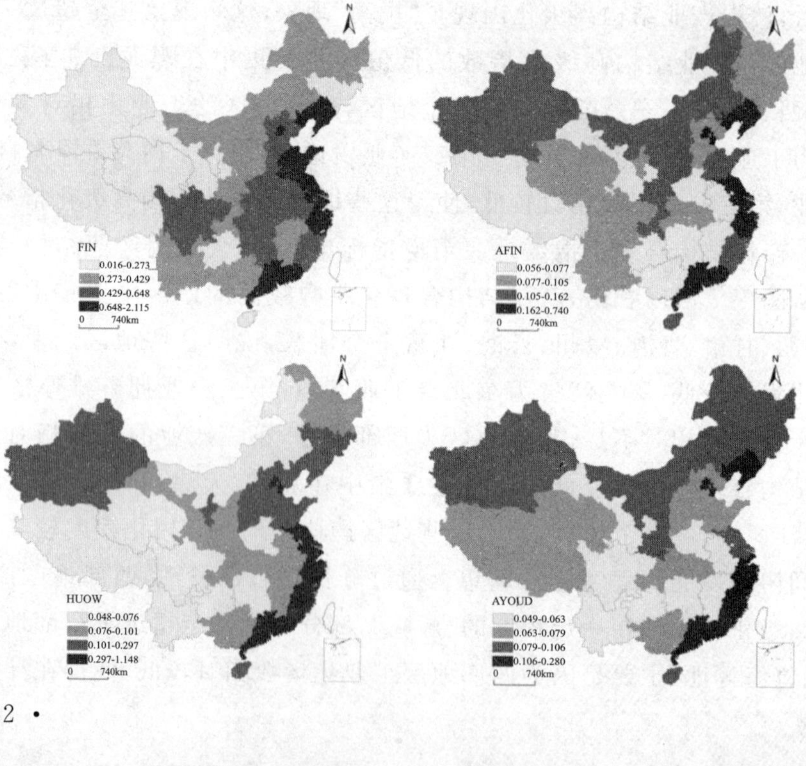

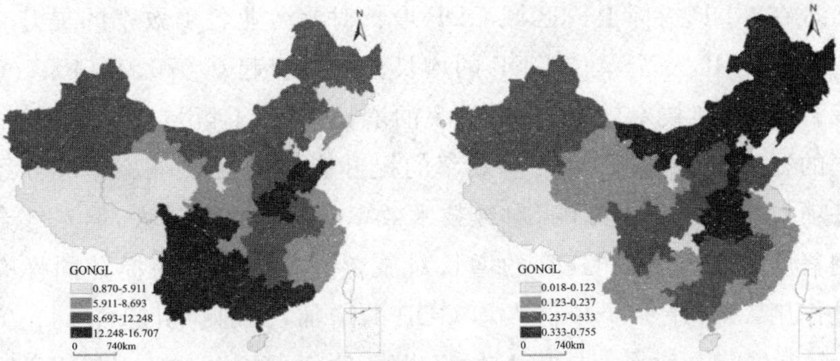

图 5.5　经济发展支持保障指标的空间分布

5.2.2　计量经济分析

5.2.2.1　数据标准化

考虑到区域经济各指标的量纲不统一，存在着正指标与逆指标，需要对数据进行标准化处理，本研究采取 0－1 标准化对原始数据进行标准化处理。设 x_{ij} 为区域经济发展中的某项指标，y_{ij} 为标准化后的指标，标准化公式如下：

$$y_{ij}=(x_{ij}-x_{ijmin})/(x_{ijmax}-x_{ijmin}) \quad \text{正指标} \qquad (5-1)$$

$$y_{ij}=(x_{ijmax}-x_{ij})/(x_{ijmax}-x_{ijmin}) \quad \text{逆指标} \qquad (5-2)$$

5.2.2.2　分析结果

利用计量经济学软件 EViews6.0，分别建立区域经济各指标与各项效率的 POOL 面板数据模型，选择固定效应进行参数估计，其主要原因有：①本文研究区域为大陆 31 个省级区域，截面数大于时期数，模型选择截面固定效应比较适合；②随机效应模型假定个体效应与随机误差项不相关，而固定效应则无需这样假设；③第四章的相关研究已经表明，利用固定效应模型进项估计效果较好，尤其是估计模型的决定系数 R^2 明显高于随机模型及混合横截面模型。利用 OLS 对 POOL 面板数据模型进行参数估计，单项区域经济指标对旅游业各项效率的回归系数如表 5.13 所示。

利用固定效应模型对 POOL 面板数据模型估计发现，区域经济对旅游业各项效率的影响主要表现出以下规律：①部分经济指标对各项效率均有正向影响，对纯技术效率的影响程度较大，但对规模效率的影响程度较小，主要表现在GDP指标上。区域GDP增长对旅游业各项效率的提升有一定的正向促进作用，一个单位GDP的增长分别会引起0.076、0.140、0.066个单位综合效率、纯技术效率、规模效率的增长，总体上区域GDP增长对纯技术效率的提升最为显著，对规模效率的提升影响力度较小。②部分经济指标对各项效率均有正向影响，对纯技术效率的影响程度较大，但对综合效率的影响程度较小。人均GDP的增长对旅游业各项效率的提升同样有一定的促进作用，总体上一个单位人均GDP的增加，分别会引起0.141、0.448、0.239个单位综合效率、纯技术效率、规模效率的增长。人均GDP增长对纯技术效率提升的促进作用较大，对综合效率提升的促进作用较小，该现象同样表现在人均第二产业生产总值、人均固定资产投资总额、人均固定资产增长率、人均第二产业增长率、人均第三产业增长率、地方财政收入、人均地方财政收入、货物进出口占GDP比重等指标上。③部分经济指标对各项效率的回归系数均不显著，如人均第三产业总值对各项效率的回归系数均没有通过显著性检验。旅游业虽然是新兴的第三产业，但旅游业并不是第三产业中的主导产业。第三产业总产值上升，并不能反映出旅游业各项效率的提升。产业结构合理化对各项效率的回归系数也不显著，产业结构合理化涉及三大产业间的协调发展，其"结构红利"主要是针对区域经济发展的，对于旅游业增长的影响并没有显著影响，具体到旅游业各项效率，影响路径将会更加复杂，显著性将更低。④部分经济指标对各项效率的回归系数部分显著，主要表现在DGDP、ZGDP对纯技术效率的回归系数，ZCAP对综合效率及纯技术效率的回归系数，以及AYOUD、GONGL、TIEL对规模效率的回归系数。⑤部分经济指标对各项效率的回归系数部分或者全部为负值。TS对综合效率、纯技术效率以及规模效率的回归系数分别为－0.019、－0.113、－0.060，由于产业结构存在一定程度的虚高现象，产业结构的高级化并不能反映出总体产业中服务业比重的增加，该指标并不能对各项效率的提升起到相应的促进作用。

表 5.13　单项经济指标对各项效率的回归系数

	crste	R^2	*vrste*	R^2	*scale*	R^2
GDP	0.076(−3.864)***	0.587	0.140(−5.947)***	0.914	0.006(−1.937)**	0.941
AGDP	0.141(13.018)***	0.694	0.448(8.843)***	0.921	0.239(5.618)***	0.945
ATWO	0.120(12.680)***	0.688	0.543(13.422)***	0.934	0.156(4.135)***	0.943
ATHR	**−0.051(−2.300)**	0.578	**−0.008(−0.082)**	0.907	**−0.075(−2.278)**	0.942
ACAP	0.064(10.608)***	0.661	0.389(17.364)***	0.945	0.067(2.875)***	0.942
DGDP	0.573(8.109)***	0.629	**0.319(0.974)**	0.907	1.692(6.758)***	0.946
ZGDP	0.007(2.078)**	0.577	**0.017(1.138)**	0.907	0.022(1.824)*	0.941
ZAGDP	0.012(3.625)***	0.585	0.041(2.737)***	0.908	0.023(1.943)*	0.941
ZTWO	0.010(2.805)***	0.581	0.031(2.059)***	0.908	0.024(1.964)***	0.941
ZTHR	0.010(2.891)***	0.581	0.041(2.800)***	0.909	0.023(1.971)**	0.941
ZCAP	**0.005(1.456)**	**0.575**	**0.011(0.719)**	0.907	0.023(1.948)*	0.941
TS	−0.019(−2.436)**	0.632	−0.113(−2.881)***	0.915	−0.060(−2.022)**	0.950
TL	**0.003(0.279)**	0.627	**−0.069(−0.632)**	0.678	**0.042(0.505)**	0.758
FIN	0.159(10.749)***	0.663	0.827(13.773)***	0.935	0.176(3.083)***	0.942
AFIN	0.152(7.897)***	0.627	0.480(5.572)***	0.913	0.250(3.547)***	0.943
HUOW	0.094(7.029)***	0.617	0.511(9.157)***	0.922	0.097(1.986)**	0.941
AYOUD	0.070(3.845)***	0.587	0.505(6.577)***	0.916	**−0.051(−0.799)**	0.941
GONGL	0.022(3.732)***	0.586	0.112(4.437)***	0.911	**0.018(0.880)**	0.941
TIEL	0.034(−3.526)***	0.585	0.139(−3.366)***	0.909	**−0.038(−1.124)**	0.941

注：表中加粗阴影的数字表示不显著，***、**、* 分别代表 1%、5%、10%的显著性水平，括号中内数字为 t 值，下同。

区域经济发展为地区旅游业的发展提供了最基本的基础条件，间接地会对旅游业发展效率产生一定的影响，上述分析结果表明了大部分经济指标对旅游业发展效率有正向的促进作用，少数指标对旅游业效率的影响不显著或者有微弱的负向影响。区域经济是一个复杂的开放系统，事实上各项指标间是相互影响的，单项指标对旅游业效率的影响往往受其他因素的综合影响，区域旅游业效率的影响机理往往是多种因素“合力”作用的结果，区域旅游业效率经济方面的影响机理需进一步揭示。

5.2.3　结构方程分析

选择结构方程模型对旅游业效率经济影响因素进行分析，主要原因有：①区域经济是一个复杂的开放系统，其中很多因素都有可能对旅游业效率产生影响，很多因素又可以再细分为很多二级指标，传统回归方法无法有效地解决该类问题；②如果用普通最小二乘法对旅游效率影响因素进行回归分析，将有可能出现内生性偏误，即各经济指标之间存在的共线性会导致回归结果出现偏差；③结构方程综合了传统统计学中的路径分析、因子分析以及相关分析，通过对原始回归方程模型的修正，可以有效地解决各变量之间的共线性问题，同时也可以非常清晰地反映各项潜变量之间的路径关系。因此本研究利用结构方程模型构建区域经济对旅游业效率的影响机理，揭示区域经济各项“合力”对旅游业效率产生的影响。

5.2.3.1 信度与效度检验

虽然近年来旅游业效率影响机理的文献逐渐增多，但基本上没有出现利用结构方程模型（Structural Equation Modeling，SEM）分析区域经济对旅游业效率影响的文献，因此如何设定模型需要经过一系列的理论假设。模型建立的目的是为了分析旅游业效率的经济影响因素，因此将综合效率、纯技术效率、规模效率三个变量作为一组结构变量（潜变量）。前文选择的19个变量如何分组将会最终影响模型的设计是否合理，因此研究先利用SPSS16.0进行探索性因子分析（EFA）。在正式分析之前，需要对数据是否适合做因子分析检验，检验的方法主要有信度与效度检验。将1997—2011年31个省级区域19项指标导入SPSS16.0，利用Scale模块中的Reliability Analysis分析方法，发现量表的克朗巴赫系数 α 为0.755。一般而言，$\alpha \geqslant 0.70$ 时属于高信度，$0.35 \leqslant \alpha < 0.70$ 时，属于信度尚可（荣泰生，2009），因此本研究所选择的样本具有较高信度。效度分析采用KMO值以及Bartlett's球形检测值检验，通过分析发现KMO值为0.785。一般而言，KMO值越大越适合做因子分析，根据统计学家Kaiser给出的标准，KMO大于0.6适宜做主成分分析，样本的KMO值满足进行因子分析的条件。Bartlett's球形检验近似卡方值为1985.022，p 值接近0，小于显著性系数0.05，拒绝了球形检验的零假设，说明相关系数矩阵存在显著差异，由此表明该样本适合进行因子分析。

5.2.3.2 探索性因子分析（EFA）

观察SPSS16.0输出报表中因子载荷得分矩阵发现，在第一主成分（FCA1）上得分较高的因子分别为：AGDP（0.970）、ATHR（0.947）、AFIN（0.940）、AYOUD（0.930）、ATWO（0.903）、HUOW（0.862）、ACAP（0.849）、DGDP（0.838）、FIN（0.702）；在第二主成分（FCA2）上得分较高的因子分别为：ZGDP（0.618）、ZAGDP（0.576）、ZTWO（0.440）、ZCAP（0.418）、

ZTHR(0.407);在第三主成分(FCA3)上得分较高的因子分别为:GDP(0.501)、GONGL(0.492)、TIEL(0.423)。分析发现TL因子在FCA1上的因子载荷系数为0.349,TS因子在FCA3上的因子载荷系数为0.385,在其他主成分上的因子载荷系数均小于0.3,总体上TL及TS指标在三个主成分上的因子载荷系数均小于0.4,删除这两个指标对总体模型的影响不大,因此本研究删除TL及TS指标。

探索性因子分析基本上验证了前文对经济影响因素的划分,同时部分指标需要进一步调整,GDP指标在FCA3上的因子载荷系数较高,在其他两个主成分上的得分均小于0.4,将GDP因子划入第三个主成分,FIN、AFIN、HUOW、AYOUD四项指标在第一主成分上的因子载荷系数大于在第三主成分上的因子载荷系数,因此将这四项指标划入经济发展现状因子。通过分析三个主成分上各项指标的分布情况,将FCA1、FCA2、FCA3分别命名为:经济发展现状因子(ECONS)、经济发展速度因子(ECONZ)、经济发展保障因子(ECONB)。

基于以上分析,建立本研究的假设模型如图5.6所示,其中ECONS、ECONZ、ECONB、EFFI分别表示的是区域经济发展现状因子、区域经济发展速度因子、区域经济发展保障因子、旅游业效率。分别提出以下假设:

H1:区域经济发展现状因素对旅游业效率有显著的正向影响。

H2:区域经济发展质量因素对旅游业效率有显著的正向影响。

H3:区域经济发展保障因素对旅游业效率有显著的正向影响。

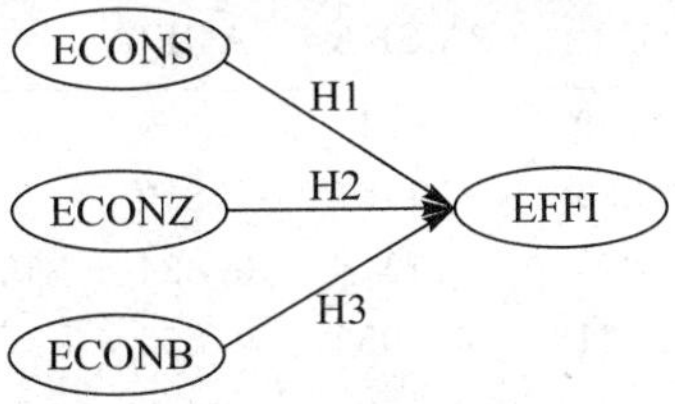

图5.6　结构关系模型假设图

5.2.3.3　验证性因子分析(CFA)

利用AMOS7建立各结构变量之间的关联,利用最大似然估计法(ML)对旅游业效率的各项经济影响因素进行验证性因子分析,初始拟合结果如图5.7所示,模型M1各项拟合指标结果见表5.14,从表中可以看出大部分拟合指标没有达到理想标准，需要对模型进行修正。其中规模效率的纯技术效率因子载荷系数为－0.51，远小于0.4，但绝对值大于0.4，主要是因为综合效率与综合效率及纯技术效率呈现出负相关态势。考虑到建立模型的目的是分析区域经济因素对旅游业效率的影响机理，以及规模效率是旅游业效率的重要构成部分，并且与综合效率及纯技术效率的确存在着较大的负相关关系，因此对模型中的 SCALE 指标进行保留。

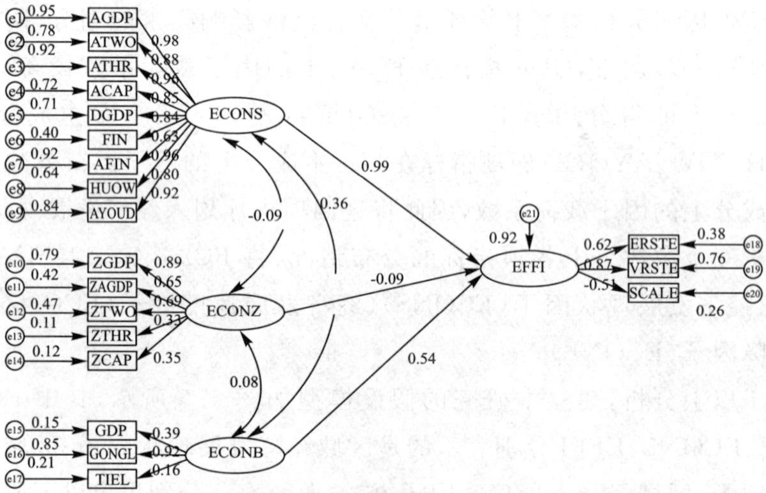

图 5.7 区域经济因素对旅游业效率影响的结构模型(M1)

表 5.14　模型的主要拟合指数

模型	绝对拟合指标				增值拟合指标		
	χ^2/df	GFI	RMSEA	AGFI	NFI	CFI	IFI
理想数值	2－5	≥0.9	<0.1	≥0.9	≥0.9	≥0.9	≥0.9
模型 M1	5.535	0.839	0.148	0.810	0.806	0.804	0.794
模型 M2	5.393	0.874	0.147	0.824	0.869	0.776	0.777
模型 M3	5.102	0.821	0.105	0.859	0.880	0.851	0.815
模型 M4	4.498	0.885	0.102	0.885	0.893	0.901	0.912
模型 M5	4.730	0.907	0.097	0.929	0.905	0.867	0.903

在 M1 分析报表的基础上，删除因子载荷系数没有达到 0.4 的变量有 ZTHR(0.33)、ZCAP(0.35)、GDP(0.39)三项指标，重新建立模型 M2。通过 AMOS7 的输出报表发现大部分拟合指标得到一定程度的改善，但还没有达到理想要求。因此考虑建立修正指数较高的变量误差间的联系，这样可以提高模型的卡方统计量，增加显著性 p 值，并降低拟合指数 RMSEA

(温忠麟,等,2004),分析发现 $e2-e3$、$e5-e7$、$e6-e8$、$e8-e9$ 间的误差修正指数较大,因此建立他们之间的关联,经过数次拟合与修正,最终建立成模型 M5,从输出报表中可以发现(表 5.14),除 CFI 指标外,其他指标均达到了理想状态。当再次尝试建立观测变量误差间的关联时,模型的拟合指标没有 M5 理想,因此最终选择模型 M5 为区域经济因素对旅游业效率影响的结构方程模型,如图 5.8 所示。

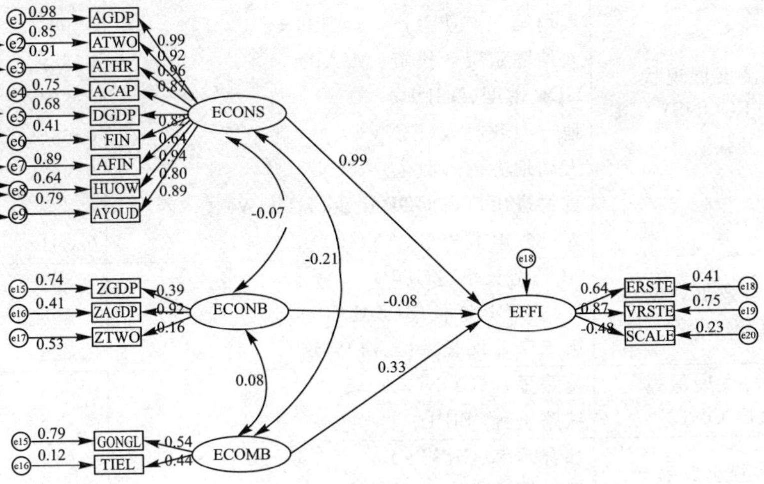

图 5.8　区域经济因素对旅游业效率影响的结构模型(*M5*)

表 5.15　假设关系的验证结果

假设关系	路径系数	C. R.	*p*	检验结果
H1:EFFI←ECONS	0.895	7.697	* * *	假设成立
H2:EFFI←ECONZ	−0.081	−2.433	0.015	假设不成立
H3:EFFI←ECONB	0.326	4.246	* * *	假设成立

注:* * * 表示显著性小于 0.01 的相关性(2—tail)。

最终选择模型 M5 分析区域经济对旅游业各项效率的影响机理,包括四个潜变量:ECONS、ECONZ、ECONB、EFFI,分别代表区域经济发展现状、区域经济发展速度、区域经济发展保障、旅游业效率,其中区域经济发展现状主要包含 AGDP、ATWO、ATHR、ACAP、DGDP、FIN、AFIN、HOUW、AYOUD 九项指标,区域经济发展速度主要包含 ZGDP、ZAGDP、ZTWO 三项指标,区域经济发展保障主要包括 GONG、TIEL 两项指标。为了更直观地显示最终结构关系模型各结构变量之间的路径关系和各观测变量之间的因子载荷系数，通过 AMOS7 软件自动生成路径图(标准化参数估计值)，模型 M5 的数路径系数以及因子载荷系数如表5.15、表 5.16 所示。分析结果表明：

表 5.16　结构方程模型 M5 的因子载荷系数结果

结构变量	指标	因子载荷系数
经济发展现状(ECONS)	人均 GDP(AGDP)	0.990
	人均第二产业总产值(ATWO)	0.924
	人均第三产业总产值(ATHR)	0.955
	人均固定资产投资(ACAP)	0.869
	GDP 密度(DGDP)	0.824
	地方财政收入(FIN)	0.636
	人均地方财政收入(AFIN)	0.942
	货物进出口占 GDP 比重(HUOW)	0.797
	人均邮电业务量(AYOUD)	0.891
经济发展速度(ECONZ)	GDP 增长率(ZGDP)	0.863
	人均 GDP 增长率(ZADGP)	0.639
	第二产业增长率(ZATWO)	0.726
经济发展保障(ECONB)	公路里程(GONGL)	0.683
	铁路里程(TIEL)	0.542
旅游业效率(EFFI)	综合效率(CRSTE)	0.643
	纯技术效率(VRSTE)	0.866
	规模效率(SCALE)	−0.477

(1)初始假设 H1 被验证，区域经济发展现状对旅游业效率有显著的正向影响，路径系数为 0.895，并且通过了 0.1%的显著性检验，表明区域经济发展现状对旅游业效率的影响是正向的，即区域经济越发展，旅游业效率越高。在区域经济发展现状结构变量中，人均 GDP 所占的因子载荷系数最大(数值为 0.990)，其次分别为人均第三产业总产值(0.955)、人均地方财政收入(0.942)、人均第二产业总产值(0.924)、人均邮电业务量(0.891)、人均固定资产投资(0.869)、GDP 密度(0.824)、货物进出口占 GDP 比重(0.797)、地方财政收入(0.636)。

(2)初始假设 H2 没有被验证，区域经济发展速度对旅游业效率没有正向影响，路径系数为−0.081，没有通过显著性检验。改革开放以来，中国经济保持了近 30 年的高速增长，经济增长有力地促进了整体旅游业的发展，但总体上中国经济增长的集约化程度不够，经济增长一定程度上是以资源的高投入、环境的重污染、劳动力的廉价为代价的，经济增长的效率比较低下，这种状况最终会对旅游业效率产生一定的不利影响。区域经济的高速增长并不能对旅游业效率的增长起到显著的正向推动作用，反而会造成微弱的负向影响。在经济发展速度结构变量中，GDP 增长率所占的因子载荷系数最大，达到了 0.891，其次分别为第二产业增长率（0.726）、人均 GDP 增长率（0.639）。

（3）初始假设 H3 被验证，区域经济发展保障因素对旅游业效率有显著的正向影响，路径系数为 0.326，并且通过了 0.1%的显著性检验。调整后该结构变量只剩下公路里程与铁路里程两项指标，这两项指标基本上反映了区域旅游业发展的交通基础，分析结果反映了区域交通条件对旅游业效率的影响是正向的，未来应进一步完善地方旅游业发展的基础设施建设。区域经济发展保障因子对旅游业效率的路径系数总体上小于区域经济发展现状因子对其的影响，表明在当前阶段，省际经济发展状况对旅游业效率的提升作用更大。旅游业从本质上来说是一项关联性很强的第三产业，旅游业的发展受制于地区经济，而不是旅游业的发展能左右地区经济的发展，因此改善地区经济发展基础，尤其是在很多中西部地区，是提升旅游业效率的主要措施。在该结构变量中，公路里程所占的因子载荷系数（0.682）大于铁路里程（0.542），表明在当前旅游业效率提升的过程中，公路交通的重要性大于铁路交通，因为公路仍是大众旅游消费首选的交通方式，尤其是在经济发达地区。

（4）在进行验证性因子分析时，建立了结构变量 ECONS、ECONZ、ECONB 三者之间的关联，从而使模型的各项拟合指数更加接近理想标准，从 M5 模型的输出报表中可以发现：ECONS 与 ECONZ 之间的路径系数为 −0.067，ECONZ 与 ECONB 之间的路径系数为 0.038，ECONS 与 ECONB 之间的路径系数为 −0.214，由此表明了中国省级经济发展现状因子与经济发展速度因子之间并没有显著的正向关系，中国省际经济发展现状因子与经济发展保障因子之间也没有正向关系，从一个侧面表明了当前经济发展投入与产出之间存在着不协调的态势，中国经济发展存在效率低下的问题。中国省际经济发展速度因子与经济发展保障因子之间有微弱的正相关关系，表明在当前条件下，增加基础设施投入对经济增长促进作用并不显著。以上分析反映了省际经济增长存在着效率低下现象，会进一步对省际旅游业效率发展产生一定的负向影响。

5.2.3.4 结果分析

(1)在进行探索性因子分析时删除了指标 TS、TL,理论上可以这样理解:产业结构高级化以及产业结构合理化对模型构建的意义不大。当前产业结构高级化存在着一定的"虚高"现象,产业结构的高级化并不是由于第三产业产值上升导致的总体产业向"服务化"迈进,而是由于大部分中西部地区,尤其是西部地区工业化的不足导致的产业结构"虚高"。产业结构合理化对区域经济的确会产生一定程度的"结构红利",但这种正向作用受一定时空条件的限制,受到一系列其他条件的制约。具体到旅游业效率问题,产业结构合理化对其影响程度可能更低。产业结构高级化及合理化指数本身是一项间接指标,受到一系列其他因素的影响,与经济发展的其他变量存在着一定的共线性问题,对于整体模型的构建意义不大,因此在进行探索性因子分析时删除了这两项指标。

(2)探索性因子分析发现 GDP 在第三主成分上的因子载荷系数最大(0.501),在第一主成分上的因子载荷系数反而小于 0.3,表明将 GDP 划入区域经济发展的保障因素比较合理。此外 FIN、AFIN、HUOW、AYOUD 四项指标在第一主成分上的因子载荷系数大于在第三主成分上的因子载荷系数,这四项指标虽然代表了地区经济发展的财务保障以及对外联系状况,是地区经济发展保障因子的主要指标,但在模型构架中作为地区经济发展现状因子更加合理。对模型 M1 进行验证性因子分析时删除了 ZTHR、ZCAP、GDP 三项指标,这三项指标在各自的结构变量中因子载荷系数较小,删除后对整体模型的影响较小。第三产业增长率与区域旅游业发展密切相关,但旅游业并不是第三产业中的龙头产业,虽然在中西部地区很多省份陆续将旅游业定位为战略性支柱产业,但在中国经济发展的四大增长中心,高科技产业、金融业、文化产业等第三产业发展更为迅猛,总体上第三产业增长率的提升并不能代表旅游业效率状况的改善;固定资产增长率虽然对旅游业投入的增长有一定的影响,但不能在总体上决定旅游业效率;地区 GDP 因素虽然是旅游业发展的基础,但并不是旅游业效率提升的保证。这三项因素从模型构建的技术角度以及实际意义上来讲对旅游业效率的影响不显著,因此删除。

(3)验证性因子分析从一个侧面反映了中国经济增长存在着效率低下

的问题，这种状况对旅游业效率产生了一定的影响。路径分析结果表明区域经济发展现状对旅游业效率有显著的正向影响，其作用强度大于区域旅游保障因子对旅游业效率的正向影响作用，尤其是其中的 GDP 增长率、人均第三产业生产总值、人均财政收入以及人均第三产业生产总值，其因子载荷系数均超过了 0.9，是未来旅游业效率提升的主导因素，未来需重点加快这些要素的发展。区域经济增长速度对旅游业效率并没有正向的影响，从总体宏观经济的角度而言，应提倡全面协调可持续的科学发展观，提倡包容性的经济增长方式，改善旅游业效率提升的宏观经济环境。

5.2.4　响应分析

前文研究了区域经济系统各组成部分对旅游业效率的影响，反映的是 1997—2011 年的总体均值或者部分截面年份的基本情况，为了动态地反映区域经济各要素对旅游业各项效率的影响，可借助脉冲响应函数作进一步分析。以 1997—2011 年区域经济各指标以及各项效率的均值为分析数据，通过构建稳健的 VAR 模型进行脉冲响应分析。

5.2.4.1　时间序列的稳健性检验

在时间序列分析中，数据的平稳性尤其重要。如果使用非平稳的数据进行分析，有可能导致“伪回归”等现象。在进行脉冲响应分析之前，需要进行数据变化以及平稳性检验。由于数据的自然对数变换不影响协整关系，还能使趋势线性化，并且可以消除异方差以及两者之间的弹性值，对以上指标分别取自然对数进行分析。利用 EViews6.0 软件绘制经过对数化过后的时间序列折线图，从图 5.9 可以看出大部分指标都是不平稳的。对原始时间对数序列进行单位根检验（ADF，Augmented Dickey－Fuller Test），发现其 ADF 值均不能大于 1％～10％显著水平给定的临界值。不能拒绝原假设，说明原始对数序列存在单位根，它们都是非平稳的。根据赤池信息（AIC，Akaike information criterion）与施瓦兹（SC，Schwarz criterion）最小的准则来确定滞后阶数，检验结果如表 5.17 所示。

表 5.17 原始数据取对数后的 ADF 检验结果

变量	检验形式	ADF 统计值	1% 临界值	5% 临界值	10% 临界值	p 值	结论
Ln CRSTE	(C,T,0)	−0.574	−3.054	−3.099	−2.691	0.847	不平稳
Ln VRSTE	(C,T,0)	−1.541	−3.956	−3.542	−2.905	0.485	不平稳
Ln SCALE	(C,T,0)	−0.562	−4.215	−3.859	−2.812	0.850	不平稳
Ln GDP	(C,T,0)	2.666	−3.225	−3.152	−2.853	0.998	不平稳
Ln AGDP	(C,T,0)	2.465	−5.012	−4.269	−3.259	0.997	不平稳
Ln ATWO	(C,T,0)	2.269	−4.102	−3.885	−2.965	0.865	不平稳
Ln ATHR	(C,T,0)	1.374	−3.695	−3.201	−2.786	0.085	不平稳
Ln ACAP	(C,T,0)	1.929	−3.210	−3.099	−2.843	0.185	不平稳
Ln DGDP	(C,T,0)	2.666	−4.012	−3.546	−2.918	0.775	不平稳
Ln ZGDP	(C,T,0)	−1.743	−4.103	−3.785	−2.716	0.390	不平稳
Ln ZAGDP	(C,T,0)	−1.421	−3.648	−2.925	−2.617	0.542	不平稳
Ln ZTWO	(C,T,0)	−2.637	−3.665	−2.852	−2.601	0.109	不平稳
Ln ZTHR	(C,T,0)	−2.716	−3.679	−2.968	−2.623	0.096	不平稳
Ln ZCAP	(C,T,0)	−2.024	−3.654	−2.957	−2.617	0.274	不平稳
Ln TS	(C,T,0)	−3.694	−3.214	−2.031	−2.001	0.117	不平稳
Ln TL	(C,T,0)	0.377	−4.122	−3.145	−2.714	0.972	不平稳
Ln FIN	(C,T,0)	2.416	−3.646	−2.954	−2.616	0.834	不平稳
Ln AFIN	(C,T,0)	2.025	−3.915	−2.948	−2.636	0.956	不平稳
Ln HUOW	(C,T,0)	−1.139	−4.285	−3.563	−3.215	0.669	不平稳
Ln AYOUD	(C,T,0)	−1.385	−4.928	−3.663	−3.520	0.559	不平稳
Ln GONGL	(C,T,0)	−1.091	−4.297	−3.568	−3.218	0.688	不平稳
Ln TIEL	(C,T,0)	−1.649	−3.677	−2.857	−2.633	0.434	不平稳

注：(C,T,K)分别代表检验方程中包括常数项、趋势项和滞后阶数，N 指不包括趋势项T，下同。

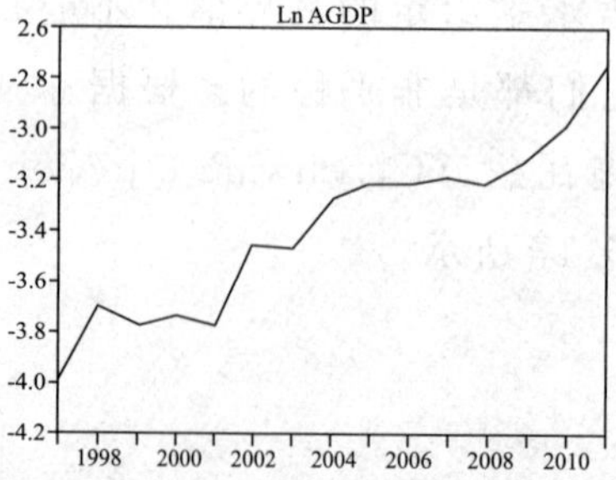

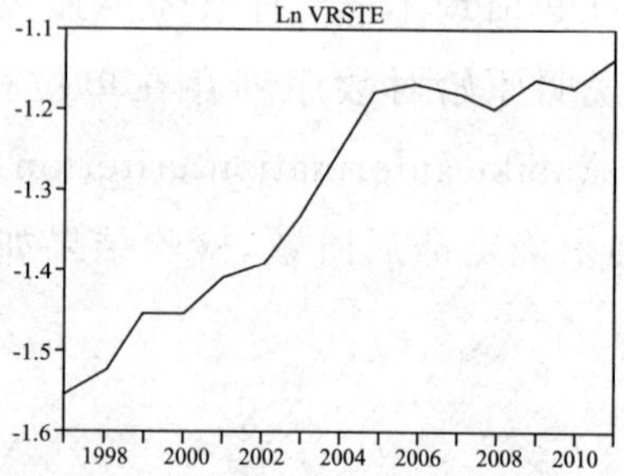

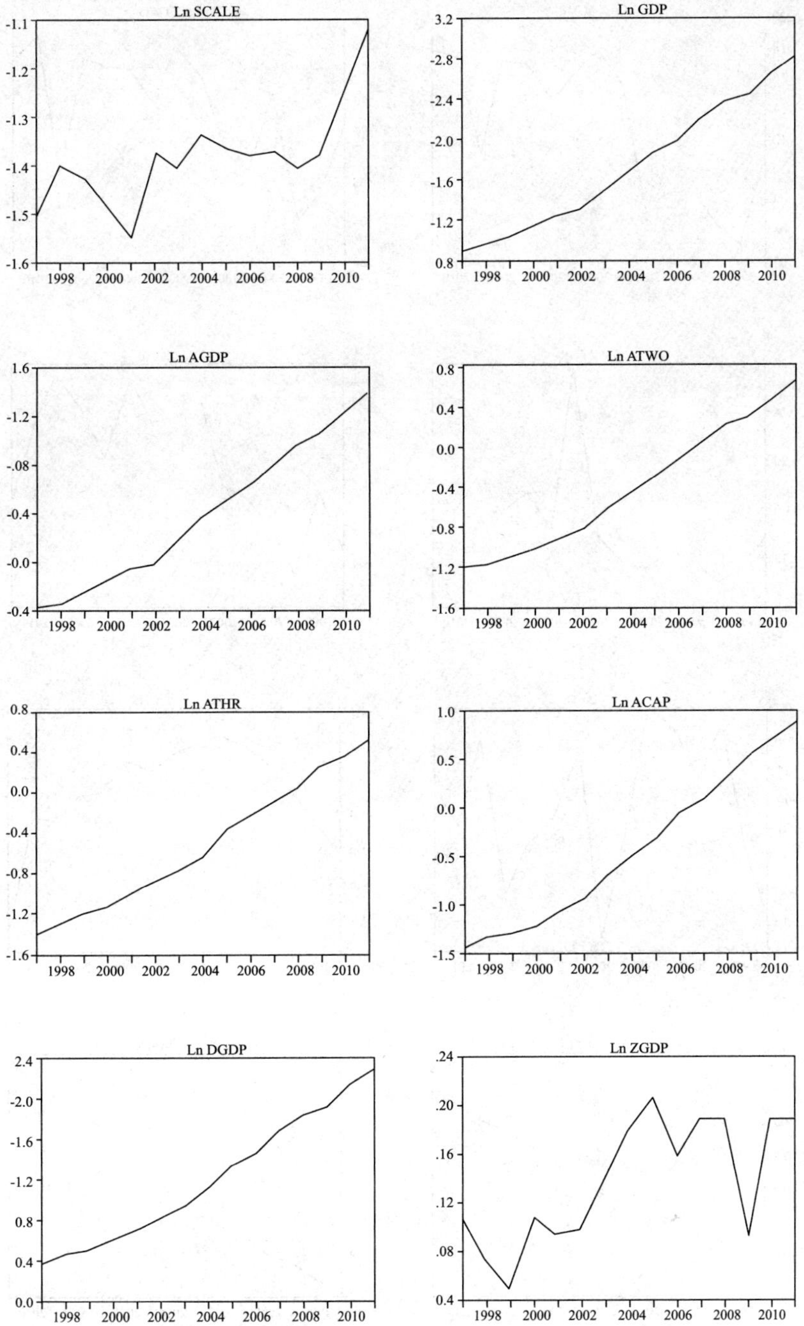
Ln SCALE
-1.1
-1.2
-1.3
-1.4
-1.5
-1.6
1998 2000 2002 2004 2006 2008 2010
Ln GDP
3.2
-2.8
-2.4
-2.0
-1.6
-1.2
0.8
1998 2000 2002 2004 2006 2008 2010
Ln AGDP
1.6
-1.2
-.08
-0.4
-0.0
-0.4
1998 2000 2002 2004 2006 2008 2010
Ln ATWO
0.8
0.4
0.0
-0.4
-0.8
-1.2
-1.6
1998 2000 2002 2004 2006 2008 2010
Ln ATHR
0.8
0.4
0.0
-0.4
-0.8
-1.2
-1.6
1998 2000 2002 2004 2006 2008 2010
Ln ACAP
1.0
0.5
0.0
-0.5
-1.0
-1.5
1998 2000 2002 2004 2006 2008 2010
Ln DGDP
2.4
-2.0
-1.6
-1.2
0.8
0.4
0.0
1998 2000 2002 2004 2006 2008 2010
Ln ZGDP
.24
.20
.16
.12
.08
0.4
1998 2000 2002 2004 2006 2008 2010

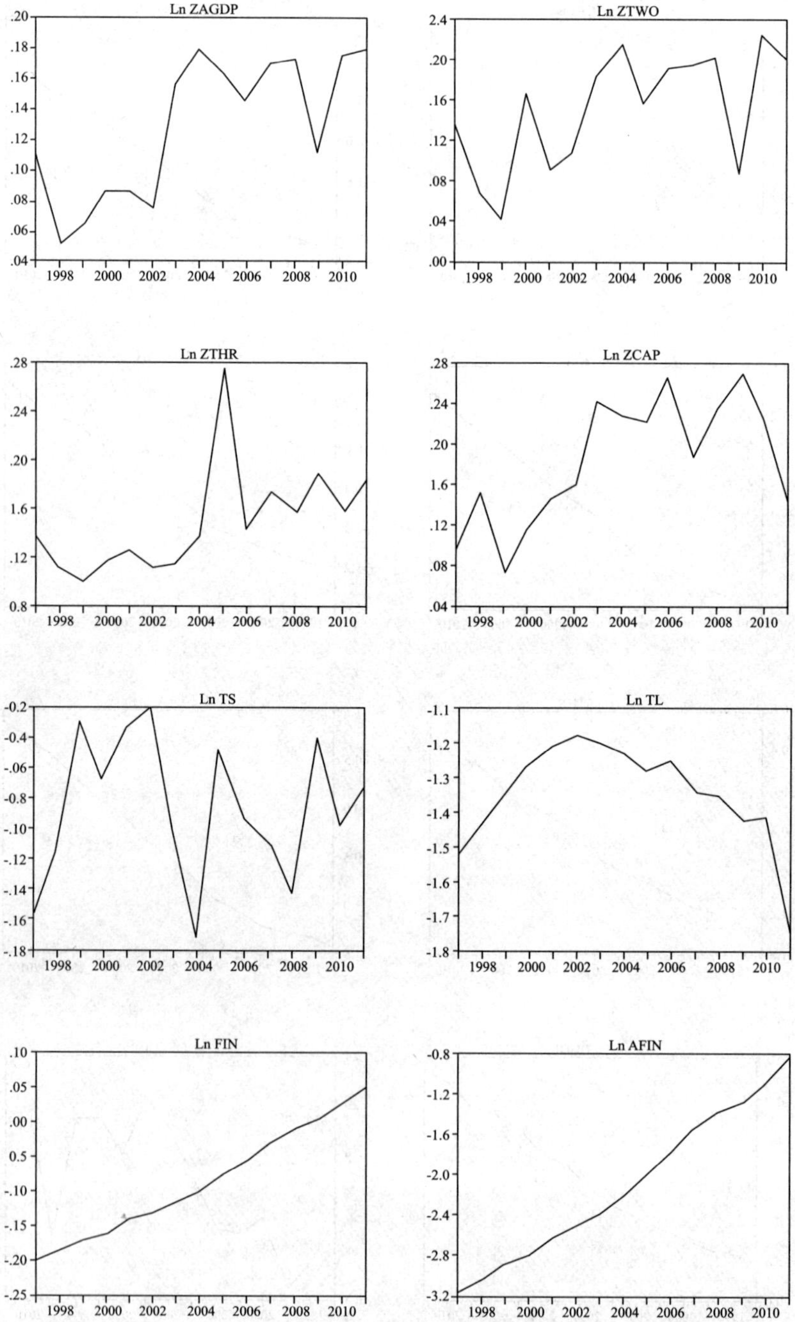
Ln ZAGDP
.20
.18
.16
.14
.12
.10
.08
.06
.04
1998 2000 2002 2004 2006 2008 2010
Ln ZTWO
2.4
.20
.16
.12
.08
.04
.00
1998 2000 2002 2004 2006 2008 2010
Ln ZTHR
.28
.24
.20
1.6
.12
0.8
1998 2000 2002 2004 2006 2008 2010
Ln ZCAP
.28
.24
.20
1.6
.12
.08
.04
1998 2000 2002 2004 2006 2008 2010
Ln TS
-0.2
-0.4
-.06
-0.8
-.10
-.12
-.14
-.16
-.18
1998 2000 2002 2004 2006 2008 2010
Ln TL
-1.1
-1.2
-1.3
-1.4
-1.5
-1.6
-1.7
-1.8
1998 2000 2002 2004 2006 2008 2010
Ln FIN
.10
.05
.00
0.5
-.10
-.15
-.20
-.25
1998 2000 2002 2004 2006 2008 2010
Ln AFIN
-0.8
-1.2
-1.6
-2.0
-2.4
-2.8
-3.2
1998 2000 2002 2004 2006 2008 2010

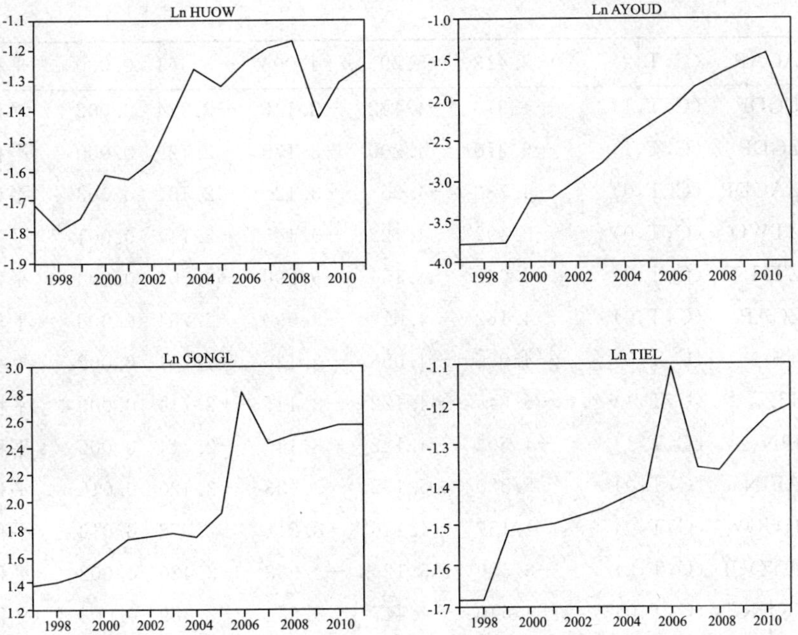

图 5.9 1997—2011 年各项指标经过对数变换后的折线图

通过验证后发现原始数据经过对数变换后基本是不平稳的，不能直接进行脉冲响应分析，对时间对数数据进行一阶差分，在此基础上进行 ADF 检验，检验结果见表 5.18。从中可以发现，经过差分变换后的数据基本上是平稳的。探索性因子分析剔除了相关指标，但面板数据的计量分析基本上表明了区域经济各变量对旅游业各项效率是具有一定影响的。为了全面分析他们之间的对应关系，本部分对区域经济各指标划分采用初始划分的方法。

表 5.18 各指标差分后的 ADF 检验

变量	检验形式	ADF 统计值	1% 临界值	5% 临界值	10% 临界值	p 值	结论
△Ln CRSTE	(C,T,0)	−4.831	−4.058	−3.120	−2.701	0.003	平稳
△Ln VRSTE	(C,T,2)	−5.152	−4.992	−3.875	−3.388	0.008	平稳
△Ln SCALE	(C,T,1)	−6.403	−4.122	−3.145	−2.714	0.000	平稳
△Ln GDP	(C,T,2)	−5.536	−5.125	−3.933	−3.420	0.006	平稳
△Ln AGDP	(C,T,2)	−5.342	−5.522	−4.108	−3.515	0.038	平稳
△Ln ATWO	(C,T,2)	−5.239	−5.522	−4.108	−3.515	0.005	平稳
△Ln ATHR	(C,T,1)	−6.007	−4.122	−3.145	−2.714	0.001	平稳

续表

△Ln ACAP	(C,T,2)	−5.413	−5.295	−4.008	−3.461	0.030	平稳
△Ln DGDP	(C,T,1)	−4.976	−4.122	−3.145	−2.714	0.002	平稳
△Ln ZGDP	(C,T,1)	−6.370	−4.200	−3.175	−2.729	0.000	平稳
△Ln ZAGDP	(C,T,0)	−4.782	−4.058	−3.120	−2.701	0.003	平稳
△Ln ZTWO	(C,T,0)	−5.492	−4.122	−3.145	−2.714	0.001	平稳
△Ln ZTHR	(C,T,0)	−6.069	−4.154	−3.296	−2.701	0.000	平稳
△Ln ZCAP	(C,T,0)	−4.162	−4.012	−3.590	−2.784	0.008	平稳
△Ln TS	(C,T,0)	−4.926	−4.058	−3.120	−2.701	0.002	平稳
△Ln TL	(C,T,1)	−5.645	−4.122	−3.145	−2.714	0.000	平稳
△Ln FIN	(C,T,1)	−4.602	−4.122	−3.145	−2.714	0.005	平稳
△Ln AFIN	(C,T,0)	−5.520	−5.125	−3.933	−3.420	0.010	平稳
△Ln HUOW	(C,T,0)	−4.157	−4.126	−3.81	−2.778	0.010	平稳
△Ln AYOUD	(C,T,2)	−6.599	−5.125	−3.933	−3.420	0.002	平稳
△Ln GONGL	(C,T,0)	−4.540	−4.447	−3.654	−2.789	0.004	平稳
△Ln TIEL	(C,T,0)	−5.110	−4.523	−3.765	−2.781	0.002	平稳

5.2.4.2 综合效率与区域经济的响应

(1)现状指标。区域经济发展现状指标在经历初期的波动之后，基本上对旅游业综合效率保持着持续稳定的正向冲击。GDP、人均 GDP、人均第二产业总产值、人均第三产业总产值、人均固定资产投资、GDP 密度在经历初始的起伏之后，大部分指标在第 4 期之后对旅游业综合效率有正向的促进作用，数值基本稳定，并且有微弱的上升趋势。

(2)质量指标。区域经济发展质量指标在初期对旅游业综合效率的冲击作用效果显著，达到最大正值后开始下降，最终围绕一个正值趋于稳定，表明区域经济发展质量指标对旅游业综合效率有长期稳定的正向冲击。GDP 增长率、人均 GDP 增长率、第二产业增长率、第三产业增长率、固定资产增长率、人均固定资产增长率、产业结构高级化等指标对综合效率的正向冲击基本在第 2～4 期达到最大值，之后大部分指标对综合效率的正向冲击基本维持稳定下降态势，下降幅度较小，其中产业结构高级化指标对综合效率的正向冲击有微弱的上升趋势。在质量指标中，产业结构合理化指数对旅游业综合效率的冲击基本围绕在 0 值左右，效果不显著。从产业结构的演进角度看，高级化与合理化对综合效率的影响表现出不同的态势，“结构红利”对旅游业综合效率的影响主要表现在产业结构高级化方面。

(3)支持保障指标。区域经济的支持保障指标对旅游业综合效率的动态冲击表现出不同的态势。①财政状况:地方财政收入以及人均财政收入对旅游业综合效率在初始阶段正向影响较大,从长期看财政状况指标对综合效率维持着长期稳定的正向冲击,且有微弱的上升趋势。②对外经济交流:货物进出口占GDP比重以及人均邮电业务量在前4期内对旅游业综合效率的提升有显著的促进作用,大致在第4期之后对综合效率的正向冲击作用逐渐减小,但基本上维持正值。反映了区域对外经济联系改善,在旅游业发展初期对综合效率的提升是显著的,但随着旅游业的进一步发展,对外经济联系对综合效率的提升作用越来越弱。③区域交通:区域交通对旅游业综合效率的提升影响甚小,反映了在当前阶段,旅游业综合效率的提升,交通条件不是关键性问题。

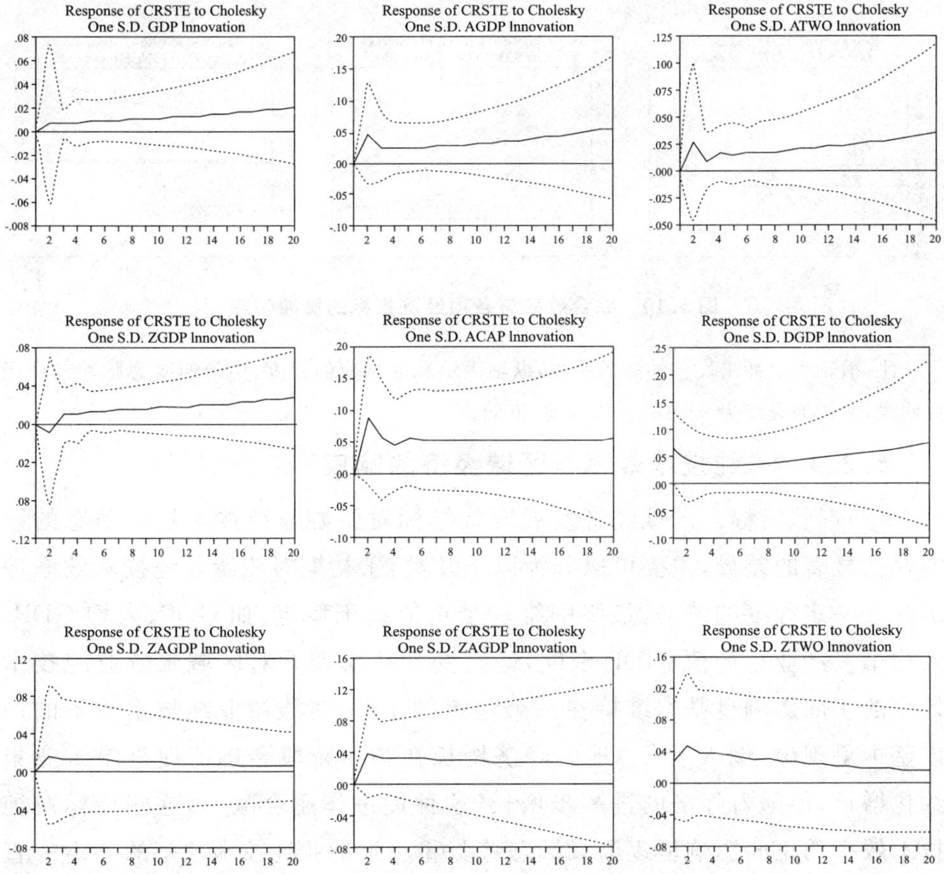

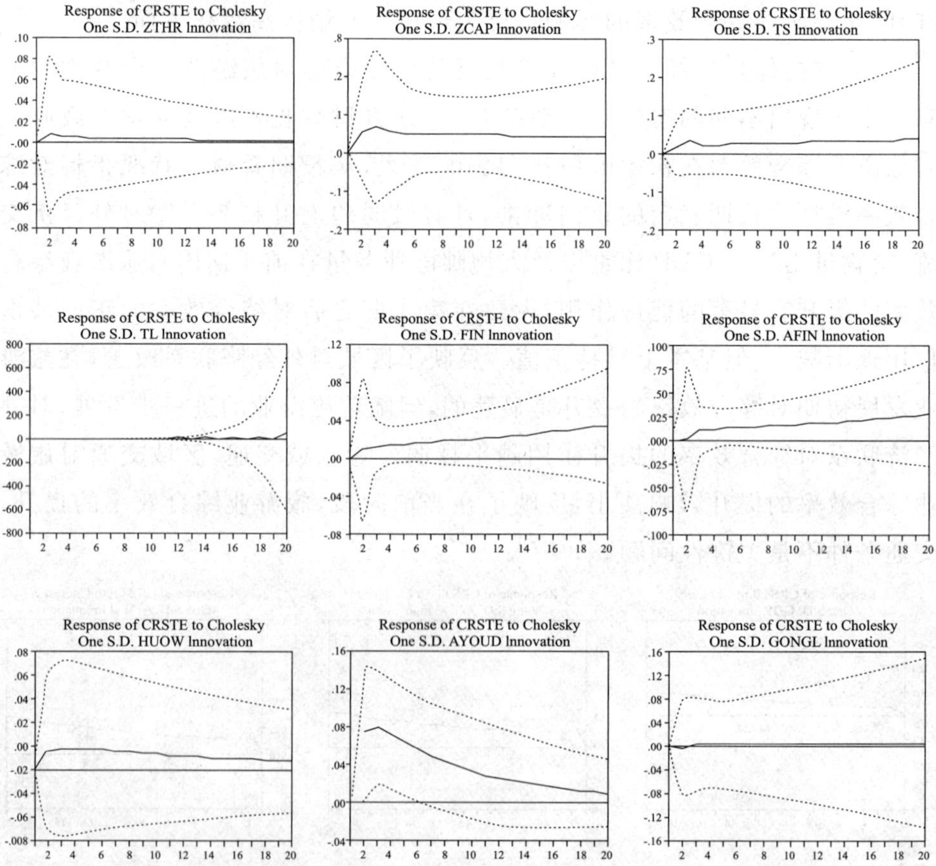

图 5.10　综合效率与各项经济指标的脉冲响应

注：横轴表示冲击反应的滞后期数，纵轴表示脉冲响应的程度，中间曲线为脉冲响应函数曲线，两侧的虚线为 95％的置信区间，下同。

5.2.4.3　纯技术效率与区域经济的响应

(1)现状指标。区域经济发展现状指标对旅游业纯技术效率动态的影响存在显著的差异，主要可以分为以下几类：①初期对旅游业纯技术效率冲击存在一定程度的波动，最终围绕一个正值趋于稳定：如 GDP、人均 GDP、人均第二产业总产值、GDP 密度，这些变量从长期看对区域旅游业纯技术效率的正向影响呈基本维持在一个稳定的正值，对旅游业纯技术效率的冲击基本呈现出“倒 V 型”。地区经济增长在初始阶段会迅速促进旅游业集约化增长，但随着经济的进一步增长，这种促进作用会减小，这些指标对纯技术效率的正向影响呈逐渐减低态势。②对旅游业纯技术效率的冲击一直处于波动状态，如人均固定资产投资对纯技术效率的冲击，总体上呈波动状态，并且每经历过一个周期后，正向冲击相对前一个周更小。加大对旅游业固定资产投资在短期内可能会迅速提高纯技术效率，但也有可能会诱导旅游业的粗放型增长，同时可能会对旅游业的集约化经营产生一定的“挤出”效应，追加固定资产投资可能会导致以上过程的重复，使固定资产的投入对旅游业纯技术效率的冲击呈现出长期波动状态。③人均第三产业生产总值在初始阶段对旅游业纯技术效率的冲击虽有较大波动，但基本上是负向的，最终围绕0值趋于稳定。从长期看，人均第三产业生产总值对纯技术效率有微弱的正向冲击，表明第三产业的增长对旅游业集约化增长方式的影响是不稳定的。

(2)质量指标。区域经济发展质量指标对旅游业纯技术效率动态影响同样存在着显著的差异，主要可以分为以下几类：①在前两期内对旅游业纯技术效率的正向冲击迅速上升，经历几期波动后下降，对纯技术效率的冲击基本维持在一个较小的0值附近，如GDP增长率、人均GDP增长率、第二产业增长率、固定资产增长率。②对旅游业纯技术效率的冲击一直处于波动状态，如第三产业增长率对纯技术效率的冲击。产业结构合理化指标对旅游业纯技术效率的冲击也呈现出长期波动的状态，但总体上波动幅度较小，可认为产业结构合理化对纯技术效率的影响相对较小。③产业结构高级化在前两期内对旅游业纯技术效率的负向冲击迅速增大，在第2期之后负向冲击开始减小，但总体上产业结构高级化对旅游业纯技术效率的冲击是负向的。由于存在着产业结构的“虚高”现象，使得产业结构高级化对旅游业集约化经营并没有显著的正向影响。

(3)支持保障指标。①财政状况：财政状况对旅游业纯技术效率的冲击总体上影响不大，地方财政收入以及人均财政收入两项指标，在初始阶段对旅游业纯技术效率的影响有着微弱的上升趋势，最终围绕一个较小的正值趋于稳定。②对外经济联系：货物进出口占GDP比重以及人均邮电业务量对纯技术效率的冲击基本相同，在前两期内对旅游业纯技术效率的正向冲击迅速上升，在第2期达到最大值后开始下降，对纯技术效率的冲击基本维持在0值附近。表明在相对封闭的地区，随着对外经济联系的密切，旅游业集约化增长会逐渐得到提升，但随着对外经济联系的进一步加强，这种促进作用也会逐渐减弱。③区域交通：公路里程以及铁路里程对旅游业纯技术效率的冲击基本呈现出长期波动状态，总体上有一定的正向影响。地区交通通达性的提高，一方面可以方便引进发达地区的先进生产方式，促进集约化增长；另一方面地区交通通达性的提高，有可能会减少游客的滞留量，对经营利润产生影响，从而进一步影响效率的提升。

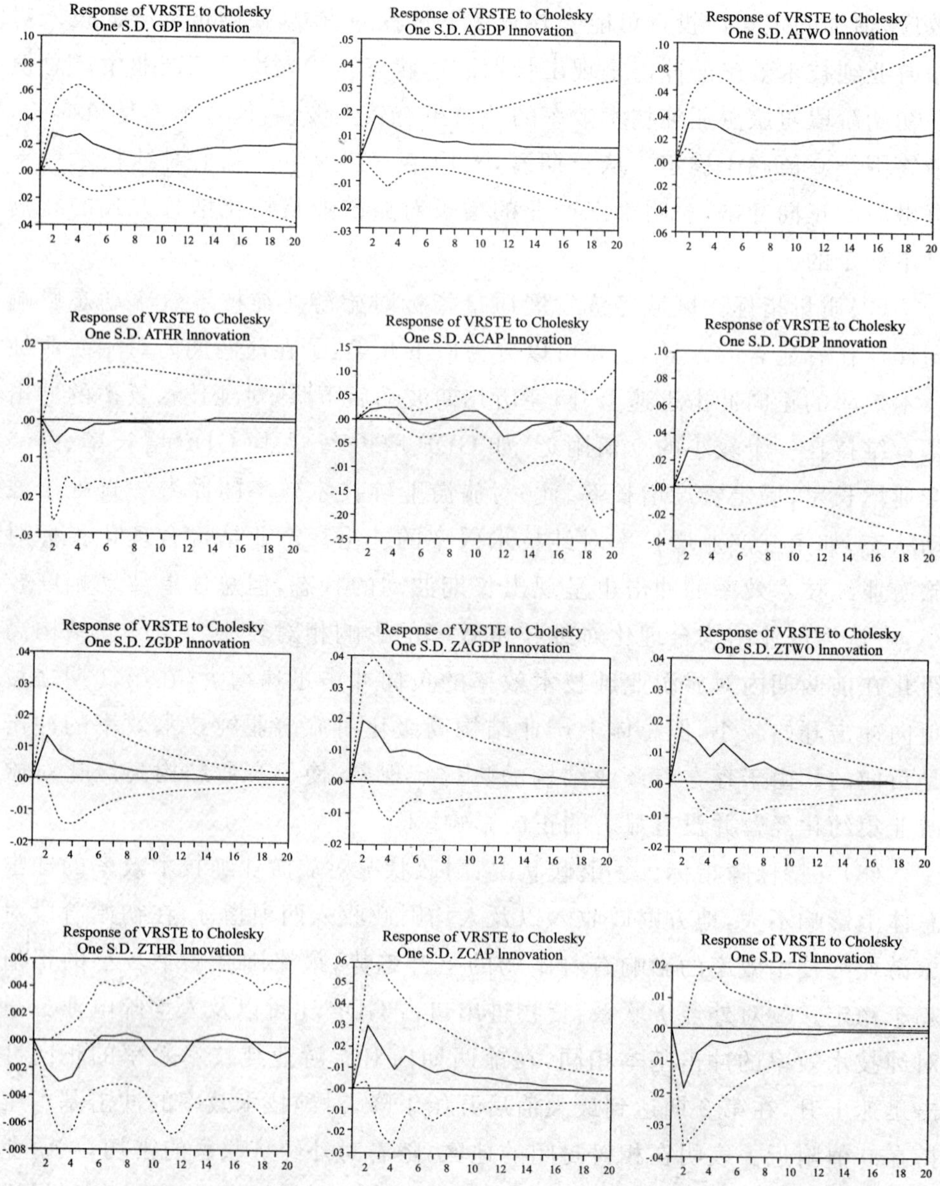

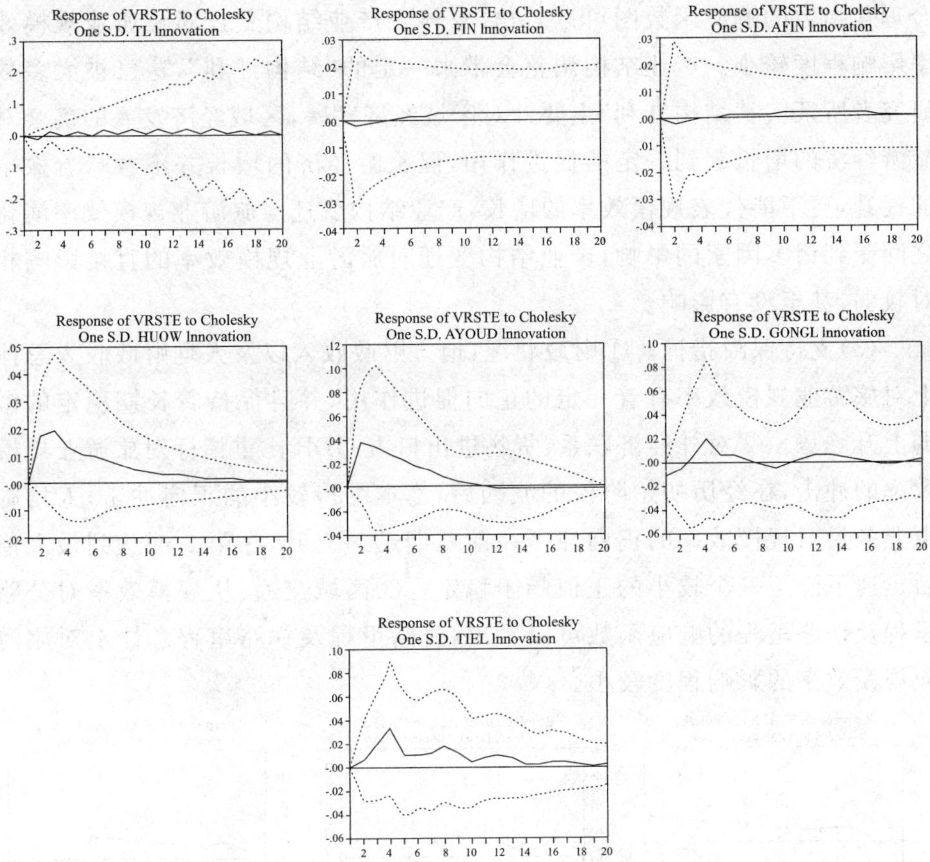

图 5.11　纯技术效率与各项经济指标的脉冲响应

5.2.4.4　规模效率与区域经济的响应

(1)现状指标。GDP 指标在初始阶段对旅游业规模效率的冲击逐渐下降,在第 2～3 期达到最小值,在迅速上升到最大值后基本稳定,地区 GDP 总体上有利于规模效率的提升。其他指标如人均 GDP、人均第二产业总产值、人均第三产业总产值、人均固定资产投资、GDP 密度对旅游业规模效率的正向冲击较大,但在初始阶段波动幅度较大。

(2)质量指标。区域发展速度指标对旅游业规模效率的冲击基本维持在较低水平,反映了地区经济增长对旅游业规模效率的提升不能起到显著的正向影响。其中人均固定资产投资以及固定资产投资增长率在前四期内对旅游业规模效率的提升有较大的促进作用。但从长期看,这两项指标对旅游业规模效率的提升作用相对有限。从规模效率对产业结构高级化以及合理化指数的响应函数图可以看出，总体上产业结构变迁对旅游业规模效率影响程度较小。产业结构调整会带来一定的“结构红利”，这已被大多数研究者所证实，“结构红利”主要针对区域经济发展，区域经济发展的确会对旅游经济的增长起到一定的促进作用，但旅游经济的增长并不意味着效率的提升，更不能代表规模效率的增长，产业结构变迁与旅游业规模效率演化之间受到诸多因素的影响，产业结构变迁对旅游业规模效率的直接影响相对较弱，甚至没有影响。

(3)支持保障指标。①财政状况：地方财政收入以及人均财政收入总体上对旅游业规模效率有着一定的正向促进作用，并且保持着长期稳定的微弱上升趋势。②对外经济联系：货物进出口占 GDP 比重指标对旅游业规模效率的冲击，在经历初始阶段的波动后，基本维持较小的正向冲击；人均邮电业务量对规模效率的正向冲击在前三期迅速上升，在第 3 期达到最大值后迅速下降至一个较小的正值趋于稳定。③区域交通：从规模效率对公路里程及铁路里程的响应函数可以看出，公路里程及铁路里程总体上对旅游业规模效率的影响程度较小。

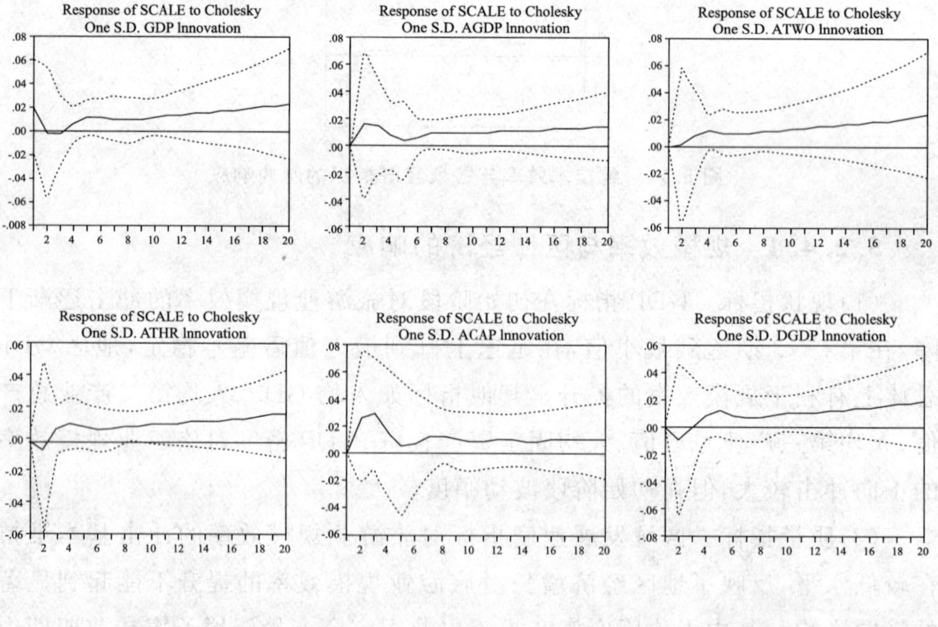

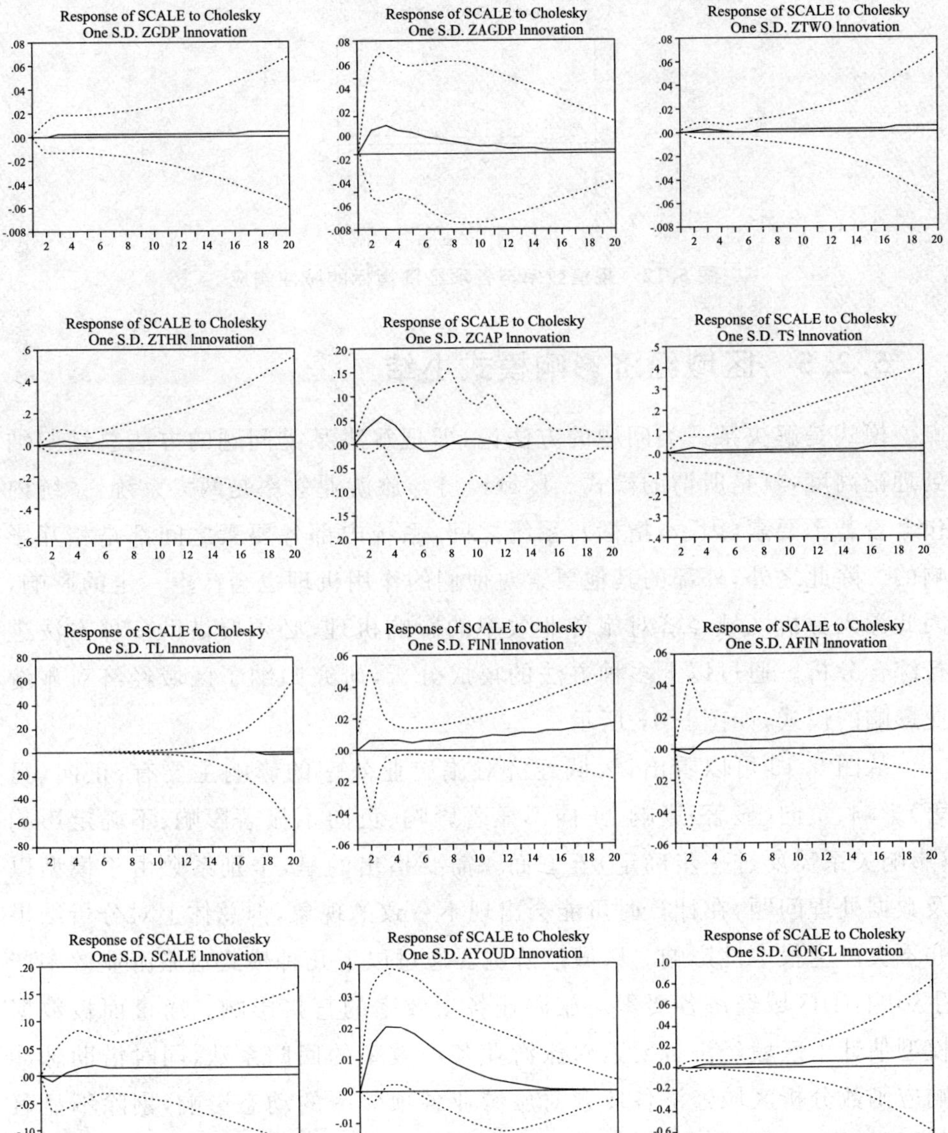
Response of SCALE to Cholesky One S.D. ZGDP Innovation
Response of SCALE to Cholesky One S.D. ZAGDP Innovation
Response of SCALE to Cholesky One S.D. ZTWO Innovation
Response of SCALE to Cholesky One S.D. ZTHR Innovation
Response of SCALE to Cholesky One S.D. ZCAP Innovation
Response of SCALE to Cholesky One S.D. TS Innovation
Response of SCALE to Cholesky One S.D. TL Innovation
Response of SCALE to Cholesky One S.D. FINI Innovation
Response of SCALE to Cholesky One S.D. AFIN Innovation
Response of SCALE to Cholesky One S.D. SCALE Innovation
Response of SCALE to Cholesky One S.D. AYOUD Innovation
Response of SCALE to Cholesky One S.D. GONGL Innovation

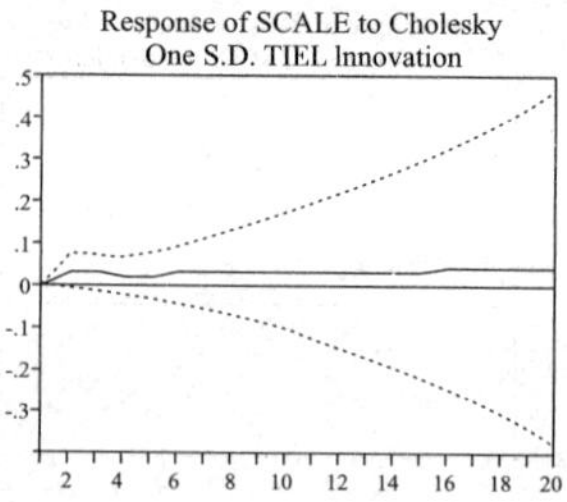

图 5.12 规模效率与各项经济指标的脉冲响应

5.2.5 区域经济影响模式小结

模式是解决某一类问题的方法论，即把解决某类问题的方法总结归纳到理论高度，就是所谓的模式。区域经济与旅游业效率是两大系统，系统内包含着若干要素（因子、指标），系统之间、系统内部各要素之间都是相互影响的。除此之外，外部的其他要素对他们的作用机理也会产生一定的影响，因此深入分析区域经济对旅游业效率的影响机理，必须要借助多种方法进行综合分析。通过以上多种方法的集成分析，研究归纳了区域经济对旅游业影响的模式，如图 5.13 所示。

从图 5.13 可以看出，区域经济对旅游业效率的影响主要有：正向（显著）影响、负向（显著）影响、正向不显著影响、负向不显著影响、不确定影响（影响关系需要进一步确定）五方面。需要指出的是，个别系数由于模型以及数据处理问题，在计算时可能会出现不一致的现象，但总体上对分析结果并不会产生根本性影响。区域经济主要通过以下几种模式对旅游业效率产生影响：①区域经济各要素对旅游业各项效率的直接影响。通过面板数据模型估计了区域经济各要素对旅游业各项效率的回归系数，同时借助脉冲响应函数分析区域经济各要素对旅游业各项效率的动态影响，剔除不显著的回归系数，可以发现区域经济大部分指标对旅游业各项效率具有正向的影响。②区域经济公因子对旅游业效率的整体影响。借助探索性因子分析（主成分分析）可将区域经济各要素进行归类，分别为：现状因子、速度因子以及保障因子。结构方程模型分析表明现状因子及保障因子对旅游业综合效率具有显著的正向影响，速度因子对旅游业效率的负向影响不显著。③区域经济公因子对旅游业各项效率的空间影响。利用地理加权回归模型，在考虑空间效应的条件下分析区域经济公因子对旅游业各项效率的影响。

区域经济的现状因子对综合效率以及纯技术效率具有正向影响，但对规模效率却有一定的负向影响；区域经济的速度因子对综合效率以及纯技术效率具有负向影响，但对规模效率却有着正向影响；区域经济保障因子对综合效率以及纯技术效率具有正向影响，但对规模效率却有着负向影响。④系统间的交叉影响。区域经济与旅游业效率都是复杂的开放系统，两者之间的作用机理可能会受其他因素的影响，本文将在后续章节对该问题展开详细论述。

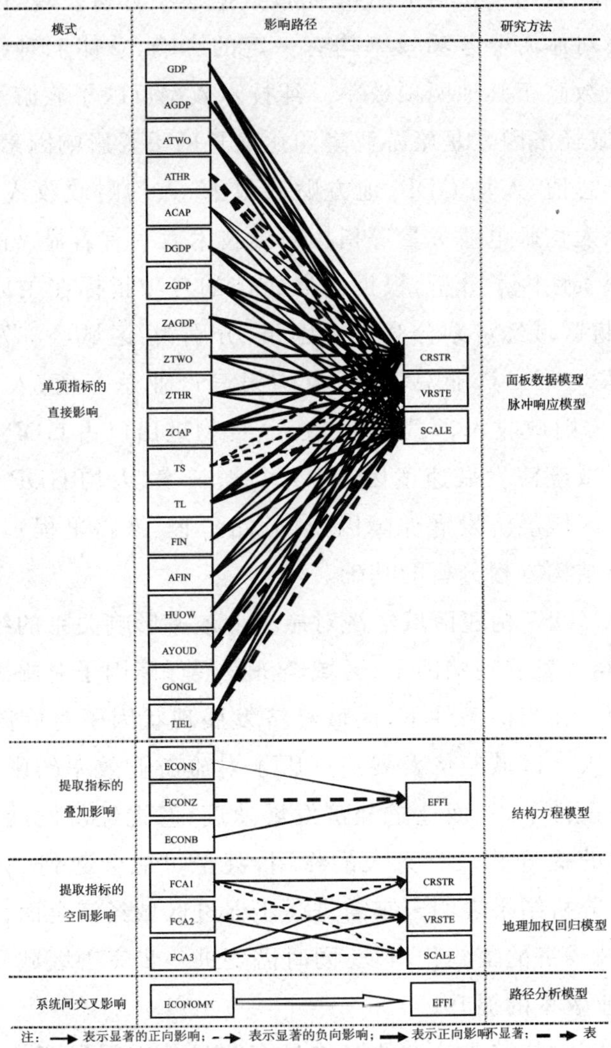

注：→ 表示显著的正向影响；- -→ 表示显著的负向影响；→ 表示正向影响不显著；— —→ 表示负向影响不显著；⇒ 表示影响关系需进一步确定

图 5.13　区域经济对旅游业效率的影响模式总结

旅游业效率是一项客观存在的经济现象，旅游业效率的演化及影响机理首先应该基于经济视角加以分析。选择大陆31个省级区域1997—2011年代表地区经济发展状况的19项指标，综合利用面板数据估计、因子分析、结构方程分析、地理加权回归以及响应分析等经典计量经济分析以及空间分析技术，对旅游业效率影响机制中的经济因素进行全方位、多尺度的分析，主要研究结论包括：

①利用固定效用模型对POOL面板数据模型分析发现，区域经济的大部分单项指标对旅游业各项效率均有一定的影响，总体上对旅游业纯技术效率的影响系数高于其他两项效率。纯技术效率反映了旅游经济增长的集约化程度，区域经济因素是旅游业集约化增长的重要影响因素，总体上人均第二产业生产总值、人均GDP、地方财政收入、人均财政收入、货物进出口占GDP比重、人均邮电业务量等指标对纯技术效率有着显著的正向影响。

②利用探索性因子分析，根据区域经济的各项指标在主成分上的因子载荷系数，可将区域经济划分为三大因子，分别为：区域经济发展现状因子(人均GDP、人均第二产业总产值、人均第三产业总产值、人均固定资产、GDP密度、地方财政收入、人均财政收入、货物进出口占GDP比重、人均邮电业务量)；区域经济发展速度因子(GDP增长率、人均GDP增长率、第二产业增长率)；区域经济发展保障因子(公路里程、铁路里程)。探索性因子分析是下一步结构方程分析的基础。

③利用AMOS7构建区域经济对旅游业效率影响关系的结构模型。总体而言，区域经济发展现状因子、区域经济发展保障因子对旅游业效率有显著的正向影响。在当前条件下，区域经济发展现状因子对旅游业效率影响的路径系数更大。区域经济发展速度因子对旅游业效率的影响不显著，表明在当前经济条件下，片面追求经济发展速度，忽视经济发展质量与内涵，对旅游业效率的提升并没有太大的作用，甚至可能会起到一定的反作用。结构方程模型分析结果表明未来需进一步促进区域经济全面、协调、可持续发展，促进区域经济的集约化增长，同时需要进一步完善区域交通等基础设施，促进旅游业效率的提升。

④区域经济对旅游业效率的影响具有明显的空间尺度效应：在不同的空间条件下，区域经济各项因子对旅游业各项效率表现出不同的影响机理。

利用探索性因子分析中提取的三个公因子进行地理加权回归分析，结果表明：区域经济发展现状因子、速度因子以及保障因子在不同地区对各项效率的回归系数不尽相同。针对回归结果，可为未来省域旅游业各项效率的提升提供相对应的建议与意见。

⑤区域经济对旅游业各项效率的影响具有明显的时间尺度效应：在不同的时间节点，区域经济各因子对旅游业各项效率表现出不同的影响机理。脉冲响应分析结果表明，区域经济各指标对旅游业各项效率表现出不同的响应路径，大部分指标从长期看，对旅游业各项效率具有一定的正向冲击。

5.3　制度因素对旅游业效率影响

樊纲等(2003)用主成分分析法为基本计量方法构建了“中国各地区市场化进程相对指数”，该指数以 5 方面、23 个分指标为基础，是用来分析各地区体制改革进程相对关系的一个有用的分析工具，可作为一个“制度变量”来分析其他社会经济现象(樊纲等，2003)。面向市场化的经济体制改革对我国经济增长具有决定性作用，市场化指数从本质上反映的是制度变迁的定量测度，因此可用市场化指数来分析制度变迁对旅游业各项效率的影响机理。根据作者的研究成果，1997—2009 年中国大陆各地区的市场化指数如表 5.19 所示。

表 5.19　1997—2009 年中国各地区市场化指数

省	1997	1998	1999	2000	2001	2002	2003	2004	2005	2006	2007	2008	2009
京	8.99	9.20	4.52	5.12	7.37	7.62	7.63	8.10	7.78	7.87	8.41	14.23	16.27
津	3.89	3.97	4.05	4.35	5.86	6.50	6.95	7.49	8.51	8.98	9.92	10.67	11.57
冀	0.90	1.59	2.95	3.15	3.26	3.39	3.48	3.90	5.11	5.13	5.27	5.55	5.60
晋	2.89	3.11	3.24	3.94	2.91	3.08	3.20	3.61	4.38	4.51	4.78	5.23	5.55
蒙	2.28	2.30	2.87	3.42	3.30	3.38	3.56	3.96	4.47	4.43	4.50	4.86	5.32
辽	3.04	3.24	3.16	3.54	4.28	4.51	5.15	5.46	6.35	6.55	7.23	7.47	8.46
吉	2.14	2.79	3.35	3.36	3.65	3.69	3.83	3.89	4.79	4.84	5.37	5.69	6.00
黑	2.47	2.65	3.13	3.51	4.07	4.24	4.44	4.56	5.30	5.15	5.46	5.81	5.96
沪	5.48	5.32	3.92	5.51	9.42	10.52	12.15	11.06	12.84	13.87	16.61	17.14	19.89

续表

省	1997	1998	1999	2000	2001	2002	2003	2004	2005	2006	2007	2008	2009
苏	2.06	2.17	3.66	3.76	5.20	5.69	6.18	6.61	8.18	9.07	11.50	13.56	18.72
浙	1.97	2.32	3.49	3.99	6.19	7.16	8.09	8.39	10.59	11.97	13.89	16.25	19.85
皖	1.30	1.34	3.15	3.05	2.53	2.67	2.63	3.15	4.49	5.53	5.99	6.30	7.32
闽	2.00	2.36	3.66	4.31	4.68	5.05	5.23	5.30	6.41	6.61	6.92	7.21	8.30
赣	1.32	1.55	2.76	2.59	2.23	2.61	3.01	3.38	4.32	4.28	4.75	5.12	5.90
鲁	1.83	2.22	3.15	3.11	3.80	4.18	4.67	5.13	6.14	6.71	7.37	7.42	8.18
豫	1.27	1.50	2.85	3.00	3.06	3.12	3.07	3.38	4.52	4.66	4.99	5.50	6.07
鄂	1.83	2.04	2.87	3.04	2.96	3.24	3.74	3.81	4.87	5.02	5.79	6.42	7.15
湘	1.40	1.68	1.35	1.50	2.29	2.64	3.13	3.75	4.29	4.20	4.32	4.70	6.02
粤	3.50	3.85	4.17	6.02	7.11	7.69	8.45	8.86	10.64	11.47	12.59	12.39	13.99
桂	1.80	1.90	2.89	2.99	2.92	3.10	3.20	3.17	3.80	3.70	4.23	4.61	4.88
琼	1.01	2.09	3.73	3.93	3.86	3.80	3.64	3.57	3.63	3.74	3.87	3.91	5.25
渝	1.65	2.19	2.13	1.72	2.37	2.74	3.29	3.95	4.89	5.20	5.61	6.11	7.60
蜀	1.67	1.96	2.65	2.43	3.49	3.81	4.03	4.11	5.04	5.24	5.96	6.38	7.39
黔	1.48	1.27	2.47	2.32	1.82	1.88	1.96	2.16	3.12	3.20	3.76	4.27	4.47
滇	1.78	1.85	2.26	2.74	2.17	2.33	2.41	2.75	3.91	4.15	4.63	4.99	5.44
藏	0.00	0.00	0.00	0.00	1.90	1.91	2.25	2.63	3.60	3.78	3.89	4.09	0.18
秦	3.01	2.93	1.73	1.92	1.78	2.29	2.47	2.88	3.96	4.29	4.99	5.63	5.88
陇	1.98	1.45	2.27	1.89	1.15	1.36	1.52	2.11	3.34	3.57	3.79	3.99	4.86
青	1.31	1.88	2.75	3.02	1.47	1.58	1.49	1.53	1.85	2.06	2.79	3.54	3.51
宁	2.51	2.37	2.92	2.58	1.67	1.86	2.24	2.83	3.47	3.52	3.80	4.57	4.66
新	2.44	2.83	2.17	2.12	3.28	3.85	4.37	4.48	4.83	4.64	4.56	5.01	4.98

5.3.1 总体制度对旅游业各项效率的影响

将综合效率(CRSTE)、纯技术效率(VRSTE)、规模效率(SCALE)作为被解释变量，将制度变量(IN)作为解释变量，对以上指标分别取自然对数，记为：LnCRSTE、LnVRSTE、LnSCALE、LnIN，利用分位数回归(QREG)以及最小二乘法(OLS)对方程进行估计。方程估计根据 EViews6.0 软件中自带的分位数回归，采用“自举法(Bootstrap)”对系数协方差进行估计，自举法重复次数设置为 500，其中制度对综合效率的分位数回归结果见表 5.20及图 5.14 所示。

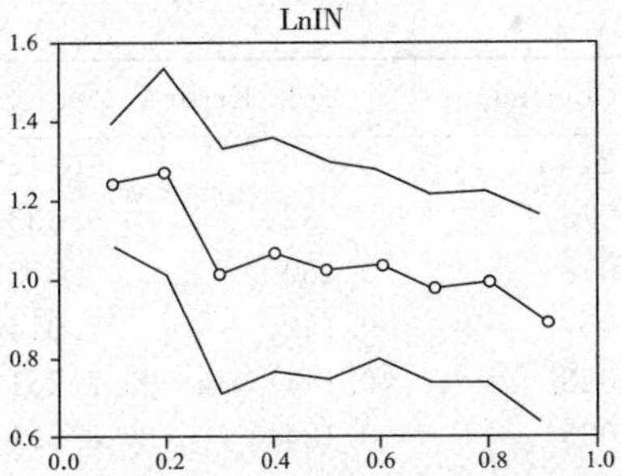

图 5.14 LnIN 对综合效率分位数回归系数变化曲线图

注:中间折线表示分位数回归系数,两侧折线为置信区间,下同。

最小二乘法的回归结果显示,总体上一个单位 LnIN 的增加,会带动 1.108个单位 LnCRSTE 的增加,回归系数通过了 1%显著性水平下的检验,由此表明:制度变迁对旅游业综合效率改善具有显著的提升作用。分位数回归结果显示,制度变迁对旅游业综合效率的影响,在不同的分位点有不同的估计结果。一方面,制度变迁对旅游业综合效率的影响总体上在逐渐减弱,但数值仍然较大。在 10%分位点上的回归系数为 1.243,到 90%分位点时回归系数仍然较大,数值为 0.895,全部通过了 1%显著性水平下的检验。另一方面,从图 5.14 也可以看出,高分位数上的制度变迁对旅游业综合效率的影响更大。可将制度变迁由小到大的条件分布视为制度变迁随时间发展的演化趋势。通过上述分位数回归分析可以发现,总体上制度变迁对旅游业综合效率有显著的正向影响,并且制度变迁对旅游业综合效率正影响效果的持续时间较长。

表 5.20 制度对综合效率的分位数回归结果

指标	Quantile	Coefficient	Std. Error	t—Statistic	Prob.
c	0.1	—5.695	0.141	—40.282	0.000
	0.2	—5.736	0.255	—22.510	0.000
	0.3	—5.228	0.306	—17.064	0.000
	0.4	—5.300	0.288	—18.417	0.000
	0.5	—5.213	0.264	—19.711	0.000
	0.6	—5.209	0.224	—23.227	0.000
	0.7	—5.088	0.218	—23.313	0.000
	0.8	—5.112	0.216	—23.706	0.000
	0.9	—4.897	0.240	—20.389	0.000
	OLS	—5.360	0.163	—32.965	0.000

续表

指标	Quantile	Coefficient	Std. Error	t－Statistic	Prob.
LnIN	0.1	1.243	0.076	16.429	0.000
	0.2	1.275	0.132	9.633	0.000
	0.3	1.018	0.160	6.373	0.000
	0.4	1.067	0.152	7.014	0.000
	0.5	1.023	0.141	7.251	0.000
	0.6	1.039	0.124	8.391	0.000
	0.7	0.979	0.123	7.942	0.000
	0.8	0.996	0.120	8.309	0.000
	0.9	0.895	0.135	6.634	0.000
	OLS	1.108	0.095	11.702	0.000

表 5.21 及图 5.15 显示了制度因素对纯技术效率的分位数回归结果。最小二乘法回归结果显示，一个单位 LnIN 的增加，会引发 0.563 个单位 LnVRSTE 的增加，回归系数通过了 1％的显著性水平下的检验，由此表明：制度变迁对旅游业纯技术效率的提升有显著的正向作用。在不同的分位点，LnIN 对 LnVRSTE 的回归系数不同，但总体上回归系数间的差距不大，在 10％～30％分位点、50％～60％分位点区间，回归系数逐渐增大，在 30％～50％分位点、60％～90％分位点区间，回归系数逐渐减小。分位数回归分析表明，制度变迁对旅游业纯技术效率的影响经历了“上升——下降——上升——下降”的历程，制度变迁对旅游业纯技术效率的正向影响总体上随着时间的变化，出现微弱的下降趋势。通过最小二乘法与分位数回归的对比分析可以发现，在 50％、80％、90％分位点上的回归系数较小，总体上最小二乘法低估了制度因素对旅游业纯技术效率的影响。

表 5.21　制度对纯技术效率的分位数回归结果

指标	Quantile	Coefficient	Std. Error	t－Statistic	Prob.
c	0.1	－2.329	0.050	－46.246	0.000
	0.2	－2.337	0.077	－30.508	0.000
	0.3	－2.392	0.091	－26.416	0.000
	0.4	－2.368	0.103	－22.984	0.000
	0.5	－2.258	0.104	－21.727	0.000
	0.6	－2.297	0.102	－22.587	0.000
	0.7	－2.293	0.104	－22.040	0.000
	0.8	－2.201	0.096	－23.042	0.000
	0.9	－2.181	0.088	－24.788	0.000
	OLS	－2.284	0.055	－41.692	0.000

续表

指标	Quantile	Coefficient	Std. Error	t—Statistic	Prob.
LnIN	0.1	0.571	0.030	19.229	0.000
	0.2	0.577	0.045	12.746	0.000
	0.3	0.618	0.052	11.771	0.000
	0.4	0.606	0.059	10.325	0.000
	0.5	0.551	0.059	9.284	0.000
	0.6	0.578	0.056	10.279	0.000
	0.7	0.576	0.057	10.175	0.000
	0.8	0.529	0.052	10.214	0.000
	0.9	0.526	0.048	10.993	0.000
	OLS	0.563	0.032	17.644	0.000

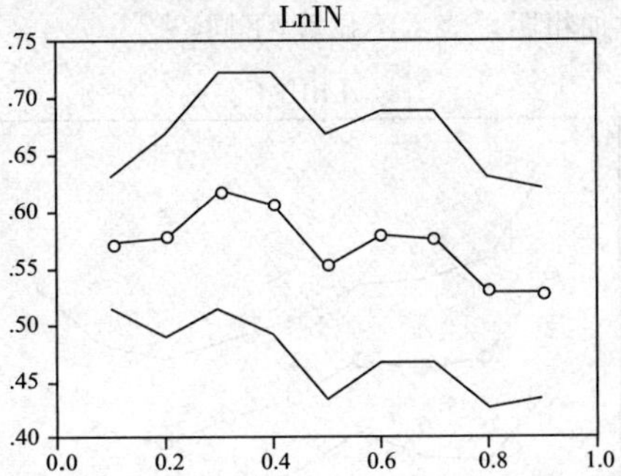

图 5.15　LnIN 对纯技术效率分位数回归系数变化曲线图

表 5.22　制度对规模效率的分位数回归结果

指标	Quantile	Coefficient	Std. Error	t—Statistic	Prob.
c	0.1	—2.069	0.187	—11.054	0.000
	0.2	—1.774	0.174	—10.177	0.000
	0.3	—1.737	0.144	—12.093	0.000
	0.4	—1.758	0.121	—14.508	0.000
	0.5	—1.634	0.125	—13.046	0.000
	0.6	—1.568	0.122	—12.855	0.000
	0.7	—1.472	0.132	—11.126	0.000
	0.8	—1.508	0.126	—11.927	0.000
	0.9	—1.630	0.132	—12.343	0.000
	OLS	—1.684	0.098	—17.202	0.000

续表

指标	Quantile	Coefficient	Std. Error	t—Statistic	Prob.
LnIN	0.1	0.338	0.096	3.530	0.005
	0.2	**0.198**	0.089	2.227	0.048
	0.3	**0.180**	0.074	2.418	0.034
	0.4	0.194	0.063	3.096	0.010
	0.5	**0.132**	0.065	2.026	0.068
	0.6	**0.100**	0.065	1.529	0.155
	0.7	**0.052**	0.076	0.689	0.505
	0.8	**0.077**	0.073	1.062	0.311
	0.9	**0.164**	0.079	2.081	0.062
	OLS	0.159	0.057	2.798	0.017

注：LnIN 的回归系数加粗阴影表示不显著，下同。

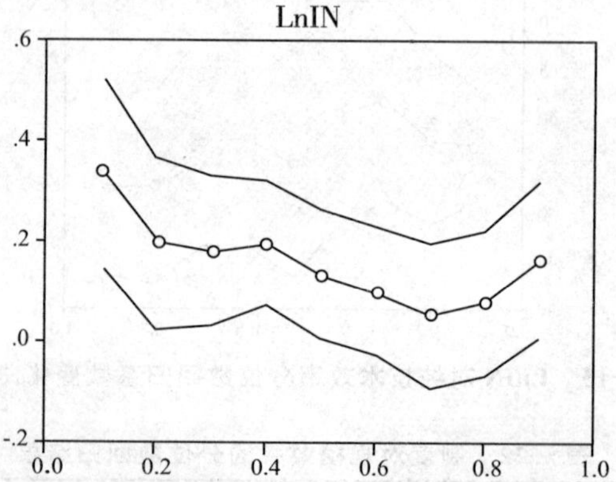

图 5.16　LnIN 对规模效率分位数回归系数变化曲线图

表 5.22 及图 5.16 显示了制度因素对规模效率的分位数回归结果。最小二乘法回归结果表明：总体上一个单位 LnIN 的增加，会引起 0.159 个单位 LnSCALE 的增加，回归系数通过了 5%的显著性水平的检验，由此表明：制度变迁对旅游业规模效率的提升有显著的正向影响，回归系数与综合效率及纯技术效率的回归系数相比，相对较小。在 50%～80%的分位数水平上，分位数回归系数普遍小于最小二乘法回归系数，但除了 10%、40%的分位点之外，其他分位点上的回归系数基本不显著，最小二乘法总体上低估了制度因素对规模效率的影响。制度因素对规模效率的影响程度总体上逐渐降低，但在 80%、90%的分位点上出现了“触底反弹”现象，制度因素在短期内对旅游业规模效率的正向影响是逐渐降低的，但从长远角度看，对旅游业

规模效率提升有一定的“反弹”现象。

通过以上分析可以发现：无论是利用最小二乘法进行回归分析，还是利用分位数回归，总体上制度因素对旅游业各项效率均有显著性的正向影响。制度因素对综合效率的正向影响较大，对规模效率的正向影响较小。在不同的分位点上，制度因素对各项效率的回归系数表现出不同的分布规律，制度因素对各项效率的回归系数随着分位点的扩大，总体上呈减小的趋势。因此从长远角度看，只有制度的不断革新，旅游业各项效率才能实现稳步提升。制度因素包含了若干分量，它们对旅游业各项效率的影响是否如此，仍需进一步研究。

5.3.2　制度分量对旅游业各项效率的影响

樊纲等(2003)对市场化指数的指标体系进行了划分，分别为：政府与市场的关系、非国有经济的发展、产品市场化的发育程度、要素市场的发育程度、市场中介组织的发育和法律制度环境五大维度。其中 1997—2009 年各分量指标均值的空间分布如下图 5.17 所示，从图中可以看出，市场化指数各分量指标存在明显的地带差异，高值区基本分布在东部沿海，低值区主要分布在西部内陆。通过前文的分析可以发现，市场化指数各分量指标的空间分布大致与旅游业综合效率、纯技术效率表现出相同的格局，但与规模效率却表现出相反的空间格局，其深层机理需要借助计量经济分析方法作进一步研究。

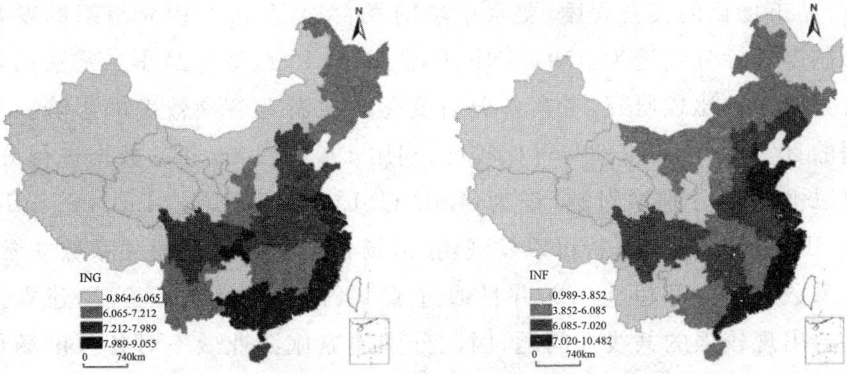

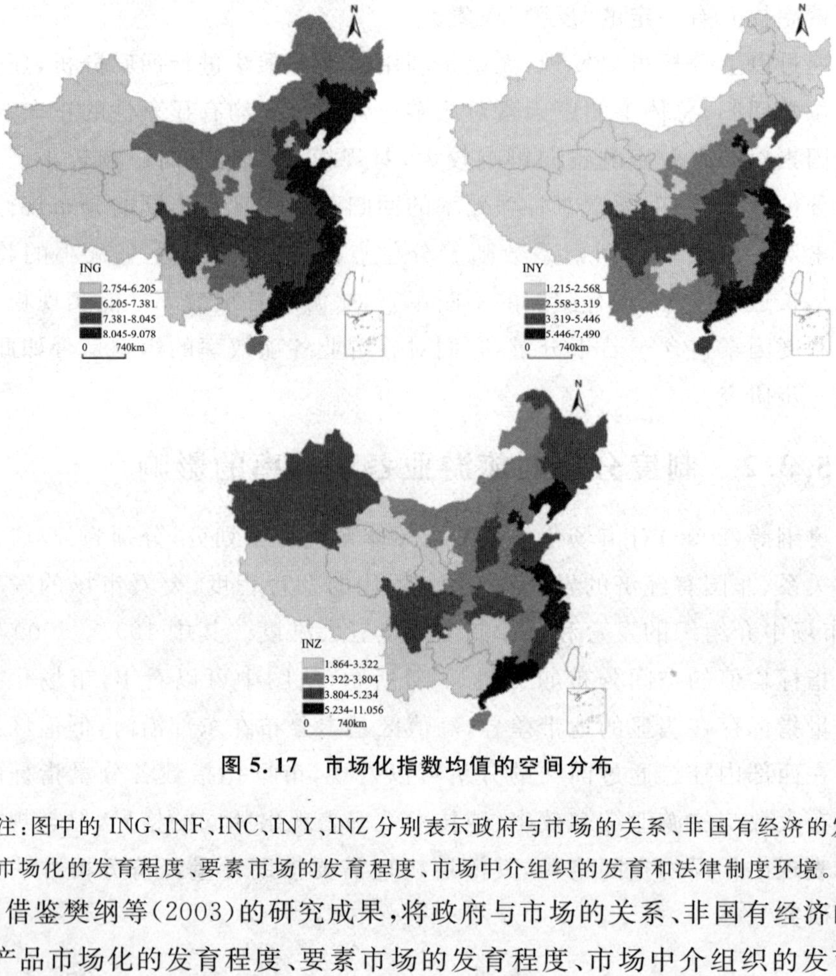

图 5.17 市场化指数均值的空间分布

注:图中的 ING、INF、INC、INY、INZ 分别表示政府与市场的关系、非国有经济的发展、产品市场化的发育程度、要素市场的发育程度、市场中介组织的发育和法律制度环境。

借鉴樊纲等(2003)的研究成果,将政府与市场的关系、非国有经济的发展、产品市场化的发育程度、要素市场的发育程度、市场中介组织的发育和法律制度环境分别记为:ING、INF、INC、INY、INZ,通过最小二乘法回归与分位数回归的比较研究,考察各分量变化对旅游业各项效率的影响。基于数据的真实性、可获得性与可比较性,利用 1997—2009 年的数据进行分析,并对以上指标分别取对数,记为:LnING、LnINF、LnINC、LnINY、LnINZ。经过 SPSS16.0 相关分析可以发现,各市场化指数之间的相关系数非常大,相关系数基本上都超过 0.9,并且通过了 1%的显著性水平检验,建立方程可能会出现较强的共线性问题,因此分别建立旅游业效率对各项市场化指数的回归方程,考察市场化指数单项指标对各项效率的影响。

5.3.2.1 综合效率

表 5.23 市场化指数单项指标对综合效率的回归

分位点	LnING	LnINF	LnINC	LnINY	LnINZ
0.1	2.176***	0.877***	1.442***	1.093***	0.729***
0.2	1.771***	0.807***	1.442***	1.119***	0.706***
0.3	1.598***	0.712***	1.420***	0.992***	0.666***
0.4	1.602***	0.668***	1.405***	0.941***	0.741***
0.5	1.661***	0.707***	1.405***	0.901***	0.741***
0.6	1.553***	0.686***	1.052***	0.951***	0.686***
0.7	1.562***	0.634***	1.173**	0.856***	0.639***
0.8	1.610***	0.690***	1.175**	0.901***	0.605***
0.9	1.516***	0.638***	1.500**	0.959***	0.630**
OLS	1.767***	0.737***	1.416***	0.987***	0.692***

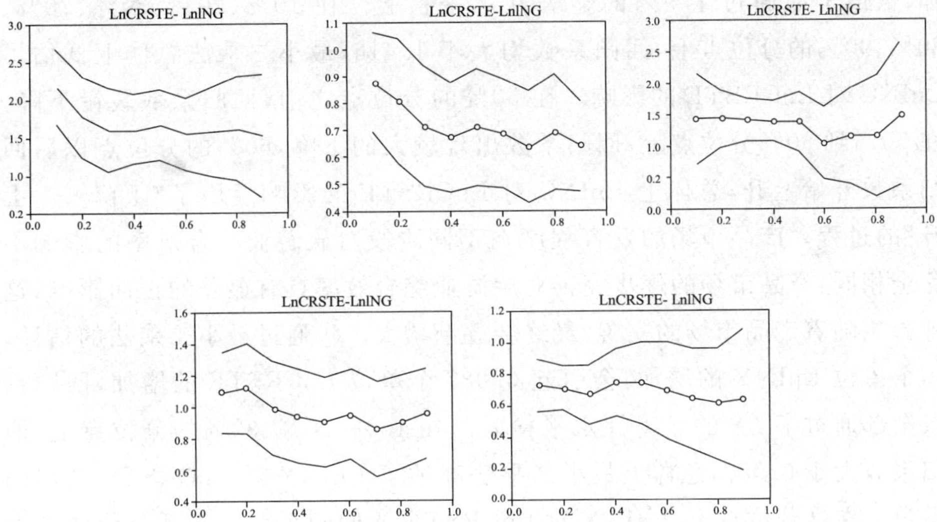

图 5.18 市场化指数单项指标对综合效率的分位数系数变化曲线图

表 5.23 及图 5.18 反映了市场化指数单项指标对旅游业综合效率的回归结果，其中表 5.23 最后一行是利用最小二乘法的回归结果。①最小二乘法回归表明：一个单位 LnING 的增加，会引起 1.767 个单位 LnCRSTE 的增加，回归系数通过了 1%的显著性水平检验。在 10%、20%分位点上的回归系数大于最小二乘法的回归结果，在其他的中低分位点上的回归系数均小于 1.767，由此表明最小二乘法高估了 LnING 对 LnCRSTE 的影响。LnING 对 LnCRSTE 在低分位点上的回归系数总体上大于其在高分位点

上的回归系数，回归系数通过了 1%的显著性水平检验，由此表明：政府与市场关系的改善，对旅游业综合效率的提升有显著的正向影响，这种影响总体上呈逐渐下降的趋势。②通过最小二乘法回归，一个单位 LnINF 的增加，总体上会引起 0.737 个单位 LnCRSTE 的增加，并且通过了 1%的显著性水平检验。在 10%、20%的分位点上的回归系数大于最小二乘法的回归结果，在其他的中低分位点上的回归系数均小于 0.737，最小二乘法同样高估了 LnINF 对 LnCRSTE 的影响。LnINF 对 LnCRSTE 在低分位点上的回归系数，同样小于其在高分位点上的回归，回归系数全部通过了 1%的显著性水平检验，且都为正值。由此表明：非国有经济的发展对旅游业综合效率的改善，具有显著的正向作用，这种作用基本上逐渐降低。③通过最小二乘法估计，一个单位 LnINC 的增加，会引起 1.416 个单位 LnCRSTE 的增加，数值全部通过了 5%的显著性水平检验。在 10%、20%、30%、70%、80%、90%的分位点上，回归系数均大于 1.416，最小二乘法总体上低估了 LnINC 对 LnCRSTE 的影响。在 50%的分位点之前，回归系数缓慢下降，在 50%到 60%分位点上，回归系数出现较大的下降，60%的分位点以后回归系数开始上升，总体上 LnINC 对 LnCRSTE 的影响经历了“下降——上升”的过程。产品市场的发育程度在不同阶段对旅游业综合效率的影响不完全相同，产品市场的逐步完善对旅游业综合效率具有显著的正向影响，这种影响随着产品市场的完善，最终会逐渐增大。④通过最小二乘法的估计，一个单位 LnINY 的增加，会引起 0.987 个单位 LnCRSTE 的增加，回归系数全部通过了 1%的显著性水平检验。在 10%、20%、30%的分位点上，回归系数大于 0.987，总体上最小二乘法高估了 LnINY 对 LnCRSTE 的回归系数。在高分位点上，LnINY 对 LnCRSTE 的回归系数小于低分位数点上的回归，且回归系数全部为正，通过了 1%的显著性水平检验。要素市场发育程度对旅游业综合效率的提升具有显著的正向作用，这种作用总体上是降低的。⑤通过最小二乘法法估计，一个单位 LnINZ 的增加，会引起 0.692 个单位 LnCRSTE 的增加，回归系数通过了 1%的显著性水平检验。从低分位点到高分位点，回归系数总体上呈现减小的趋势，回归系数全部为正值，并且通过了 5%的显著性水平检验。市场中介组织的发育程度和法律制度环境对旅游业综合效率的提升具有显著的正向影响，其正向影响程度总体上逐渐降低。

通过以上分析可以发现：市场化指数各分量对旅游业综合效率具有显著的正向影响，分位数回归对最小二乘法回归结果进行了合理的评估，在不同的分位点，市场化指数各分量对综合效率的影响不尽相同，除产品市场的发育程度指标外，其他指标对综合效率的正向影响总体上是递减的。

5.3.2.2　纯技术效率

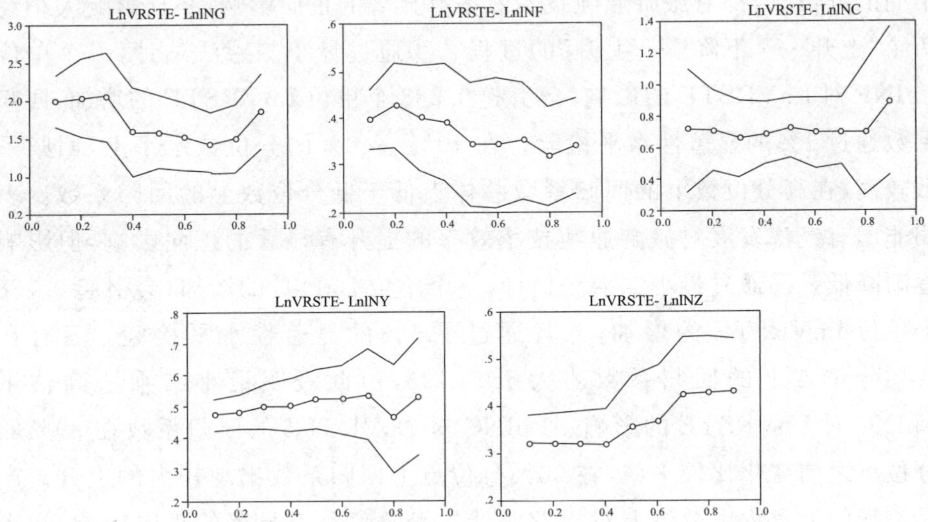

图 5.19　市场化指数单项指标对纯技术效率的分位数系数变化曲线图

表 5.24　市场化指数单项指标对纯技术效率的回归

分位点	LnING	LnINF	LnINC	LnINY	LnINZ
0.1	0.997***	0.396***	0.719***	0.475***	0.322***
0.2	1.015***	0.428***	0.719***	0.481***	0.322***
0.3	1.019***	0.400***	0.663***	0.501***	0.319***
0.4	0.833***	0.390***	0.692***	0.505***	0.318***
0.5	0.831***	0.345***	0.728***	0.525***	0.357***
0.6	0.807***	0.345***	0.697***	0.525***	0.368***
0.7	0.770***	0.352***	0.708***	0.540***	0.425***
0.8	0.801***	0.319***	0.708***	0.462***	0.427***
0.9	0.945***	0.340***	0.900***	0.534***	0.431***
OLS	0.901***	0.368***	0.738***	0.501***	0.355***

表 5.24 及图 5.19 反映了市场化指数单项指标对旅游业纯技术效率的回归结果，其中，表 5.24 最后一行是利用最小二乘法的回归结果。研究表明：①通过最小二乘法回归，一个单位 LnING 的增加，会引 0.901 个单位

LnVRSTE 的增加，回归系数通过了 1%的显著性水平的检验。在 10%、20%、30%、90%的分位点上，回归系数超过了 0.901，最小二乘法回归结果高估了 LnING 对 LnVRSTE 的回归系数。在 10%～30%、80%～90%的分位数水平上，回归系数呈上升态势；在 30%～80%的分位数水平上，回归系数呈下降态势。分位数回归的结果显著为正，表明政府与市场的关系在不同的分位点，都对旅游业纯技术效率有显著的正向影响，并且影响大小经历了“上升——下降——上升”的过程。②通过最小二乘法估计，一个单位 LnINF 对 LnVRSTE 的影响，会引起 0.368 个单位 LnVRSTE 的增加，回归系数通过 1%的显著性水平检验。在 10%～40%的分位数水平上，回归系数较高，在高分位数上的回归系数总体上低于低分位数上的回归系数。表明非国有经济发展对旅游业纯技术效率的提升有显著的正向影响，但影响逐渐降低。③通过最小二乘法估计，一个单位 LnINC 的增加，会引起 0.738 个单位 LnVRSTE 的增加，并且通过了 1%的显著性水平检验。只有在 90%分位点上的回归系数才大于 0.738，由此表明最小二乘法高估了 LnINC 对 LnVRSTE 的影响。LnINC 对 LnVRSTE 的回归系数在 80%的分位点之前变化比较平稳，在 90%分位点上回归系数出现较大的上升。产品市场的发育程度总体上对旅游业纯技术效率具有显著的正向影响，在产品市场发育比较成熟时，对旅游业纯技术效率的正向促进更大。④通过最小二乘法估计，一个单位 LnINY 的增加，会引起 0.501 个单位 LnVRSTE 的增加，并且通过了 1%的显著性水平检验。在 10%、20%、80%分位点上，LnINY 对 LnVRSTE 的回归系数小于 0.501，总体上最小二乘法低估了回归系数。除在 80%的分位点上，回归系数逐渐增大，由此表明：要素市场的发育程度总体上对旅游业纯技术效率的提升具有稳步推进的正向影响。⑤通过最小二乘法估计，一个单位 LnINZ 的增加，会引起 0.355 个单位 LnVRSTE 的增加，回归系数同样通过了 1%的显著性水平检验。在前 4 个分位点上分位数回归的系数小于 0.355，在其他分位点上的回归系数均大于 0.355，总体上最小二乘法低估了 LnINZ 对 LnVRSTE 的回归影响。除在 30%～40%的分位数水平上，高分位数上的回归系数明显大于低分位数上的回归系数，由此表明市场中介组织的发育和法律制度环境对旅游业纯技术效率具有显著的正向影响，且总体上是稳步上升的。

在不同的分位点，市场化各分量指标对纯技术效率都具有显著的正向影响，分位数回归结果对最小二乘法的估计进行了相对客观的评价：政府与市场的关系、非国有经济发展两项指标对纯技术效率的正向影响总体上呈下降趋势；产品市场的发育程度、要素市场的发育程度、市场中介组织的发育和法律制度环境三项指标对纯技术效率的正向影响，总体上呈上升趋势。

5.3.2.3 规模效率

表5.25及图5.20反映了市场化指数单项指标对旅游业规模效率的回归结果，其中表5.25最后一行是利用最小二乘法的回归结果。研究结果表明：①通过最小二乘法估计，一个单位LnING的增加，会引起0.280个LnSCALE的增加。在低分位数水平上，回归系数较大并且显著性较强；在高分位数水平上，回归系数较小且显著性不强，只有在90%的显著性水平上，回归系数通过了5%的显著性水平检验。总体上政府与市场的关系在低分位数水平上对旅游业规模效率具有显著的正向影响，在高分位数水平上对旅游业规模效率的影响系数较小，显著性不强。②通过最小二乘法估计，一个单位LnINF增加，会引起0.109个单位LnSCALE的增加，但效果不显著。LnINF对LnSCALE的回归，在低分位数水平上，回归系数较大并且显著性较强；在高分位数水平上，回归系数较小且显著性不强。非国有经济的发展，只有在低分位数水平上，才会对旅游业纯技术效率产生一定的正向促进作用。③通过最小二乘法估计，一个单位LnINC增加，会引起0.206个单位LnVRSTE的增加，但显著性不强。分位数回归表明，只有在中低分位数水平上，回归系数才具有显著性。由此表明，产品市场的发育程度在中低分位数水平上，对旅游业规模效率的提升具有一定的正向促进作用。④通过最小二乘法估计，一个单位LnINY的增加，会引起0.139个单位LnSCALE的增加，但显著性不强。LnINY对LnSCALE的回归，在10%、20%、30%、40%、90%的分位数水平上，回归系数显著，由此表明：要素市场的发育程度，在中低及高分位数水平上对旅游业纯技术效率具有显著的正向影响。⑤通过最小二乘法估计，一个单位LnINZ的增加，会引起0.089个单位LnSCALE的增加，但只有在10%、30%的分位数水平下，回归系数才显著。由此表明，市场中介组织的发育以及法律制度环境对旅游业规模效率的正向影响，只有在低水平分位数上才是显著的。

表 5.25　市场化指数单项指标对规模效率的回归

分位点	LnING	LnINF	LnINC	LnINY	LnINZ
0.1	0.504***	0.196***	**0.279**	0.327***	0.209**
0.2	0.361**	0.140**	0.279**	0.174*	**0.093**
0.3	0.361***	0.112*	0.234**	0.166**	0.102*
0.4	0.308***	0.130**	0.183**	0.168**	**0.056**
0.5	0.199***	0.105**	0.168*	**0.086**	**0.080**
0.6	**0.169**	**0.065**	0.177*	**0.088**	**0.080**
0.7	**0.196**	**0.039**	**0.131**	**0.043**	**0.034**
0.8	**0.113**	**0.060**	**0.082**	**0.074**	**0.049**
0.9	0.196**	**0.119**	**0.178**	0.137*	**0.059**
OLS	0.280***	**0.109**	**0.206**	**0.139**	**0.089**

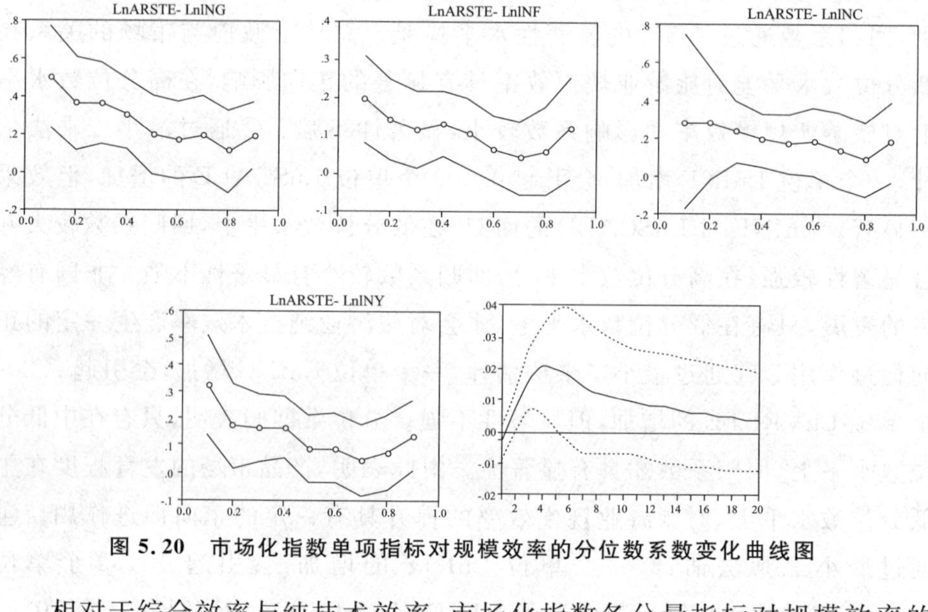

图 5.20　市场化指数单项指标对规模效率的分位数系数变化曲线图

相对于综合效率与纯技术效率，市场化指数各分量指标对规模效率的最小二乘法估计系数大部分不显著。分位数回归分析表明，大部分分量在中低分位数水平上，对旅游业对规模效率具有显著的正向影响，且总体上看来影响系数逐渐降低。总体来看，市场化指数各分量对综合效率正向作用最强，对纯技术效率的正向作用次之，对规模效率的正向作用较弱。旅游业是一项敏感性较强的第三产业，旅游业发展应该抢抓相关政策制度先机，努力在“制度效应”退化之前实现各项效率的提升。

5.3.3　制度变迁对旅游效率影响的地带差异

以上分位数回归研究论述了制度因素及各分量对旅游业各项效率影响的时间分析，并没有涉及制度变迁对旅游业效率影响的空间分异。因此借助计量经济学分析方法，利用1997—2009年的面板数据，分别构建东、中、西三大地带的POOL面板数据模型，分析不同地带制度变迁对旅游业各项效率的影响。

5.3.3.1　总体制度

(1)东部地区

东部地区制度因素对各项效率的回归结果见表5.26所示，通过检验，发现利用固定效应模型对POOL面板数据模型进行回归效果较好。在东部地区，一个单位LnIN的增加，分别会引起1.127、0.412、0.716个单位LnCRSTE、LnVRSTE、LnSCALE的增加。制度因素在东部地区对旅游业各项效率有一定的正向影响，在东部地区对综合效率的影响程度最大，对规模效率的影响次之，对纯技术效率的影响程度最小。东部地区制度相对健全，旅游业的集约化增长方式较为明显，制度因素对纯技术效率的影响相对有限，对综合效率及规模效率的影响明显大于纯技术效率。

表5.26　东部地区制度因素对各项效率的回归结果

变量		随机效应模型估计	固定效应模型估计	混合横截面模型
LnCRSTE	常数项 *C*	−5.535 (−24.175) ***	−5.511 (−28.460) ***	−5.992 (−21.930) ***
	Ln*IN*	1.120 (11.557) ***	1.127 (11.834) ***	1.376 (9.842) ***
	样本个数	156	156	156
	截面数	13	13	13
	调整的 R^2	0.461	0.790	0.382
	F 值	133.585***	49.521***	96.869***
	LR 检验		28.143***	
	Hausman检验	0.964*		

续表

变量		随机效应模型估计	固定效应模型估计	混合横截面模型
LnVRSTE	常数项 C	−1.829 (−9.958) ***	−1.790 (−14.224) ***	−3.856 (−11.017) ***
	Ln*IN*	0.432 (6.710) ***	0.412 (6.376) ***	1.481 (8.269) ***
	样本个数	156	156	156
	截面数	13	13	13
	调整的 R^2	0.205	0.939	0.303
	F 值	41.063***	199.777***	68.384***
	LR 检验		146.924***	
	Hausman 检验	15.862***		
LnSCALE	常数项 C	−3.678 (−16.601) ***	−3.723 (−22.191) ***	−2.133 (−6.248) ***
	Ln*CUIN*	0.693 (8.080)***	0.716 (8.313)***	−0.106 (−0.609)
	样本个数	156	156	156
	截面数	13	13	13
	调整的 R^2	0.284	0.836	0.004
	F 值	62.484***	66.703***	0.371
	LR 检验		72.561***	
	Hausman 检验	7.895***		

（2）中部地区

EViews6.0 的输出报表显示，中部地区制度因素对旅游业各项效率的面板数据回归利用固定效应模型较好，回归结果见表 5.27 所示。在中部地区，一个单位 LnIN 的增加，分别会引起 1.308、1.235、0.079 个单位 LnCRSTE、LnVRSTE、LnSCALE 的增加。制度因素在中部地区同样对旅游业的各项效率具有显著的正向促进作用，中部地区制度因素对综合效率的影响程度最大，对纯技术效率次之，对规模效率的影响程度最小。与东部地区相比，制度因素在中部地区对旅游业综合效率与纯技术效率的促进作用更加明显，主要是因为东部地区制度比较完善，中部地区制度的完善仍有较大的提升空间,“制度红利”的提升空间较大。制度因素在中部地区对规模效率的提升作用明显低于东部地区,主要是因为中部地区旅游业的粗放型增长方式比东部地区明显,规模效率的提升仅仅依靠粗放型增长方式就可以得到增加,反而制度因素在中部地区对旅游业规模效率的提升不具有较强的作用。

表 5.27 中部地区制度因素对各项效率的回归结果

变量		随机效应模型估计	固定效应模型估计	混合横截面模型
LnCRSTE	常数项 C	−5.772 (−27.261) ***	−5.773 (−30.685) ***	−5.763 (−25.117) ***
	LnIN	1.307 (11.503) ***	1.308 (11.444) ***	1.301 (9.355) ***
	样本个数	117	117	117
	截面数	13	13	13
	调整的 R^2	0.533	0.661	0.427
	F 值	133.477***	26.128***	87.518***
	LR 检验		10.911***	
	Hausman 检验	0.102*		
LnVRSTE	常数项 C	−3.950 (−19.717) ***	−3.934 (−26.742) ***	−4.432 (−16.094) ***
	LnIN	1.245 (13.959) ***	1.235 (13.826) ***	1.541 (9.231) ***
	样本个数	117	117	117
	截面数	13	13	13
	调整的 R^2	0.622	0.854	0.421
	F 值	191.576***	76.659***	85.216***
	LR 检验		43.843***	
	Hausman 检验	2.976*		

续表

变量		随机效应模型估计	固定效应模型估计	混合横截面模型
LnSCALE	常数项 C	−1.180 (−9.920) ***	−1.851 (−11.604) ***	−1.342 (−5.635) ***
	LnIN	0.054 (0.559)	0.079 (0.814)	−0.234 (−1.621)
	样本个数	117	117	117
	截面数	13	13	13
	调整的 R^2	0.006	0.611	0.014
	F 值	0.298	21.205***	2.627
	LR 检验			
	Hausman 检验	6.773***		

(3)西部地区

西部地区制度因素对旅游业各项效率的回归结果如表 5.28 所示，通过检验，利用固定效应模型具有较好的估计结果。在西部地区，一个单位 LnIN 的增加。总体上会引起 0.168、0.148、0.019 个单位 LnCRSTE、LnVRSTE、LnSCALE 的增加。制度因素在西部地区对旅游业各项效率同样具有显著的正向促进作用，总体上对综合效率的提升作用最大，对纯技术效率的提升作用次之，对规模效率的提升作用最小。与东中部地区相比，制度因素引起的旅游业各项效率的变化最不明显，主要是因为西部地区旅游业粗放型增长方式明显，不需要进行制度变革，也可以获得一定的旅游经济增长，制度因素在旅游业效率提升中所起的作用并不显著。

表 5.28 西部地区制度因素对各项效率的回归结果

变量		随机效应模型估计	固定效应模型估计	混合横截面模型
LnCRSTE	常数项 C	−4.353 (−25.164) ***	−4.348 (−90.743) ***	−4.414 (−66.207) ***
	LnIN	0.173 (5.345) ***	0.168 (5.396) ***	0.230 (6.406) ***

续表

变量		随机效应模型估计	固定效应模型估计	混合横截面模型
LnSCALE	样本个数	130	130	130
	截面数	13	13	13
	调整的 R^2	0.194	0.699	0.237
	F 值	31.972***	30.910***	41.032
	LR 检验		22.798***	
	Hausman 检验	0.596*		
LnVRSTE	常数项 C	−3.129 (−8.567)***	−3.125 (−73.998)***	−3.436 (−27.040)***
	LnIN	0.152 (5.534)***	0.148 (5.378)***	0.438 (6.410)***
	样本个数	130	130	130
	截面数	13	13	13
	调整的 R^2	0.184	0.936	0.237
	F 值	30.144***	188.453***	41.090***
	LR 检验		155.295***	
	Hausman 检验	3.023*		
LnSCALE	常数项 C	−1.218 (−4.857)***	−1.219 (−87.880)***	−0.974 (−11.138)***
	LnIN	0.017 (1.434)	0.019 (1.533)	−0.210 (−4.463)***
	样本个数	130	130	130
	截面数	13	13	13
	调整的 R^2	0.007	0.970	0.128
	F 值	2.009	420.240***	18.921***
	LR 检验		4020269***	
	Hausman 检验	3.979**		

以上分析表明了制度因素对旅游业各项效率的影响具有明显的地带分异，制度因素对各项效率的正向促进作用，大致由东向西递减。制度因素对中部地区旅游业规模效率与纯技术效率的正向促进作用明显高于东西部地区，表明中部地区旅游业综合效率与纯技术效率的提升，需要进一步加快制

度改革,以此带动旅游业其他要素的发展。制度因素对规模效率的促进作用:东部最高、中部其次、西部最小,反映了中西部地区制度因素对旅游业规模效率的提升并不显著,旅游业粗放型经营程度较高。总体而言,东部地区应进一步创新制度,促进制度对旅游业各项效率的提升;中部地区需进一步完善制度,充分发挥“制度红利”对旅游效率的改进作用;西部地区需进一步利用东部地区先进的制度,带动旅游业发展,促进旅游业效率的提升。

5.3.3.2 制度各分量

以上分析结果论述了总体制度对旅游业各项效率影响的空间差异,并没有涉及制度各分量,利用 1997—2009 年的面板数据,构建制度各分量对旅游业各项效率的 POOL 面板数据模型,利用固定效应模型进行回归估计,结果如表 5.29 所示。

表 5.29 制度各分量对旅游业各项效率影响的地带差异

	变量	LnCRSTE	R^2	LnVRSTE	R^2	LnSCALE	R^2
东部地区	LnING	1.158 (9.722)***	0.760	0.583 (5.780)***	0.936	0.996 (7.261)***	0.822
	LnINF	0.691 (9.905)***	0.763	0.235 (5.315)***	0.935	0.457 (7.883)***	0.830
	LnINC	1.261 (8.469)***	0.734	0.387 (4.211)***	0.930	0.878 (7.390)***	0.824
	LnINY	0.873 (9.981)***	0.765	0.391 (7.610)***	0.944	0.483 (6.249)***	0.809
	LnINZ	0.516 (9.413)***	0.754	0.204 (6.176)***	0.938	0.313 (6.734)***	0.815
中部地区	LnING	1.250 (9.352)***	0.585	1.137 (10.058)***	0.792	**0.118 (1.154)**	0.613
	LnINF	0.751 (9.286)***	0.582	0.740 (11.823)***	0.824	**0.015 (0.244)**	0.608
	LnINC	1.411 (9.189)***	0.579	1.378 (11.416)***	0.817	**0.032 (0.271)**	0.608
	LnINY	0.800 (9.252)***	0.581	0.705 (9.380)***	0.777	**0.101 (1.551)**	0.617
	LnINZ	0.734 (8.385)***	0.545	0.693 (9.572)***	0.781	**0.047 (0.727)**	0.610

续表

	变量	LnCRSTE	R^2	LnVRSTE	R^2	LnSCALE	R^2
西部地区	LnING	1.061 (5.962)***	0.711	1.141 (7.875)***	0.947	**−0.080** **(−1.136)**	0.970
	LnINF	0.329 (7.936)***	0.755	0.344 (10.626)***	0.959	**−0.016** **(−0.917)**	0.970
	LnINC	0.231 (3.197)***	0.655	0.227 (3.605)***	0.928	**0.002** **(0.091)**	0.970
	LnINY	0.587 (9.525)***	0.787	0.588 (12.286)***	0.965	**−0.003** **(−0.121)**	0.970
	LnINZ	0.468 (6.572)***	0.725	0.432 (7.005)***	0.943	**0.035** **(1.198)**	0.970

制度各分量对东部地区各项效率均有显著的正向影响，但在中西部地区对规模效率的影响不显著。在东部地区，一个单位 LnINC 的增加，会引起 1.261 个单位 LnCRSTE 的增加，东部地区产品市场发育程度对旅游业综合效率的影响程度最大；一个单位 LnING 的增加，会引起 0.583 个单位 LnCRSTE 的增加，东部地区政府与市场的关系对旅游业纯技术效率的影响程度最大；一个单位 LnING 的增加，会引起 0.996 个单位 LnSCALE 的增加，东部地区政府与市场的关系对规模效率的影响程度同样最大。在中部地区，一个单位 LnINC 的增加，分别会引起 1.411、1.378 个单位 LnCRSTE、LnVRSTE 的增加，产品市场发育程度在中部地区对旅游业综合效率及纯技术效率的正向影响最大。在西部地区，一个单位 LnING 的增加，分别会引起 1.061、1.141 个单位 LnCRSTE、LnVRSTE 的增加，西部地区政府与市场的关系对旅游业综合效率与纯技术效率的正向影响最大。

通过以上 POOL 面板数据分析可以发现，在东中部地区，产品市场的发育程度是影响旅游业综合效率的主导制度因素。旅游产品很大一部分由市场中的其他产品组合而成，成熟的产品市场，可以为旅游产品的生产、交换、消费提供一个良好的市场环境，促进旅游业效率的提升。在西部地区，政府与市场的关系是制度因素中影响旅游业综合效率的主导因素。西部地区市场发育相对滞后，政府在旅游业开发过程中起到了相对重要的作用。旅游产业在西部地区很大程度上还是“政府主导型产业”，很多西部地区纷纷将旅游业作为“战略性支柱产业”进行培育，在经济相对后进的地区，政府与市场的关系往往对旅游业的发展具有决定性作用。政府在旅游业的发展过程中不应该过分干预市场，针对市场的盲目性、自发性、滞后性等特点，应该做好相应的应对措施，旅游业发展应该以市场调节为主，政府调节为辅。在东部与西部地区，政府与市场关系同样是影响纯技术效率的主导因素，在中部地区产品市场发育程度对旅游纯技术效率影响最大。广大中西部地区旅游业发展的市场远没有达到饱和，相对于东部地区市场竞争较缓和，旅游业的发展不需要通过制度变迁就有可能会产生一定程度的规模效率。东部地区旅游业发展基本成熟，市场竞争日趋激烈，旅游业规模效率的提升不能仅仅依靠粗放型增长，还需要涉及制度的变革。因此制度各分量在东部地区对旅游业规模效率具有显著的正向影响，在中西部地区对旅游业规模效率反而没有显著性的影响。

5.3.4 制度因素对旅游业效率影响分异小结

①通过分位数回归与最小二乘法回归的对比分析，发现分位数回归在刻画旅游业效率影响因素的时间分异上具有较强的优势。两种回归分析均表明了制度因素对旅游业各项效率均有一定的正向影响，制度因素对旅游业综合效率的影响程度较大，对规模效率的影响程度相对较小。分位数回归表明，在不同的分位点上，制度因素对各项效率的回归系数表现出不同的分布规律，制度因素对各项效率的回归系数随着分位点的扩大，总体上表现出减小的趋势。从长远角度看，只有制度的不断革新，才能实现旅游业效率的优化提升。

②分位数回归表明，制度各分量对旅游业综合效率及纯技术效率均有显著的正向影响。除产品市场的发育程度指标外，其他指标对综合效率的正向影响从低分位数到高分位数递减。政府与市场的关系、非国有经济发展两项指标对纯技术效率的正向影响，从低分位数到高分位数呈下降趋势。产品市场的发育程度、因素市场的发育程度、市场中介组织的发育和法律制度环境四项指标对纯技术效率的正向影响，从低分位数到高分位数呈上升趋势。制度因素各分量指标对规模效率的显著性正向影响基本集中在低分位数上，且影响系数逐渐降低。

③制度因素对旅游业各项效率的影响具有显著的地带差异，制度因素对各项效率的正向促进作用，大致由东向西递减。在东中部地区，产品市场

的发育程度是影响旅游业综合效率的主导制度因素；在西部地区，政府与市场的关系是制度因素中影响旅游业综合效率的主导因素；在东部与西部地区，政府与市场的关系同样是影响纯技术效率的主导因素，在中部地区产品市场发育程度对旅游纯技术效率影响最大；制度各分量在中西部地区对旅游业规模效率影响不显著，其中政府与市场化关系是东部地区影响规模效率的主导制度因素。

5.4　文化资本对旅游业效率影响

5.4.1 文化资本测度

第三章构建了文化资本的评价指标体系。由于原始数据存在量纲不统一的情况，需要对原始数据进行归一化处理，原始指标较多，单个指标无法代表各省文化资本总体状况，可利用主成分分析法提取公因子，在此基础上计算每个省份每年的得分情况，作为该省文化资本的数据。对1997—2011年的原始数据进行主成分分析，首先需要考察各年份的数据是否适合进行主成分分析。通过检测发现Bartlett球形检验结果Sig.＝0.000＜0.05，各变量间并非相互独立。此外各年份的KMO值如表5.30所示。从表中可以看出各年份的KMO值均大于0.7，一般而言，KMO值越大越适合作主成分分析，根据统计学家Kaiser给出的标准，KMO大于0.6适宜作主成分分析，因此原始数据可以进行主成分分析。各项指标在前3个公因子上的累计方差贡献率如表5.30所示，数值均超过了85%。一般而言，当少数几个主成分的累计贡献率达到85%时，就可以认定这几个主成分可以代表原来的多个变量的大部分信息，因此本研究统一提取3个公因子计算各年份文化资本的综合得分。1997、2011年大陆各省文化资本评价结果见图5.21所示。

表 5.30　文化资本原始数据检验结果

年份	1997	1998	1999	2000	2001	2002	2003	2004
KMO	0.768	0.786	0.752	0.785	0.759	0.772	0.798	0.710
前三个公因子累计方差贡献率	89.174	87.883	90.405	91.323	90.937	91.009	91.634	85.078
年份	2005	2006	2007	2008	2009	2010	2011	
KMO	0.801	0.770	0.747	0.752	0.765	0.741	0.786	
前三个公因子累计方差贡献率	89.978	89.579	90.183	89.698	89.424	87.835	88.560	

表 5.31　1997、2011 年各省文化资本评价指数及排名

省　份	1997	排名	2011	排名	均值	排名
北　京	0.153	14	0.508	2	0.421	7
天　津	0.094	22	0.223	12	0.157	23
河　北	0.148	15	0.123	18	0.303	13
山　西	0.153	13	0.015	28	0.258	15
内蒙古	0.062	24	0.036	23	0.148	25
辽　宁	0.181	11	0.248	10	0.314	12
吉　林	0.032	27	0.208	15	0.161	21
黑龙江	0.124	17	0.260	9	0.223	20
上　海	0.377	5	0.342	6	0.541	5
江　苏	0.371	6	0.846	1	0.691	3
浙　江	0.408	2	0.215	14	0.705	2
安　徽	0.096	21	0.223	13	0.241	16
福　建	0.265	7	0.014	29	0.324	11
江　西	0.117	19	0.229	11	0.232	17
山　东	0.390	4	0.481	3	0.546	4
河　南	0.215	8	0.172	16	0.418	8
湖　北	0.213	9	0.424	5	0.378	9
湖　南	0.187	10	0.323	8	0.328	10
广　东	0.847	1	0.465	4	1.048	1
广　西	0.124	18	0.116	20	0.227	19
海　南	0.036	26	0.030	25	0.061	28
重　庆	0.068	23	0.077	22	0.155	24
四　川	0.393	3	0.145	17	0.433	6
贵　州	0.011	28	0.098	21	0.091	27

续表

省份	1997	排名	2011	排名	均值	排名
云南	0.154	12	0.024	26	0.230	18
西藏	0.001	31	0.023	27	0.026	30
陕西	0.131	16	0.335	7	0.294	14
甘肃	0.106	20	0.117	19	0.159	22
青海	0.010	29	0.000	31	0.025	31
宁夏	0.006	30	0.035	24	0.033	29
新疆	0.050	25	0.012	30	0.141	26

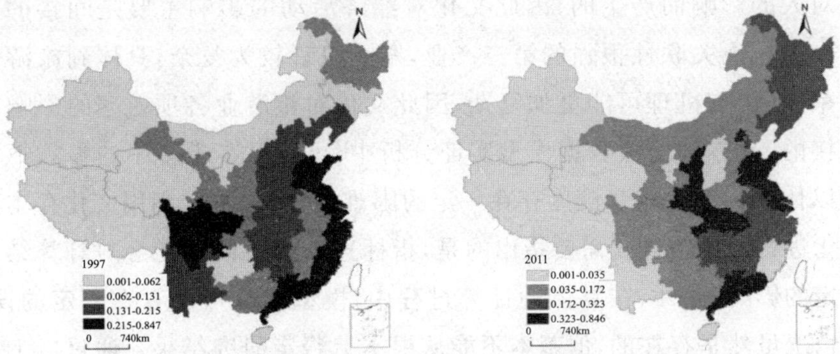

图 5.21　1997、2011 年大陆各省文化资本评价结果

从表 5.31 可以看出：1997 年文化资本存量排名前 5 位的分别为广东、浙江、四川、山东、上海五省市，基本上为区域性经济大省；排名最后 5 位的分别为吉林、贵州、青海、宁夏、西藏五省，基本上位于西部地区。2011 年排名前 5 位的分别为江苏、北京、山东、广东、湖北五省市；排名最后 5 位的分别为：西藏、山西、福建、新疆、青海五省。1997—2011 年文化资本存量上升幅度最大的分别为北京（＋12）、天津（＋10）、陕西（＋9）、安徽（＋8）、黑龙江（＋8）；下降幅度最大的分别为：福建（－22）、山西（－15）、四川（－14）、云南（－14）、河南（－8）。上述分析只是反映了两年的截面情况，不能反映各年份均是如此。从均值的排序可以发现：1997—2011 年排名前 5 位的分别为广东、浙江、江苏、山东、上海五省市；排名最后 5 位的分别为：贵州、海南、宁夏、西藏、青海五省。通过分析可以发现：文化资本与经济发展水平有天然的耦合关系，文化大省往往是经济强省，文化往往只有借助经济腾飞的翅膀，才能更加繁荣与昌盛。中西部地区文化资本与东部地区相比，评价指数相对较低。1997 年文化资本评价指数较高的地区主要集中在沿海地区以及西部的四川省。2011 年文化资本评价指数高值区整体上向东部发生转移,高值区主要分布在东部的北京、山东、上海、江苏、广东以及中西部的湖北与陕西。

5.4.2 总体影响评价

已有文献的研究结果表明,文化对经济发展具有重要的影响,文化对经济活动的参与主体人产生潜移默化的影响,对人们的生产生活方式、思维习惯、经济交换形式等都会产生重要的影响。文化对经济活动的影响主要是通过对人的影响而产生的,因此文化对经济活动的影响主要是间接的。旅游业作为一项关联性很强的第三产业,影响机理较为复杂,具体到旅游业各项效率,其影响机理可能更加复杂,因此文化对旅游业各项效率的影响可能是间接的,具体到面板数据模型实证分析中,可能会在模型中的参数不显著中得以体现。文化定量测度存在一定的困难性,因此本文利用文化存本存量对文化进行定量估算。需要指出的是,指标选择的不同可能会对计算结果产生一定的影响,此外,在具体的计算过程中,模型估算可能存在一定的误差。这些情况虽然是存在的,但基本不能从根本上否定研究结果。通过以上主成分分析结果,利用 1997—2011 年各省文化资本估算结果以及旅游业各项效率,构建 POOL 面板数据模型,在此基础上进行参数估计,结果见表 5.32。

表 5.32 文化资本对旅游业各项效率的影响

变量		随机效应模型估计	固定效应模型估计	混合横截面模型
LnCRSTE	常数项 C	−3.484 (−31.343) ***	−3.495 (−74.115) ***	−3.356 (−56.292) ***
	LnCULT	0.060 (2.984) ***	0.056 (2.704) ***	0.125 (5.154) ***
	样本个数	465	465	465
	截面数	15	15	15
	调整的 R^2	0.017	0.606	0.653
	F 值	8.886***	23.830***	26.560***
	LR 检验		22.497	
	Hausman 检验	2.012**		

续表

变量		随机效应模型估计	固定效应模型估计	混合横截面模型
LnVRSTE	常数项 C	−1.851 (−8.910)***	−1.858 (−52.668)***	−1.395 (−13.991)***
	Ln*CULT*	0.003 (0.221)	0.001 (0.075)	0.230 (5.683)***
	样本个数	465	465	465
	截面数	15	15	15
	调整的 R^2	0.125	0.922	0.064
	F 值	0.056	176.799***	32.296***
	LR 检验		169.436***	
	Hausman 检验	5.637**		
LnSCALE	常数项 C	−1.644 (−12.146)***	−1.639 (−60.238)***	−1.962 (−29.784)***
	Ln*CULT*	0.052 (4.369)***	0.054 (4.564)***	−0.105 (−3.934)***
	样本个数	465	465	465
	截面数	15	15	15
	调整的 R^2	0.037	0.897	0.030
	F 值	18.865***	122.072***	15.474***
	LR 检验		121.595***	
	Hausman 检验	6.557**		

表 5.32 中，LnCULTI、LnCRSTE、LnVRSTE、LnSCALE 分别表示对文化资本存量估算结果、综合效率、纯技术效率、规模效率进行了对数处理。除文化资本对综合效率的回归模型外，其他回归模型均采用固定效应回归较好。LnCULT 对 LnCRSTE 面板数据回归的 Hanman 检验结果 t 统计量为 2.012，在 5%的显著性水平下拒绝原假设，选择固定效应模型对原始数据进行估计。此外，LR 检验结果 t 统计量为 22.497，没有通过显著性检验，无法拒绝混合横截面模型相对于固定效应模型更有效的假设。因此需要建立混合横截面模型，总体上一个单位 LnCULT 的增加，会引起 0.125 个单位 LnCRSTE 的增加，文化资本存量对旅游业综合效率具有正向影响。

用固定效应模型对其他面板模型进行估计,结果发现:文化资本存量对旅游业纯技术效率具有微弱的正向影响,总体上影响不显著,一个单位LnCULT的增加,只会引起0.001个单位LnVRSTE的增加,回归系数没有通过显著性检验。文化资本存量对旅游业规模效率具有一定的正向影响,一个单位LnCULT的增加,会引起0.054个单位LnSCALE的增加。总体而言,文化资本存量对旅游业综合效率影响系数最大,对旅游业纯技术效率没有显著的影响,对规模效率有一定的正向影响,这样的结果是否适用于东中西三大地带,仍需进一步检验。

5.4.3 不同地带影响测度

(1)东部地区

表5.33 东部地区文化资本对旅游业各项效率的影响

变量		随机效应模型估计	固定效应模型估计	混合横截面模型
LnCRSTE	常数项 C	−3.142 (−20.461) ***	−3.161 (−44.690) ***	−2.989 (−39.402) ***
	Ln$CULT$	0.085 (1.989) **	0.072 (2.625)	0.192 (4.548) ***
	样本个数	180	180	180
	截面数	15	15	15
	调整的 R^2	0.016	0.574	0.099
	F 值	3.948**	21.118***	20.691***
	LR 检验		19.058***	
	$Hausman$ 检验	1.425		
LnVRSTE	常数项 C	−0.876 (−10.743) ***	−0.947 (−25.913) ***	−0.274 (−4.060) ***
	Ln$CULT$	0.077 (3.454) ***	0.028 (1.202)	0.499 (13.270) ***
	样本个数	180	180	180
	截面数	15	15	15
	调整的 R^2	0.039	0.920	0.494

续表

变量		随机效应模型估计	固定效应模型估计	混合横截面模型
LnVRSTE	*F* 值	8.347***	171.724***	176.101***
	LR 检验		86.620***	
	Hausman 检验	77.433***		
LnVRSTE	常数项 *C*	−2.285 (−20.938) ***	−2.213 (−39.581) ***	−2.716 (−39.427) ***
	Ln*CULT*	−0.005 (−0.138)	0.045 (1.283)	−0.308 (−8.026) ***
	样本个数	180	180	180
	截面数	15	15	15
	调整的 R^2	0.105	0.735	0.262
	F 值	0.917	42.456***	64.419***
	LR 检验		29.974***	
	Hausman 检验	24.944***		

东部地区文化资本存量对旅游业各项效率的面板模型估计结果如表5.33所示。除综合效率外，采用固定效应模型估计文化资本对纯技术效率及规模效率的影响系数比较合理。文化资本对综合效率估计模型的LR检验结果 t 统计值为19.058，数值通过了1%的显著性水平检验，无法拒绝混合横截面模型相对于固定效应模型更有效的假设。此外，Hausman检验结果 t 统计值为1.425，数值没有通过显著性检验，因此无法拒绝原假设，所以最终选择随机效应模型对模型进行估计。从表5.33中可以看出：一个单位LnCULT的增加，会引起0.085个单位LnCRSTE的增加，文化资本存量对东部地区旅游业的综合效率具有显著的正向影响。通过固定效应模型估计发现：东部地区文化资本旅游业的纯技术效率及规模效率有微弱的正向影响，但都没有通过显著性检验。

(2)中部地区

中部地区文化资本存量对旅游业各项效率的面板模型估计结果如表5.34所示。除综合效率外，采用固定效应模型估计文化资本对纯技术效率及规模效率的影响系数比较合理。文化资本存量对综合效率估计模型的

LR 检验 t 统计量为 4.573,数值通过了 1%的显著性水平的检验,因此拒绝原假设,选择固定效应模型进行参数估计,此外,Hausman 检验的 t 统计量为 1.911,数值没有通过显著性检验,无法拒绝原假设,因此最终选择随机效应模型对模型进行估计。从表 5.34 中可以看出,中部地区一个单位 LnCULT 的增加,会引起 0.089 个单位 LnCRSTE 的增加。通过固定效应分析发现:中部地区文化资本对旅游业纯技术效率及规模效率有微弱的正向影响,但数值没有通过显著性检验。

表 5.34 中部地区文化资本对旅游业各项效率的影响

变量		随机效应模型估计	固定效应模型估计	混合横截面模型
LnCRSTE	常数项 C	−3.369 (−26.583) ***	−3.396 (−33.411) ***	−3.298 (−31.600) ***
	Ln*CULT*	0.089 (2.019) **	0.076 (1.685) *	0.124 (2.731) ***
	样本个数	135	135	135
	截面数	15	15	15
	调整的 R^2	0.022	0.215	0.046
	F 值	4.049	5.071***	7.456***
	LR 检验		4.573***	
	Hausman 检验	1.911		
LnVRSTE	常数项 C	−1.668 (−16.277) ***	−1.775 (−20.717) ***	−1.437 (−12.694) ***
	Ln*CULT*	0.094(2.522)**	0.041(1.072)	0.207 (4.189) ***
	样本个数	135	135	135
	截面数	15	15	15
	调整的 R^2	0.029	0.558	0.110
	F 值	4.997**	19.766***	17.544***
	LR 检验		17.824***	
	Hausman 检验	37.274***		

续表

变量		随机效应模型估计	固定效应模型估计	混合横截面模型
LnSCALE	常数项 C	−1.667 (−22.130) ***	−1.621 (−29.549) ***	−1.860 (−23.841) ***
	Ln*CULT*	0.013 (0.542)	0.036 (1.467)	−0.082 (−2.398) **
	样本个数	135	135	135
	截面数	15	15	15
	调整的 R^2	0.006	0.586	0.034
	F 值	0.244	22.041***	5.751**
	LR 检验		23.121***	
	Hausman 检验	27.751***		

(3)西部地区

西部地区文化资本存量对旅游业各项效率的面板模型估计结果如表5.35所示,除规模效率外,采用固定效应模型估计文化资本对纯技术效率及规模效率的影响系数比较合理。西部地区文化资本对旅游业综合效率及纯技术效率有微弱的正向影响,数值通过了10%的显著性水平的检验。西部地区一个单位LnCULT的增加,分别会引起0.058个单位LnCRSTE以及0.050个单位LnVRSTE的增加。西部地区文化资本对旅游业规模效率模型估计的Hausman检验t统计值为15.268,数值通过了1%的显著性水平检验,拒绝原假设,选择固定效应模型优于随机效应模型。此外,LR检验结果t统计值为182.805,数值没有通过显著性检验,无法拒绝混合横截面模型相对于固定效应模型更有效的假设,因此需要建立混合横截面模型进行参数估计。从表5.35中可以发现,一个单位LnCULT的增加,会引起0.103个单位LnSCALE的增加,西部地区文化资本对旅游业规模效率具有显著的正向影响。

表 5.35 西部文化资本对旅游业各项效率的影响

变量		随机效应模型估计	固定效应模型估计	混合横截面模型
LnCRSTE	常数项 C	−3.863 (−18.798)***	−3.890 (−36.077)***	−3.612 (−30.870)***
	Ln*CULT*	0.067 (2.110)**	0.058 (1.788)*	0.148 (4.504)***
	样本个数	150	150	150
	截面数	15	15	15
	调整的 R^2	0.022	0.588	0.115
	F 值	4.441**	22.261***	20.290***
	LR 检验		19.890***	
	Hausman 检验	1.421*		
LnVRSTE	常数项 C	−2.708 (−10.116)***	−2.749 (−31.416)***	−1.494 (−8.491)***
	Ln*CULT*	0.064 (2.436)**	0.050 (1.902)*	0.458 (9.252)***
	样本个数	150	150	150
	截面数	15	15	15
	调整的 R^2	0.029	0.914	0.362
	F 值	5.418**	158.358***	85.599***
	LR 检验		105.818***	
	Hausman 检验	15.115***		
LnSCALE	常数项 C	−1.175 (−9.695)***	−1.138 (−27.148)***	−2.117 (−19.643)***
	Ln*CULT*	−0.001 (−0.282)	0.008 (0.663)	0.103 (10.210)***
	样本个数	150	150	150
	截面数	15	15	15
	调整的 R^2	−0.006	0.951	0.409

续表

变量		随机效应模型估计	固定效应模型估计	混合横截面模型
LnSCALE	*F* 值	0.061	290.191***	104.237***
	LR 检验		182.805	
	Hausman 检验	45.268***		

文化资本存量对各项效率的影响具有一定的空间效应：①文化资本对综合效率的影响在东部地区最大，回归系数达到了 0.192(***)；中部地区次之，回归系数为 0.089(**)；西部地区最小，回归系数为 0.058(*)。②文化资本对纯技术效率的影响显著性不强，仅在西部地区文化资本对纯技术效率具有显著的影响，回归系数为 0.050(*)。③文化资本对规模效率的影响显著性同样不强，仅在西部地区具有显著的正向影响，回归系数为 0.103(***)。本部分的研究从空间角度验证了前文的假设：文化因素对旅游业各项效率的影响基本上是间接的。

5.4.4 不同时段影响测度

为了分析文化资本对旅游业各项效率影响的时间分异，将 1997—2011 年分为三个时间段，分别为：1997—2001、2002—2006、2007—2011，分别建立 POOL 面板数据模型进行计量分析，分析不同时段文化资本对旅游业效率的影响机理。

表 5.36 不同时段的文化资本对旅游业综合效率的影响

变量		随机效应模型估计	固定效应模型估计	混合横截面模型
1997—2001	常数项 *C*	−3.436 (−21.504) ***	−4.113 (−14.384) ***	−3.262 (−35.935) ***
	Ln*CULT*	0.265 (0.059) ***	0.030 (0.244)	0.342 (9.855) ***
	样本个数	155	155	155
	截面数	5	5	5
	调整的 R^2	0.106	0.784	0.384

续表

变量		随机效应模型估计	固定效应模型估计	混合横截面模型
1997—2001	*F* 值	19.263***	19.000***	97.114***
	LR 检验		10.418***	
	Hausman 检验	7.304***		
2002—2006	常数项 *C*	−3.491 (−28.493)***	−3.606 (−43.455)***	−2.983 (−30.752)***
	Ln*CULT*	0.017 (0.550)	0.031 (0.908)	0.227 (6.488)***
	样本个数	155	155	155
	截面数	5	5	5
	调整的 R^2	0.051	0.875	0.211
	F 值	5.280	35.729***	42.098***
	LR 检验		28.069***	
	Hausman 检验	13.194***		
2007—2011	常数项 *C*	−3.281 (−35.676)***	−3.305 (−99.732)***	−3.039 (−44.010)***
	Ln*CULT*	−0.022 (−1.458)	0.036 (2.351)**	0.120 (4.277)***
	样本个数	155	155	155
	截面数	5	5	5
	调整的 R^2	0.086	0.848	0.101
	F 值	1.872	28.785***	18.291***
	LR 检验		26.130***	
	Hausman 检验	21.793***		

(1)综合效率

不同时段的文化资本对旅游业的综合效率影响的分析结果见表 5.36。通过检验，发现利用固定效应模型进行估计具有较好的效果。分析结果表明：一个单位 LnCULT 的增加，在 1997—2001 年、2002—2006 年对旅游业综合效率的影响效果不显著，在 2007—2011 年会引起 0.036 个单位

LnCRSTE 的增加，回归系数通过了 5%的显著性水平的检验。总体而言，文化资本对旅游业综合效率的影响效果不显著，只是在近期对旅游业综合效率的提升具有微弱的正向影响。

表 5.37　不同时段的文化资本对旅游业纯技术效率的影响

变量		随机效应模型估计	固定效应模型估计	混合横截面模型
1997—2001	常数项 *C*	−1.313 (−7.177) ***	−2.279 (−12.307) ***	−0.064 (−0.556)
	Ln*CULT*	0.362 (5.918) ***	0.060 (0.747)	0.908 (20.613) ***
	样本个数	155	155	155
	截面数	5	5	5
	调整的 R^2	0.133	0.976	0.734
	F 值	24.731***	200.230***	424.913***
	LR 检验		51.763***	
	Hausman 检验	64.681***		
2002—2006	常数项 *C*	−1.834 (−13.077) ***	−1.961 (−30.580) ***	−0.195 (−1.413)
	Ln*CULT*	−0.008 (−0.337)	0.061 (2.365) **	0.670 (13.449) ***
	样本个数	155	155	155
	截面数	5	5	5
	调整的 R^2	0.095	0.978	0.539
	F 值	0.078	226.034***	180.869***
	LR 检验		104.815***	
	Hausman 检验	69.782***		
2007—2011	常数项 *C*	−1.632 (−16.986) ***	−1.642 (−11.105) ***	−1.002 (−9.643) ***
	Ln*CULT*	0.008 (−1.178)	0.014 (2.050) **	0.363 (8.554) ***

续表

变量		随机效应模型估计	固定效应模型估计	混合横截面模型
1997—2001	样本个数	155	155	155
	截面数	5	5	5
	调整的 R^2	0.092	0.990	0.319
	F 值	0.805	488.116***	73.165***
	LR 检验		339.190***	
	Hausman 检验	111.767***		

(2)纯技术效率

不同时段的文化资本对旅游业纯技术效率影响的分析结果见表5.37。通过检验，发现利用固定效应模型进行估计具有较好的效果。分析结果表明：一个单位LnCULT的增加，在1997—2001年对纯技术效率的影响效果不显著，在2002—2006年、2007—2011年分别会引起0.061、0.014个单位LnVRSTE的增加，回归系数通过了5%的显著性水平检验。总体而言，文化资本对旅游业纯技术效率的影响系数较小，在近期出现了微弱下降的态势。

(3)规模效率

不同时段的文化资本对旅游业规模效率影响的分析结果见表5.38。通过检验，发现利用固定效应模型进行估计具有较好的效果。分析结果表明：一个单位LnCULT的增加，在1997—2001年、2002—2006年、2007—2011年分别会引起－0.193、0.031、0.022个单位LnSCALE的增加，数据分别通过了5%、10%、10%的显著性水平检验。1997—2001年文化资本对旅游业规模效率的提升，反而有微弱的负向影响，主要是因为1997—2001年中国旅游市场基本没有达到饱和状态，旅游业粗放型增长方式比较明显，文化资本对旅游业规模效率提升作用不明显，文化资本的过多投入还有可能起到负向的影响作用。2002—2011年中国旅游市场的集约化经营规模逐渐提升，文化资本对旅游业规模效率的正向影响作用开始凸显，尤其是在2002—2006年中国旅游业发展势头最为强劲的时期，该时期文化资本对旅游业规模效率的正向促进作用最大。

表 5.38 不同时段的文化资本对旅游业规模效率的影响

变量		随机效应模型估计	固定效应模型估计	混合横截面模型
1997—2001	常数项 C	−2.656 (−24.657)***	−2.068 (−11.667)***	−2.845 (−46.520)***
	Ln$CULT$	−0.450 (−11.358)***	−0.193 (−2.508)**	−0.533 (−22.826)***
	样本个数	155	155	155
	截面数	5	5	5
	调整的 R^2	0.432	0.932	0.772
	F 值	118.133***	69.176***	521.027***
	LR 检验		13.057***	
	$Hausman$ 检验	15.080***		
2002—2006	常数项 C	−1.764 (−21.400)***	−1.644 (−37.145)***	−2.787 (−33.944)***
	Ln$CULT$	−0.018 (−1.075)	0.031 (1.748)*	−0.442 (−14.906)***
	样本个数	155	155	155
	截面数	5	5	5
	调整的 R^2	0.104	0.974	0.590
	F 值	0.733	188.212***	222.186***
	LR 检验		76.883***	
	$Hausman$ 检验	89.109***		
2007—2011	常数项 C	−1.690 (−20.664)***	−1.662 (−62.419)***	−2.037 (−28.209)***
	Ln$CULT$	−0.038 (−3.130)***	0.022 (1.772)*	−0.242 (−8.213)***
	样本个数	155	155	155
	截面数	5	5	5
	调整的 R^2	0.139	0.930	0.301
	F 值	7.272***	67.393***	67.456***

续表

变量		随机效应模型估计	固定效应模型估计	混合横截面模型
1997—2001	*LR* 检验		47.076***	
	Hausman 检验	54.084***		

通过上述分析发现：文化资本在不同时段对旅游业各项效率的影响机理不完全相同。总体上，文化资本对各项效率影响系数相对较小。从不同地带、不同时段建立 POOL 面板数据估计，结果基本上验证了前文的假设：文化因素对旅游业效率的影响主要是间接的。基于文化资本视角，不同地区应该采取不同的措施提升旅游业效率：东中部地区文化资本存量较为优越，文化对旅游业各项效率提升的影响主要是间接的，通过对旅游业发展其他因素的影响，间接影响旅游业效率。西部地区文化资本存量较小，文化资本存量的提升对旅游业各项效率的改进有显著的正向影响，未来应进一步加大文化产业发展，加大教育、科技、人才等因素的投入，努力缩小与东部地区的差距，促进文化大发展、大繁荣。通过面板数据的分析还发现，近期文化资本对旅游业各项效率的提升作用开始显著，因此在当前阶段应加大对文化建设的投入。应该依托文化发展旅游，依托旅游创造品牌，依托品牌拓展产业，依托产业反哺文化，最终促进文化与旅游的良性循环发展(黄震方等，2011)，进而促进旅游业效率的提升。

5.5 旅游业效率演化机理

5.5.1 路径分析

5.5.1.1 路径分析原理

路径分析(Path analysis)又称为径路分析，可以说是 SEM(结构方程模型)的特例，只有观测变量而无潜在变量。路径分析是由一组可观测变量间线性系统方程组的因果关系式所组成，也可以看成是由多组复回归方程式所组合而成。路径分析可以分为直接效果、间接效果、总效果，总效果等于直接效果与间接效果之和。在图 5.22 中,制度要素对旅游业效率有直接效果,可以记为:制度要素→旅游业效率,两者为单项因果关系。同时,制度要素可以通过旅游资源优势度、区域经济、文化资本对旅游业产生间接影响,称为间接效果,则制度要素对旅游业效率的总效果即直接效果与所有间接效果的之和。需要指出的是,图 5.22 为饱和模型,可利用 Amos7 软件对各条路径进行验证,最终得到图 5.24 所示的调整模型。

以上研究分别从资源、经济、制度、文化四个维度,综合空间分析及计量经济分析方法,分别论述各要素对旅游业各项效率的影响。事实上,旅游业效率各影响因素之间也是相互制约、相互影响的,旅游业效率的演化是各种因素"合力"作用的结果。旅游资源是旅游业赖以发展的基础,在当今条件下,区域经济发展、制度完善程度以及文化资本状况都会对地区旅游资源优势度产生一定的影响,进而影响旅游效率的演化。相反,旅游资源对区域经济发展、制度完善以及文化资本等要素影响相对较小。旅游业效率从本质上说是一种客观存在的经济现象,区域经济是旅游业效率演化的基础,但制度与文化因素对区域经济的发展也会产生一定的促进与阻碍作用,进一步影响旅游效率的演化。文化与制度对旅游业效率的直接作用虽然没有前两者直接,但总体上也会对旅游业效率的演化产生一定的影响,制度与文化因素还会对旅游业效率的其他影响因素施加影响,从而对旅游业效率产生间接影响。

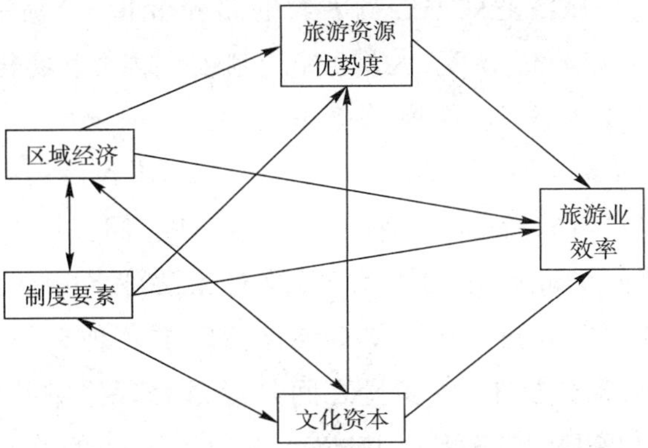

图 5.22　旅游业效率影响因素的饱和模型路径图

以上模型的建立基于以下技术假设:①各变量间的函数关系是线性的、可加的;②每一变量的误差项不与前置变量相关,同时不与其他变量及误差项相关；③变量间均为等间距测度，各变量均为可观测变量，外生变量无测量误差。从图5.22可以看出，区域旅游业效率的演化影响路径可分为直接影响路径与间接影响路径，旅游业效率演化路径模型的总效果等于直接效果与间接效果之和。直接影响路径主要有四条，分别为：①旅游资源优势度→旅游业效率；②区域经济→旅游业效率；③制度要素（市场化指数）→旅游业效率；④文化资本→旅游业效率。间接影响路径主要有：①区域经济→旅游资源优势度→旅游业效率；②区域经济→制度要素→文化资本→旅游业效率；③区域经济→制度要素→旅游资源优势度→旅游业效率；④区域经济制度要素文化资本旅游资源优势度旅游业效率；⑤区域经济→制度要素→旅游业效率；⑥制度要素→区域经济→旅游资源优势度→旅游业效率；⑦制度要素→旅游资源优势度→旅游业效率；⑧制度要素→文化资本→旅游业效率；⑨制度要素→文化资本→旅游业效率；⑩制度要素→区域经济→旅游业效率；⑪制度要素→文化资本→旅游资源优势度→旅游业效率；⑫文化资本→制度要素→旅游业效率；⑬文化资本→制度要素→区域经济→旅游业效率；⑭文化资本→区域经济→旅游业效率；⑮文化资本→旅游资源优势度→旅游业效率；⑯文化资本→制度要素→区域经济→旅游资源优势度→旅游业效率；⑰文化资本→区域经济→旅游资源优势度→旅游业效率。

上述模型为区域旅游业效率演化机制的初步假设模型（饱和模型），模型是否合理需要进一步验证，利用路径分析可对以上模型进行验证。借助Amos7软件可实现旅游业效率影响因素的路径分析，分别利用上述章节的分析结果，将旅游资源优势度、区域经济、制度因素（市场化指数）、文化资本、综合效率、纯技术效率、规模效率取对数，分别记为：LnAI、LnECON、LnIN、LnCULT、LnCRSTE、LnVRSTE、LnSCALE。借助路径分析原理一方面可考察各因素对旅游业各项效率的直接影响、间接影响，另一方面也可以考察各因素之间的相互作用关系，以及对旅游业各项效率的总体影响。旅游业效率影响因素的初始路径图主要包括以下六种类型（如图5.23），需要指出的是，在路径分析中，各变量之间是通过路径系数连接在一起的，路径LnECON—>LnIN与路径LnIN—>LnECON间的路径系数实际上是相同的，因此可选择以下模型中的任何一种进行路径分析。在路径分析的过程中，需要对模型进行相关的调整，从而使最终路径图在技术上达到要求。

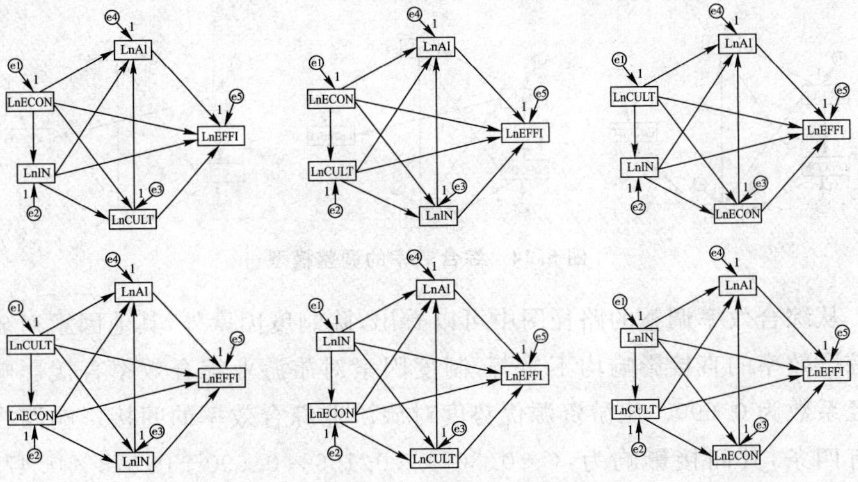

图 5.23　旅游业效率影响机理的路径图

5.5.1.2　综合效率影响因素的路径分析

利用 AMOS7 对综合效率的饱和模型进行路径分析，通过输出报表发现饱和模型中存在不显著的三条路径，分别为 LnECON—LnCRSTE、LnAI—LnCRSTE、LnCULT—LnCRSTE，其显著性 p 值分别为：0.194、0.603、0.018，没有通过显著性检验。删除这三条路径后的模型如图 5.24 所示，模型的输出结果见表 5.39。

表 5.39　综合效率调整模型估计结果

路径	Estimate	S. E.	C. R.	P Lable
LnIN—LnECON	0.166	0.023	3.357	* * *
LnCULT—LnIN	0.479	0.132	11.614	* * *
LnCULT—LnECON	0.264	0.060	6.389	* * *
LnAI—LnECON	−0.307	0.041	−7.351	* * *
LnAI—LnCULT	0.378	0.032	7.820	* * *
LnAI—LnIN	0.354	0.098	7.687	* * *
LnCRSTE—LnIN	0.690	0.069	14.026	* * *

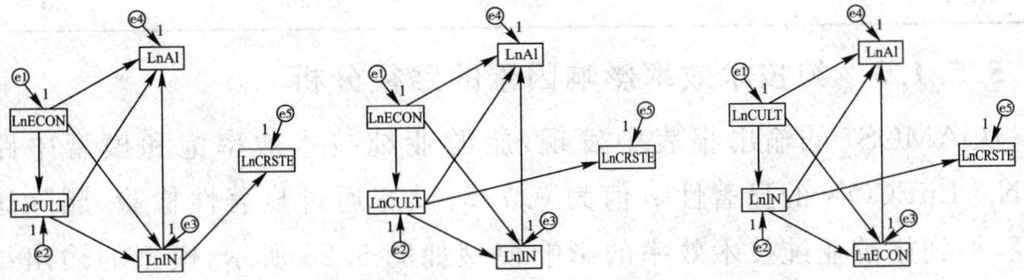

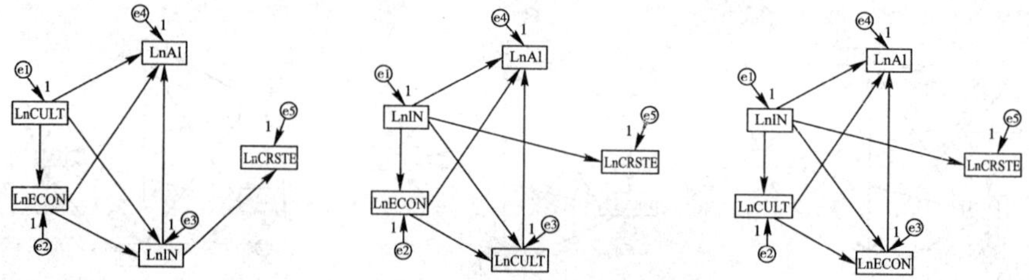

图 5.24　综合效率的调整模型

从综合效率调整的路径图中可以看出，除制度因素外，其他因素对旅游业综合效率的直接影响均不显著，制度因素对旅游业综合效率直接影响的路径系数为 0.690。旅游资源优势度对旅游业综合效率的间接影响路径主要有四条，其间接影响为：(－0.307)×0.166×0.690＋0.378×0.479×0.690＋0.378×0.264×0.166×0.690＋(－0.307)×0.264×0.479×0.690＝0.074。区域经济对旅游业综合效率的间接影响为：0.166×0.690＋(－0.307)×0.378×0.479×0.690＋0.264×0.479×0.690＋(－0.307)×0.354×0.690＝0.088。文化资本对旅游业综合效率的间接影响为：0.479×0.690＋0.378×(－0.307)×0.166×0.690＋0.264×0.166×0.690＋0.264×(－0.307)×0.354×0.690＝0.328。各要素对旅游业综合效率的直接影响、间接影响及总影响见表 5.40，旅游业综合效率影响机理主要表现在间接影响上，其中文化资本在模型中对旅游业综合效率的间接影响最大，路径系数达到 0.328，制度要素对综合效率的总影响最大，路径系数达到 0.690。

表 5.40　综合效率路径系数分解报表

原因变量	结果变量	总影响	直接影响	间接影响
LnAI		0.074	0.000	0.074
LnECON	LnCRSTE	0.088	0.000	0.088
LnIN		0.690	0.690	0.000
LnCULT		0.328	0.000	0.328

5.5.1.3　纯技术效率影响因素的路径分析

从 AMOS7 的输出报表中发现，旅游业纯技术效率饱和模型中路径 LnIN—LnECON 的显著性 p 值为 0.736，没有通过显著性检验，删除这条路径，得到旅游业纯技术效率的影响模型如图 5.25 所示，模型的输出结果见表 5.41。

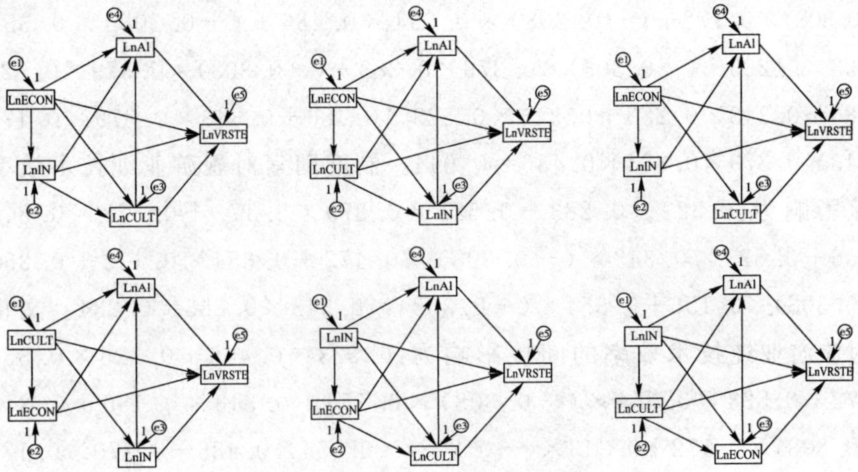

图 5.25　纯技术效率的调整模型

表 5.41　纯技术效率调整模型估计结果

路径	Estimate	S. E.	C. R.	P Lable
LnCULT—LnECON	0.343	0.069	7.288	* * *
LnIN—LnCULT	0.523	0.013	12.240	* * *
LnAI—LnECON	−0.308	0.041	−7.352	* * *
LnAI—LnIN	0.354	0.098	7.688	* * *
LnAI—LnCULT	0.379	0.032	7.840	* * *
LnVRSTE—LnIN	0.486	0.094	13.927	* * *
LnVRSTE—LnAI	0.172	0.045	4.874	* * *
LnVRSTE—LnECON	0.156	0.039	4.942	* * *
LnVRSTE—LnCULT	0.283	0.031	7.731	* * *

从 AMOS7 的输出报表中可以发现，对旅游业纯技术效率有直接影响的路径主要有四条：旅游资源优势度对纯技术效率的直接路径影响为 0.172，区域经济对纯技术效率的直接路径影响为 0.156，制度因素对纯技术效率的直接路径影响为 0.486，文化资本对纯技术效率的直接路径影响为 0.283。旅游资源优势度、区域经济、制度要素、文化资本对旅游业纯技术效率均有间接的路径影响，旅游资源优势度对旅游业纯技术效率的间接影响为：(−0.308)×0.156+(−0.308)×0.343×0.283+(−0.383)×0.343×0.523×0.486+0.379×0.283+0.379×0.523×0.486+0.379×0.343×0.156+0.354×0.486+0.354×0.523×0.283+0.354×0.523×

0.343×0.156=0.347。区域经济对旅游业纯技术效率的间接影响为:(−0.308)×0.172+(−0.308)×0.354×0.486+(−0.308)×0.354×0.523×0.283+(−0.308)×0.379×0.283+(−0.308)×0.379×0.523×0.486+0.343×0.283+0.343×0.523×0.486+0.343×0.379×0.172+0.343×0.379×0.354×0.486=0.044。制度因素对旅游业纯技术效率的间接影响为:0.523×0.283+0.523×0.379×0.172+0.523×0.343×0.156+0.523×0.343×(−0.308)×0.172+0.354×0.172+0.354×(−0.308)×0.156+0.354×(−0.308)×0.343×0.283=0.234。文化因素对旅游业纯技术效率的间接影响为:0.523×0.486+0.523×0.354×0.172+0.523×0.354×(−0.308)×0.156+0.343×0.156+0.343×(−0.308)×0.172+0.343×(−0.308)×0.354×0.486+0.379×0.172+0.379×0.354×0.486+0.379×(−0.308)×0.156=0.425。制度要素在模型中对旅游业纯技术效率的直接影响最大,路径系数达到0.486;区域经济在模型中对旅游业纯技术效率的直接影响系数最小,路径系数为0.156;文化资本在模型中对旅游业纯技术效率的间接影响最大,路径系数达到0.406;区域经济对旅游业纯技术效率的间接影响最小,路径系数为0.044。总体而言,文化资本对旅游业纯技术效率的总影响最大,路径系数达到0.720,区域经济对旅游业纯技术效率的影响系数最小,路径系数达到0.200。

表5.42 纯技术效率路径系数分解报表

原因变量	结果变量	总影响	直接影响	间接影响
LnAI	LnCRSTE	0.519	0.172	0.347
LnECON		0.200	0.156	0.044
LnIN		0.720	0.486	0.234
LnCULT		0.689	0.283	0.406

5.5.1.4 规模效率影响因素的路径分析

从AMOS7的输出报表中发现,旅游业规模效率饱和模型中路径LnIN—LnECON的显著性p值为0.736,没有通过显著性检验,删除这条路径,得到旅游业规模效率的影响模型如图5.26所示,模型的输出结果见表5.43。

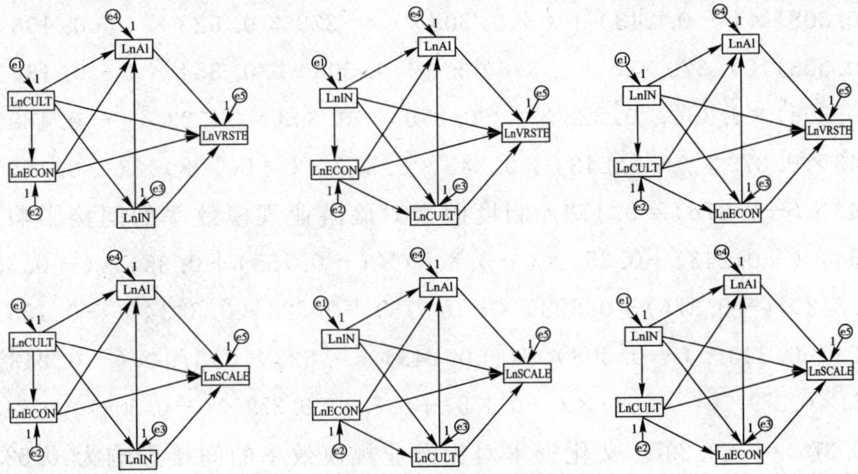

图 5.26　规模效率的调整模型

表 5.43　规模效率调整模型估计结果

路径	Estimate	S. E.	C. R.	P Lable
LnCULT—LnECON	0.343	0.069	7.288	* * *
LnIN—LnCULT	0.523	0.013	12.240	* * *
LnAI—LnECON	−0.308	0.041	−7.352	* * *
LnAI—LnIN	0.354	0.098	7.688	* * *
LnAI—LnCULT	0.379	0.032	7.840	* * *
LnVRSTE—LnIN	−0.189	0.078	−4.273	* * *
LnVRSTE—LnAI	−0.243	0.037	−5.426	* * *
LnVRSTE—LnECON	−0.155	0.032	−3.890	* * *
LnVRSTE—LnCULT	−0.376	0.026	−8.102	* * *

通过分析可以发现，对旅游业规模效率有直接影响的路径主要有四条：旅游资源优势度对规模效率的直接路径影响为－0.243，区域经济对规模效率的直接路径影响为－0.155，制度因素对规模效率的直接路径影响为－0.189，文化资本对规模效率的直接路径影响为－0.376。旅游资源优势度、区域经济、制度要素、文化资本对旅游业规模效率均有间接的路径影响，旅游资源优势度对旅游业规模效率的间接影响为：(－0.308)×(－0.155)+(－0.308)×0.343×(－0.376)+(－0.308)×0.343×0.523×(－0.189)+0.379×(－0.376)+0.379×0.343×(－0.155)+0.379×0.523×(－0.189)+0.354×(－0.189)+0.354×0.523×(－0.376)+0.354×0.523×0.343×(－0.155)＝－0.209。区域经济对旅游业规模效率的间接影响为：

(−0.308)×(−0.243)+(−0.308)×0.379×0.523×(−0.198)+(−0.308)×0.379×(−0.376)+(−0.308)×0.354×(−0.189)+(−0.308)×0.354×0.523×(−0.376)+0.343×0.523×(−0.189)+0.343×0.379×(−0.243)+0.343×0.379×(−0.308)×(−0.155)+0.343×(−0.376)=0.173。制度因素对旅游业规模效率的间接影响为：0.354×(−0.243)+0.354×(−0.308)×(−0.155)+0.354×(−0.308)×0.343×(−0.376)+0.523×(−0.376)+0.523×0.343×(−0.155)+0.523×0.343×(−0.308)×(−0.243)+0.523×0.379×(−0.243)+0.523×0.379×(−0.308)×(−0.155)+0.523×0.379×(−0.308)×0.343×(−0.376)=−0.297。文化资本对旅游业规模效率的间接影响为：0.523×(−0.189)+0.523×0.354×(−0.243)+0.523×0.354×(−0.308)×(−0.155)+0.379×(−0.243)+0.379×0.354×(−0.189)+0.379×(−0.308)×(−0.155)+0.343×(−0.308)×(−0.243)+0.343×(−0.308)×0.354×(−0.189)+0.343×(−0.155)=−0.219。旅游资源优势度、区域经济、制度要素及文化资本对旅游业规模效率的影响总体上是负向的，文化资本对旅游业规模效率的负向直接影响最大，路径系数达到了−0.376。制度要素对旅游业规模效率的负向间接影响最大，路径系数达到了−0.297。总体而言，文化资本对旅游业总影响最大，路径系数达到了−0.631，区域经济对旅游业规模效率总影响最小，路径系数达到了−0.155。

表 5.44　规模效率路径系数分解报表

原因变量	结果变量	总影响	直接影响	间接影响
LnAI	LnCRSTE	−0.492	−0.243	−0.249
LnECON		−0.170	−0.155	−0.015
LnIN		−0.486	−0.189	−0.297
LnCULT		−0.631	−0.376	−0.255

旅游业效率从本质上说是一种客观存在的经济现象，其演化机理一方面受制于区域经济系统，另一方面受制于旅游业系统本身，同时还受制度、文化等因素的影响，旅游业效率响应因素之间也是相互影响的，他们构成了一个相互制约、相互促进的系统，借助路径分析可以清楚地洞察旅游业各项效率的内部影响机理。研究结果表明：旅游业各项效率的影响因素通过直

接路径与间接路径两种方式对其产生影响，各项因素对综合效率、纯技术效率总体上具有正向影响，对规模效率具有负向影响。虽然旅游业效率是经济现象的一种，但其更多的受到各种“非经济”因素影响，制度文化因素相对于区域经济，对旅游业各项效率的影响力度更大，在旅游业效率的提升过程中除了重视区域经济的发展，还应该进一步重视制度文化等“非经济”因素的作用。

5.5.2　分位数回归分析

以上利用路径分析方法，从旅游资源优势度、区域经济、制度因素、文化资本视角分析了四大要素对旅游业各项效率的综合影响，可以洞察旅游业效率的直接影响及间接影响，分析各影响因素之间的大小关系。然而这样的分析没有充分考虑到时间因素在其中的作用，并不能动态反映各因素对旅游业效率的影响机理。为此，可借助第六章的分位数回归原理，利用统计分析 R 软件进行编程(详见第三章)，考察各影响因素对旅游业各项效率的动态影响。

5.5.2.1　综合效率

利用最小二乘法对综合效率的影响因素进行回归分析，发现旅游资源优势度与文化资本对旅游业综合效率的回归系数不显著，制度因素对旅游业综合效率的发展具有较大的正向影响。分位数回归发现：①随着分位点的扩大，旅游资源优势度的回归系数在总体上有所减小，到 0.90 分位点时，系数变为负值。从长期来看，仅仅依靠资源增加的粗放型增长方式，不利于旅游业综合效率的提升。②随着分位点的扩大，区域经济的回归系数总体上有所扩大，但在 0.10、0.25、0.75 分位点上，回归系数均不显著。从各分位点各因素回归系数的大小中可以发现，区域经济并不是影响旅游业综合效率演化的主导因素。③随着分位点的扩大，制度因素的回归系数在总体上有所减小，但基本维持较高的数值。由此表明，制度因素是旅游业综合效率演化的主导因素。④随着分位点的扩大，文化资本对旅游业的回归系数在总体上减小，文化资本对旅游业效率综合效率的影响在总体上维持在较低的幅度，基本上验证了前文的分析结论：文化资本对旅游业综合效率的影响主要是间接的。分位数回归结果及系数变化曲线分别如图 5.27 和表

5.45所示。

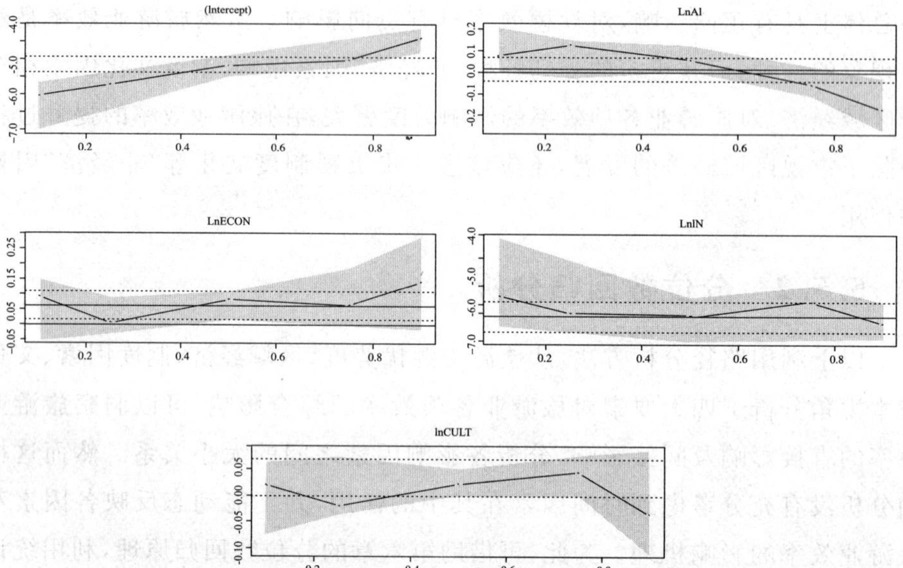

图 5.27　综合效率影响因素的分位数回归系数变化曲线图

表 5.45　综合效率影响因素的分位数回归结果

分位点	0.10	0.25	0.50	0.75	0.90	OLS
Intercept	−6.031	−5.714	−5.178	−5.018	−4.381	−5.146
LnAI	**0.075**	0.126	0.058	**−0.056**	−0.172	**0.014**
LnECON	**0.089**	**0.006**	0.082	**0.063**	0.140	0.061
LnIN	1.127	0.999	0.982	1.085	0.929	0.974
LnCULT	0.020	**−0.019**	0.022	0.045	**−0.036**	**0.033**

注：回归系数加粗阴影表示不显著，下同。

5.5.2.2　纯技术效率

利用最小二乘法对旅游业纯技术效率进行回归分析，各影响因素均显著，总体上制度因素对旅游业纯技术效率的影响系数最大：一个单位 LnIN 的增加，会引起 1.311 个单位 LnVRSTE 的增加。在不同的分位点上，各因素对旅游业纯技术效率的影响，表现出不同的特征：①随着分位点的扩大，旅游资源优势度的回归系数逐渐减小，在分位点 0.90 时回归系数不再显著，总体上旅游资源优势度对纯技术效率的影响是逐渐降低的。②随着分位点的扩大，区域经济的回归系数在降到最小值之后开始上升，最终超过初始回归系数。区域经济对旅游业纯技术效率的提升，呈“V”型，在早期与末期影响力度较大。③随着分位点的扩大，制度因素的回归系数总体上降低，表明“制度红利”对纯技术效率的影响具有一定的阶段性，只有制度不断创新，才能发挥制度的巨大潜力。与其他影响因素相比，制度因素的回归系数较大，制度因素是影响纯技术效率空间演化的主导因素。④随着分位点的扩大，文化资本对纯技术效率的影响在总体上有所增加，在分位点 0.90 时有所下降，但总体上仍大于 0.10 分位点时的回归系数。相对于综合效率，各影响因素对纯技术效率的影响更加显著。

表 5.46　纯技术效率影响因素的分位数回归结果

分位点	0.10	0.25	0.50	0.75	0.90	OLS
Intercept	−5.293	−4.371	−3.102	−2.460	−2.262	−3.385
LnAI	0.458	0.289	0.139	0.066	**0.058**	0.216
LnECON	0.227	0.203	0.095	0.163	0.246	0.185
LnIN	1.716	1.559	1.256	1.183	1.122	1.311
LnCULT	0.081	0.169	0.328	0.359	0.184	0.242

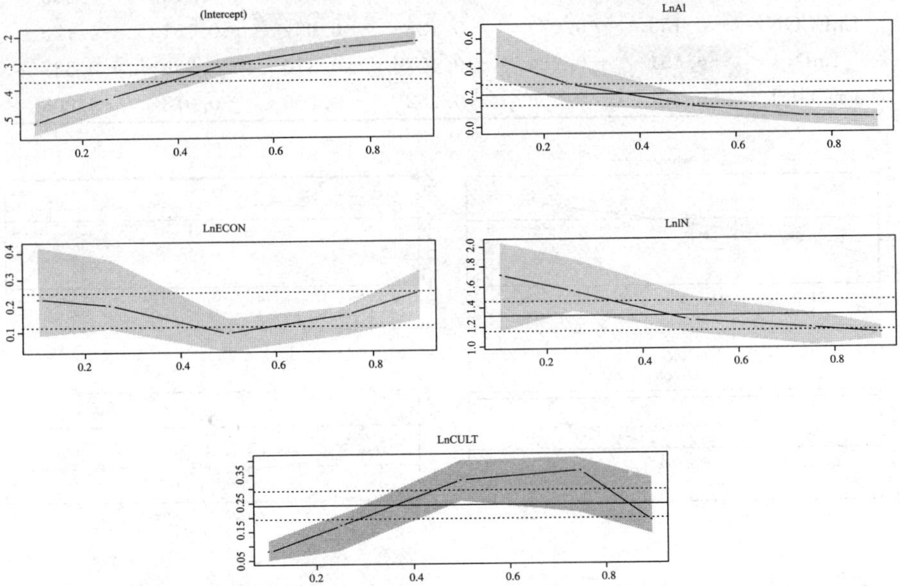

图 5.28　纯技术效率影响因素的分位数回归系数变化曲线图

5.2.2.3　规模效率

最小二乘法分析表明：各因素对旅游业规模效率的回归系数均为负值，分位数回归基本上验证了该结论。在不同的分位点上，各因素对旅游业规模效率的影响，表现出不同的特征：①随着分位点的扩大，旅游资源优势度的回归系数逐渐减小。从长期看，旅游资源优势度的增加，并不利于规模效率的提升。②随着分位点的扩大，区域经济对规模效率的回归系数基本呈波动状态，总体上呈负向影响。③随着分位点的扩大，制度因素对规模效率的回归系数总体上减小，在 0.10 分位点上，回归系数不显著。④随着分位点的扩大，文化因素对规模效率的回归系数总体上增大，但仍然是负向的。从总体上看，与其他两项效率相比，各影响因素对规模效率的影响是负向的，制度因素对规模效率的负向影响最大。随着经济发展、文化制度健全，旅游资源规模效率将进一步降低，纯技术效率将成为旅游业综合效率的主要驱动因素。

表 5.47　规模效率影响因素的分位数回归结果

分位点	0.10	0.25	0.50	0.75	0.90	OLS
Intercept	−2.917	−2.417	−1.819	−1.304	−0.761	−1.760
LnAI	−0.125	−0.081	−0.166	−0.250	−0.413	−0.203
LnECON	−0.150	−0.079	−0.125	**−0.059**	−0.151	−0.125
LnIN	**−0.151**	−0.284	−0.407	−0.310	−0.288	−0.337
LnCULT	−0.271	−0.306	−0.252	−0.206	−0.078	−0.208

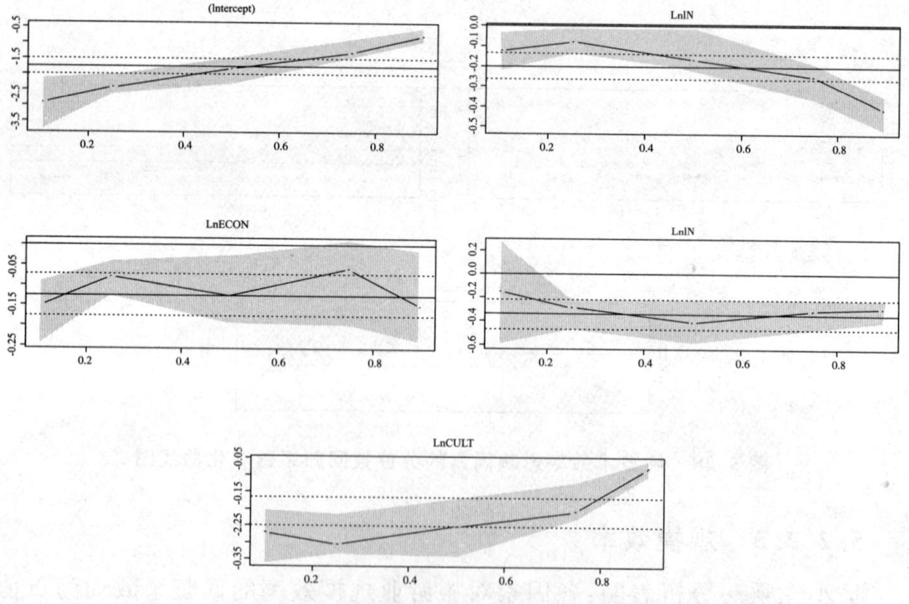

图 5.29　规模效率影响因素的分位数回归系数变化曲线图

分位数回归基本上验证了路径分析的结论，同时从动态上反映了各影响因素对旅游业各项效率的动态影响。通过分析可以发现：制度因素在旅游业效率的演化过程中起到了重要的作用，旅游业效率虽然从本质上来说是一种经济现象，但经济因素对旅游业效率的影响并不十分突出，旅游业效率的提升，需逐步重视"非经济"因素在其中所起到的作用。

5.5.3　区域旅游业效率演化机制

5.5.3.1　旅游资源是旅游业效率演化的基础

旅游资源是旅游业发展的客体，高品质的旅游资源如同一张名片，无形中对旅游者产生强大的吸引力，提升旅游地形象。虽然时下国内人造主题类的旅游资源层出不穷，"无景点"旅游方兴未艾，但旅游资源仍然是旅游业发展的基础，尤其是在经济发展水平相对落后的中西部地区。东部地区大多经济比较发达，借助雄厚的经济实力可以发挥人类的想象力，创造出当地不存在的旅游资源，吸引旅游者前来参观游览。中西部地区大多经济发展水平比较落后，但同时保存了优美的自然风光与绝美的少数民族风情，这两个条件是东部地区无法拥有的，同时也是中西部旅游业发展必须依托的资源。广大中西部地区旅游业发展方式暂时不可能采取东部的发展模式，只有依托当地的旅游资源，才能最大化地利用各种资源，促进旅游业发展。

旅游资源是旅游业效率演化的基础，尤其是在中西部地区。由于旅游资源的定量测度存在一定的困难性，研究利用旅游资源优势度指标代替旅游资源，实证研究结果比较合理。总体而言，旅游资源在西部地区对旅游业各项效率的正向促进作用要明显高于东部地区。此外，在不同的时间段，旅游资源优势度对旅游业各项效率的影响不完全相同，旅游资源优势度对旅游业效率的影响具有明显的时空效应。

5.5.3.2　区域经济是旅游业效率演化的前提

旅游业效率从本质上说是一种经济现象。对旅游业效率影响机理的分析，首先要考虑到地区经济发展状况，区域经济是旅游业效率演化的前提。旅游业是一项关联性很强的第三产业，旅游业的发展离不开其他产业的支持，国民经济中的其他产业对旅游业影响很大，但旅游业对国民经济总体发展的影响相对有限，这决定了区域经济对旅游业发展及旅游效率演化的重要性。

区域经济是一个开放的复杂系统，系统内各要素对旅游业各项效率均存在着不同的影响，借助探索性因子分析可提取区域经济各项指标的公因子，分别为：经济发展现状因子、经济发展速度因子、经济发展保障因子，区域经济各指标以及各项公因子对旅游业效率的影响机理均存在着差异，这种差异存在一定的时空效应。区域经济为地区旅游业的发展提供了物质基础以及支持保障体系。在当前条件下，区域经济状况比旅游资源本身在区域旅游业发展过程中起的作用更加重要，国内经济发达的长三角、珠三角及京津地区同时也是旅游经济发展的三大中心，只有借助优越的经济基础，区域旅游业发展才能插上腾飞的翅膀。区域经济为区域旅游业发展提供物质保障，是旅游业效率演化的前提。

5.5.3.3 制度因素是旅游业效率演化的保障

改革开放以来，中国经济实现了腾飞，同时带动了旅游业的飞速发展。对旅游业发展政策的调整，是改革开放以来旅游业飞速发展的关键：旅游业由改革开放之前的“外事接待型”逐渐转为“出口创汇型”，对三大旅游市场的发展政策逐渐由“大力发展入境旅游，积极发展国内旅游，适度发展出境旅游”逐渐变为“积极发展入境旅游，规范发展出境旅游，全面提升国内旅游”。时至今日，旅游业的经济文化功能逐渐凸显，《国务院关于加快发展旅游业的意见》更加重视旅游的社会文化功能，努力将旅游业培育成为“战略性支柱产业，人民群众更加满意的现代服务业”。2013 年《中华人民共和国旅游法》的出台，为旅游业的发展提供了更加健全的制度保障，有利于规范旅游业发展，遏制旅游行业的不正当竞争。

在当前阶段，制度因素仍然是旅游业发展的关键因素，也是旅游业效率演化的保障。实证研究的结果基本上验证了市场化指数与旅游业效率其他影响因素均有显著性的正向关系，同时对旅游业各项效率也有显著的影响。制度因素对旅游业效率的影响具有一定的阶段性，只有不断创新制度，打破旧制度对旅游业发展的阻碍作用，同时积极创建适合旅游业发展的新制度，才能进一步提升旅游业发展效率。

5.5.3.4 文化因素是旅游业效率演化的动力

党的十七大明确提出，要积极发展公益性文化事业，大力发展文化产业，激发全民族文化创造活力，更加自觉、更加主动地推动文化大发展大繁荣。《国家"十一五"时期文化发展纲要》确定了文化发展的各项目标任务和当前文化体制改革的重点，提出将文化产业培育成为国民经济新的增长点。2009 年《文化部、国家旅游局关于促进文化与旅游结合发展的指导意见》，该文件高度重视文化与旅游的结合发展，并且提出文化与旅游结合发展的主要措施。国家政策的高度重视，有利于文化旅游的发展与繁荣。应该依托文化发展旅游，依托旅游创造品牌，依托品牌拓展产业，依托产业反哺文化，最终形成文化与旅游的良性循环发展。文化与旅游业发展具有天然的耦合关系，文化是旅游业发展的灵魂与基础，旅游是文化发展的依托，旅游业发展为文化大发展、大繁荣提供了重要的载体。旅游业的发展，主要目的可归纳为两点：促进地区经济发展以及提升人民群众的文化生活水平，其根本目的还是为了促进人的全面发展，从这个角度看，旅游业的主要功能体现在它的文化功能上。

实证研究验证了文化资本与旅游业效率之间的确存在着一定的相关性，并且具有一定的地带效应。旅游资源大部分都凝结着丰富的文化底蕴，在旅游活动中旅游者身心能够得到放松，文化因素在参观游览型旅游活动中具有重要的作用。同样，休闲度假型旅游活动也需要借助当地浓厚的文化氛围，促进旅游者的深度体验。文化在旅游业发展中具有重要的作用，旅游者在旅游过程中时刻体验着不同的文化氛围，文化氛围营造得成功与否，会进一步影响旅游活动的具体经营情况，进而对旅游业效率产生影响，文化因素是旅游业效率演化的动力。

旅游业效率演化机制如图 5.30 所示。旅游效率的研究可按照以下思路进行：概念体系构建、测度指标构建、测度方法论证、测度效果评价、时空对比分析、演化特征分析、影响因素分析、优化提升路径、实践指导意义。第四章对旅游业效率的演化特征进行了详细的论证。在进行影响因素分析时，突出了各因素对旅游业效率影响的时空效应。旅游资源子系统、经济子系统、制度子系统、文化子系统之间是相互影响、相互促进的，旅游资源是旅游业效率演化的基础，区域经济是旅游业效率演化的前提，制度因素是旅游业效率演化的保障，文化因素是旅游业效率演化的动力。四大因素内部、四大因素之间也是相互影响、相互制约的，他们共同推动了区域旅游业效率的演化。需要指出的是，旅游业效率演化机制是一个开放的系统，其他因素也可能对这个系统产生影响，促使系统内部发生改变。如生态环境因素可能对旅游业效率产生直接影响，也可能对旅游业效率的四大影响因素产生影响，进一步影响旅游业效率。第六章将结合地理加权回归，提出旅游业效率的优化提升路径：打造精品、提升内涵；追求质量、精明增长；创新制度、完善体制；文旅融合、产业协同。

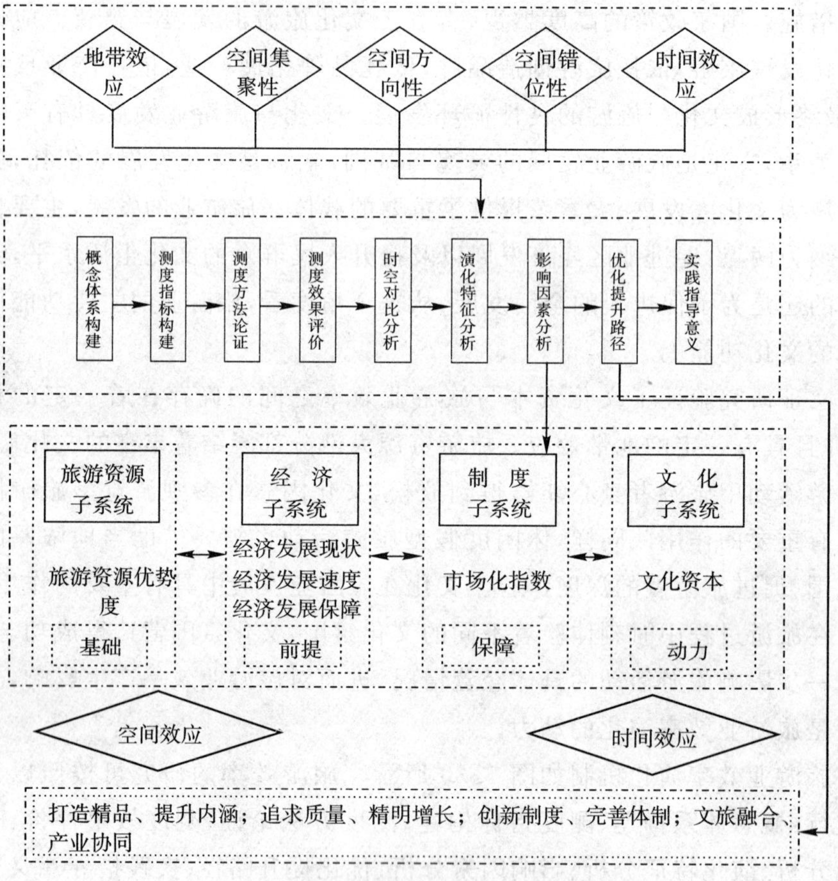

图 5.30 旅游业效率演化机制

第六章　旅游业效率的优化提升研究

旅游业是国民经济的战略性支柱产业，发展旅游业可进一步满足人民大众日益增长的精神文化需求。然而当前国内旅游发展过程中仍然存在着效率低下的问题，如何提升旅游业发展的效率是当前旅游业发展中亟待解决的问题。上述章节对旅游业效率的空间差异及演化机理进行了系统的研究，为省域旅游业效率的优化提升提供了相应的理论支撑。

本部分主要利用 ArcGIS9.3 软件构建旅游业效率的地理加权回归模型，在分析各影响因素对旅游业效率影响空间差异的基础上，提出省域旅游业发展的增效措施。以往文献提出的旅游业效率优化提升措施，大部分忽略了空间因素在其中的作用，以及各项措施的尺度效应。地理加权回归充分考虑了各影响因素之间的相互关系，并且注重各因素对旅游业效率影响的空间效应，借助地理加权回归分析，可为省域旅游业的发展提出相应的措施。

6.1　区域经济对旅游业效率演化的 GWR 分析

6.1.1　共线性诊断

如果采用具有共线性的指标进行地理加权回归，会导致回归的结果出现偏差，因此在进行地理加权回归之前需要对各指标之间的共线性进行验证。当前对回归模型多重共线性的诊断方法主要有：方差扩大因子法、特征根判断法、直观判断法三种方法，其中方差扩大因子法是应用最广泛的方法，借助 SPSS16.0 中 Collinearlity Diagnostic 共线性诊断，可以清楚地反映各指标的方差扩大因子。区域经济各指标间可能会出现共线性问题，表6.1以 1997 年的数据为例，反映了该年旅游业综合效率与区域经济各项指标的回归结果诊断。研究表明，当方差扩大因子（variance inflation factor）$VIF_j \geq 10$ 时，说明自变量 x_j 与其余自变量之间有严重的多重共线性，并且这种共线性可能会过度地影响最小二乘估计值。此外还可以用 p 个自变量对应方差扩大因子的平均数来度量多重共线性，当平均数远大于 1 时，就表明存在严重的多重共线性问题。从 SPSS 的输出结果可以看出，除 ZTWO、ZTHR、ZAP、TS、TL、TIEL 等少数几个指标外，大部分指标的 VIF 大于10，方差扩大因子的均值为 270.475，远大于 1，因此模型中存在着严重的多重共线性问题，不能直接对数据进行地理加权回归分析。

表 6.1　1997 年旅游业综合效率与区域经济指标的共线性诊断

Coefficients[a]

Model	Unstandardized Coefficients		Standardized Coefficients	t	Sig.	Collinearity Statistics	
	B	Std. Error	Beta			Tolerance	VIF
(Constant)	0.016	0.013		1.202	0.255		
GDP	−0.132	0.094	−2.182	−1.405	0.188	0.003	295.969
AGDP	0.351	0.296	4.444	1.187	0.260	0.001	1723.000
ATWO	−0.119	0.139	−1.508	−0.860	0.408	0.003	377.794
ATHR	−0.025	0.147	−0.329	−0.169	0.869	0.002	464.195
ACAP	0.019	0.114	0.233	0.168	0.870	0.004	236.602
DGDP	0.214	0.084	2.394	2.540	0.027	0.009	109.077
ZGDP	−0.050	0.038	−0.629	−1.312	0.216	0.035	28.292
ZAGDP	0.078	0.054	0.931	1.438	0.178	0.019	51.520
ZTWO	−0.035	0.014	−0.416	−2.461	0.032	0.285	3.510
ZTHR	−0.014	0.014	−0.181	−1.015	0.332	0.255	3.915
ZCAP	0.031	0.014	0.498	2.255	0.045	0.167	5.991
TS	−0.008	0.021	−0.111	−0.395	0.700	0.103	9.683
TL	−0.045	0.033	−0.329	−1.360	0.201	0.139	7.180
FIN	0.163	0.139	2.074	1.174	0.265	0.003	383.433
AFIN	−0.409	0.254	−5.158	−1.612	0.135	0.001	1257.000
HUOW	−0.020	0.036	−0.268	−0.560	0.586	0.036	28.044
AYOUD	0.007	0.069	0.109	0.105	0.918	0.008	132.354
GONGL	0.048	0.022	0.716	2.173	0.053	0.075	13.337
TIEL	−0.021	0.016	−0.333	−1.293	0.223	0.123	8.134

a. Dependent Variable：CRSTE

多重共线性问题的解决方法是近几十年来统计学家关注的热点问题之一，常用有偏估计为代价来提高估计量的稳定性，常见的方法有偏最小二乘法、岭回归法以及主成分分析法，基于前文分析的结果，本研究选择主成分分析法解决区域经济变量间的多重共线性问题。第五章探索性因子分析将区域经济因素划分为三大部分，在此分别用FCA1、FCA2、FCA3代表区域经济发展现状因子、区域经济发展速度因子以及区域经济发展保障因子。分别选取1997、2011及1997—2011年的均值进行地理加权回归分析，采用Adaptive核函数的AIC带宽方法进行时空异质性估计，表6.2报告了GWR模型的分析及检验结果，从表中可以看出，调整后的R^2系数较大，表明方程合理性较强。

表6.2 区域经济与各项效率的地理加权回归系数及检验

年份	指标	FCA1	FCA2	FCA3	R^2
1997	CRSTE	0.049～0.061	0.001～0.017	0.005～0.180	0.861
	VRSTE	0.982～1.035	0.312～0.517	−0.180～−0.035	0.863
	SCALE	−2.069～−0.140	−2.668～−0.131	−0.132～0.328	0.737
2011	CRSTE	0.040～0.073	−0.001～0.046	0.011～0.076	0.847
	VRSTE	0.617～0.837	−0.176～−0.139	0.264～0.463	0.801
	SCALE	−0.762～−0.192	0.188～1.967	−0.282～0.136	0.685
Average	CRSTE	0.053～0.070	−0.023～−0.002	0.004～0.020	0.831
	VRSTE	0.808～0.885	−0.273～−0.257	0.465～ 0.539	0.886
	SCALE	−0.547～−0.083	0.276～0.677	−1.191～−0.353	0.620

6.1.2 地理加权回归结果

利用ArcGIS9.3空间分析模块可实现各年份区域经济各因子对旅游业各项效率的地理加权回归，可进一步对数据进行可视化处理，用自然断裂点法(Jenks)将数值由低到高划分为四个类别，分别为：低值区、次低区、次高区、高值区，图6.1、图6.2、图6.3分别反映了各年份区域经济各因子对旅游业各项效率的地理加权回归的结果。

6.1.2.1 区域经济对旅游业综合效率的GWR分析

1997年区域经济发展现状因子(FCA1)对综合效率回归系数数值在

0.049～0.061 之间，均值为 0.056；2011 年区域经济发展现状因子对综合效率回归系数数值在0.040～0.073 之间，均值为 0.054。1997 年区域经济发展现状因子对旅游业综合效率影响系数的高值区主要集中分布在东三省、长三角以及周边的山东、安徽、福建等地，低值区主要集中在青海、新疆、西藏、云南等地。2011 年区域经济发展现状因子对旅游业综合效率影响的空间分布格局总体上与 1997 年相反，高值区主要集中在新疆、西藏、青海三省，低值区主要集中在东三省。总体上区域经济发展现状因子对旅游业综合效率影响程度在空间上表现出一定的两极分化趋势，2011 年回归系数的高低值与 1997 年相比发生了空间转置。对 1997—2011 年区域经济发展现状因子与综合效率的均值进行地理加权回归，回归系数在 0.053～0.070 之间，区域经济对旅游业综合效率回归系数的高值区主要分布在北京、天津、河北、黑龙江、辽宁、吉林、内蒙古、新疆 8 个地区，在这些省份区域经济发展现状因子对旅游业综合效率提升起到相对较大的作用；低值区主要集中分布在两广、云南、海南，在这些省份区域经济现状因子对旅游业综合效率提升作用相对较低。

1997 年区域经济发展速度因子（FCA2）对综合效率回归系数数值在 0.001～0.017 之间，均值为 0.006；2011 年区域经济发展速度因子对综合效率回归系数在－0.001～0.046 之间，均值为 0.034。1997 年区域经济发展速度因子对旅游业综合效率影响系数的高值区主要集中分布在新疆、西藏、青海；低值区主要集中在江苏、浙江、上海、安徽、江西、福建、湖南、广西与海南 9 个地区。2011 年区域经济发展速度因子对旅游业综合效率影响的空间格局总体上与 1997 年相反，高值区主要集中在东三省、天津、山东、江苏、浙江、上海、安徽、江西、福建、广东等地，低值区主要集中在西藏与新疆两区。对 1997—2011 年区域经济发展速度因子与综合效率的均值进行地理加权回归，回归系数在－0.023～－0.002 之间，高值区主要分布在云南、贵州、广东、海南、广西 4 省 1 区，低值区主要集中在北京、天津、河北、内蒙古、辽宁、黑龙江、吉林 7 个地区。从总体上看，区域经济的发展速度并不能促进旅游业综合效率的提升，反而会有微弱的负向影响。与前文结构方程分析结论基本一致，从均值的回归系数看，经济增长对中国省际旅游业综合效率的影响呈现出明显的南北分异，其负向影响作用从南向北逐渐升高。

1997 年区域经济发展保障因子（FCA3）对综合效率回归系数在 0.005

～0.180之间，均值为0.128；2011年区域经济发展保障因子对综合效率回归系数在0.011～0.076之间，均值为0.046。1997年区域经济发展保障因子对旅游业综合效率影响系数的高值区主要集中在东三省、长三角以及福建省共7个地区，低值区主要集中在西藏、新疆、青海；2011年区域经济发展保障因子对旅游业综合效率影响系数的高值区主要集中在东三省、北京、天津、河北、内蒙古、新疆8个地区，低值区主要集中在云南、广东、广西、海南4个地区。对1997—2011年区域经济发展保障因子与综合效率的均值进行地理加权回归，回归系数在0.004～0.020之间，高值区主要集中分布在西藏、青海、新疆3个地区，低值区主要集中在吉林、辽宁、黑龙江、山东、江苏、浙江、上海、安徽、江西、福建10个地区。与区域经济发展现状因子相比，区域经济发展保障因子对旅游业综合效率的正向促进作用相对较小，从均值的回归系数上看，影响系数总体上表现出东西分布的空间格局。

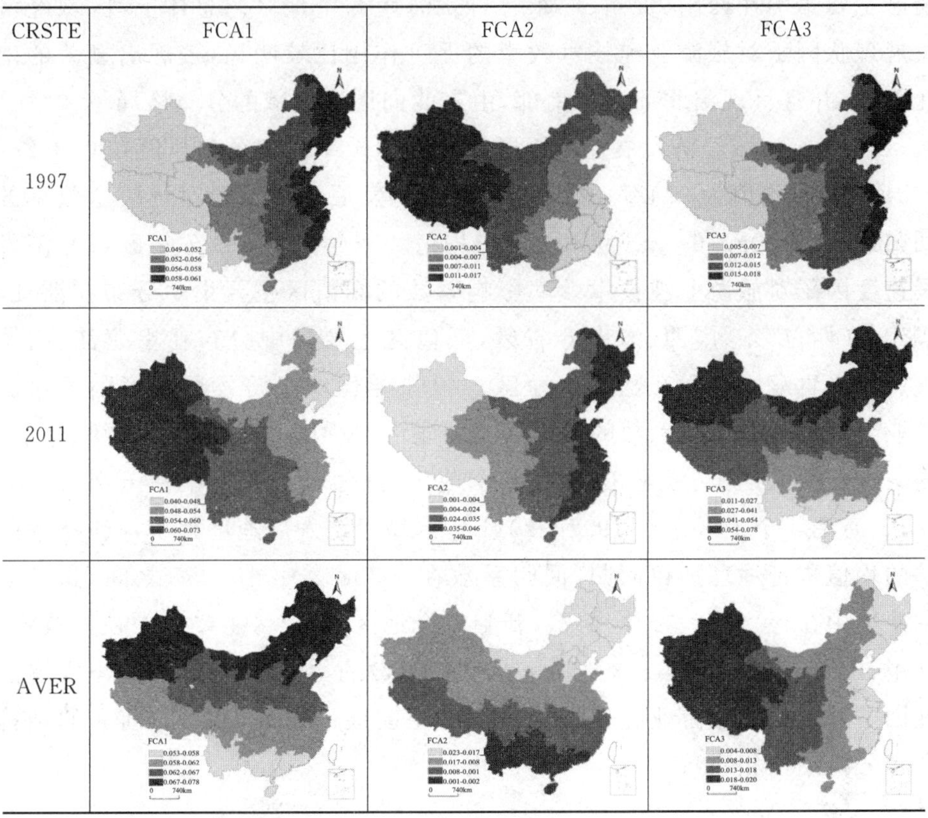

图6.1　综合效率与区域经济各因子的地理加权回归

6.1.2.2 区域经济对旅游业纯技术效率的GWR分析

1997年区域经济发展现状因子对纯技术效率回归系数数值在0.983～1.035之间，均值为1.000；2011年区域经济发展现状因子对纯技术效率的回归系数数值在0.617～0.837之间，均值为0.758。1997年区域经济发展现状因子对旅游业纯技术效率影响系数的高值区主要集中在黑龙江与吉林两省，低值区主要集中分布在贵州、广东、海南、广西3省1区。2011年区域经济发展现状因子对旅游业纯技术效率回归系数的高值区主要集中在中国北方：北京、天津、河北、内蒙古、吉林、辽宁、黑龙江、新疆8个地区，低值区主要集中在云南、广西、广东、海南4个地区。对1997—2011年区域经济发展现状因子与纯技术效率的均值进行地理加权回归，回归系数在0.809～0.885之间，高值区主要集中在黑龙江、吉林、辽宁、内蒙古4个地区，低值区主要集中在云南、贵州、广东、广西、海南5个地区。总体上，区域经济发展现状因子对旅游业纯技术效率的促进作用比较明显，表现出显著的南北分异，并且呈现出北部大于南部，由东北向周边递减的分布格局。

1997年区域经济发展速度因子对纯技术效率回归系数数值在0.312～0.518之间，均值为0.427；2011年区域经济发展速度因子对纯技术效率的回归系数在－0.176～－0.139之间，均值为－0.153。1997年区域经济发展速度因子对旅游业纯技术效率影响系数的高值区主要集中分布在浙江、福建、江西、广东、广西、海南6省区，低值区主要集中分布在黑龙江、内蒙古、甘肃、青海、西藏、新疆6个地区。2011年区域经济发展速度因子对旅游业纯技术效率影响系数的高值区主要集中在中国北方：北京、天津、河北、内蒙古、吉林、辽宁、黑龙江、新疆8个地区，低值区主要集中在云南、广西、广东、海南4个地区。对1997—2011年区域经济发展速度因子与纯技术效率的均值进行地理加权回归，回归系数在－0.273～－0.257之间，高值区主要集中在：黑龙江、吉林、西藏、新疆4个地区，低值区主要集中在内蒙古、甘肃、山西、宁夏、陕西5个地区。从回归系数的均值上看，区域经济发展速度因子并不能对旅游业纯技术效率产生正向促进作用，基本与前文的结构方程分析结论相一致。

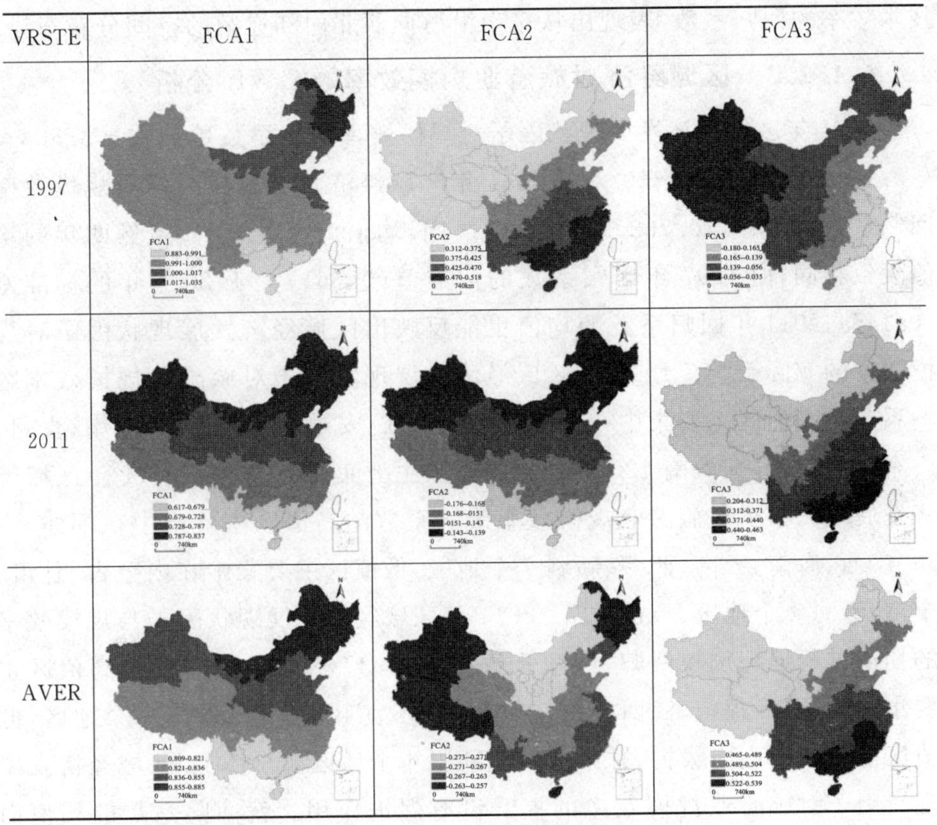

图 6.2　纯技术效率与区域经济各因子的地理加权回归

1997 年区域经济发展保障因子对纯技术效率回归系数数值在－0.180～－0.035 之间，均值为－0.135；2011 年区域经济发展速度因子对纯技术效率的回归系数在 0.264～0.463 之间，均值为 0.358。1997 年区域经济发展速度因子对旅游业纯技术效率影响系数的高值区主要集中在青海、西藏、新疆 1 省 2 区，低值区主要集中在上海、江苏、浙江、安徽、江西、福建、广东 7 个地区。2011 年区域经济发展速度因子对旅游业纯技术效率影响系数的高值区主要集中在上海、浙江、福建、江西、广东、广西、海南 7 个地区，低值区主要集中在黑龙江、内蒙古、西藏、甘肃、青海、新疆 6 个地区，其总体分布格局与 1997 年相反。对 1997—2011 年区域经济发展保障因子与纯技术效率的均值进行地理加权回归，回归系数在 0.465～0.539 之间，高值区主要集中在江西、福建、广东、广西、海南 5 个地区，低值区主要集中在黑龙江、内蒙古、甘肃、青海、西藏、新疆 6 个各地区。总体上，区域经济保障因子对纯技术效率的回归系数，表现出从东南沿海向西北内陆递减的空间分布态势。

6.1.2.3 区域经济对旅游业规模效率的GWR分析

1997年区域经济发展现状因子对规模效率回归系数数值在－3.863～－0.140之间，均值为－0.448；2011年区域经济发展现状因子对规模效率回归系数数值在－0.762～－0.192之间，均值为－0.448。虽然两年的均值大致相同，但1997年回归系数的标准差(0.361)大于2011年的标准差(0.146)，2011年回归系数的均值更能反映出区域经济发展现状因子对规模效率的实际影响。1997年区域经济发展现状因子对旅游业规模效率影响系数的高值区主要集中在上海、江苏、浙江、安徽、江西、福建、湖南、贵州、广东、广西、云南、海南12个地区，低值区主要集中在新疆。2011年区域经济发展现状因子对旅游业规模效率影响系数的高值区主要集中在福建、广东、广西、海南、云南、西藏、新疆7个地区，低值区主要集中在内蒙古、甘肃、宁夏、青海4个地区。对1997—2011年区域经济发展现状因子与规模效率的均值进行地理加权回归，回归系数在－0.547～－0.083之间，高值区主要集中在浙江、福建、江西、湖南、贵州、广东、广西、海南、云南9个地区，低值区主要集中在内蒙古、甘肃、青海、新疆4个地区。总体上，区域经济发展现状因子对旅游业规模效率的提升没有促进作用。就回归系数的均值而言，区域经济发展现状因子对规模效率起到一定的负向作用，表现出明显的南北分异规律，高值区主要集中分布在南部，低值区主要集中分布在北部。

1997年区域经济发展速度因子对规模效率回归系数数值在－2.668～－0.131之间，均值为－0.707；2011年区域经济发展速度因子对规模效率回归系数数值在0.188～1.967之间，均值为0.464。1997年区域经济发展速度因子对旅游业规模效率影响系数的高值区主要集中在上海、浙江、福建、江西、湖南、广东、广西、海南8个地区，低值区主要集中在青海、西藏、新疆3个地区。2011年区域经济发展速度因子对旅游业规模效率影响系数的高值区主要集中在西部的西藏、新疆2个地区，低值区主要集中在中东部：黑龙江、辽宁、吉林、内蒙古、北京、天津、河北、山西、山东、河南、湖南、湖北、上海、江苏、浙江、安徽、江西、福建、广东、海南20个地区。对1997—2011年区域经济发展速度因子与规模效率的均值进行地理加权回归，回归系数在0.276～0.677之间，高值区主要集中分布在海南、广西、贵州、云南、四川、青海、西藏、新疆 8 个地区，低值区主要集中分布在东三省：黑龙江、吉林、辽宁。从回归系数的均值上看，区域经济发展速度因子对旅游业规模效率有一定的正向促进作用，作用强度形成以东三省为中心的低值区以及西北西南为中心的高值区。

1997 年区域经济发展保障因子对规模效率回归系数数值在－0.132～0.328 之间，均值为－0.029；2011 年区域经济发展保障因子对规模效率回归系数在－0.282～0.136 之间，均值为－0.006。1997 年区域经济发展保障因子对旅游业规模效率影响系数的高值区主要集中分布在黑龙江、吉林、湖南、贵州、云南、四川、广西、广东、海南、重庆 10 个地区，低值区主要集中分布在新疆、西藏 2 个地区。2011 年区域经济发展保障因子对旅游业规模效率影响系数的高值区主要集中在黑龙江、吉林、辽宁、北京、天津、河北、山东、山西、内蒙古 9 个地区，低值区主要集中在云南、海南、青海、西藏、新疆 5 个地区。对 1997—2011 年区域经济发展保障因子与规模效率的均值进行地理加权回归，回归系数在－1.191～－0.353 之间，高值区主要集中在黑龙江、辽宁、吉林、山东、上海、江苏、浙江、安徽、湖南、江西、福建、广东、广西、海南 14 个地区，低值区主要集中在青海、西藏、新疆。总体上，区域经济保障因子对规模效率的回归系数，表现出从东部地区向西部地区逐渐递减的空间格局。

SCALE	FCA1	FCA2	FCA3
1997	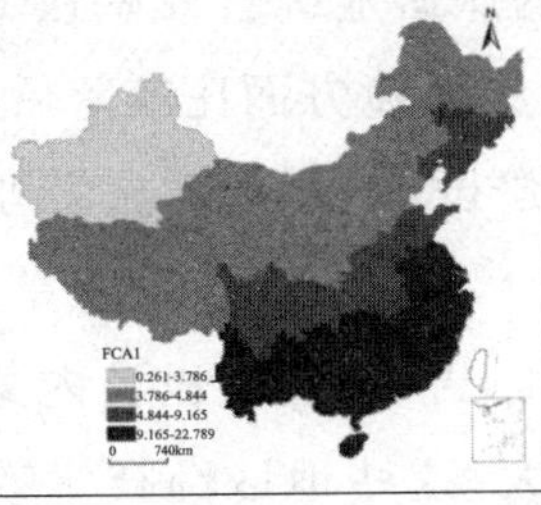	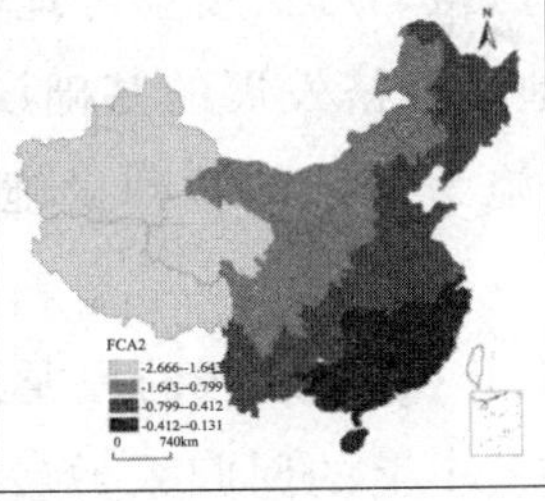	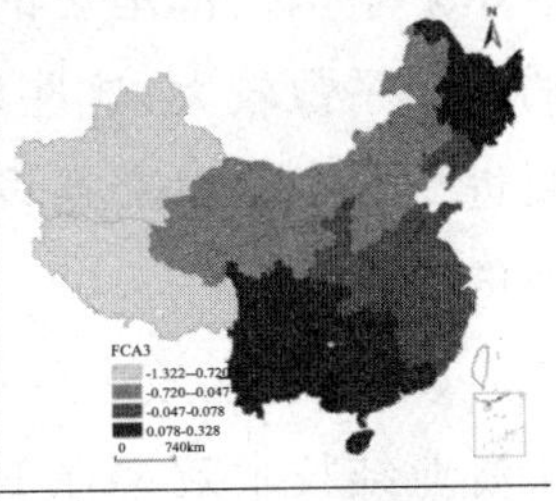
2011	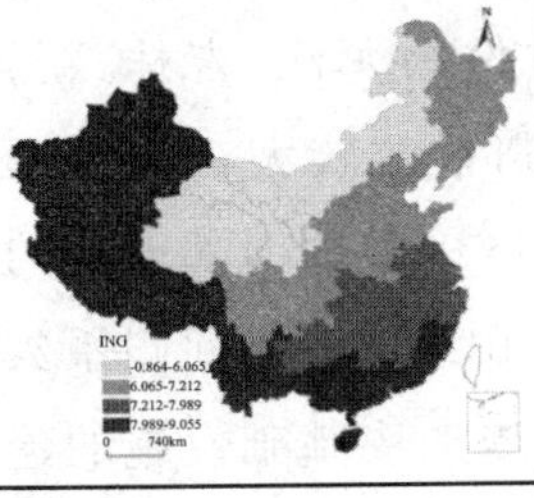	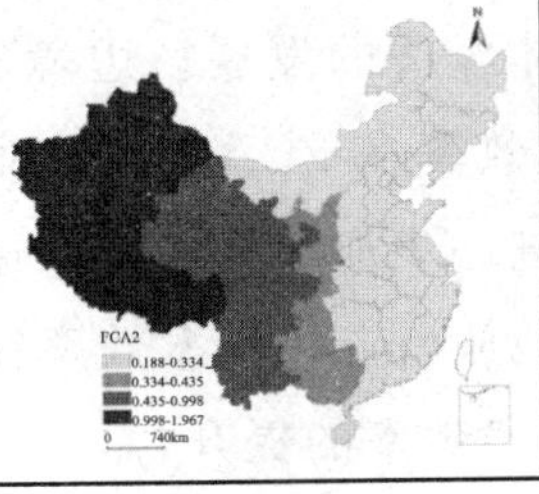	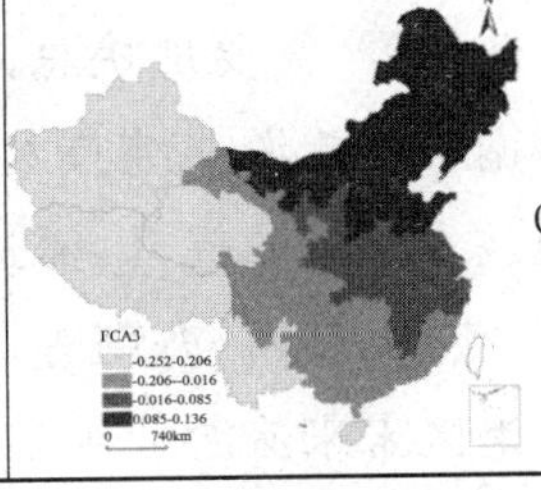

C

续表

SCALE	FCA1	FCA2	FCA3
AVER	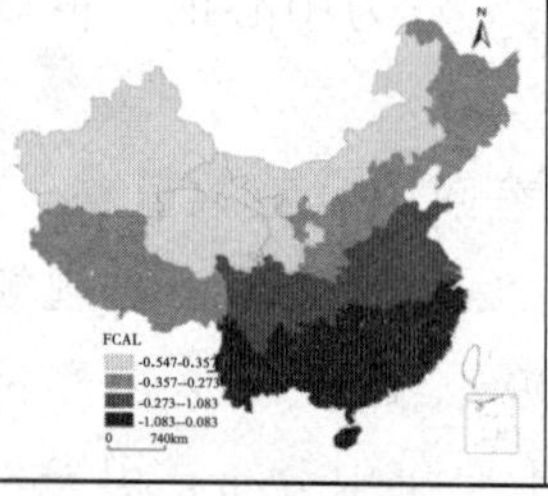	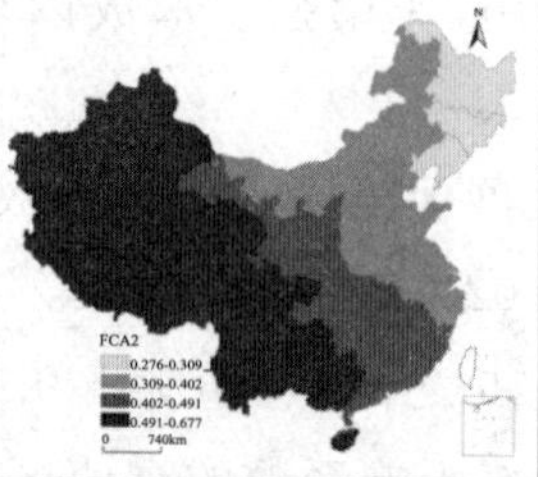	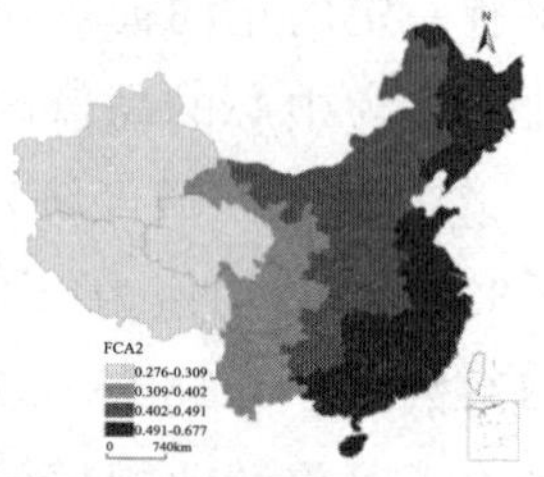

图 6.3　规模效率与区域经济各因子的地理加权回归

6.1.3　相关建议

根据 1997—2011 年各项效率均值与区域经济各因子均值的地理加权回归结果，可以为各地区旅游业各项效率的提升提出相关建议：

(1)综合效率的提升：北方地区的北京、天津、河北、内蒙古、辽宁、吉林、黑龙江、新疆等地旅游业综合效率在 FCA1 上的回归系数较大，这些地区未来需加快地区总体经济发展，提升旅游业综合效率。中国南部地区的云南、广西、广东、海南等地旅游业综合效率在 FCA2 上的回归系数较大，这些地区未来需提升经济增长速度，促进地区经济的内涵式增长，提升旅游业综合效率。中国西部地区的西藏、青海、新疆等地的旅游业综合效率在 FCA3 上的回归系数较大，这些地区经济发展的基础设施保障方面比较落后，未来需要进一步加快以交通设施为基础的基础设施建设，以此推动旅游业综合效率的提升。

(2)纯技术效率的提升：东北地区的黑龙江、吉林、辽宁以及内蒙古等地旅游业纯技术效率在 FCA1 上的回归系数较大，这些地区纯技术效率的进一步提升，需要加快总体经济的发展。边境省份黑龙江、吉林、新疆、西藏、海南等地旅游业纯技术效率在 FCA2 上的回归系数较大，这些地区旅游业纯技术效率的提升，需进一步加快经济发展速度。中国南部地区的福建、湖南、广东、广西、海南等地旅游业纯技术效率在 FCA3 上的回归系数较大，这些地区未来旅游业纯技术效率的提升，需进一步加快基础设施的建设。

(3)规模效率的提升：中国南部地区的浙江、福建、江西、湖南、贵州、云南、广东、广西、海南等地区旅游业规模效率在 FCA1 上的回归系数较大，这些地区要提升未来规模效率，就需进一步促进地区经济发展总量的上升。中国西部地区的新疆、青海、西藏、云南、四川、广西、海南、贵州等地旅游业规模效率在 FCA2 上的回归系数较大，这些地区未来规模效率的提升，需进一步加快经济增长速度。东三省黑吉辽、长三角、珠三角及其周边的山东、安徽、福建、江西、湖南、广西、海南旅游业规模效率在 FCA3 上的回归系数较大，旅游业规模效率的提升，应进一步完善基础设施建设。

6.2　旅游业效率演化的 GWR 分析

上述研究从区域经济视角分析了旅游业各项效率的提升策略，可利用地理加权回归分析旅游业的优化提升对策。构建包含综合效率（纯技术效率或规模效率）的 GWR 模型，根据以上原理，利用旅游业各项效率、旅游资源优势度、区域经济、市场化指数、文化资本的均值，借助 ArcGIS9.3 软件进行地理加权回归，充分考虑空间因素在旅游业效率演化中的作用。为了突出显示，对回归系数用自然断裂点法（Jenks）分为四类，结果分别见图 6.4、6.5、6.6。

6.2.1　旅游业综合效率的 GWR 分析

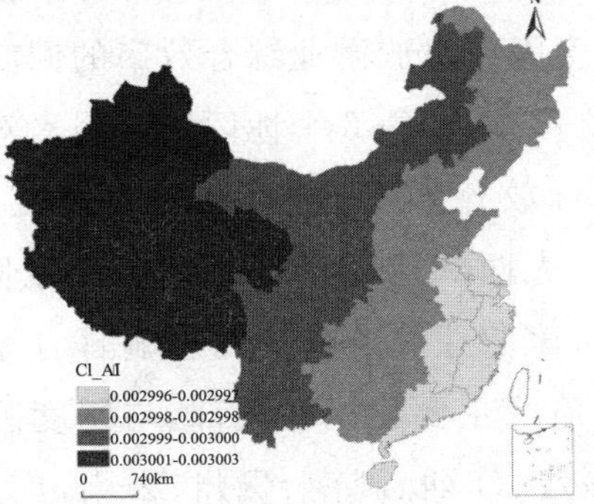

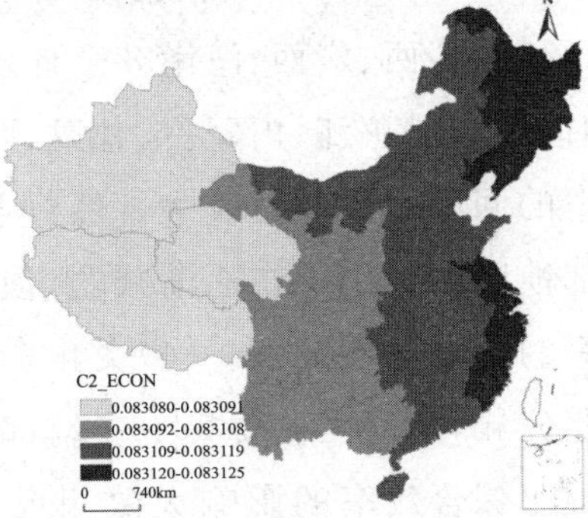

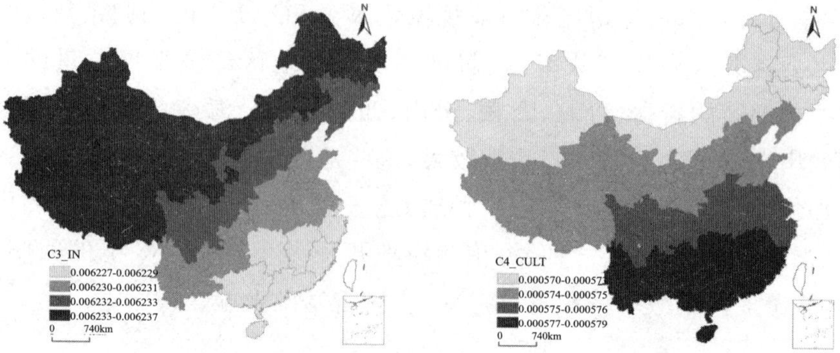

图 6.4　各因素对旅游业综合效率的地理加权回归

从图 6.4 可以看出：(1)旅游资源优势度对综合效率的影响具有明显的东西差异，大体上表现出从东南沿海向西部内陆逐渐增加的空间分布态势。东部地区的上海、江苏、浙江、安徽、江西、福建、广东、海南 8 个地区旅游资源优势度对旅游业综合效率的回归系数较小，西部地区西藏、青海、新疆 3 个地区旅游资源优势度对旅游业综合效率的回归系数较大。(2)区域经济对旅游业综合效率的影响具有显著的东西差异，大体上表现出从东部向西部逐渐减小的空间分布态势，与旅游资源优势度对综合效率的影响大致相反。东三省、长三角、福建等 7 个地区区域经济对综合效率的回归系数较大，西部地区西藏、青海、新疆区域经济对旅游业综合效率的回归系数较小。(3)制度因素对旅游业综合效率的影响具有一定的南北分异特征：低值区主要集中在东南沿海，高值区反而集中在西部及东北。上海、浙江、湖南、广东、福建、江西、广西、海南 8 个地区制度因素对旅游业综合效率的回归系数相对较小；黑龙江、内蒙古、甘肃、西藏、青海、新疆 6 个地区制度因素对综合效率的回归系数相对较大。经过改革开放三十多年的发展，“制度红利”在东部地区的作用正在逐渐减弱，但在广大西部地区制度因素对旅游业综合效率的影响仍然较大。(4)文化资本对旅游业综合效率的影响具有显著的南北分异，高值区主要集中在南部、低值区主要集中在北部，与制度因素对旅游业综合效率的影响大致相反。福建、江西、湖南、贵州、云南、广东、广西、海南 8 个地区文化资本对旅游业综合效率的回归系数较大；黑龙江、吉林、内蒙古、新疆 4 个地区文化资本对旅游业综合效率的回归系数相对较小。

6.2.2　旅游业纯技术效率的 GWR 分析

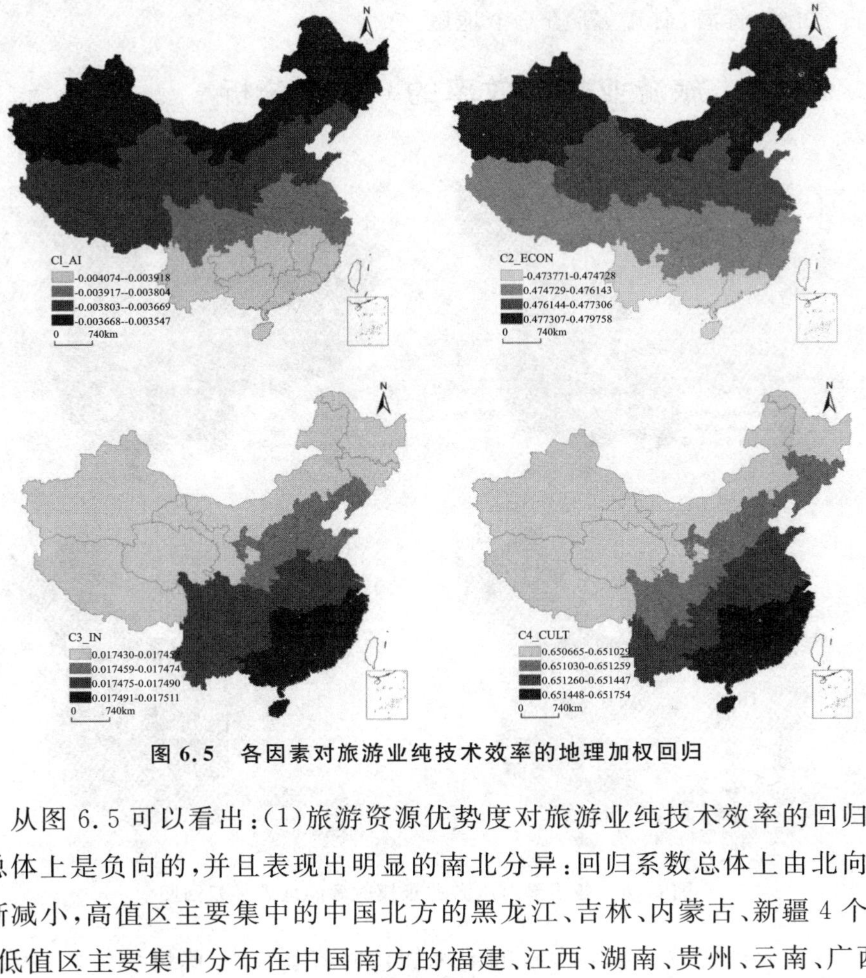

图 6.5　各因素对旅游业纯技术效率的地理加权回归

从图 6.5 可以看出：(1)旅游资源优势度对旅游业纯技术效率的回归系数总体上是负向的，并且表现出明显的南北分异：回归系数总体上由北向南逐渐减小，高值区主要集中的中国北方的黑龙江、吉林、内蒙古、新疆 4 个地区，低值区主要集中分布在中国南方的福建、江西、湖南、贵州、云南、广西、广东、海南。(2)区域经济对旅游业纯技术效率的影响同样表现出明显的南北分异规律，总体上与纯技术效率的关系是正向的，回归系数由北向南逐渐减小。高值区主要分布在中国北方：吉林、黑龙江、辽宁、河北、内蒙古、北京、天津、新疆 8 个地区；低值区主要分布在南方：云南、广东、广西、海南 4 个地区。(3)制度因素对旅游业纯技术效率的回归系数表现出一定的南北分异，高值区主要集中在中国南部的浙江、福建、江西、湖南、广西、广东、海南 7 个地区；低值区主要集中在北部的黑龙江、吉林、内蒙古、西藏、青海、甘肃、新疆 7 个地区。(4)文化资本对旅游业纯技术效率的影响同样表现出一定的南北分异，高值区主要集中分布在中国南部的上海、浙江、福建、江西、湖南、广西、广东、海南 8 个地区；低值区主要集中分布在北方的黑龙江、内蒙古、西藏、青海、甘肃、新疆 6 个地区。

6.2.3 旅游业规模效率的 GWR 分析

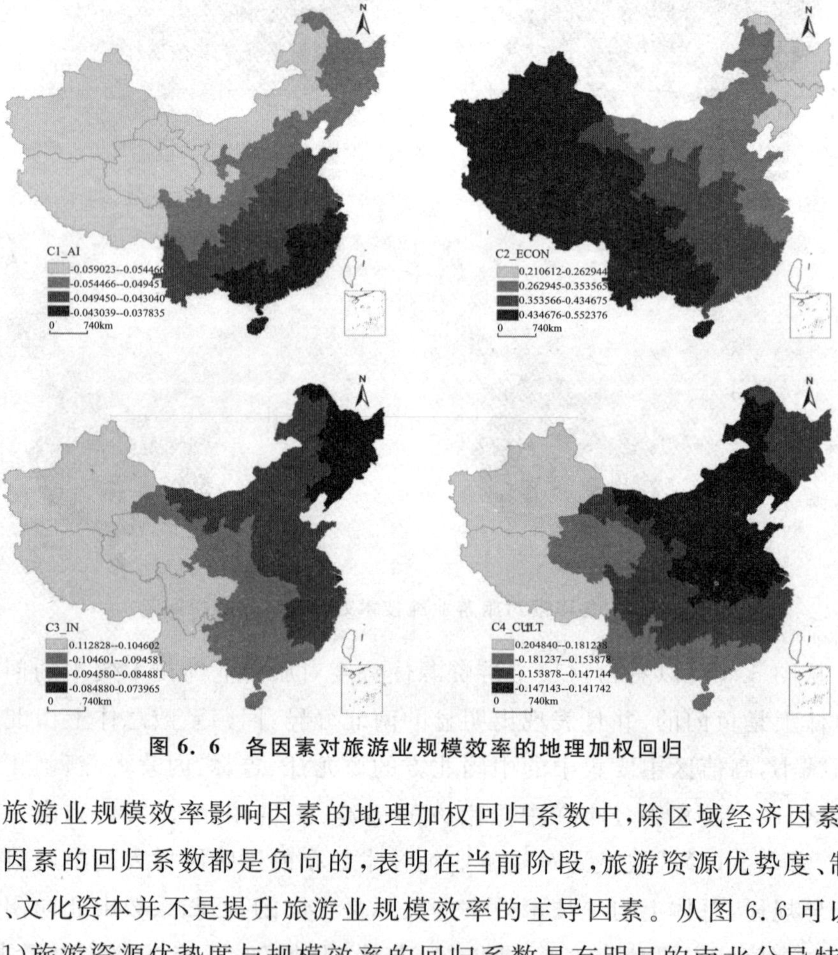

图 6.6　各因素对旅游业规模效率的地理加权回归

旅游业规模效率影响因素的地理加权回归系数中，除区域经济因素外，其他因素的回归系数都是负向的，表明在当前阶段，旅游资源优势度、制度因素、文化资本并不是提升旅游业规模效率的主导因素。从图 6.6 可以看出：(1)旅游资源优势度与规模效率的回归系数具有明显的南北分异特征，总体上回归系数由北向南逐渐增加，但仍然是负向的。高值区主要分布在南部：上海、浙江、江西、福建、广东、广西、海南 7 个地区；低值区主要分布在中国西部及北部：内蒙古、甘肃、青海、西藏、新疆 5 个地区。(2)区域经济与旅游业规模效率的回归系数总体上是正值，由东部地区向周边逐渐增大，西部省份是高值区的主要分布区，东三省黑吉辽的回归系数相对较低，海南、广西、贵州、云南、四川、青海、西藏、新疆 8 个地区的回归系数相对较高。(3)制度因素与旅游业规模效率的回归系数大致表现出东西分异规律，回归系数总体上由东部向西部递减，回归系数总体上是负向的。高值区主要分布在东三省与上海市，低值区主要分布在西部：云南、四川、青海、西藏、新疆。(4)文化资本与旅游业规模效率的回归系数基本上是负向的，数值由华北地区向周边递减，在西部地区达到最小值，高值区主要集中在：北京、天津、河北、辽宁、内蒙古、山西、陕西、山东、河南、湖北、安徽、江苏 12 个地区。

6.2.4 相关建议

需要指出的是，与一般回归分析相比，上述回归系数相对较小，主要是因为在分析时考虑了空间权重因素在模型中的作用，但回归结果基本上能反映各因素对旅游业效率影响的省际差异。根据以上地理加权回归结果，可以为省域旅游业各项效率的优化提升提供相关的意见和建议：

(1)综合效率的优化提升：①西部地区的青海、西藏、新疆三省旅游资源优势度对综合效率的影响较大，而区域经济对综合效率的影响较小，未来应该全面促进区域经济的发展，进一步促进旅游发展与区域经济的协同提升。东部地区旅游资源基本达到饱和状态，尤其是上海、江苏、浙江、安徽、江西、福建、广东、海南等地区，未来应该避免盲目追求资源数量的增加，重点打造特色旅游精品。东部地区经济较发达，应利用区域经济优势，促进旅游业的转型升级。②制度因素在东南地区对综合效率的影响远低于北部及西北地区，因此未来东南地区，如上海、浙江、福建、江西、湖南、广东、广西、海南等地应努力促进制度革新，为旅游业的发展创造一个更加优越的社会制度环境。北部及西北地区的黑龙江、内蒙古、甘肃、西藏、青海、新疆等地，应积极引进东部地区的管理经验、科技成果以及人力资源，将这些因素投入到旅游业的发展过程中，促进旅游业综合效率的提升。③中国南部地区的福建、江西、湖南、贵州、云南、广西、广东、海南等地的文化资本对旅游业综合效率的回归系数较大，未来可通过加快文化产业发展，来促进文旅深度融合，进一步提升旅游业发展的综合效率。

(2)纯技术效率的优化提升：①旅游资源优势度与纯技术效率的地理加权回归系数总体上是负数，仅仅从增加旅游资源角度，并不能提升旅游业纯技术效率，尤其是中国南部地区的福建、江西、湖南、贵州、云南、广东、广西、海南等地。因此未来应提倡旅游资源的集约化增长，避免盲目追求旅游资源数量的增加。②区域经济：中国南部地区的云南、广西、广东、海南等地区域经济与纯技术效率的回归系数较小，未来需进一步促进经济质量的提升，促进区域经济的内涵式增长，进而优化提升旅游业纯技术效率。北方地区的黑龙江、吉林、辽宁、北京、天津、河北、内蒙古、新疆8个地区区域经济与纯技术效率的回归系数较大，应进一步加快经济总量的增加，提升旅游业纯技术效率。③制度因素：黑龙江、吉林、内蒙古、青海、甘肃、西藏、新疆等地市场化指数与纯技术效率的回归系数较小，未来应进一步完善旅游业发展的制度保障。④文化资本：黑龙江、内蒙古、西藏、青海、甘肃、新疆等地文化资本与纯技术效率的回归系数较低，未来旅游业的发展，应进一步挖掘地方文化特色，打造具有文化特色的旅游精品，进一步提升纯技术效率。

(3)规模效率的优化提升：①旅游资源优势度与规模效率的回归系数同样是负值，因此不能仅仅着眼于旅游资源视角来提升旅游业规模效率。②区域经济是四个因素中对规模效率唯一起正向作用的因素。未来东三省地区应该努力促进产业结构的转型升级，海南、广西、云南、贵州、四川、西藏、青海、新疆等地区的回归系数较大，未来应进一步加快区域经济发展，进而提升规模效率。③制度文化因素与旅游业规模效率的回归系数总体上是负向的，随着文化的发展与制度的完善，规模效率将逐渐降低，纯技术效率将成为综合效率的主要驱动因素，这也是合理的。

6.3 区域旅游业发展的优化提升路径

前文分别从旅游资源优势度、区域经济、制度因素、文化因素分析了区域旅游业效率的演化机理，同时提出了相关改进建议。需要指出的是，旅游业效率的演化往往是多种因素共同作用的结果，各因素对旅游业效率的影响往往具有一定的时空效应，效率的提升不能仅仅局限于某一项因素，需要重视各影响因素的时空效应。

6.3.1　避免旅游业低水平重复建设，重点打造特色旅游精品

旅游资源丰裕程度并不是影响旅游经济的唯一因素，在中国中西部地区旅游资源丰裕度反而与旅游经济表现出一定的负相关态势，即旅游业发展存在着一定程度的“资源诅咒”现象。就当前中国旅游业发展的客观实际而言，旅游经济活动中普遍存在着大规模的低水平重复建设问题，主要表现在：①人造主题类旅游资源层出不穷。当前存在的旅游资源，基本上都经过了人类的加工完善，旅游资源虽然具有不可移动性，但在投入一定的资金与劳动力之后，旅游资源在一定程度上是可以复制的，有时候复制品可以达到以假乱真的地步，复制品的吸引力有可能超过自然的旅游资源。然而，当前国内大部分人造主题类的旅游资源基本上含金量不够，一方面浪费了资金、人力、物力，另一方面降低了旅游业经营效率，不利于当地旅游经济的提升。②品牌旅游资源大量增加。以国家A级景区为例，2007年国家旅游局公布了首批5A级景区，一共66家，截止到2013年11月26日，5A级景区已经增长到172家，增长了近3倍，且5A级景区的分布存在一定的不合理性，其他星级景区的增长速度更快。星级景区数量的快速增长，一定程度上降低了景区的知名度，削减了景区的吸引力，从而影响景区游客收入。③旅游开发缺少人文关怀。旅游规划往往生搬硬套城市规划，景区建设往往和周边环境不协调，在区域经济发展中容易形成“旅游孤岛”，在旅游资源的开发中，往往只重视硬件设施建设，忽视相应的软件设施建设，优先考虑该建什么，而没有充分考虑不该建什么，旅游资源的开发往往采用固定的模式，忽视对地方特色文化的挖掘，没有充分考虑到当地社区的利益。④没有合理处理好旅游资源开发与保护之间的关系。从严格意义上说，任何形式的旅游开发都会对旅游资源造成一定的破坏，但不进行任何旅游资源开发活动的话，旅游资源也会在自然力的作用下，逐渐受到破坏。对旅游资源的开发，应该正确处理好开发与保护的关系，进行保护性开发，开发的最终目的是为了更好地保护，以可持续发展为宗旨，可从旅游规划、行政处罚、营业收入等角度加大对旅游资源保护力度。

中国省际旅游资源优势度对旅游业各项效率的影响存在明显的时空尺度效应，脉冲响应函数分析结果表明：在当前大部分省份，旅游资源对旅游

业效率的提升作用相对减弱，从旅游资源方面大幅度提升旅游业发展效率几乎不太可行。对已经开发的旅游资源，应加大综合整治，努力做好宣传营销、注重配套设施、挖掘地方特色、提升服务质量；对没有开发的潜在旅游资源，应该严格控制低水平重复建设，避免造成旅游资源的浪费。就东中西部三大地带而言，东部地区应注重旅游资源文化内涵提升，延长旅游产业链；中西部地区应加大对旅游基础设施及相关配套设施的建设，在旅游资源开发过程中，应该借鉴先进地区的开发经营，切不可生搬硬套。

6.3.2 避免盲目追求区域发展速度，提倡区域经济精明增长

的精明增长的概念出现于20世纪90年代，其最直接目标是应对西方社会城市的盲目扩张，精明增长的理念虽被广泛认可，但至今仍没有形成统一的定义，一般认为精明增长是一种在提高土地利用效率基础上的控制城市扩张、保护生态环境、服务于经济发展、促进城乡协调发展和人们生活质量提高的发展模式。提倡精明增长，应该努力避免盲目追求区域经济发展速度。中国经济经过了近30年的发展，现阶段需要有质量的增长。温家宝在曾在《政府工作报告》中提到促进经济质量增长的措施：促进节能环保经济的增长，促进经济结构调整，提高竞争力，降低高耗能、高污染产业链的产值比重，提高福利值水平。

旅游业是一项关联性很强的第三产业，宏观经济发展对旅游业发展具有重要的影响。2003年的“非典”事件曾一度使中国旅游业发展降到最低点，同时严重影响了当年旅游业的发展效率。单纯追求区域经济发展速度，对旅游业效率的提升并没有显著的促进作用，甚至会降低旅游业效率的提升。从区域经济出发，提倡精明增长，进而促进旅游业效率的提升。前文研究表明，区域经济的大部分指标对旅游业各项效率均有显著的影响，旅游业纯技术效率与区域经济有着更加密切的联系，促进区域旅游经济的集约化增长，必须促进区域经济增长质量的提升。

前文地理加权回归表明：区域经济各项指标对旅游业各项效率发展的影响具有一定的空间尺度，因此在不同的省份，应采取不同的措施提升旅游业效率。①综合效率的提升：北方地区的北京、天津、河北、内蒙古、辽宁、吉林、黑龙江、新疆等地，未来需加快地区总体经济发展，提升旅游业综合效

率。中国南部地区的云南、广西、广东、海南等地未来需提升经济增长速度，促进地区经济的内涵式增长，提升旅游业综合效率。中国西部地区的西藏、青海、新疆等地经济发展的基础设施保障方面比较落后，未来需进一步加快以交通设施为主的基础设施建设，推动旅游业综合效率提升。②纯技术效率的提升：东北地区的黑龙江、吉林、辽宁以及内蒙古等地纯技术效率的进一步提升，需要加快总体经济的发展。边境省份黑龙江、吉林、新疆、西藏、海南等地旅游业纯技术效率的提升，需进一步加快经济发展速度。中国南部地区的福建、湖南、广东、广西、海南等地未来旅游业纯技术效率的提升，需进一步加快基础设施的建设。③规模效率的提升：中国南部地区的浙江、福建、江西、湖南、贵州、云南、广东、广西、海南等地未来规模效率的提升，需进一步促进地区经济发展总量的上升。中国西部地区的云南、新疆、青海、四川、广西、海南、西藏、贵州等地未来规模效率的提升，需进一步加快经济增长速度。东三省黑吉辽、长三角、珠三角及其周边的山东、安徽、福建、江西、湖南、广西、海南等地旅游业规模效率的提升，应进一步完善基础设施建设。

6.3.3 逐步完善旅游业发展规章制度，创新旅游业发展制度环境

十八届三中全会指出：要紧紧围绕使市场在资源配置中起决定作用，深化经济体制改革，坚持和完善基本经济制度，加快完善现代市场体系、宏观调控体系、开放型经济体系，加快转变经济发展方式，加快建设创新型国家，推动经济更有效、更加公平、更可持续发展。面向市场化的经济体制改革仍是目前中国经济增长的引擎，制度改革一方面可以调动社会各方面的积极性，促进市场在资源配置中的最大作用；另一方面还可以创造出公平公正、合理竞争的外部环境，促进经济的发展。

制度因素对旅游业效率的影响存在一定的时空尺度效应。前文的分位数回归表明，制度因素对各项效率的回归系数随着分位点的扩大，总体上表现出减小的趋势。同样，制度各分量对旅游业综合效率及纯技术效率均有显著的正向影响，制度因素各分量指标对规模效率的显著性正向影响基本集中在低分位数上，且影响系数逐渐降低。因此从长远角度看，只有制度的不断革新，旅游业效率才能实现稳步提升。综合效率的提升，在东中部地

区,尤其是中部地区,应重视产品市场发育程度的提高,西部地区应该重视政府与市场关系,避免政府对市场过分干预。纯技术效率的提升,在东部与西部地区应注重政府与市场的关系,在西部地区应提高产品市场的发育程度。制度各分量在中西部地区对旅游业规模效率影响不显著,东部地区应注重政府与市场的关系,促进旅游业规模效率的提升。

总体而言,东部地区应进一步创新制度,促进制度对旅游业各项效率的提升;中部地区需进一步完善制度,充分发挥"制度红利"对旅游效率的改进作用;西部地区需进一步利用东部地区先进的制度,带动旅游业发展,促进旅游业效率的提升。

6.3.4 重视文化产业发展,促进旅游与文化协同发展

2009年出台了《文化部、国家旅游局关于促进文化与旅游结合发展的指导意见》,该文件高度重视文化与旅游的结合发展,并且提出文化与旅游结合发展的主要措施。《国务院关于加快发展旅游业的意见》明确提出了要丰富旅游文化内涵。党的十八届三中全会提出了建设社会主义文化强国,增加国家文化软实力,完善文化管理体制,建立健全现代文化市场体系,构建现代公共文化服务体系,提高文化开放水平。国家政策的高度重视,有利于文化旅游的发展与繁荣。

文化与旅游业发展具有天然的耦合关系,文化是旅游业发展的灵魂与基础,旅游是文化发展的依托,旅游业的发展为文化大发展、大繁荣提供了重要的载体。旅游业的发展,主要目的可归纳为:促进地区经济发展以及提升人民群众的文化生活水平,其根本目的还是为了促进人的全面发展,从这个角度看,旅游业的主要功能体现在它的文化功能上。

文化资本在不同时段对旅游业各项效率的影响机理不完全相同,基于文化资本视角,不同地区应该采取不同的措施提升旅游业效率。东中部地区文化资本存量较为优越,文化对旅游业各项效率提升的影响主要是间接的,通过对旅游业发展其他因素的影响,间接影响到旅游业效率。西部地区文化资本存量的提升对旅游业各项效率的改进有显著的正向影响,未来应加大文化产业发展,加大教育、科技、人才等因素的投入,努力缩小与东部地区的差距,促进文化大发展、大繁荣。前文分析发现近期文化资本对旅游业各项效率的提升作用开始显著,因此在当前阶段应当加大对文化建设的投

入。应该依托文化发展旅游，依托旅游创造品牌，依托品牌拓展产业，依托产业反哺文化，最终促进文化与旅游的良性循环发展（黄震方等，2011）。

6.3.5　重视其他因素对旅游业效率的影响

区域旅游业效率的演化是一个复杂开放的系统，未来旅游业效率的演化，应避免盲目追求旅游资源数量的增加，重点打造特色旅游精品。从区域经济角度出发，应避免盲目追求经济发展速度，提倡精明增长。区域旅游业效率的提升，需进一步重视“非经济”因素对其影响，尤其是完善旅游业发展的制度保障，加快文化产业发展。

区域旅游业效率的演化是多方面因素共同驱动的，本研究主要从旅游资源、区域经济、制度因素、文化因素进行分析，旅游资源是旅游业效率演化的基础，区域经济是旅游业效率演化的前提，制度因素是旅游业效率演化的保障，文化因素是旅游业效率演化的动力。其他因素也有可能对旅游业效率产生影响，如生态环境、旅游者行为等因素，未来需进一步重视其他相关因素对旅游业效率的影响。

第七章　结论与展望

7.1　主要研究结论

旅游业效率是旅游活动中客观存在的一种经济现象，属于旅游效率的一种形式，其演化发展与影响机理具有一定的规律性。论文依托1997—2011年旅游业投入产出数据，基于经典经济增长理论构建旅游业投入产出相关指标，进一步构建旅游资源优势度、区域经济、制度因素、文化因素评价指标体系，并利用ArcGIS9.3及Eviews6.0软件分析旅游业各项效率的空间分布格局与演化机理，在此基础上提出了区域旅游业效率优化提升的相关建议。主要结论包括：

(1)旅游效率的概念体系

旅游效率有狭义和广义之分，狭义的旅游效率是指旅游活动中的食、住、行、游、购、娱、康、乐等要素环节中的某个环节或多个环节的效率，即旅游经济活动中各决策单元投入与产出比例关系的一种度量。广义的旅游效率是指在一定经济技术水平下，衡量旅游发展过程中相关资源是否合理使用的一项经济指标，是一种客观存在的经济现象。旅游效率属于交叉学科的研究范畴，经济学、人文地理学、旅游学等学科为旅游效率的研究提供理论支撑。

(2)旅游业效率的演化规律

地带效应：各项效率在东中西三大地带的差异明显。总体上，综合效率与纯技术效率表现出东部大于中部，中部大于西部的格局；规模效率表现出西部大于中部，中部大于东部的格局。空间集聚性：各项效率高低值空间分异明显。综合效率与纯技术效率高值区主要集中分布在东部地区，低值区主要集中分布在西部地区，规模效率的空间分布正好与此相反。空间方向性：各项效率的重心移动轨迹具有一定的规律性。综合效率与纯技术效率重心总体上向西北偏移，规模效率重心总体上向东南偏移。空间错位性：各项效率与旅游资源优势度排名表现出一定的错位现象，即所谓的"资源诅咒"现象，省域旅游资源的利用存在一定程度的闲置与浪费。时间效应：各项效率的均值在波动中稳步上升，2003 年"非典"过后，综合效率总体上由纯技术效率驱动，旅游业的集约化增长取得一定进步。

(3)旅游资源优势度对旅游业效率的影响

省际旅游资源优势度对旅游业各项效率的影响具有时间尺度效应，旅游资源在旅游业效率演化过程中的作用逐渐降低。省际旅游资源优势度对旅游业各项效率的影响具有空间尺度效应：旅游资源优势度对西部地区旅游业综合效率的影响程度较大，对东部地区旅游业综合效率的影响程度较小；旅游资源优势度对纯技术效率的影响在中部较大，西部次之，东部较小；旅游资源优势度对规模效率的影响在西部较大，东部次之，中部较小。

(4)区域经济对旅游业效率的影响

将区域经济分解为现状因子、速度因子与保障因子。区域经济发展现状因子、保障因子对旅游业效率有显著的正向影响，现状因子对旅游业效率影响的路径系数较大，速度因子对旅游业效率的影响不显著。区域经济对旅游业效率的影响具有明显的空间尺度效应。区域经济发展现状因子、速度因子及保障因子在不同地区与各项效率的回归系数各不相同，基于回归结果，可进一步提出省域旅游业效率优化提升路径。区域经济对旅游业各项效率的影响具有明显的时间尺度效应。脉冲响应分析结果表明，区域经济各指标对旅游业各项效率表现出不同的响应路径，大部分指标从长期看，对旅游业各项效率具有一定的正向冲击。

(5)制度因素对旅游业效率的影响

制度因素对旅游业各项效率均有显著的正向影响，制度因素对旅游业综合效率的影响程度较大，对规模效率的影响程度相对较小。分位数回归表明，在不同的分位点上，制度因素对各项效率的回归系数表现出不同的分布规律，制度因素对各项效率的回归系数随着分位点的扩大，总体上表现出减小的趋势。因此，只有制度的不断创新，才能最大限度地发挥“制度红利”。

制度各分量对旅游业综合效率及纯技术效率均有显著的正向影响。除产品市场的发育程度指标外，其他指标对综合效率的正向影响，从低分位数到高分位数递减。政府与市场的关系、非国有经济发展两项指标对纯技术效率的正向影响，从低分位数到高分位数呈下降趋势；产品市场的发育程度、要素市场的发育程度、市场中介组织的发育和法律制度环境三项指标对纯技术效率的正向影响，从低分位数到高分位数呈上升趋势。制度因素各分量指标对规模效率的显著性正向影响基本集中在低分位数上，且影响系数逐渐降低。

(6)文化资本对旅游业效率的影响

文化资本对各项效率的影响具有一定的时空尺度效应。文化资本对综合效率影响在东部地区较大，中部次之，西部较小；文化资本对纯技术效率影响显著性不强，仅在西部地区对纯技术效率具有显著的正向影响；文化资本对规模效率影响显著性同样不强，仅在西部地区具有显著的正向影响。文化资本在不同时段对旅游业各项效率的影响机理不完全相同，总体上对各项效率影响系数相对较小。与制度因素相比，文化因素对旅游业各项效率的影响系数相对较小，文化因素对旅游业各项效率的影响基本上是间接的。

(7)旅游业效率演化机制

旅游业效率的影响因素可归纳为四类：旅游资源、区域经济、制度因素、文化因素，各因素对旅游业效率的影响均具有一定程度的时空效应。旅游资源子系统、经济子系统、制度子系统、文化子系统之间是相互影响、相互制约的，旅游资源是旅游业效率演化的基础，区域经济是旅游业效率演化的前提，制度因素是旅游业效率演化的保障，文化因素是旅游业效率演化的动力。

(8)旅游业效率优化提升路径

旅游业效率的优化提升需要考虑影响因素的时空尺度效应，本研究利用地理加权回归模型提出了针对性的建议。旅游业效率的提升，应重视“非经济”因素(文化制度等要素)在旅游业效率演化中的作用。未来应避免盲目追求旅游业低水平重复建设，重点打造特色旅游精品；避免盲目追求区域发展速度,提倡区域经济的精明增长;逐步完善旅游业发展规章制度,创新旅游业发展制度环境;重视文化产业发展,促进旅游业与文化产业协同发展。

7.2　本书创新之处

(1)理论创新

提出了旅游业效率研究的框架体系。旅游业效率的研究应该在科学分析其概念的基础上按照一定的逻辑顺序展开,旅游效率属于交叉学科的研究范畴,经济学、人文地理学、旅游学等学科为旅游效率的研究提供理论支撑。研究认为旅游效率有广义和狭义之分:广义的旅游效率包括旅游资源的使用效率以及旅游业的发展效率,指在一定经济技术水平下,衡量旅游发展过程中相关资源是否合理使用的一项经济指标;狭义的旅游效率仅指旅游业的发展效率。

将旅游业效率视为一种客观存在的旅游经济现象,并提出了旅游效率的研究路径:概念体系构建、测度指标构建、测度方法论证、测度效果评价、时空对比分析、演化特征分析、影响因素分析、优化提升路径、实践指导意义。

提出了旅游业效率的演化特征。旅游业效率演化具有一定的时空特征,主要表现为:地带效应、空间集聚性、空间方向性、空间错位性、时间效应。旅游业效率影响机理同样具有时空特征,即各影响因素随着时间与空间的变化,对旅游业各项效率的影响表现出不同的特征。

(2)方法论创新

方法论创新主要体现在:①运用修正的 DEA 模型对旅游效率进行测算。以往采用非参数的 DEA 模型对于旅游效率进行测算时,没有针对权重变化过于灵活这一缺陷给予充分关注,引入 TOPSIS 思想,在原始指标中加入虚拟最优决策单元,通过考察其他决策单元与最优决策单元的距离判别其效率的大小,通过对比分析,发现修正后的 DEA 模型具有更好的实际应用价值。②运用分位数回归及脉冲响应模型对旅游业效率的影响因素进行分析。先前大部分定量研究往往忽略了在不同的时间和空间条件下,各影响因素对旅游效率的影响机理是不同的,论文在进行影响机理分析时,着重考察各因素对旅游业效率影响的时空效应。

(3)应用创新

重视制度因素(市场化指数)在旅游业效率优化提升中的作用。通过构建包含旅游资源优势度、区域经济、市场化指数、文化资本的结构模型及分位数回归模型,发现市场化指数对各项效率的影响较大,在一定程度上反映了制度因素仍是当前旅游业效率优化提升的主导因素。重视各因素对旅游业效率影响的时空尺度效应,在东中西三大地带,以及不同的省份,应该采取不同措施实现旅游业效率的优化提升。研究提出了区域旅游业效率优化提升路径:打造精品、提升内涵;追求质量、精明增长;创新制度、完善体制;文旅融合、产业协同。

7.3 研究不足与未来展望

旅游业是一项关联性很强的第三产业,从本质上说具有一定的敏感性与脆弱性,社会经济的各行各业对旅游业发展都会产生一定的影响,旅游业效率的演化机理需要考虑到多种因素的综合影响。围绕"构建指标——要素测算——时空对比——机理分析——提升策略"的研究主线,虽然解决了主要问题,但本文在以下方面,仍有继续完善的空间:

(1)本研究测算的是旅游业效率,只是旅游效率的一部分。严格意义上说,旅游效率还包括旅游资源的使用效率,以及各种单项旅游产业环节的效率,如旅行社效率、旅游餐饮业发展效率、星级酒店经营效率,它们的发展效率是否与总体旅游业效率一样,仍需进一步研究。此外,本研究只选取1997—2011年的时间断面,其他年份是否如此仍需进一步研究;本研究仅仅立足于省域尺度,其他尺度的旅游业效率及演化机理是否如此,仍需要进一步研究。此外,不同旅游发展阶段效率演化的主导机制如何,也是未来继续深入研究的方向之一。

(2)旅游业是一项关联性很强的第三产业,旅游业发展影响因素较多,旅游业效率反映了旅游业发展相关资源的投入产出情况,受到的影响因素更多。本研究主要从旅游资源优势度、区域经济、制度因素、文化因素等角度分析了旅游业效率的影响因素，其他影响因素，如突发事件、旅游者行为、区域生态环境状况等因素对旅游业效率也会产生一定的影响，这些因素如何量化，对旅游业效率演化究竟有怎样的影响，可继续深入挖掘。

(3)本研究数据量庞大，并且涉及跨年度面板数据，指标选择不可能面面俱到，不同指标体系可能会对最终的结果产生一定影响，如何最小化指标选择对分析结果的影响，需进一步论证。

参考文献

[1] Acemoglu D. A micro foundation for social increasing returns in humancapital accumulation[J]. *Quarterly Journal of Economics*, 1996, 111(3): 779～804.

[2] Ainhoa U, Isabel G. Hotel location in tourism cities, Madrid 1936—1998[J]. *Annals of Tourism Research*, 2006, 33(2): 282～402.

[3] Alexeev M, Conard R. The elusive curse of oil[J]. *Review of Economics and Statistics*, 2009, 91(3): 586～598.

[4] Alexeev M, Conrad R. The natural resource curse and economic transition[J]. *Economic System*, 2011, 35(4): 445～461.

[5] Ambrosini C, Routhier J L. Objectives, methods and results of surveys carried out in the field of urban freight transport: an international comparison[J]. *Transport Reviews*, 2004, 24(1): 57～77.

[6] Anderson R I, Fish M, Xia Y, et al. Measuring efficiency in the hotel industry: A stochastic approach[J]. *International Journal of Hospitality Management*, 1999, 18(1): 45～47.

[7] Anderson R I, Lewis D, Parker M E. Another look at the efficiency of corporate travel management departments[J]. *Journal of Travel Research*, 1999, 37(3): 267～272.

[8] Anderson R, Fok R, Scott J. Hotel industry efficiency: An advanced linear programming examination[J]. *American Business Review*, 2000, 18(1):40～48.

[9] Anselin L. Local indicators of spatial association－LISA[J].

Geographical Analysis, 1995, 27(2): 93～115.

[10] Arslanturk Y, Altunoz O. Practice—trips: efficiency and quality perceptions of prospective tour guides [J]. *Procedia — social and Behavioral Sciences*, 2012, 62(24): 832～836.

[11] Ashworth G J. Accommodation and the historic city[J]. *Built Environment*, 1989, 15(2): 92～100.

[12] Assaf A, Barros C P, Josiassen A. Hotel efficiency: A bootstrapped metafrontier approach [J]. *International Journal of Hospitality Management*, 2010, 29(3): 468～475.

[13] Atkinson G, Hamilton K. Saving, growth and the resource curse hypothesis[J]. *World Development*, 2003, 31(11): 1793～1807.

[14] Auty R M. Industrial policy reform in six large newly industrializing counties: The resource curse thesis [J]. *World Development*, 1994, 22(1):11～26.

[15] Auty R M. Natural resources, capital accumulation and the resource curse[J]. *Ecological Economics*, 2007, 61(4): 627～634.

[16] *Auty R M. Resource Abundance and Economic Development* [M]. Oxford: Oxford University Press, 2001.

[17] Baker M, Riley M. New perspective on productivity in hotels: Some advances and new directions [J]. *International Journal of Hospitality Management*, 1994, 13(4): 297～311.

[18] Barbier E B, Cox M. An economic ananlisis of shrimp farm expansion and mangrove conversion in Thailand[J]. *Land Economics*, 2004, 80(3): 89～407.

[19] Barbier E B. The role of natural resources in economic development[J]. *Australian Economic Papers*, 2003, 42(2): 253～272.

[20] *Barbier E. Natural Resources and Economic Development*[M]. Cambridge: Cambridge University Press, 2005.

[21] Barros C P. A stochastic cost frontier in the Portuguese hotel industry[J]. *Tourism Economics*, 2004, 10(2): 177～192.

[22] Barros C P. Analysis the rata of technical change in

thePortuguese hotel industry[J]. *Tourism Economics*, 2006, 12(3): 325～346.

[23] Barros C P. Evaluating the efficiency of a small hotel chain with a Malmquist productivity index [J]. *International Journal of Tourism Research*, 2005, 7(1): 173～184.

[24] Barros C P. Measuring efficiency in the hotel sector[J]. *Annals of Tourism Research*, 2005, 32(2): 456～477.

[25] Battese G E, Coelli T J. A model of technical inefficiency effects in a stochastic cost frontier production of panel data [J]. *Empirical Econonics*, 1995, 20(2): 325～332.

[26] Boyce J R, Emery J. Is a negative correlation between resource abundance and growth sufficient evidence that there is a"resource curse"? [J]. *Resource Policy*, 2011, 36(1): 1～13.

[27] Brander J A, Taylor M S. International trade and open－access renewable resources: The small open economy case[J]. *Canadian Journal of Economics*, 1997, 30(3):526～552.

[28] Braysy I, Gendreau M. Vehicle routing problem with time windows, part 1: Route construction and local search algorithms [J]. *Transportation Science*, 2005, 39(1): 104～118.

[29] Brock W A, Durlauf S N. Growth empirics and reality [J]. *World Bank Economic Review*, 2001, 15(2): 229～272.

[30] Brunnschweiler C N, Bulter E H. The resource curse revisited and revised: a tale of parpadoxes and red herrings [J]. *Journal of Environment Economics and Management*, 2008, 55(3): 248～264.

[31] Charles K N, Paul S. Competition, privatization and productive efficiency: Evidence from the airline industry[J]. *The Economic Journal*, 2001, 111(473): 591～619.

[32] Charnes A C, Cooper W W, Rhodes E. Measuring the efficiency of decision making units[J]. *European Journal of Operational Research*, 1978, 2(6): 429～444.

[33] Chen C F. Applying the stochastic frontier approach to measure

hotel mamagerial efficiency in Taiwan[J]. *Tourism Management*, 2007, 28 (3): 696～702.

[34] Chichilnisky G. North－south trade and the globe environment [J]. *American Economic Review*, 1994, 84(4): 851～874.

[35] Costas Z, Vasiliki V. A framework for the evaluation of totel website: the case of Greece[J]. *Information Technology & Tourism*, 2006, 3(8): 239～254.

[36] Coxhead I. A new resource curse? Impacts of China's boom on comparative advantage and resource development in southeast Asia[J]. *World Development*, 2007, 35(7): 1099～1119.

[37] Coxhead I. Development and the environment in Asia: A survey of recent literature[J]. *Asian－Pacific Economic Literature*, 2003, 17 (1): 22～54.

[38] Daganzo C F, The distance traveled to visit N－points with a maximum of C－stops per vehicle－ an analytic model and an application [J]. *Transportation Science*, 1984, 18(4): 331～350.

[39] David E, Kevin N. Towards a theory of intraurban hotel location [J]. *Urban Studies*, 2000, 37(3): 611～621.

[40] Davis G. Learning to love the Dutch disease: evidence from the mineral economies[J]. *World Development*, 1995, 23(10): 1765～1779.

[41] Ding N, Field B. Natural resource abundance and economic growth[J]. *Land Economics*, 2005, (81): 496～502.

[42] Donaghy K, McMahon U, McDowell D. Yeild management: An overview[J]. *International Journal of Hospitality Management*, 1995, 14(2): 1339～1350.

[43] Durlauf S, Johnson P A. Multiple regimes and cross－county growth behaiour[J]. *Journal of Applied Econometrics*, 1995, 10(4): 365～384.

[44] Ertur C, Koch W. Regional disparities in the European Union and the enlargement process: an exploratory spatial data analysis, 1995－2000[J]. *The Annals of Regional Science*, 2006, 40(4): 723～765.

[45] Fermandes E, Pacheco R. Efficiency use of airport capacity[J]. *Transportation Research Part*, 2006, 12(36): 225～238.

[46] Fernie J, Mckinnon A. The grocery supply chain in the UK: improving efficiency in the logistics network[J]. *International Review of Retail*, Distribution & Consumer Research, 2003, 13(2): 161～175.

[47] Ferrira S. Deforestation, property rights, and international trade [J]. *Land Economics*, 2004, 80(2): 174～193.

[48] Figliozzi M A. Analysis of the efficiency of urban commercial vehicle tours: Data collection, methodology, and policy implications[J]. *Transportation Research Part B*, 2007, (41): 1014～1032.

[49] *Fischer M M, Getis A. Handbook of Applied Spatial Analysis* [M]. Berlin: Springer Berlin Heidelberg, 2010: 27～149.

[50] Gauthier H L, Taaffe E J. Three 20th century "revolution" in American geography[J]. *Urban Geography*, 2002,23(6): 503～527.

[51] Getis A, Ord J K. The analysis of spatial association by use of distance statistics[J]. *Geographical Analysis*, 1992, 24(3): 189～240.

[52] Golden B L, Wasil E A. Computerized vehicle－routing in the soft drink industry[J]. *Operations Research*, 1987, 35(1): 6～17.

[53] Gylfason T. Resources, agriculture, and economic growth in economies in transition[J]*Euopean Economic Review*, 2000, 53(4): 545～580.

[54] Higgins M, Levy D, Young A. Growth and convergence across the United States: evidence from county－level data[J]. *The Review of Economics and Statistics*, 2006, 88(4): 671～681.

[55] *Hirschman A O. The strategy of economic development* [M]. New Haven: Yale University Press, 1958.

[56] Hwang S N, Chang T Y. Using data envelopment analysis to measure hotel managerial efficiency change in Taiwan [J]. *Tourism Management*, 2003, 24(4): 357～369.

[57] Ianchovichina E, Walmsley T. The impact of China's WTO accession on East Asia[J]. *Contemporary Economic Policy*, 2005, 23(2):

261～277.

[58] James A, Aadland D. The curse of natural resources: An empirical investigation of U. S. counties[J]. *Resources and Economics*, 2011, 33(2): 440～453.

[59] Jodice D A. Sources of change in Third World Regimes for foreign direct investment, 1968－1976[J]. *International Organization*, 1980, 34(2): 177～206.

[60] Koop J. Technology spillover, agglomeration, and regional economic development[J]. *Journal of Planning Literature*, 2005, 20(2): 99～115.

[61] Laurance W F, Kakul T, Tom M, et al. Defeating the'resource curse': Key priorities for conserving Papua New Guinea's native forests [J]. *Biological Conservation*, 2012, 151(1): 35～40.

[62] Lee C K, Han S H. Estimating the use and preservation values of national park's tourism resources using a contingent valuation method[J]. *Tourism Management*, 2002, 23(5): 531～540.

[63] Leibenstein H. Allocative efficiency vs"X－efficiency"[J]. *American Economic Review*, 1966, 56(3): 392～414.

[64] Lewin A Y, Minton J W. Determiningorganizational effectiveness: another look, and an agenda for research[J]. *Management Science*, 1986, 32(5): 514～538.

[65] Lutz M. The effects of volatility in the term of trade on output growth: New Evidence[J]. *World Development*, 1994, 22(11): 1959～1975.

[66] Maconachie R, Binns T. Beyond the resource curse? Diamond mining, development and post－conflict reconstruction in Sierra Leone[J]. *Resources Policy*, 2007, 32(3): 104～115.

[67] Malmberg B. Age structure effects on economic growth: Swedish evidence[J]. *Scandinavian Economic History Review*, 1994, 42(3): 279～295.

[68] McLean I. Saving in settler economies: Australian and North

American comparisons[J]. *Explorations in Economic History*, 1994, 31 (4): 432～452.

[69]Michael D H, Keith C J. Employee performance cues in a hotel service environment: influences on perceived serviced service quality, value, and word — of — mouth intentions [J]. *Journal of Business Research*, 1996, 35(6): 207～215.

[70] Morey R, Ditterman D. Evaluating a hotel GM's performance: A case study in benchmarking [J]. *Cornell Hotel & Restaurant Administration Quarterly*, 1995, 36(5):30～35.

[71] Nooreha H, Mokhtar A, Suresh K. Evaluating public sector efficiency with data envelopment analysis (DEA): a case study in road transport department; Selangor, Malasia[J]. *Total Quality Management*, 2000, 11(4): 830～836.

[72] Papyrakis E, Gerlagh R. Resource abundance and economic growth in the United States[J]. *European Economic Review*, 2007, 51 (4): 1011～1039.

[73] Phillips P A. Performance measurementsystems and hotels: A new conceptual framework [J]. *International Journal of Hospitality Management*, 1999, 18(2): 171～182.

[74] *Poter M E. The Competitive Advantage of Nations*[M]. New York: The Free Press, 1990.

[75] *Power T M. Digging to development? A historical look at mining &economic development*[Z]. New York: Oxfam America, 2002.

[76] Ramey G, Ramey V. Cross — country evidence on the link between volatility & growth[J]. *American Economic Review*, 1995, 8(5): 1138～1151.

[77] Sachs J, Wamer A. The curse of natural resources[J]. *European Economic Review*, 2001, 45(5): 827～838.

[78] Sachs J, Warner A. The big push, natural resource booms and growth[J]. *Journal of Development Economics*, 1999, 59(1): 43～76.

[79] Sarkis J, Talluri S. Performance based clustering for

benchmarking of US airports[J]. *Tranportation Research Part A*，2004，38(5)：329～346.

[80] Stefan G，Paul P，Jean－Paul C. The eco－efficiency of tourism [J]. *Ecological Economics*，2005，54(15)：417～434.

[81] Stevents P，Dietsche E. Resource curse：An analysis of causes，experiences and possible ways forward[J]. *Energy Policy*，2008，31(1)：56～65.

[82] Taniguchi E，Van der Heijden R. An evaluation methodology for city logistics[J]. *Transport Reviews*，2000，20(1)：65～90.

[83] Tsaur S H. The operating efficiency of international tourist hotels in Taiwan[J]. *Asia Pacific Journal of Tourism Research*，2000，6(1)：29～37.

[84] Vincent J R. Resource depletion and economic sustainability in Malaysia[J]. *Environment and Development Economics*，1997，2(1)：19～37.

[85] Wall G，Dudycha D，Hutchinson J. Point pattern analysis of accommodation in Toronto[J]. *Annals of Tourism Research*，1985，12(4)：603～618.

[86] Wrigh G，Czelusta J. The myth of the resource curse[J]. *Challenge*，2004，47(2)：6～38.

[87] 安虎森，周亚雄，薄广文. 技术创新与特定要素约束视域的“资源诅咒”假说探析——基于我国的经验观察[J]. 南开经济研究，2012，(6)：100～115.

[88] 保继刚，楚义芳. 旅游地理学(修订版)[M]. 北京：高等教育出版社，1999.

[89] 蔡安宁，庄立，梁进社. 江苏省区域经济差异测度分析——基于基尼系数分解[J]. 经济地理，2011，31(12)：1995～2000.

[90] 曹芳东，黄震方，吴江等. 1990 年以来江苏省区域经济差异时空格局演化及其成因分析[J]. 经济地理，2011，31(6)：895～901.

[91] 曹芳东，黄震方，吴江等. 城市旅游发展效率的时空格局演化特征及其驱动机制——以泛长江三角洲地区为例[J]. 地理研究，2012，31(8)：

1431～1444.

[92] 曹芳东，黄震方，吴江等.国家级风景名胜区旅游效率测度与区位可达性分析[J].地理学报，2012，67(12)：1686～1697.

[93] 曹芳东，吴江，徐敏.基于空间计量模型的县域经济发展差异研究——以江苏省为例[J].地域研究与开发，2010，29(6)：23～28.

[94] 曹广忠，王纯洁，齐元静.我国东部沿海省区城镇化水平影响因素的空间差异[J].地理研究，2008，27(6)：1399～1406.

[95] 陈刚强.中国地市旅游经济差异的时空演变特征[J].地域研究与开发，2012，31(4)：91～95.

[96] 陈文娣，黄震方，蒋卫国等.长江中游经济带区域经济差异及其时空演变特征[J].热带地理，2013，33(3)：324～332.

[97] 陈扬乐.湖南县域经济发展水平的空间差异与扶贫开发[J].经济地理，2003，23(2)：183～186.

[98] 程道品，林治.模糊评价法在旅游资源评价中的应用[J].桂林工学院学报，2001，21(2)：186～190.

[99] 仇方道，朱传耿，佟连军等.淮海经济区县域经济差异变动的空间分析[J].地理科学，2009，29(1)：56～63.

[100] 崔长彬，姜石良，张正河.河北县域经济影响因素的空间差异分析——基于贝叶斯地理加权回归[J].经济地理，2012，32(2)：39～45.

[101] 邓俊国，李加林，王占利等.旅游资源多级模糊综合评价探讨——以河北省涞源县为例[J].资源科学，2004，26(1)：76～82.

[102] 邓明，钱争鸣.资源禀赋与"资源—经济"系统的有序度——"资源诅咒"在中国省际层面的再检验[J].厦门大学学报(哲学社会科学版)，2012，(1)：125～132.

[103] 丁蕾，吴小根，丁洁.城市旅游竞争力评价指标体系的构建及应用[J].经济地理，2006，26(5)：511～515.

[104] 丁旭生，李永文，吕可文.基于空间错位理论的河南省旅游发展区域差异研究[J].地理与地理信息科学，2011，27(2)：106～108.

[105] 董红梅，赵景波.中国高等级旅游资源数量与旅游人数、旅游收入的关系研究[J].干旱区资源与环境，2011，25(2)：173～177.

[106] 董红梅.基于模糊理论的中国主要旅游城市资源赋存丰度评价

[J]. 云南师范大学学报(哲学社会科学版),2010,42(3):131～135.

[107] 董晓菲,王荣成. 东北地区哈大交通经济带经济发展空间差异研究[J]. 地域研究与开发,2010,29(2):22～28.

[108]段利民,杜跃平. 自然资源禀赋与区域经济增长关系实证研究[J]. 生产力研究,2009,(24):117～118.

[109] 段永瑞. 数据包络分析[M]. 上海:上海科学普及出版社,2006.

[110] 樊纲,王小鲁,马光荣. 中国市场化进程对经济增长的贡献[J]. 经济研究,2011,(9):4～16.

[111] 樊纲,王小鲁,张立文等. 中国各地区市场化相对进程报告[J]. 经济研究,2003,(3):9～18.

[112] 范德成,王韶华,张伟. 低碳经济目标下一次能源消费结构影响因素分析[J]. 资源科学,2012,34(4):696～703.

[113] 方叶林,黄震方,胡小海. 安徽省旅游资源错位现象及相对效率评价[J]. 华东经济管理,2013,27(6):27～31.

[114] 方叶林,黄震方,涂玮等. 基于地统计分析的安徽县域经济空间差异研究[J]. 经济地理,2013,33(2):33～38.

[115] 方叶林,黄震方,王坤等. 中国星级酒店相对效率集聚的空间分析及提升策略[J]. 人文地理,2013,28(1):121～127.

[116] 方叶林,黄震方,张宏等. 省域旅游发展的错位现象及旅游资源相对效率评价——以大陆31省市区2000—2009年面板数据为例[J]. 自然资源学报,2013,28(10):1754～1764.

[117] 冯宗宪,姜昕,王青. 中国省际层面“资源诅咒”问题的再检验[J]. 中国人口·资源与环境,2010,20(10):129～136.

[118] 盖美,胡杭爱,柯丽娜. 长江三角洲地区资源环境与经济增长脱钩分析[J]. 自然资源学报,2013,28(2):185～198.

[119] 高波. 文化、文化资本与企业家精神的区域差异[J]. 南京大学学报(哲学·人文科学·社会科学),2007,(5):39～47.

[120] 高萍,孙群立. 制度变迁对区域经济增长影响的实证分析[J]. 财经科学,2006,(11):53～60.

[121] 高铁梅,王金明,梁云芳等. 计量经济学分析方法与建模[M]. 北京:清华大学出版社,2009.

[122] 耿松涛. 中国旅游上市公司全要素生产率研究[J]. 南京社会科学，2012，(5)：15～21.

[123] 龚六堂. 经济增长理论[M]. 武汉：武汉大学出版社，2000.

[124] 顾江，胡静. 中国分省区旅游生产效率模型创建与评价[J]. 同济大学学报(社会科学版)，2008，19(4)：93～98.

[125] 关伟. 区域水资源与经济社会耦合系统可持续发展的量化分析[J]. 地理研究，2007，26(4)：685～692.

[126] 关兴良，方创琳，罗奎. 基于空间场能的中国区域经济发展差异评价[J]. 地理科学，2012，32(9)：1055～1065.

[127] 郭金海，韩雪，罗浩等. 省域入境旅游经济的区域差异及发展模式[J]. 中国人口·资源与环境，2009，19(5)：131～135.

[128] 郭岚，张勇，李志娟. 基于因子分析与 DEA 方法的旅游上市公司效率评价[J]. 管理学报，2008，5(2)：258～262.

[129] 韩春鲜，马耀峰，罗辉. 新疆区域经济发展差异与演变机制分析[J]. 干旱区地理，2010，33(3)：449～455.

[130] 韩春鲜，马耀峰. 基于旅游资源优势度差异的新疆旅游经济发展研究[J]. 统计观察，2009，(9)：73～75.

[131] 韩春鲜. 基于旅游资源优势度差异的新疆旅游经济发展空间分析[J]. 经济地理，2009，29(5)：871～875.

[132] 韩亚芬，孙根年，李琦. 资源经济贡献与发展诅咒的互逆关系研究[J]. 资源科学，2007，29(6)：188～193.

[133] 韩增林，刘天宝. 中国地级以上城市城市化质量特征及空间差异[J]. 地理研究，2009，28(6)：1508～1515.

[134] 何承伟. 制度因素对经济增长的实证分析[J]. 科技广场，2007，(4)：48～50.

[135] 何玉荣，张鑫，王兰兰. 基于 DEA 的旅游型城市星级酒店经营效率空间差异分析——以安徽省黄山市为例[J]. 合肥工业大学学报(社会科学版)，2013，27(4)：1～6.

[136] 洪名勇. 制度变迁与省区经济的非均衡增长[J]. 云南财贸学院学报，2001，(3)：28～31.

[137] 黄成林. 中国主要旅游资源的省际比较研究[J]. 安徽师范大学

学报(人文社会科学版),2001,29(1):135～137.

[138] 黄飞飞,张小林,余华等.基于空间自相关的江苏省县域经济实力空间差异研究[J].人文地理,2009,24(2):84～89.

[139] 黄金川,方创琳,冯仁国.三峡库区城市化与生态环境耦合关系定量辨识[J].长江流域资源与环境,2004,13(2):153～158.

[140] 黄秀娟,黄福才.中国省域森林公园技术效率测算与分析[J].旅游学刊,2011,26(3):25～30.

[141] 黄秀娟.中国森林公园旅游发展效率的比较与分析[J].林业科学,2011,47(12):22～27.

[142] 黄悦,刘继生,张野.资源丰裕度与经济发展关系的探讨——资源诅咒效应国内研究综述[J].地理科学,2013,33(7):873～877.

[143] 黄震方,俞肇元,黄振林等.主题型文化旅游区的阶段性演化及其驱动机制——以无锡灵山景区为例[J].地理学报,2011,66(6):831～841.

[144] 吉生保,席艳玲,李凡.中国餐饮旅游行业的经营绩效及收敛趋势——基于上市公司面板数据的 SORM－BCC 超效率模型[J].山西财经大学学报,2011,33(11):63～72.

[145] 贾明瑶,张凯,潘少明.2000 年以来江苏海洋经济发展的空间差异研究[J].海洋湖沼通报,2012,(2):166～174.

[146] 简玉峰,刘长生.随机前沿函数、酒店管理效率及其影响因素研究——基于张家界市旅游酒店的实证研究[J].旅游论坛,2009,2(4):540～544.

[147] 姜海宁,陆玉麒,吕国庆.江苏省入境旅游经济的区域差异研究[J].旅游学刊,2009,24(1):23～28.

[148] 金相郁,武鹏.文化资本与区域经济发展的关系研究[J].统计研究,2009,26(2):28～34.

[149] 金玉国.宏观制度变迁对转型时期中国经济增长的贡献[J].财经科学,2001,(2):24～28.

[150] 靳诚,陆玉麒.基于空间变差函数的长江三角洲经济发展差异演变研究[J].地理科学,2011,31(11):1329～1334.

[151] 靳诚,陆玉麒.基于县域单元的江苏省经济空间格局演化[J].地

理学报，2009，64(6)：713～724.

[152] 靳涛.揭示"制度与增长关系之谜"的一个研究视角[J].经济学家，2007，(5)：18～26.

[153] 景普秋.资源诅咒：研究进展及其前瞻[J].当代财经，2010，(11)：120～128.

[154] 孔庆书，李洪英，师伟力.基于DEA的河北省休闲农业评价研究——以河北省休闲农业与乡村旅游示范点为例[J].中国生态农业学报，2013，21(4)：511～518.

[155] 李春涛，薛奕.法律保护对中国经济增长的影响：分省面板数据的证据[J].制度经济学研究，2010，(3)：139～152.

[156] 李丁，冶小梅，汪胜兰等.基于ESDA－GIS的县域经济空间差异演化及驱动力分析——以兰州－西宁城镇密集区为例[J].经济地理，2013，33(5)：31～36.

[157] 李凡，吉生保，章东明等.中国入境旅游发展的影响因素研究——基于面板分位数回归的省际经验证据[J].山西财经大学学报，2013，35(1)：41～50.

[158] 李红，丁嵩，刘光柱.边缘省区县域经济差异的空间格局演化分析——以广西省为例[J].经济地理，2012，32(7)：30～36.

[159] 李慧娟，龙如银，兰新平.资源型城市经济增长：基于生态约束的分析[J].软科学，2012，26(6)：53～59.

[160] 李建豹，白永平，李建虎等.基于空间计量经济模型的区域经济差异成因分析[J].干旱区资源与环境，2012，26(10)：144～149.

[161] 李建豹，白永平，罗君等.甘肃省区域经济差异空间分析[J].地域研究与开发，2011，30(6)：27～32.

[162] 李经龙，郑淑婧.中国品牌旅游资源空间对比分析[J].江西财经大学学报，2005，(2)：55～58.

[163] 李娟伟，任保平.中国经济增长新动力：是传统文化还是商业精神——基于文化资本视角的理论与实证研究[J].经济科学，2013，(4)：5～15.

[164] 李连璞.区域旅游发展"同步—错位"诊断及差异分析——基于中国31省(区、直辖市)国内旅游统计数据[J].人文地理，2008，23(2)：87～

90.

[165] 李鹏，杨桂华，郑彪等. 基于温室气体排放的云南香格里拉旅游线路产品生态效率[J]. 生态学报，2008，28(5)：2207～2219.

[166] 李强，徐康宁，魏巍. 自然资源、地理位置与经济增长——基于2000—2010年省际面板数据的分析[J]. 东北大学学报(社会科学版)，2013，15(3)：251～257.

[167] 李少星，颜培霞. 自然资源禀赋与城市化水平关系的多尺度考察[J]. 中国人口·资源与环境，2007，17(6)：44～49.

[168] 李双江，胡亚妮，崔建升等. 石家庄经济与人居环境耦合协调演化分析[J]. 干旱区资源与环境，2013，27(4)：8～15.

[169] 李天元. 旅游学(第二版)[M]. 北京：高等教育出版社，2006.3.

[170] 李小建，李国平，曾刚等. 经济地理学(第二版)[M]. 北京：高等教育出版社，2006.

[171] 李小建，乔家君. 20世纪90年代中国县际经济差异的空间分析[J]. 地理学报，2001，56(2)：136～145.

[172] 李雪，董锁成，张广海等. 山东半岛城市群旅游竞争力动态仿真与评价[J]. 地理研究，2008，27(6)：1466～1477.

[173] 李振亭，马耀峰，李创新. 基于旅游竞争力效度的中国省级旅游区旅游发展态研究[J]. 资源科学，2009，31(3)：450～455.

[174] 李志勇. 低碳经济视角下旅游服务效率评价方法[J]. 旅游学刊，2013，28(10)：71～80.

[175] 李子奈，潘文卿. 计量经济学(第二版)[M]. 北京：高等教育出版社，2005.

[176] 梁流涛，杨建涛. 中国旅游业技术效率及其分解的时空格局[J]. 地理研究，2012，31(8)：1422～1430.

[177] 梁明珠，易婷婷，Bin Li. 基于DEA－MI模型的城市旅游效率演进模式研究[J]. 旅游学刊，2013，28(5)：53～62.

[178] 梁明珠，易婷婷. 广东省城市旅游效率评价与区域差异研究[J]. 经济地理，2012，32(10)：158～164.

[179] 林杰斌，林川雄，刘明德等. SPSS统计建模与应用实务[M]. 北京：中国铁道出版社，2005.

[180] 林震岩. 多变量分析：SPSS的操作与应用[M]. 北京：北京大学出版社，2007.

[181] 刘宝汉. "福音"还是"诅咒"——自然资源与经济增长关系理论模型及拓展[J]. 经济与管理研究，2011，(3)：27～34.

[182] 刘改芳，杨威. 基于DEA的文化旅游业投资效率模型及实证研究[J]. 旅游学刊，2013，28(1)：77～84.

[183] 刘慧媛，杨忠直. 资源约束与中国经济增长——基于一个三投入随机前沿模型的研究[J]. 软科学，2013，27(4)：1～6.

[184] 刘家宏. 基于DEA法的中低星级酒店经济效率评价——以我国25个省市三星级酒店为例[J]. 湖南财经高等专科学校学报，2010，26(125)：46～48.

[185] 刘立涛，沈镭. 中国区域能源效率时空演进格局及其响应因素分析[J]. 自然资源学报，2010，25(12)：2142～2153.

[186] 刘玉珂，邝湘敏. 制度变迁与区域经济增长：基于湖南省际数据的实证[J]. 经济地理，2012，32(1)：25～29.

[187] 刘长生. 低碳旅游服务提供效率评价研究——以张家界景区环保交通为例[J]. 旅游学刊，2012，27(3)：90～98.

[188] 刘中艳. 基于超效率DEA模型的我国酒店业经营效率的测度与评价研究[J]. 湖南科技大学学报(社会科学版)，2013，16(4)：77～81.

[189] 卢洪友，连信森. 澳门酒店业经营绩效评估[J]. 旅游学刊，2010，25(2)：54～59.

[190] 卢明强，徐舒，王秀梅等. 基于数据包络分析(DEA)的我国旅行社行业经营效率研究[J]. 旅游论坛，2010，3(6)：734～738.

[191] 陆林，余凤龙. 中国旅游经济差异的空间特征分析[J]. 经济地理，2005，25(3)：406～410.

[192] 陆玉麒. 双核型空间结构模式的探讨[J]. 地域研究与开发，1998，17(4)：44～48.

[193] 罗岚. 我国资源和环境对经济增长贡献率测度[J]. 四川师范大学学报(社会科学版)，2012，39(3)：51～57.

[194] 马晓龙，保继刚. 基于DEA的中国国家级风景名胜区使用效率评价[J]. 地理研究，2009，28(3)：838～848.

［195］马晓龙，保继刚．基于数据包络分析的中国主要城市旅游效率评价［J］．资源科学，2010，32(1)：88～97．

［196］马晓龙，保继刚．中国主要城市旅游效率的区域差异与空间格局［J］．人文地理，2010，25(1)：105～110．

［197］马晓龙，保继刚．中国主要城市旅游效率影响因素的演化［J］．经济地理，2009，29(7)：1203～1208．

［198］马晓龙．国内外旅游效率研究进展与趋势综述［J］．人文地理，2012，27(3)：11～17．

［199］马晓龙．基于绩效差异的中国主要城市旅游发展阶段演化［J］．旅游学刊，2009，24(6)：25～30．

［200］马晓熠，裴韬．基于探索性空间数据分析方法的北京市区域经济差异［J］．地理科学进展，2010，29(12)：1555～1561．

［201］毛健．经济增长理论探索［M］．北京：商务印书馆，2009．

［202］孟召宜，渠爱雪，车冰清等．江苏省区域经济差异的文化研究［J］．地理研究，2010，29(8)：1379～1391．

［203］孟召宜，渠爱雪，仇方道．江苏区域文化资本差异及其对区域经济发展的影响［J］．地理科学，2012，32(12)：1444～1451．

［204］孟召宜，渠爱雪，李红瑞．基于文化经济共同演化视角的区域发展模式比较研究——以江苏省丰县、昆山为例［J］．地理研究，2011，30(12)：2186～2198．

［205］欧向军，沈正平，朱传耿．江苏省区域经济差异演变的空间分析［J］．经济地理，2007，27(1)：78～83．

［206］潘丹，应瑞瑶．中国水资源与农业经济增长关系研究——基于面板 VAR 模型［J］．中国人口·资源与环境，2012，22(1)：161～166．

［207］彭宝玉，覃成林．河南县域经济实力评价及空间差异分析［J］．地域研究与开发，2007，26(1)：45～49．

［208］彭建军，陈浩．基于 DEA 的星级酒店效率研究——以北京、上海、广东相对效率分析为例［J］．旅游学刊，2004，19(2)：59～62．

［209］彭颖，陆玉麒．成渝经济区县域经济差异的空间分析［J］．人文地理，2010，25(5)：97～102．

［210］蒲英霞，葛莹，马荣华等．基于 ESDA 的区域经济空间差异分

析——以江苏省为例[J]. 地理研究，2005，24(6)：965～974.

[211] 齐邦锋，江冲，刘兆德. 山东省旅游经济差异及旅游空间结构构建[J]. 地理与地理信息科学，2010，26(5)：98～102.

[212] 乔标，方创琳. 城市化与生态环境协调发展的动态耦合模型及其在干旱区的应用[J]. 生态学报，2005，25(11)：3003～3009.

[213] 乔宁宁，陈建宝. 宏观经济波动对我国入境旅游发展的影响分析[J]. 旅游学刊，2013，28(2)：44～51.

[214] 任家强，董琳瑛，汪景宽等. 基于空间统计分析的辽宁省县域经济空间差异研究[J]. 经济地理，2010，30(9)：1435～1439.

[215] 荣泰生. AMOS与研究方法[M]. 重庆：重庆大学出版社，2009.

[216] 邵帅，齐忠英. 资源输出型地区的技术创新与经济增长——对“资源诅咒”现象的解释[J]. 管理科学学报，2009，12(6)：23～33.

[217] 沈惊宏，陆玉麒，靳诚等. 区域旅游经济影响力的空间格局分析——以安徽省为例[J]. 地理与地理信息科学，2012，28(4)：83～87.

[218] 沈惊宏，陆玉麒. 中国市域旅游综合吸引力指数评价[J]. 自然资源学报，2012，27(4)：661～673.

[219] 盛见. 区域旅游产业竞争力构成：基于竞争力性质的研究[J]. 旅游学刊，2007，22(8)：29～34.

[220] 施祖麟，黄治华. “资源诅咒”与资源型地区可持续发展[J]. 中国人口·资源与环境，2009，19(5)：33～36.

[221] 宋慧林，马运来. 基于空间分析的中国省域旅游经济差异[J]. 经济管理，2010，32(10)：114～118.

[222] 苏方林. 中国省域R&D活动的探索性空间数据分析[J]. 广西师范大学学报(哲学社会科学版)，2008，44(6)：52～56.

[223] 孙大超，司明. 自然资源丰裕度与中国区域经济增长——对“资源诅咒”假说的质疑[J]. 中南财经政法大学学报，2012，(1)：84～89.

[224] 孙景荣，张捷，章锦河等. 中国城市酒店业效率的时空特征及优化对策[J]. 经济地理，2012，32(8)：155～159.

[225] 孙玲，陶士贵. 中国区域金融差异对经济发展的影响——基于空间经济学FC模型的实证分析[J]. 财经理论与实践，2012，33(178)：7～11.

[226] 孙平军，丁四保，修春亮. 北京市人口－经济－空间城市化耦合

协调性分析[J]. 城市规划,2012,36(5): 38～45.

[227] 孙永平,叶初升. 资源型城市经济增长——资源的"诅咒"还是距离的"暴政"[J]. 经济经纬,2012,(2): 6～11.

[228] 孙永平,叶初升. 自然资源丰裕与产业结构扭曲:影响机制与多维测度[J]. 南京社会科学,2012,(6): 1～8.

[229] 孙永平,赵锐. "资源诅咒"悖论国外实证研究的最新进展及其争论[J]. 经济评论,2010,(3):124～128.

[230] 谭宏,陆宇嘉. 基于 DEA 模型的体育产业上市公司运营效率研究[J]. 北京体育大学学报,2013,36(1): 36～40.

[231] 唐伟,钟祥浩. 成都都市圈县域经济时空差异及空间结构演变[J]. 长江流域资源与环境,2010,19(7): 732～738.

[232] 陶长琪,齐亚伟. 中国区域技术相对效率的时空演变分析[J]. 经济地理,2011,31(5): 730～735.

[233] 陶卓民,薛献伟,管晶晶. 基于数据包络分析的中国旅游业效率特征[J]. 地理学报,2010,65(8): 1004～1012.

[234] 田梦现,李娟文. 湖北省县域经济空间差异分析[J]. 湖北大学学报(自然科学版),2006,28(1): 101～104.

[235] 田喜洲,王渤. 旅游市场效率及其博弈分析——以旅行社产品为例[J]. 旅游学刊,2003,18(6): 57～60.

[236] 田修源,赵永涛. 贵州省县域经济空间差异研究[J]. 长江流域资源与环境,2013,22(1): 27～31.

[237] 涂玮,黄震方,方叶林等. 入境旅游发展效率时空格局演化及驱动因素——以浙江省为例[J]. 华东经济管理,2013,27(12): 14～20.

[238] 万绪才,钟静,丁敏. 基于资源和距离的旅游国际竞争潜力评价理论与实践[J]. 地理研究,2011,30(5): 827～834.

[239] 汪德根,陈田. 中国旅游经济区域差异的空间分析[J]. 地理科学,2011,31(5): 528～536.

[240] 汪宇明,钱磊,吴文佳. 旅游资源新论——基于游憩需求变化与技术进步的视角[J]. 旅游科学,2010,24(1): 9～16.

[241] 王保忠,何炼成,李忠民. 我国煤炭资源开发与"资源诅咒"效应再检验——以晋陕蒙三省为例[J]. 技术经济,2012,31(7): 104～110.

[242] 王彬，王宜强. 改革开放以来福建省经济重心格局演变及其空间差异[J]. 地理研究，2011，30(10)：1882～1890.

[243] 王成. 自然资源与经济增长关系研究文献综述[J]. 经济学动态，2010，(6)：80～83.

[244] 王恩旭，武春友. 基于 DEA 模型的城市旅游经营效率评价研究——以中国 15 个副省级城市为例[J]. 旅游论坛，2010，3(2)：208～215.

[245] 王凯，李华，贺曲夫. 我国旅游经济发展水平省际差异的空间分析[J]. 地域研究与开发，2007，26(1)：63～67.

[246] 王凯. 中国主要旅游资源赋存的省际差异分析[J]. 地理学与国土研究，1999，15(3)：69～74.

[247] 王坤，黄震方，陶玉国等. 区域城市旅游效率的空间特征及溢出效应分析——以长三角为例[J]. 经济地理，2013，33(4)：161～167.

[248] 王美红，孙根年，康国栋. 中国旅游 LR－NS－FA 空间错位的组合矩阵分析[J]. 人文地理，2009，24(4)：115～119.

[249] 王汝辉，罗晓彬. 西部民族旅游开发中民居接待供给制度的效率研究[J]. 四川师范大学学报(社会科学版)，2009，36(3)：118～122.

[250] 王闰平，陈凯. 资源富集地区经济贫困的成因与对策研究——以山西省为例[J]. 资源科学，2006，28(4)：158～165.

[251] 王雪妮，孙才志，邹玮. 中国水贫困与经济贫困空间耦合关系研究[J]. 中国软科学，2011，(12)：180～192.

[252] 王雪妮，孙才志. 1996—2008 年中国县级市减贫效应分解与空间差异分析[J]. 经济地理，2011，31(6)：888～894.

[253] 王云，龙志和，陈青青. 文化资本对我国经济增长的影响——基于扩展 MRW 模型[J]. 软科学，2013，27(4)：12～16.

[254] 王云，龙志和，陈青青. 中国省级文化资本与经济增长关系的空间计量分析[J]. 南方经济，2012，(7)：69～77.

[255] 卫红，严艳. 陕西旅游经济的时空发展演变研究[J]. 干旱区资源与环境，2010，24(10)：178～184.

[256] 魏小安，韩建民. 旅游强国之路[M]. 北京：中国旅游出版社，2003.

[257] 文艳，郑向敏. 基于 DEA 模型的旅游上市公司成本控制效率评

价研究[J]. 北京第二外国语学院学报,2013,(1):55～61.

[258] 吴必虎,俞曦. 旅游规划原理[M]. 北京:中国旅游出版社,2010.

[259] 吴建民,丁疆辉. 县域内部经济空间差异及其原因研究——以河北省无极县为例[J]. 地域研究与开发,2011,30(2):33～37.

[260] 吴玉鸣,李建霞. 基于地理加权回归模型的省域工业全要素生产率分析[J]. 经济地理,2006,26(5):748～752.

[261] 吴玉鸣. 中国区域研发、知识溢出与创新的空间计量经济研究[M]. 北京:人民出版社,2007:60～64.

[262] 武芳梅."资源的诅咒"与经济发展——基于山西省的典型分析[J]. 经济问题,2007,(10):24～27.

[263] 武瑞杰. 我国省际旅行社全要素生产率波动的测算[J]. 统计观察,2013,(11):98～101.

[264] 向仁康,曾伟. 土地资源在经济增长中的影响效应研究[J]. 技术经济与管理研究,2012,(12):89～95.

[265] 肖光明. 珠三角城市旅游经济空间差异与协调发展战略研究[J]. 地理与地理信息科学,2009,25(6):72～77.

[266] 谢春山,王恩旭,朱易兰. 基于超效率 DEA 模型的中国五星级酒店效率评价研究[J]. 旅游科学,2012,26(1):60～71.

[267] 熊伯坚,钟晓芸,李良杰. 基于数据包络分析模型的江西省旅行社经营效率评价[J]. 2009,(4):134～136.

[268] 徐建华,鲁凤,苏方林等. 中国区域经济差异的时空尺度分析[J]. 地理研究,2005,24(1):57～68.

[269] 徐建华. 现代地理学中的数学方法(第二版)[M]. 北京:高等教育出版社,2002.

[270] 徐康宁,韩剑. 中国区域经济的"资源诅咒"效应:地区差距的另一种解释[J]. 经济学家,2005,(6):96～102.

[271] 徐康宁,邵军. 自然禀赋与经济增长:对"资源诅咒"命题的再检验[J]. 世界经济,2006,(11):38～96.

[272] 徐康宁,王剑. 自然资源丰裕程度与经济发展水平关系的研究[J]. 经济研究,2006,(1):78～89.

[273] 徐淑梅,陈才. 区域旅游竞争力数字化评价体系研究[J]. 地理科

学,2008,28(5)：642～648.

[274] 徐文燕,戴莉. 我国旅游饭店经营绩效及其影响因素实证研究——以50个旅游城市星级饭店投入产出数据为例[J]. 生产力研究,2013,(5)：167～169.

[275] 徐小波,袁蒙蒙,姜晋荣. 区域旅游空间结构演化及其组织效率的系统审视[J]. 地理与地理信息科学,2008,24(5)：103～107.

[276] 徐盈之,胡永舜. 内蒙古经济增长与资源优势的关系——基于"资源诅咒"假说的实证分析[J]. 资源科学,2010,32(12)：2391～2399.

[277] 许标文,郑非. 制度变迁与经济增长的关系[J]. 财经科学,2007,(12):39～46.

[278] 许陈生. 我国旅游上市公司的股权结构与技术效率[J]. 旅游学刊,2007,22(10)：34～39.

[279] 许家伟,侯景伟,宋宏权等. 1990—2009年中国区域差异的空间格局——以人口重心与经济重心为例[J]. 人文地理,2011,26(4)：85～90.

[280] 薛毅,陈立萍. 统计建模与R软件[M]. 北京:清华大学出版社,2007.

[281] 严汉平,李冀,王欣亮. 建国以来我国区域经济差异变动的空间分析——基于不同区划方式的比较[J]. 财经科学,2010,(11)：86～92.

[282] 杨春梅,赵宝福. 基于数据包络分析的中国冰雪旅游产业效率分析[J]. 干旱区资源与环境,2014,28(1)：169～174.

[283] 杨立勋,陈晶,程志富. 西北五省区旅游产业绩效影响因素分析——基于面板数据分位数回归[J]. 旅游学刊,2013,28(8)：94～101.

[284] 杨荣海,曾伟. 基于DEA方法的云南旅游业效率研究[J]. 云南财经大学学报,2008,24(1)：88～92.

[285] 杨秀苔,蒲勇健. 资源经济学[M]. 重庆:重庆大学出版社,1993.

[286] 杨雪梅,石培基,潘竟虎等. 甘肃省城市经济低碳度综合评价及其空间差异分析[J]. 水土保持研究,2011,18(5)：52～58.

[287] 杨艳俊,骆华松,柳德江等. 基于偏离一份额空间拓展模型的云南省边境县域经济空间差异分析[J]. 世界地理研究,2012,21(4)：48～56.

[288] 杨杨,吴次芳. 泛长三角洲区域经济空间差异分析——基于经验贝叶斯修正的空间自相关指数[J]. 长江流域资源与环境,2011,20(5)：513

～518.

[289] 杨勇.旅游目的地竞争力框架中的"文化"因素分析：一个综述[J].旅游学刊,2006,21(12)：35～42.

[290] 姚予龙,周洪,谷树忠.中国资源诅咒的区域差异及其驱动力剖析[J].资源科学,2011,33(1)：18～24.

[291] 余凤龙,黄震方,曹芳东.制度变迁对中国旅游经济增长的贡献——基于市场化进程的视角[J].旅游学刊,2013,28(7)：13～21.

[292] 余凤龙,陆林.制度对旅游发展影响研究综述与启示[J].旅游学刊,2008,23(9)：90～96.

[293] 余凤龙,陆林.制度变迁下的中国区域旅游发展与差异研究[J].人文地理,2010,25(3)：124～127.

[294] 余华,张小林,黄飞飞等.江苏省县域城市性发展差异的 BP 神经网络测定[J].人文地理,2009,24(4)：38～42.

[295] 岳宏志,朱承亮.我国旅游产业技术效率及其区域差异：2001—2007 年[J].云南财经大学学报,2010,(2)：36～43.

[296] 张菲菲,刘刚,沈镭.中国区域经济与资源丰度相关性研究[J].中国人口·资源与环境,2007,17(4)：19～24.

[297] 张贡生."资源诅咒"论：一个颇具争议的命题[J].广西财经学院学报,2009,22(6)：1～5.

[298] 张红历,周勤.我国西部区域经济增长差异的空间统计分析[J].统计与决策,2010,(15)：99～102.

[299] 张洪,张燕.基于加权 TOPSIS 法的旅游资源区际竞争力比较研究——以长江三角洲为例[J].长江流域资源与环境,2010,19(5)：500～505.

[300] 张建波,张丽.中国外资工业企业全要素生产率的增长特征及其空间差异——基于 2001－2007 年省域面板数据的随机前沿分析[J].当代经济科学,2012,34(3)：67～73.

[301] 张力小,梁竞.区域资源禀赋对资源利用效率影响研究[J].自然资源学报,2010,25(8)：1237～1247.

[302] 张辽,李东晓.资源禀赋与区域经济可持续增长——基于省区面板数据的实证研究[J].经济管理研究,2012,(12)：51～57.

[303] 张凌云. 我国旅游业地域非均衡性增长研究初论[J]. 南开经济研究，1998，(2)：71～74.

[304] 张望. 资源约束和金融市场效率对经济增长的影响研究[J]. 现代财经，2013，(1)：60～70.

[305] 张晓兵，王美昌. 关中一天水经济区县域经济差异及时空演变的空间统计分析[J]. 经济地理，2011，31(10)：1599～1603.

[306] 张学斌，石培基，罗君. 嘉陵江流域经济差异变动的空间分析[J]. 地理与地理信息科学，2010，26(4)：73～85.

[307] 张燕文. 基于空间聚类的区域经济差异分析方法[J]. 经济地理，2006，26(4)：557～560.

[308] 张耀光，魏东岚，王国力等. 中国海洋经济省际空间差异与海洋经济强省建设[J]. 地理研究，2005，24(1)：46～56.

[309] 赵安周，白凯，卫海燕. 中国入境旅游中心演变与省域空间分异规律[J]. 陕西师范大学学报(自然科学版)，2011，39(4)：97～102.

[310] 赵海涛，高力. 中国旅行社经营效率的动态变化——基于Malmquist指数法的分析[J]. 企业经济，2013，(1)：114～117.

[311] 赵磊. 旅游发展与中国经济增长效率——基于Malmquist指数和系统GMM的实证分析[J]. 旅游学刊，2012，27(11)：44～55.

[312] 赵理想. 制度因素对区域经济差异影响的实证分析[J]. 云南财经大学学报，2007，(2)：12～16.

[313] 赵立禄，段文军. 我国旅行社全要素生产率的测算与分析[J]. 干旱区资源与环境，2012，26(8)：180～183.

[314] 赵荣，王恩涌，张小林等. 人文地理学(第二版)[M]. 北京：高等教育出版社，2006.

[315] 赵伟伟，白永秀. 资源诅咒传导机制的研究述评[J]. 经济理论与经济管理，2010，(2)：45～51.

[316] 赵永，王劲峰. 中国市域经济发展差异的空间分析[J]. 经济地理，2007，27(3)：357～361.

[317] 赵玉芝，董平. 江西省县域经济差异特征及其成因分析[J]. 人文地理，2012，27(1)：87～91.

[318] 钟心桃，龚唯平. 广东经济增长中制度因素对要素效率影响的实

证研究[J]. 南方经济,2008,(4):75~81.

[319] 钟业喜,陆玉麒. 红三角经济圈县域经济差异研究[J]. 经济地理,2010,30(4):568~573.

[320] 钟业喜,陆玉麒. 基于不同地貌单元的江西省区域经济差异研究[J]. 地域研究与开发,2009,28(6):13~16.

[321] 钟业喜,陆玉麒. 鄱阳湖生态经济区人口与经济空间耦合研究[J]. 经济地理,2011,31(2):195~200.

[322] 周杰文,张璐. 中部地区经济差异的空间尺度效应分析[J]. 地理与地理信息科学,2011,27(1):49~52.

[323] 周文娟,张红. 基于DEA模型的旅游上市公司投资效率评价研究[J]. 旅游论坛,2013,6(2):57~62.

[324] 周晓唯,宋慧美. 新疆经济增长和能源优势的关系——基于"资源诅咒"假说的实证分析[J]. 干旱区资源与环境,2011,25(11):7~12.

[325] 周亚雄,王必达. 我国西部欠发达地区资源依赖型经济的资源诅咒分析——以甘肃省为例[J]. 干旱区资源与环境,2011,25(1):25~29.

[326] 朱承亮,岳宏志,严汉平等. 基于随机前沿生产函数的我国区域旅游产业效率研究[J]. 旅游学刊,2009,24(12):18~22.

[327] 朱希伟,曾道智. 旅游资源、工业集聚与资源诅咒[J]. 世界经济,2009,(5):65~72.

[328] 祝亚雯. 基于地统计学理论的旅游景点空间结构研究——以皖南旅游区为例:〔学位论文〕. 芜湖:安徽师范大学,2010.

[329] 左冰. 旅游能打破资源诅咒吗?——基于中国31个省(市、区)的比较研究[J]. 商业经济与管理,2013,(5):60~69.

[330] 左冰. 中国旅游经济增长因素及其贡献度分析[J]. 商业经济与管理,2011,(10):82~90.

后 记

2016年是国家“十三五”规划的开局之年，对我来说也是一个特殊的年份——而立之年，诸事尚处于起步阶段。好的开始是成功的一半，大到国家，小到个人，都需以此为勉。博士毕业两年多，生活却发生翻天覆地的变化。6月，女儿琰希呱呱坠地，让繁忙的生活增添了不少乐趣；9月，国家自然科学基金项目成功立项，使我更加坚定了未来的研究方向。

旅游业是宏观经济的一部分，在国民经济增长中所起的作用越来越重要，也是国家“十三五”时期重点支持发展的产业之一。然而，旅游经济到底是在怎样增长？旅游业发展到底有何规律？是什么因素影响了中国旅游发展格局？旅游效率在其中起到了非常关键的作用，旅游效率涉及旅游业的低碳化经营、内涵式增长、可持续发展，对旅游业的健康、持续、稳定发展具有重大意义。旅游效率研究涉及旅游地理学、发展经济学、计量经济学、系统科学等多学科，要将旅游效率研究推向一个新的高度，必须进行大量的学科交叉研究。非均衡增长是区域旅游经济增长的基本规律，由此导致经济地理现象演化的时空分异，研究旅游业效率时空演化规律及时空影响机理，能够提出更加具有针对性的建议，可以更好地指导区域旅游发展实践。

本书一共分为七章，围绕“构建指标——要素测算——时空对比——机理分析——提升策略”的研究主线，以旅游业效率及演化机理为两大研究核心，侧重于探索各因素对旅游业效率影响的时空尺度效应。本书主要由三大部分组成：基础理论研究，主要包括第一章与第二章；实证研究，主要包括第三章到第五章；提升与应用研究，主要包括第六章与第七章。

《中国省域旅游业发展效率：测度、演化及机理》一书是在本人博士论文的基础上加工而成。拙作的完成，离不开诸多良师益友的帮助与提点。在书稿即将付梓之际，心中感慨万分，想借此机会表达对以下师长、朋友、亲人的感谢。感谢南京师范大学的黄震方先生，黄老师是我们桃花岛所有同门的精神支柱与前进的动力！先生在繁忙的工作之余，仍能保持高质量科研成果，让人佩服不已。“高山仰止，景行景止。虽不能至，心向往之！”感谢参加工作以来安徽大学旅游系各位领导及同事的帮助与支持，他们分别是章尚正、李东和、李经龙、刘法建、鲍捷、丁娟、汪芳等。感谢家人，特别是爱人王芳一直以来的鼓励与支持，使得我有更多精力完成科研工作。家人一直是我最坚定的支持者！

由于水平有限，本书肯定存在诸多不足，恳请同行及读者批评指正！

方叶林

2016 年 12 月 9 日